평생교육방법론

평생교육방법론

이경희 · 배석영 · 가영희 공저

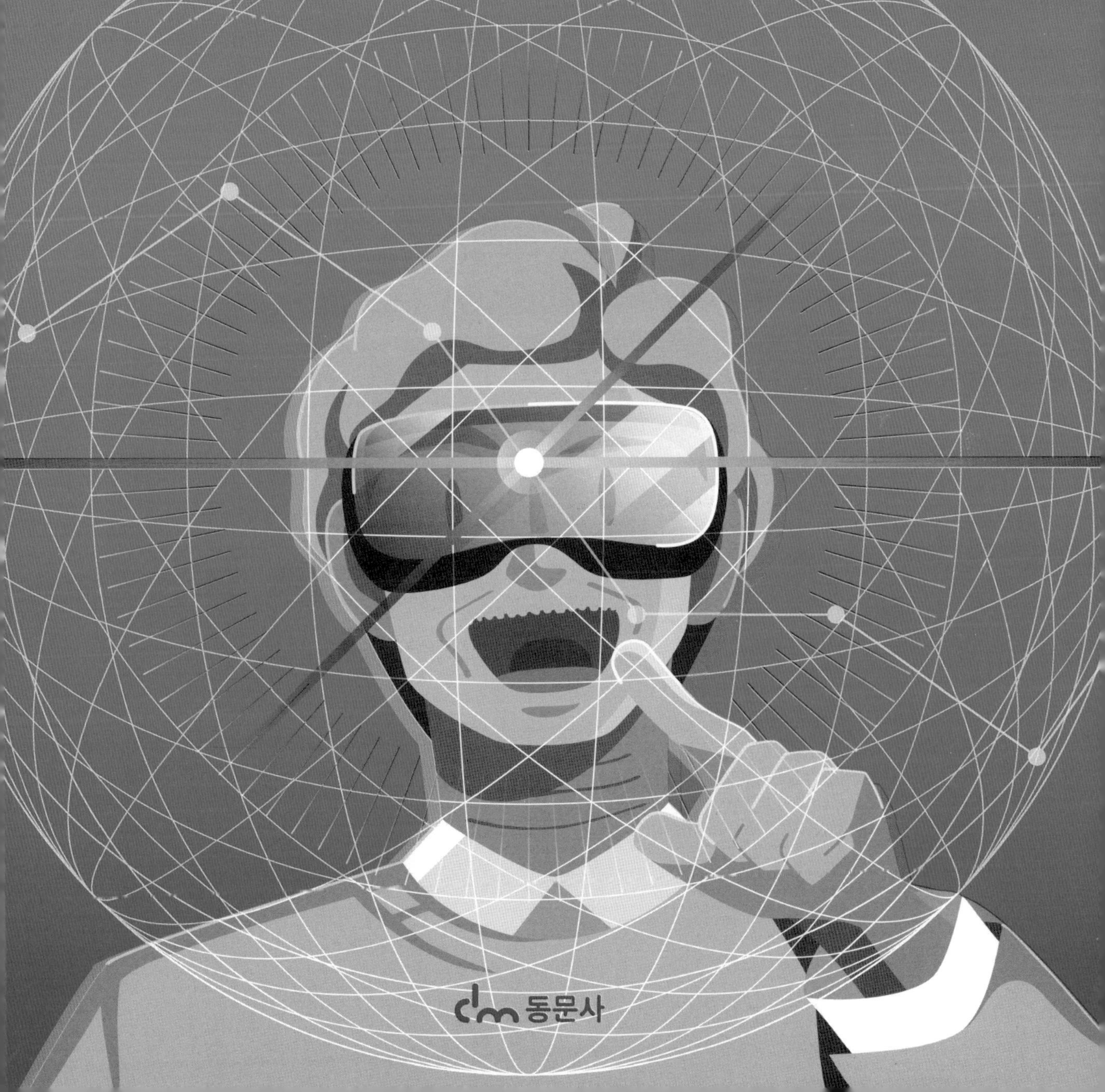

dm 동문사

머리말

평생교육이라는 단어가 우리 곁으로 다가온 지도 어느새 20년의 세월이 넘었다. 2000년이 시작되던 해에 우리는 다소 생소했던 평생교육이라는 단어에 관심을 갖기 시작했고, 점차 많은 사람들에게 알려지게 되었다. 이제 강산이 두 번 변한 시점에서 평생교육, 평생학습이라는 단어가 전혀 어색하지 않고, 가깝게 느껴지며 내 삶의 일부로 느끼며 살고 있다.

2021년 평생학습 개인 실태조사 발표 내용을 살펴보면 우리나라 성인(만 25~79세)의 평생학습 참여율은 30.7%로 성인 10명 중 3명이 평생학습에 참여한 것으로 나타났다. 이는 2020년 40.0%에 비해 9.3% 감소한 수치이다. 아마도 코로나19의 확산에 따른 여파로 보인다. 또한 평생학습 참여자의 현재 생활 만족도는 71.4점으로 비참여자의 만족도 66.5점에 비해 높게 나타났으며, 이는 평생학습 참여가 현재 생활 만족도에 긍정적인 영향을 미친 것으로 볼 수 있다. 한편, 평생교육기관 4,493개, 평생교육 프로그램 225,000개가 운영 중이며, 이 중 93,652개의 프로그램이 온라인으로 진행되고 있어 전체의 56.8%를 차지하였다. 평생교육에 참여한 학습자 수는 20,677,768명이었으며, 이 중 18,722,544명이 온라인 학습자로 나타났다. 이러한 결과 역시 코로나19의 영향이 학습방법, 교육방법에 매우 크게 영향을 미친 것으로 볼 수 있다.

21세기의 전반부를 달리고 있는 현재의 시점은 새로운 교육환경의 도래로 교육방법과 학습방법을 요구하게 되었고, 과학기술과 통신기술의 발달로 지금과는 현저하게 다른 미래형 평생교육환경이 조성되기 시작하였다. 증강현실과 메타버스와 같은 가상의 세계를 교육적으로 활용하는 새로운 기술의 등장은 보다 많은 사람들에게 평생교육의 기회를 제공하고 인생과 함께 학습할 수 있도록 이끌어 주고 있다.

이 책은 성낙돈·가영희·조현구(2013)에 의해 발간되었던 책을 기반으로 새롭게 13장으로 구성하였으며, 1장에서는 평생교육방법의 개념과 새롭게 변화되고 있는 4차 산업혁명 시대의 평생교육 환경을 기술하였다. 2장에서 6장까지는 평생교육방법의 이론적 토대, 평생학습자의 특성, 평생학습 지도의 원리, 평생교육에서의 교수이론, 평생교육자의 역할과 자질을 다루었다. 7장에서는 평생교육의 교수학습 설계를 다루었고, 8장에서 10장까지는 평생교육방법을 다루었다. 11장에서 13장은 미래의 평생학습을 주도적으로 이끌어갈 것으로 기대되는 교육공학적 접근을 하였다. 11장에서는 교수학습매체, 12장에서는 원격교육, 13장에서는 이러닝을 다루었다.

이 책의 저자들은 십수 년간 대학과 평생교육현장에서 강의활동을 하면서 얻은 경험을 토대로 평생교육사 양성을 위한 교재로 집필하였다. 따라서 이 책이 평생교육사 양성은 물론, 평생교육 현장에서 강의활동을 하고 있는 많은 교수자들에게 작은 도움이 되었으면 하는 바람이다.

이 책이 나오기까지 격려와 수고를 아끼지 않으신 동문사의 이중수 대표님과 관계자께 감사의 말씀을 전한다.

2022년

저자 일동

차례

Contents

Chapter 07 평생교육의 교수-학습 설계

Chapter 08 개인중심 평생교육방법

Chapter 09 집단중심 평생교육방법

Contents

Chapter 10 경험중심 평생교육방법

Chapter 11 평생교육방법과 교수학습매체

Chapter 12 평생교육방법과 원격교육

Chapter

13 평생교육방법과 이러닝

CHAPTER

01 평생교육방법과 미래

학습개요

인류가 21세기 사회로 접어들면서 사회는 눈부시게 빠른 속도로 변화하고 있다. 이러한 변화의 원동력은 17세기 산업혁명을 출발 기점으로 끊임없이 과학 문명이 발전한 것에 있다. 사회의 발전은 인간의 삶에 영향을 미쳐 인간의 학습에도 변화를 가져오게 하였다. 즉, 일과 학습이 일치하던 패턴이 일과 학습을 분리하게 되었다. 현대사회에서는 다시 일과 학습이 동시에 일어나는 모습으로 변화하여 인간이 삶을 영위하고 있는 동안 끊임없이 학습하여야 하는 평생학습사회가 우리 곁에 머물게 되었다. 이 장에서는 21세기 사회의 교육 패러다임의 변화를 살펴보면서 평생교육방법의 개념에 대해 살펴보고자 한다.

학습목표

1. 사회 패러다임의 변화를 이해한다.
2. 교육 패러다임의 변화를 이해한다.
3. 평생교육방법의 개념을 이해한다.

1. 사회 패러다임의 변화

1) 4차 산업혁명의 등장

최근 인류는 기존의 일하는 방식이나 소비 형태뿐만 아니라 생활방식 전반에 걸쳐 혁신을 넘어 혁명이라고 표현할 수 있을 정도의 변화가 가속되고 있는 것이 현실이다. 2016년 세계경제포럼(World Economic Forum, WEF)에서 주창된 4차 산업혁명(Fourth Industrial Revolution)이라는 용어가 등장한 이래로 인류는 하루하루가 다르게 산업 및 경제 등 모든 분야에서 빛의 속도로 변화하고 있다.

지금까지 역사가 흘러온 과정에서 4차 산업혁명은 과거 인류가 경험했던 그 어떤 산업혁명에 비해 상상을 초월하는 속도로 매우 광범위한 분야에서 발전하고 있다. 2016년 3월 9일부터 15일까지 열렸던 이세돌과 알파고(AlphaGo)의 대결에서 알파고가 4승 1패로 승리한 사건은 인류에게 커다란 충격으로 다가왔고 새로운 가능성을 열어 주었다.

4차 산업혁명의 도래는 의미하는 바가 크다. 3차 산업혁명이 아날로그에서 디지털 시대로의 전환이었다면, 4차 산업혁명은 디지털에서 가상현실(VR)과 인공지능(AI)으로의 발전을 의미한다. 4차 산업혁명의 주요 키워드는 디지털 기술 측면의 AI, 빅데이터, 그리고 사물인터넷 등과 물리학이나 생물학 분야로 유전공학, 무인 운송수단, 3D 프린팅 등을 들 수 있다. 사회 전반적으로는 융·복합적 접근이 강조되고 있다(월간 인재경영 편집부, 2019).

새로운 시대의 도래는 인간이 살아가는 방식을 바꾸어 놓으려 하고 있다. 기업들은 신속하게 새로운 기술을 기존의 산업구조에 접목하여 플랫폼 방식으로 운영하기 시작하였고[1], 소비자로서 개인들 역시 기술의 발전으로 인해 저렴한 비용으로 상품과 서비스 등을 구매할 수 있어 훨씬 편리한 삶을 누릴 수 있게

---

1) 예를 들면 우버, 아마존, 에어비앤비 등이 이미 형성된 네트워크를 활용하여 이전과 달리 물리적으로 존재하는 공장이나 제반 시설 없이, 공유 방식으로 기업을 운영하고 있다.

되었다(신미식, 2019).

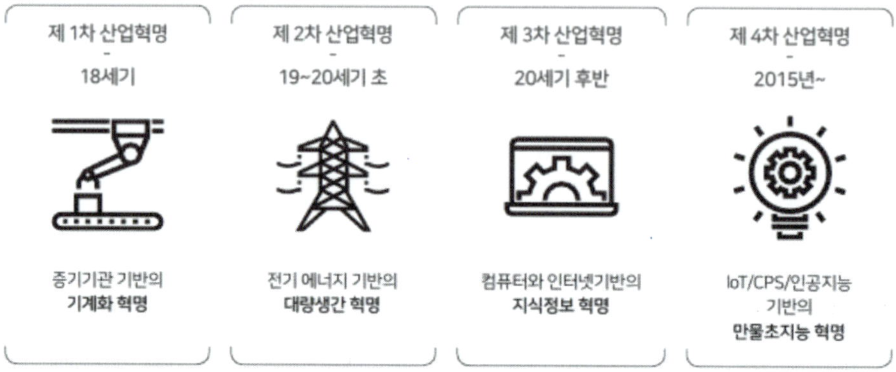

그림 1-1 산업혁명의 변화 단계

출처: 안종배(2017). 4차 산업혁명에서의 교육 패러다임의 변화.

세계경제포럼은 2025년에 다음과 같은 일들이 벌어질 것이라고 예측하고 있다(미래전략정책연구원, 2017).

① 세계 인구의 10%가 인터넷에 연결된 의류를 입고, 인터넷에 연결된 스마트 글라스(Smart Glass)를 착용한다.

② 1조 개의 센서가 인터넷에 연결된다.

③ 미국 최초의 로봇 약사가 등장한다.

④ 미국 도로를 달리는 차들 중 10%는 자율주행차가 될 것이다.

⑤ 3D 프린터로 제작된 간이 최초로 이식된다.

⑥ 인공지능(AI)이 기업 감사의 30%를 수행한다.

⑦ 가정용 기기의 50% 이상이 인터넷과 연결된다.

⑧ 전 세계적으로 자가용보다는 카 셰어링(car sharing)을 이용하는 사람들이 크게 늘어난다.

⑨ 5만 명 이상이 거주하지만 신호등이 하나도 없는 스마트시티(smart city)가

등장한다.

4차 산업혁명의 본질은 사물과 하드웨어가 스스로 분석하고 생각하는 주체로 바뀌는 데 있다. 이러한 본질을 정리해 보면 다음과 같다(김상무 외, 2021).

첫째, 현실 세계의 디지털화로 초소형컴퓨터를 탑재한 하드웨어가 다른 하드웨어와 연결되는 초연결성의 확보를 통해 방대한 데이터와 정보를 창출하고 축적한다. 둘째, 디지털 세계의 지능화로 이러한 빅데이터와 정보가 클라우드와의 접목을 통해 하드웨어 자체가 분석하고 생각하게 됨으로써 디지털화된 물리적 세계의 객체들이 초지능성을 갖게 된다. 셋째, 지능화 시스템의 사회적 탑재와 적용으로 소프트웨어 인공지능의 역할이 증대됨과 동시에 이들 소프트웨어와 하드웨어의 융합으로 사회 시스템의 통제 가능성이 확장되면서 산업구조, 도시 시스템, 그리고 삶의 방식이 극적으로 달라질 것이다. 또한, 초연결성 심화로 사람, 사물, 환경을 연결하는 사물인터넷은 인공지능을 만나 인터넷 생태계의 횡단적 연결성을 극대화한다. 더불어 예측 초지능성 심화로 사이버 시스템과 현실 시스템의 경계를 허무는 CPS(Cyber Physical System)도 인공지능을 만나 사회경제 시스템을 혁신하는 종단적 초지능성을 증폭한다. 그리고 예측 가능성 심화로 사물인터넷(IoT)과 CPS의 본질은 빅데이터 기반 운용으로 모든 분야에서 불확실성을 감소시키고 예측 가능한 사회로 이행하게 된다.

4차 산업혁명 시대에는 하나의 새로운 물건이나 기술이 개발되면 이것이 파급되는 속도는 과거와 비교할 수 없을 정도로 빠르게 진행된다. 그리고 대표적 기술들은 제품을 만들 때 생산성을 비약적으로 높여주고 운반비용은 대폭 줄여준다. 비즈니스 측면에서는 수요와 공급을 연결하는 플랫폼이 핵심사업으로 부상할 것이다. 따라서 그 결과 시장을 지배하는 강력한 소수의 플랫폼으로 집중 현상이 초래될 것이다(김정욱 외, 2016; 김상무 외, 2021 재인용).

한편, 4차 산업혁명 시대의 도래가 인간에게 많은 일자리를 사라지게 만들지만, 그럼에도 불구하고 다양한 기술을 어떻게 융합하고 통합하는가에 성패가 달려 있으므로 인간의 능력이 더욱 중요해지고 있다. 왜냐하면 인간의 올바른 판단이 그 어느 때보다 중요해질 수밖에 없기 때문이다. 따라서 4차 산업혁명 시대에 교육은 인간이 이러한 역할을 제대로 수행할 수 있도록 해주는 데 초점을 맞추어야 할 것이다(신미식, 2019).

2) 코로나19로 인한 팬데믹(Pandemic) 시대

2019년 12월 중국으로부터 들려온 신종바이러스인 코로나19 감염 소식은 인류에 커다란 재앙으로 다가왔고, 전 세계를 단절된 사회로 전환시켰다. 이름하여 팬데믹[2] 시대가 인류에게 찾아온 것이다.

이번 코로나19 바이러스 감염병은 이전의 팬데믹 현상보다 더욱 인간의 삶을 위협하고 있다. 코로나19의 급습은 인간의 정상적인 삶을 흩어 놓았고, 불과 6개월 만에 경기 침체를 가져와 금융시장, 관광사업, 국가 간 수출입, 항공사업 등이 영향을 받으면서 일자리의 감소로 이어져 심각한 생존의 문제가 야기되고 있다. 생존의 문제는 곧 교육과 직결된다(이용길, 2020).

팬데믹은 경제와 사회에 큰 악영향을 미치고 국가의 역할에 대한 확장된 요구를 불러일으키고 있다. 각국의 경제성장을 하락시키는가 하면, 수많은 자영업자와 소상공인들의 실적 하락과 폐업의 위기로까지 몰고 가고 있고, 대면 서비스 업종의 많은 실업자를 양산하고 있다. 사회적 거리두기라는 새로운 사회적 행동양식의 강제는 사회 구성원들의 물리적 이동 감소와 함께 마스크 착용과 백신 접종을 둘러싼 개인주의자들과 공동체주의자들의 가치 충돌을 야기함으로써 사회적 변화를 촉발하고 있다. 이러한 경험들은 향후 사회적 활동 방식에 대한 변화를 가져올 수 있다(김상무 외, 2021).

급속한 전파력을 갖고 있는 코로나19 바이러스로 인해 인류 사회는 초유의

2) 세계보건기구(WHO)는 전염병의 위험도에 따라 경보등급을 1에서 6등급으로 구분하고 있고, 이 가운데 가장 위험도가 높은 6등급을 팬데믹이라고 한다.

단절을 경험하고 있고, 이러한 상황으로 인해 교육이 갖고 있는 기본 틀이 흔들리고 있다. 즉, 하나의 공간에서 교수자와 학습자가 서로 마주하며 대화를 통해 진행되어 오던 면대면 교육의 패러다임을 비대면 실시간 교육으로 급속하게 전환시키고 있는 것이다.

비대면 실시간 교육이라는 개념은 코로나19로 인해 새롭게 등장한 것은 아니다. 이는 다른 온라인 교육들과 다르지 않게 학습자들이 머물고 있는 위치와 무관하게 교육을 진행할 수 있어 코로나19 이전에도 일부 글로벌 기업을 중심으로 실시되고 있었다(이진구, 2021).

코로나19 감염 초기 인간은 어찌할 줄 모르고 혼미한 상태에 있었다. 짧은 시간에 끝날 것으로 예상했던 상황이 긴 시간 동안 지속되며 인간은 빠르게 상황을 극복해 가는 모습을 보였다. 많은 평생교육기관들이 문을 닫고 교육을 중단하고 있었으나, 정보통신의 기술이 발달해 온 까닭에 큰 무리 없이 인터넷을 활용한 비대면 교육이 일상화되고 있다. 이로 인하여 어느새 포스트 코로나19 시대를 예측하고, 어떻게 대응해야 할 것인지에 대한 논의가 활발하게 이루어지고 있다.

3) 메타버스(Metaverse)의 대두

인터넷이 네트워크를 통한 연결성에 기반하여 소통에 걸리는 시간 단축에 혁신을 가져왔다면, 스마트폰은 이동성을 통해 데스크톱 앞을 벗어나 이동하면서도 끊임없이 소통할 수 있는 공간 해방의 혁신을 가져왔다. 이제 메타버스는 AI 기술을 기반으로 현실공간과 가상공간의 경계를 허무는 초월적 공간성을 제공하며 공간 통합이라는 새로운 혁신을 시도하고 있다(홍희경, 2021).

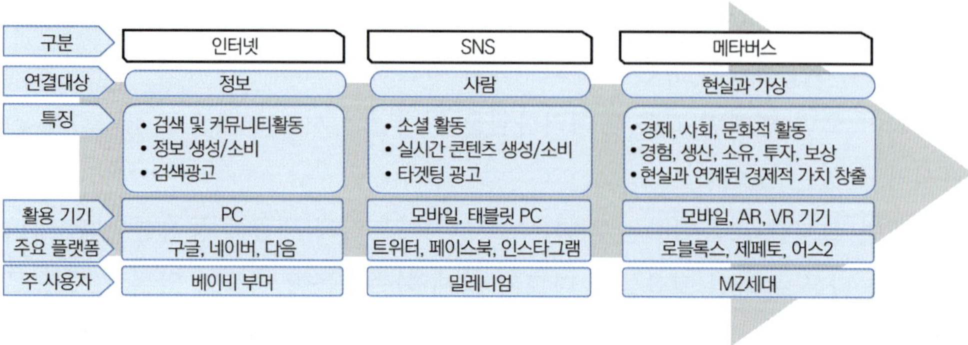

그림 1-2 인터넷, SNS, 메타버스의 비교

출처: 홍희경(2021). 메타버스의 교육적 적용을 위한 탐색적 연구.

메타버스(Metaverse)는 초월·가상을 의미하는 접두사인 '메타(Meta)'에 우주·세계를 뜻하는 영단어 '유니버스(Universe)'가 더해진 합성어로 초월세계, 가상세계를 의미한다. 메타버스를 간단하게 정의하기란 생각보다 쉽지 않다. 콘텐츠 한두 개, 서비스 한두 개로 완성될 세상이 아니기 때문이다. 메타버스는 엄청난 산업의 변화가 따라올 기술의 진화이다(이재원, 2021).

메타버스라는 용어의 등장은 1992년 미국의 SF 소설가 닐 스티븐슨의 'Show Crash'라는 소설에서 처음 등장했다. 메타버스는 콘텐츠 한두 개, 서비스 한두 개로 완성될 세상이 아니므로 간단히 정의 내리기 어렵다. 따라서 다양한 정의가 존재한다.

표 1-1 메타버스의 정의

연구자	정의
김상균(2020)	현실의 물리적 지구를 초월하거나 지구 공간의 기능을 확장해 주는 디지털 환경의 세상
김중한, 이영진(2021)	인터넷으로 파생된 연결의 가치 속에서 가장 진화된 인터페이스를 갖춘 서비스

연구자	정의
오연주(2021)	가상세계(Virtual World)와 현실세계(Real World)를 아우르는 보다 확장된 공간
유진희(2021)	가상공간에서는 현실과 유사한 실재감을, 현실공간에서는 가상세계의 시스템을 그대로 이어서 활용하려는 대중의 요구와 기술의 진보, 언택트 생활의 시대적 요구 아래 대세로 부상한 미래형 융합 공간
이승환, 한상열 (2021)	가상과 현실이 상호작용하며 공진화하고 그 속에서 사회·경제·문화 활동이 이루어지면서 가치를 창출하는 세상

출처: 홍희경(2021). 메타버스의 교육적 적용을 위한 탐색적 연구.

이와 같은 정의를 종합해 보면 '메타버스란 현실세계와 가상세계가 상호작용하는 확장된 미래형 융합 공간을 의미한다.'라고 볼 수 있겠다. 즉, 단순한 가상공간이 아니라 고도화된 실감기술을 매개로 현실세계와 가상세계가 적극적으로 상호작용하는 과정에서 생긴 제3의 세계이자 상호작용하는 방식 그 자체라 할 수 있다(이재원, 2021).

초기의 메타버스는 대부분 게임의 형태로써 미션을 해결하여 목표를 달성하거나 경쟁 중심 형태로 진행되며 PC 기반의 독립적 생활·소통 공간을 제공하는 형식이었고, 서비스 공급자가 제공하는 아이템의 거래 등 소비 중심 경제활동 형태로 이루어졌다. 그러나 현재의 메타버스는 생활·소통 공간에서 협력이나 교류가 가능한 형태로 제공되거나 특화하는 방식 및 애용자가 스스로 쉽게 아이템을 생산하고 운영할 수 있도록 제공되는 등 플랫폼 자유도나 기반기술, 경제활동 측면에서 차이를 보이며 발전하고 있고, 이용자가 게임 및 아이템을 개발하고 제작하는 등 생산과 소비의 연계 또는 현실경제와의 연관성을 높이는 방향으로 변화하고 있다(이승환·한상열, 2021; 이재원, 2021 재인용).

미국의 기술연구재단 ASF(Acceleration Studies Foundation)는 메타버스의 유형을 네 가지로 구분하고 있다(이재원, 2021; 홍희경, 2021).

표 1-2 메타버스의 유형

유형	개념
증강현실 (Augmented Reality)	현실세계 위에 스크린과 같은 디스플레이 장비를 이용해 각종 가상의 사물과 인터페이스를 겹쳐 올리는 기술
라이프로깅 (Life-logging)	현실세계에서 생긴 일들을 디지털 공간에 저장하고 공유하는 방식
가상세계 (Virtual Worlds)	그래픽 기술로 구축한 가상의 세상에, 인터넷 기술을 통해 접속하는 방식
미러월드 (Mirror Worlds)	거울세계는 물리 지구를 사실적으로 복제·재현하고 그 위에 추가 정보를 덧붙인 메타버스의 유형. 물리 지구의 정보를 단순히 복제하는 것을 넘어 '정보적으로 확장된(Informationally Enhanced)' 세계라는 점이 특징

이러한 유형의 특징을 살펴보면 아래와 같은데 최근에는 증강현실과 가상세계의 융합형태로 서비스를 제공하는 제페토와 같이 유형을 넘나들며 융합된 형태로 활용되는 경향을 보인다(홍희경, 2021).

표 1-3 메타버스 유형별 특징

유형	특징	예
증강현실 (Augmented Reality)	실제 세계에서 2D 또는 3D로 표현되는 가상 물체나 인터페이스를 겹쳐 놓아 상호작용이 가능하도록 구축한 환경	포켓몬Go, 이케아 플레이스
라이프로깅 (Life-logging)	인간의 신체, 감정, 경험, 움직임 등 일상에서 얻는 경험과 정보(텍스트, 이미지, 영상 등)를 가상의 웹 공간에 기록하고 재현하는 활동	블로그, 인스타그램 등 SNS 공간, 나이키 플러스 등
가상세계 (Virtual Worlds)	디지털 데이터와 컴퓨터 그래픽 기술을 활용하여 현실세계와 비슷하거나 대안적으로 구현한 3차원의 가상세계	세컨드라이프, 로블록스, 제페토, 마인크레프트 등
미러 월드 (Mirror Worlds)	실제 세계에 다양한 정보를 덧입혀 최대한 사실적으로 재현해 낸, '정보적으로 확장된' 가상세계	구글어스, 구글맵, 네이버지도, 업랜드 등

출처: 홍희경(2021). 메타버스의 교육적 적용을 위한 탐색적 연구.

2. 교육 패러다임의 변화

1) 지식기반사회에서의 교육환경[3)]

사회의 변화는 생산방식의 변화뿐만 아니라 산업에서의 가치는 물론, 자원의 주체와 자원의 형태까지도 변화하게 만들었다. 이와 같은 변화 속에 교육환경 또한 새로운 패러다임으로 변화하여 왔다.

지식 기반사회에 있어서는 지식을 어떻게 생산, 관리, 활용하느냐가 핵심적 과제이다. 한 나라가 자력으로 수준 높은 지식을 얼마나 생산할 수 있느냐가 국가 자립도의 지표가 된다. 이러한 지식 기반사회에서 중요한 것은 지식 관리와 지식 활용이다. 지식 관리란 지식의 보존, 유통, 전수에 관한 활동을 의미하고, 지식 활용이란 경제적 생산활동에서뿐만 아니라 정치와 일상생활에서도 능률 향상과 합리성 증진에 지식의 힘을 얼마나 효과적으로 이용하느냐를 의미한다.

세계화 이전에는 지식의 생산, 관리, 활용은 국가 단위로 이루어졌다. 그러나 오늘날에는 급속하게 지식의 국제유통이 확대되고 있다. 국가 내부 체계만으로 지식 기반 사회를 독립적으로 유지하기가 불가능하게 되었다.

지식 기반 사회가 교육에 던져주는 문제는 간단치 않다. 그렇지 않아도 문제가 많고 시대에 뒤떨어진 교육제도에 엄청난 새로운 변혁을 요구하고 있다. 가장 큰 난관의 하나는 지식 세계의 변화이고 다른 하나는 학습 필요의 확대이다.

지식 기반 사회에서는 각 개인의 학습 필요가 엄청나게 확대되는데, 이 엄청난 학습 필요를 기존의 교육제도는 도저히 충족시킬 수 없다. 그러므로 국가 차원에서 모든 국민이 새로운 지식으로 무장해야 국가경쟁력을 높일 수 있는 것이고, 기업은 사원들 각자가 담당한 업무에 관련된 충분한 지식과 기술을 갖추어야 다른 기업과 경쟁에서 이길 수 있다. 개인 차원에서도 끊임없이 변하는 지식과 기술 세계 속에서 낙오하지 않기 위해서는 전 생애에 걸쳐서 학습을 계속

3) 배석영 외(2013). 평생교육론 참조.

하지 않을 수 없다. 따라서 평생에 걸친 부단한 학습생활을 피할 수 없다. 그런데 폭증하는 학습 필요를 기존의 학교 제도가 충족시키는 것은 불가능한 일이다.

지식 기반 사회에서는 생애의 한정된 시기에 교육하는 것만으로는 안 되고 전 생애 기간 동안 교육해야 하며, 특정 대상에게만 교육해서는 안 되고 모든 국민에게 교육 기회를 제공해야 하고, 국가와 교육자들이 선정한 내용으로 가르쳐서는 변화하는 지식 세계에 빠르게 적응할 수 없다. 따라서 평생학습의 중요성은 날로 증대되고 있다.

2) 4차 산업혁명 시대의 교육환경

우리 사회는 정보화시대를 지나 SNS가 지배하는 스마트사회 성숙기와 초연결·초지능 사회인 4차 산업혁명 시대로 진입하였다. 앞서 살펴보았던 4차 산업혁명을 이끄는 핵심 기술인 인공지능(AI), 사물인터넷(IoT), 빅데이터(Big Data)의 발달은 상호 연결된 유무선 인터넷망을 활용하여 방대한 데이터의 수집 및 분석, 활용을 가능하게 하였고, 이러한 데이터 기반의 인공지능 컴퓨터가 내장된 기계가 스스로 학습하고 예측하여 적시적소에 합당한 행동을 수행하는 초연결·초지능 사회가 구현되었다(안종배, 2017).

4차 산업혁명이 본격화된 지금 우리 사회에는 많은 부분이 기계나 로봇으로 대체된 모습 - 무인 자동화 점포, 패스트푸드 매장의 주문 단말기, 음식점의 배달 로봇 등 - 을 볼 수 있다. 이와 같은 시대의 인재에게 요구되는 역량은 기존의 산업시대에 요구되었던 역량과는 다른 다양성, 창의성, 유연성 등이다.

Albert(2015)는 4차 산업혁명 시대에 요구되는 일곱 가지 능력으로 인터넷 네트워크에 대한 이해, 빠른 의사결정능력, 사이버보안에 대한 이해, 다양한 인식, 그리고 인간의 권한에 대한 이해를 열거하고 있다. 뿐만 아니라 4차 산업혁명 시대 2020년에 가장 중요한 업무능력으로 10가지가 제시되었다. 현재의 성인은 잠재적 평생학습자로 4차 산업혁명 시대에 요구되는 역량과 업무능력은 학습사회에서 강화해 나가야 할 역량이라고 할 수 있다(이효영, 2021).

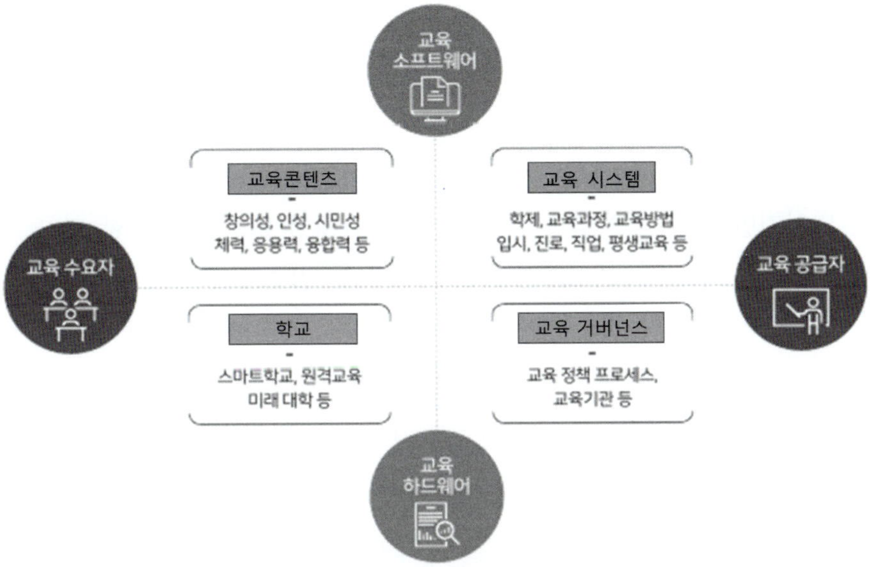

그림 1-3 4차 산업혁명 시대의 교육 프레임워크

출처: 안종배(2017). 4차 산업혁명에서의 교육 패러다임의 변화.

4차 산업혁명 시대에 요구되는 교육 프레임워크를 살펴보면 교육 관련한 모든 체계가 총체적으로 상호 협력하여 구축될 필요가 있다. 즉, 교육 콘텐츠는 4차 산업시대가 요구하는 인재상을 중심으로, 교육 시스템은 학제, 교육과정, 교육방법, 입시, 진로, 직업, 평생교육 등을 중심으로, 학교는 스마트학교, 원격교육 미래대학 등과 교육 거버넌스 부분에서는 교육 정책 프로세스, 교육기관 등을 중심으로 이들이 상호 협력하면서 동시적으로 변화를 추구해야 할 것이다(안종배, 2017).

우리나라에서 평생교육에 대한 관심을 갖게 된 것은 1995년 발표된 교육 개혁안에 처음 등장하면서부터라고 볼 수 있다. 그 당시 평생교육이 관심을 끌게 된 이유 중 하나는 평생교육이 가진 진보적 성향 때문이다. 당시 우리 사회가 민주화의 바람을 타게 되었고, 이로 인해 교육 분야도 전면적인 개편이 요구됨에 따라 평생교육이 그 당시 한국 교육이 직면한 문제들을 해결하는 대안으로 떠오르게 되었다. 1999년 8월 평생교육법의 제정은 우리 사회에 본격적인 평생교육(학습)시대를 열어가는 발판이 되었다.

그러나 그 이후 평생교육은 아쉽게도 여러 정권을 거치면서 양적으로 많이 확대는 되었지만 초기의 이념을 살려 한국 사회에서 변화를 주도할 만큼 질적 성장을 이루지는 못하였다. 최근 제4차 평생교육 진흥 기본계획에는 제4차 산업혁명의 시대적 요구에 부응하여 평생교육이 중요한 역할을 해야 한다고 강조하고 있다. 즉, 지금의 폐쇄적이고, 수직적인 학교교육 체제와는 근본적으로 다른 교육 체제가 필요하다는 점을 강조하면서 평생교육을 그 대안으로 제시하고 있다(신미식, 2019).

4차 산업혁명의 생활방식 전반에 걸친 혁명적 변화는 기존의 일하는 방식과 환경에 점차 가속화되어 나타나고 있다. 이러한 변화는 곧 평생교육의 학습내용부터 방법, 학습적 접근까지 새로운 패러다임으로 바라보아야 할 것이다(이효영, 2021).

3) 교육 개념과 방법의 변화

교육은 인간 삶의 동반자라고 표현해도 틀리지 않은 정의라고 할 수 있다. 왜냐하면 오늘날 교육은 태교로부터 시작되어 삶을 마감할 때까지 끊임없이 지속되기 때문이다.

인간사회에 있어서 의도적·제도적 교육의 원초적인 형태는 성년식 행사로 볼 수 있다. 성년식의 교육적 의의는 집단성원의 자격요건의 구비 여부를 심사받는 의식이자 절차로서, 그 점검은 집단의 존속 차원에서 이루어진 의도적·제도적·형식적 교육의 뚜렷한 전개였다(이원호, 2002). 고대시대는 문자가 존재하지 않았으므로 말을 잘할 수 있도록 가르치는 수사학이 교육의 주된 내용이었지만 문자와 활자가 인간의 삶에 등장하면서 읽기와 쓰기가 교육의 중심이 되었다. 교육의 기능은 개인의 지적 성장에 도움을 주고, 이를 통해 사회 구성원의 일원으로서 역할 수행이 가능하도록 하는 것, 즉 사회화에 있다고 볼 수 있다. 교육은 다양한 사회적 기능을 갖고 있다. 즉, 문화유산 보존 및 전달 기능, 사회통합의 기능, 사회충원의 기능, 사회적 지위 이동의 기능, 사회개혁 기능 등이다.

현대사회에서는 이러한 기능에 사회가 요구하는 인력 양성이라는 기능과 책무를 더하고 있다. 이것이 의미하는 바는 사회적 변화는 교육의 내용과 형태에 영향을 끼치고 변화시킨다는 것이고, 교육과 사회의 관계가 매우 밀접함을 나타내는 것이다.

사회 패러다임의 변화는 인간의 삶의 변화를 동반하였고 교육의 역할 및 개념도 함께 변화시켰다. 농경사회에서의 교육은 곧 삶이고, 삶은 학습이었다. 산업사회에서는 교육은 학교교육을 의미하였고, 정보사회 역시 교육은 학교교육을 의미하였으나 학습과 일이 분리되었고, 행함으로써의 학습이 이루어졌다. 지식창조사회에서의 교육은 평생교육을 의미하며, 학습과 일이 함께 이루어지고, 네트워킹에 의한 학습이 이루어졌다. 21세기 사회에서는 지식창조사회의 모습을 유지하고 있으나, 새로운 변수들이 인간의 삶에 등장하면서 새로운 방식의 교육이 강하게 제기되고 있다.

정보사회에서 컴퓨터 네트워크가 교육에 주는 영향은 교육의 목적, 내용, 방법 등 교육 전반에 걸쳐 광범위한 변화를 초래하였다. 이는 교육의 방향도 다양성, 자율성, 창의성 등을 강조하는 형태로의 변화를 이루었으며, 지금까지 우리 교육의 주도적 역할을 담당했던 전통적인 공교육제도 중심의 학교교육 형태를 평생교육의 형태로 변화시키는 과도기에 있다고 볼 수 있다.

정보사회에서는 학습자가 선택의 결정권을 갖고 자기주도적 학습을 하는 교육으로 변화되었다. 또한 디지털 사회의 도래와 함께 지식은 학교와 교과서를 통해서 얻을 수 있는 것이 아니라 전 세계를 연결하고 있는 인터넷망에서 누구나 쉽게 접근할 수 있게 되었다. 따라서 이 시대에 요구되는 역량은 많은 지식과 정보를 암기하기보다는 산재해 있는 지식을 어떻게 자기에게 맞도록 관리하고 활용할 수 있는가의 역량이 중요하게 되었다.

한편 4차 산업혁명이 현실인 작금의 상황에서 인공지능(AI)을 어떻게 활용하여 우리의 삶에 잘 적용할 수 있는지의 여부(與否)가 관건이다. 미네르바와 같은 캠퍼스가 없는 대학이 등장하고, 최근 우리 사회의 화두(話頭)로 등장한 메타버스(Metaverse)는 1990년대 중반부터 꿈꿔 왔던 이상을 현실화시키는 기술로 인간의 삶에 커다란 변화를 이끌어갈 것이다.

박영숙(2010)은 「2020 미래교육보고서」에서 교육의 세계에 급격한 변화가 오기 시작할 것이고, 많은 사람들이 교육제도의 방향에 대해 여러 가지 예측을 하고 있지만 가장 확실하다고 예상되는 것은 앞으로 교육이 교육포털인 아이튠즈(iTunes)나 아마존, 놀리지 가든, 위키피디아, 세컨드라이프와 같은 온라인의 세계를 통해 이루어질 것이라고 예견했다. 이러한 밑에서 위로의 접근은 손쉽게 만들어지게 되고, 참가자들이 실제 현장의 필요를 중심으로 이끌어갈 수 있다는 이점이 있어 향후 교육현장의 급격한 변화를 주도할 것이라고 하였다.

이와 같은 예견은 뜻하지 않은 코로나19의 등장은 인류를 팬데믹 상황으로 만들었고, 상호 비대면의 시대를 연출함에 따라 속도를 더해 급속하게 우리 주변에 파고들게 되었다. 즉, 비대면 교육의 수단이 되는 다양한 플랫폼이나 소프트웨어 등이 활성화되었다.

최근 우리 주변을 살펴보면 가장 두드러지게 교육적 기능을 담당하고 있는 것 가운데 하나가 흔히들 너튜브라고 부르고 있는 유튜브(YouTube)이다. 이곳에는 다양하고 수많은 교육 영상들이 올려져 있어 언제든지 자신이 원하는 콘텐츠를 검색하여 시간과 장소에 구애받음 없이 학습할 수 있게 되어 있어 편리하게 이용하고 있다. 이러한 모습이 의미하는 바는 향후 시대에는 수동적인 교육의 개념보다는 능동적인 학습의 개념이 우리를 지배하게 될 것이라는 것이다.

따라서 기존의 패러다임에서 실시했던 교육방법은 인터넷 기술의 발달과 인공지능(AI)의 발달이 접목되고, 가상현실의 세계를 활용한 새로운 방식의 교육방법으로 전환되어야 한다. 메타버스를 활용한 가상현실 속의 강의는 인간에게 어떤 영향을 줄 것인지 자못 궁금하다. 산업화와 과학기술의 발달이 인간의 비인간화를 초래하였고, 단절의 사회가 이를 심화시켰다면, 향후 가상세계는 이러한 비인간화를 어떻게 해소하고 비현실세계에서의 인간성 회복을 구축할 것인가가 관건이라고 볼 수 있다.

3. 평생교육방법의 개념

방법이란 그리스어에 기원을 두고 있는데, '무엇을 따라서'라는 'meta'와 '길'을 뜻하는 'hodos'의 합성어인 'methodos'에서 유래하고 있다. 따라서 방법이란 어떠한 길을 따라감을 의미한다(배석영 외, 2013).

오늘날 평생교육기관이 우리 주변에 산재해 있고, 다양한 형태의 평생교육프로그램이 제공되고 있다. 현대사회를 살아가기 위해서는 학교교육만으로는 충분하지 않다는 인식이 많은 사람들에게 공감을 주었고, 이로 인하여 다양한 교육프로그램에 관심을 갖고 참여하고 있다. 이러한 사회적 현상은 평생교육이 중요하다는 것을 시민들에게 일깨워주었고, 따라서 국가는 양질의 다양한 평생교육프로그램을 여러 교육기관을 통해서 제공해야 하는 시대적 사명을 갖게 되었다.

평생교육방법에 대한 개념을 알아보기 위해서 선행되어야 할 것은 교육학에서 논의되고 있는 교육방법의 개념을 알아볼 필요가 있다. 교육방법을 넓게 보면 바로 교육의 과정(process of education)을 의미하게 된다. 즉, 넓은 의미의 교육방법에는 교육 목적의 탐구, 교육과정 구성, 수업(학습지도), 교육의 평가 등이다. 전통적으로 교육방법이란 교육내용을 제시하는 형태(presentation forms), 즉 교수형태, 교수방법, 수업방법, 교수전략 등 구체적이고 좁은 의미를 갖는다(이화여자대학교 교육공학과, 2005).

교육방법의 사전적 정의는 교육활동을 효과적·능률적으로 수행하기 위한 방법을 의미한다. 즉, 교수방법(instructional method)이라고도 하는데, 어떻게 가르칠 것인가를 포괄하는 개념이다. 학교에서의 교육방법은 교수(教授)·양호(養護)·훈련(訓練)을 뜻하였으나(유승우 외, 2013) 평생교육에 있어서의 교육방법은 이러한 의미와 다른 점이 있다(박노열, 1997; 김종표, 2018 재인용).

평생교육방법에 대한 개념 정의를 위해 교육학에서 말하는 교육방법에 대한 견해를 살펴보면 다음과 같다.

변영계 등(2003)은 "교육방법은 구체적으로 교수방법을 의미하며, 이 교수방법은 교사 및 기타 교수자들이 학습을 발생시키기 위한 목적으로 설계·개발·적용·관리·평가를 위한 지식과 실행력"으로 정의하고 있다.

교육방법이란 상호작용하고 있는 학습자에게 자신의 지식을 전달하고 설득함으로써 행동의 변화를 유도시키거나 지식의 전이를 촉진하는 것이다. 이는 주로 언어를 매개체로 사용하여 실용적인 원칙에 기반하여 지식을 전달한다(박성희 외, 2013).

서울대학교 교육연구소(1994)는 교육방법이란 일반적으로 주어진 목표를 달성하기 위한 하나의 조건형성과정이며 방안(device)으로 설명하고 있다(김종표, 2018 재인용).

Heinich 등(1996)은 "교육공학에서 본 교육방법의 개념을 전통적으로 교수내용을 제시하는 형태", 즉 교수형태를 의미한다고 하며 매체와 메시지의 관계를 설명하고 있다(이신동, 2012).

이신동 등(2012)은 "교육방법이란 교수-학습 활동에서 피교육자의 개인적 특성과 학습지도의 모델, 비용과 시간적 여유에 대한 고려, 학습 환경 등을 고려해서 수업목표에 도달하기 위한 학습 설계, 개발, 적용, 관리, 평가를 위한 제반 활동"으로 정의하고 있다.

이와 같은 여러 정의를 종합해 보면 교육방법이란 주어진 교육목표를 달성하기 위해 교수자가 학습자의 개인적 특성 및 학습 환경 등을 고려해서 지식·정보 등을 전달하기 위하여 제반 활동을 전개하는 것으로 볼 수 있다.

지금까지 평생교육방법의 개념을 이해하기 위해서 교육방법에 대해 살펴보았다. 평생교육의 방법이라는 것은 특별하게 정해진 일련의 교육방법으로 한정지을 수 있는 것이 아니라 수없이 다양한 교육방법 가운데 평생교육의 맥락과 취지에 적절하게 사용될 수 있는 교육방법들을 모두 포함하는 것이다. 따라서 특정의 어떤 교육방법을 놓고 그 자체만으로 '이것이 평생교육방법이다, 아니다'로 판단하는 것은 적절하지 않다. 즉, 평생교육방법과 일반적 교육방법을 구분할 수 있는 기준이 명확하지 않다(성낙돈 외, 2013).

말하자면 평생교육의 방법은 매우 다양하며 프로그램의 유형과 목적, 학습자의 특성에 따라 달라진다. 따라서 평생교육에서의 교육방법을 한마디로 개념을 명확하게 규정하는 것은 쉬운 일이 아니다(김종표, 2018).

몇몇 평생교육방법의 개념을 정리한 내용을 살펴보면 배석영 등(2013)은 평생교육방법이란 "삶의 질을 높이기 위하여 교육을 통하여 하나의 특정한 길을 안내해 주는 방법"이라고 하였다. 성낙돈 등(2013)은 평생교육방법이란 "평생교육의 목적 또는 목표를 달성하기 위해 사용되는 교수방법 또는 사회구성원의 평생학습적 동기와 활동을 촉진하는 데 활용되는 교수방법"이라고 정의하였다. 김용현 등(2013)은 "평생교육 목표를 달성하기 위하여 학습자와 학습내용을 조직하고 효과적인 교수·학습방법 등을 동원하여 일련의 조직적이고 의도적인 교육활동"이라고 하였다.

이와 같은 정의를 종합하여 보면 평생교육방법이란 평생교육이 추구하는 교육 목적을 달성하기 위하여 교수자의 학습내용의 논리와 학습자의 심리 사이를 중재해 주는 역할을 하는 것으로 정의 내릴 수 있다.

평생교육방법은 평생교육의 내용 중에서 핵심을 이루는 중요한 개념으로 이것은 교실이란 공간에서 일어나는 교수자의 수업만을 지칭하는 것은 아니며, 우리의 일상생활에서 나타나는 가르치는 것과 관련된 모든 행위를 일컫는다. 예를 들면 어머니가 아이의 질문에 계속 대답을 하게 되는 경우에는 자신이 갖고 있는 지식을 어떻게 아이에게 효과적으로 전달하느냐와 관계되므로 이것도 평생교육방법적인 스킬이 요구된다. 의사가 환자에게 증상을 설명할 때에도 지식 전달과 관련된 것이고, 길을 가던 행인이 길을 묻는 운전자에게 대답을 해야 하는 경우나, 판매원이 고객에게 물건의 사용법에 대하여 설명하는 것도 평생교육방법과 관련된 것이다(배석영 외, 2013).

위와 같은 모든 사례에서는 상대방에게 자신의 지식을 전달하고 상대방을 설득하여 행동의 변화를 유도하거나 지식이 축적되도록 하는 공통점을 갖고 있다. 평생교육방법적 행위란 하나의 상징이며 언어를 통하여 이루어진다. 언어를 통한 일상적인 중재는 실용적인 원칙을 따라 이루어져야 한다. 중재란 목적이 있는 상태에서 일어나는 것이므로, 학습자의 기대에 만족되어야 하며 이해를 도모하는 것이 되어야 한다(전게서).

탐 구 문 제

1. 4차 산업혁명이 평생교육에 미칠 영향에 대해 생각해 봅시다.

2. 메타버스의 대두가 평생교육방법에 미칠 영향에 대해 생각해 봅시다.

3. 4차 산업혁명 시대의 교육 프레임워크에 대해 설명해 봅시다.

CHAPTER

02 평생교육방법의 이론적 배경

학습개요

평생교육방법이론의 발전은 성인들을 대상으로 한 학습심리 연구에 기반을 두고 있다. 이 장에서는 성인학습자의 특성과 성인교육의 실천원리로 여겨지는 성인학습이론을 중심으로 안드라고지(Andragogy), 구성주의학습, 전환학습, 의식화이론, 자기주도 학습 등에 대하여 살펴보고자 한다.

학습목표

1. 안드라고지에 대해 이해한다.
2. 구성주의 학습에 대해 이해한다.
3. 전환학습에 대해 이해한다.
4. 의식화 이론에 대해 이해한다.
5. 자기주도 학습에 대해 이해한다.

1. 안드라고지

1) 안드라고지의 어원

안드라고지(andragogy)는 희랍어 andros(man)와 again(to lead)으로부터 형성되어 '성인들의 학습활동을 돕는 기예와 과학(art and science of helping adults learn)'을 의미한다. 이와 대조적인 의미로 페다고지(pedagogy)는 paid(child)와 agogos의 합성어로 '어린이들을 가르치는 기술과 과학(art and science of teaching children)'이라는 뜻을 가지고 있다(Knowles, 1980). 안드라고지라는 용어는 1833년 독일 그래머 스쿨의 교사 Alexander Knapp가 플라톤의 교육철학을 설명하기 위해 사용한 것에서 유래하였고, 1921년 독일의 사회과학자인 Eugen Rosenstock에 의해 사용되기 시작하였다(신용주, 2006).

노울즈(Knowles)는 성인이 되기 전의 학교교육과 구분하기 위해 유럽에서 발전된 안드라고지(Andragogy)의 개념을 도입하였다. 안드라고지는 성인학습자에 대한 여섯 가지 가정을 전제한다.

① 사람들은 성숙해 가면서 자아개념이 의존적에서 자기주도적으로 변한다.

② 성인은 시간이 갈수록 더 많은 경험을 축적하게 되며, 그 경험은 귀중한 학습자원이다.

③ 성인의 학습준비성은 그 사람의 발달과업 또는 사회적 역할과 깊은 관계가 있다.

④ 사람들은 성숙해감에 따라 시간 관점이 변화한다. 즉, 학습한 지식을 미래에 적용하는 것으로부터 즉각적인 적용으로 바뀌며, 성인의 학습은 과목 중심적이기보다 문제 중심적이다.

⑤ 가장 강력한 학습동기는 외적 동기가 아니라 내적 동기이다.

⑥ 성인은 자신이 왜 그것을 배워야 하는지를 알아야 한다.

노울즈는 교실 분위기가 신체적, 정신적으로 '성인에 합당'해야 하며, 교수자와 학습자들 사이에는 '공동 연구자로서 서로 함께하고 있다는 정신'이 존재해야 한다고 언급하며, 자기주도적이라는 의미를 성인학습자들이 자신들의 학습요구(needs)의 진단, 학습활동의 설계와 실행, 학습활동의 평가에 참여할 수 있다는 것을 의미한다고 보았다.

안드라고지(Andragogy)와 페다고지(Pedagogy)의 원리상의 차이는 기본적으로 교육대상, 즉 아동과 성인학습자로 특징지을 수 있다. 아동과 성인학습자 간에는 생물학적 연령, 사회문화적 생활환경, 그리고 심리학적 발달단계의 차이가 있을 뿐 아니라 아동과 성인학습자가 처해 있는 상황의 차이도 있다. 아동과 성인학습자들이 지니고 있는 제반 특성의 차이점은 이들에 대응하는 학습지도 원리의 전제조건이 될 수 있다. 이와 같은 입장에서 보면 페다고지와 안드라고지는 대립적으로 보일 수 있지만, 인간교육 전체적 관점이나 평생교육학적 관점에서 보면, 이 두 학습이론은 연속선상의 상호보완적 관계이며, 페다고지에서 안드라고지로 이동해 가는 것을 알 수 있다. 상호보완적이라고 할 수 있는 예로, 안드라고지가 성인학습자들에게만 적용되는 것이 아니라, 아동 및 청소년 학습자도 학교 외의 학습에 있어서는 자기주도적일 수 있는데, 이와 같은 상황에서는 아동학습자도 안드라고지가 유용하며, 학교학습 상황에서도 안드라고지의 원리에 의하여 아동의 경험을 학습자원으로 활용하기도 하고, 주체적으로 학습을 계획하고 실시하는 데 필요한 장면을 구성하는 것이 적절하다고 할 수 있다.

성인학습자는 기본적으로 아동이나 청소년과 다른 존재이므로 그 차이점이 교육활동에 반영되어야 한다고 믿고 있다. 안드라고지는 성인학습자가 일정한 사회적 역할과 지위, 풍부한 경험, 그리고 다양한 학습욕구를 지니고 있으므로, 새로운 이론 및 실천체계로 등장하게 되었다(신용주, 2006).

2) 안드라고지의 기본 가정

안드라고지(Andragogy)는 아동학습자와 구별되는 성인학습자의 특성을 제시하고 있다. 안드라고지가 제시하는 성인학습자의 특성인 안드라고지의 기본 가정은 다음과 같다.

첫째, 알고자 하는 욕구이다. 성인학습자는 어떤 것을 배우는 것을 시작하기 전에 왜 그것을 배워야 하는지 알고 싶어 한다. 토프(Tough, 1971)는 성인학습자들이 어떤 것을 스스로 배우기 시작했을 때는 배움을 통해서 얻게 될 좋은 것들과 배우지 않았을 때 얻게 될 부정적인 것들을 계산하고 상당한 양의 에너지를 투자하는 것을 발견했다. 따라서 교수자는 성인학습자들의 삶의 질이나 수행효과를 향상시키기 위한 학습의 가치를 지적으로 알려줘야 하는 것이다. 성인학습에 있어 학습의 최고 교수자는 성인학습자가 왜 그것을 배워야 하는지 알게 해주는 데 있다고 할 수 있다.

둘째, 학습자들의 자아개념이다. 성인학습자들은 자신의 삶에 있어 자신이 내린 결정에 책임을 지는 존재라는 자아개념을 가지고 있다. 이러한 자아개념은 아동기를 거치면서 형성되는 것으로 보고 있다. 아동이 자아정체감이 형성되기 시작하면서 그는 처음에는 성인 세계와 충돌하지 않는 경험적이고 사소한 문제를 자신이 스스로 의사결정을 할 수 있는 능력을 가졌다고 보기 시작한다. 성인학습자들은 자신이 스스로 결정하고 독특한 인간으로 인식되고 싶은 욕구를 가지고 있다. 따라서 성인학습자들은 자율적인 개인으로서 자아개념이 인정되지 않는 상황에서는 학습을 거부하는 경향이 나타나기도 한다. 그러나 성인학습자들이 학습을 재정립하는 과정을 거치게 되고, 자신이 인생의 다른 측면에서 하는 것처럼 자신의 학습에 대한 책임을 질 수 있다는 것을 발견하게 되면 그는 안도감과 희열을 경험할 수 있을 것이다.

셋째, 학습자들의 경험에 대한 역할이다. 성인학습자는 아동과 달리 아주 다른 질과 많은 양의 교육활동을 한다. 따라서 성인학습자들은 경험의 양과 질에 있어 아동들과 차이가 나는데, 이는 성인학습에 있어 여러 가지 결과에 영향을 미친다. 성인학습자 집단은 어떤 아동학습자 집단보다 개인차 범위가 크다. 또한 성인학습자 그룹은 이질적이다. 특히 성장배경, 학습 스타일, 학습동기, 욕구, 흥미, 목표에 있어서 아동학습자들에 비해 상당한 차이를 보인다. 따라서 성인학습에 있어 가장 중요한 것은 학습전략의 개별화이다.

또한 성인학습자들은 그들 스스로가 학습에 필요한 풍부한 경험들을 가지고 있다. 그러므로 성인학습에 있어 집단 토론, 모의 상황, 사례 연구, 실험실 연구와 같은 경험적 기법은 학습에 효율적으로 활용될 수 있다. 따라서 동료들끼리 도와가며 학습할 수 있는 것이 가능해진다.

그러나 경험이 많다는 것은 부정적인 영향을 가질 수도 있다. 경험이 쌓이면 쌓일수록 사고, 습관, 편견, 선입견 등에 사로잡힐 수 있는 경향성도 있다. 그래서 새로운 생각, 대안적 사고를 하는 데 있어 방해요소로 작용할 수 있다. 그러나 성인학습자들에게 있어 어떠한 상황에서도 경험은 무시되어서도 안 되고, 평가절하되어서도 안 된다.

넷째, 학습준비도이다. 성인학습자는 그들의 실제 삶의 상황 속에서 효과적으로 대처하기 위해 사용할 수 있는 것들을 알고 싶어 하고 배우려는 경향이 있다. 학습경험 시기의 중요성은 발달과제와 관련이 있는데, 예를 들어 고등학교 2학년 여학생은 양육 등에 대하여 배울 준비가 되어 있지 않다. 그러나 대학 졸업 후에는 매우 필요한 학습 주제가 될 수 있다. 이처럼 학습준비도에 따라 배울 수 있는 순간이 있다. 성인학습에 있어서 학습준비도는 각자의 상황에 맞게 준비되어야 하는 것이다.

다섯째, 학습 경향성이다. 학습에 있어서 아동들에게는 주제 중심 지향성을 보이지만, 성인학습자는 생활 중심 지향성을 보여준다. 성인학습자들은 자신들의 삶의 상황에 직면하는 문제를 다루거나 과업 수행에 있어 도움을 줄 수 있는 어떤 것을 배우기를 원하며, 이러한 문제들에 대하여 에너지를 투자한다. 게다가 실제 상황 속에 적용하는 학습에 있어 가장 효과적으로 새로운 지식, 기술, 가치, 태도 등을 배우는 경향성을 보이게 된다.

여섯째, 학습동기이다. 성인학습자들은 더 좋은 직장, 승진, 높은 임금 등과 같은 외적 동기요인에 대하여 반응하지만, 높은 직무만족, 자존감, 삶의 질과 같은 내적 동기요인에 의하여 잠재적으로 압박을 받는다. 토프(Tough)는 그의 연구에서 일반적으로 성인학습자들이 지속적으로 성장하고 발달하는 것에 동기화되어 있으며, 이러한 동기는 부정적 자아개념, 기회나 자원 접근 불가능성, 시간적 제약 등과 같은 장애에 의하여 영향을 받는다고 하였다.

제라고지

지금까지 오랜 기간에 걸쳐 페다고지(pedagogy)라는 용어가 교육학을 의미하는 용어로 사용되었다. 페다고지란 '아동과 청소년 교육에 관한 학문'을 의미하는 것으로, 19세기 전반까지 성인이나 고령자들은 교육과는 거의 무관한 존재로 여겨졌다. 19세기 중반 이후 성인의 교육에 관한 학문을 의미하는 안드라고지(andragogy)라는 용어가 사용되었다. 노울즈(Knowles)가 제시한 성인의 학습모델은 학습방법에 있어 연령의 차이를 강조하지 않아, 특히 노인학습자의 특성을 충분히 구별하지 않았다는 비판을 하며, 레벨(J. Lebell)은 노인학습을 위한 교육이론을 언급하면서 제라고지(geragogy)라는 용어를 사용하였다. 제라고지는 '노인을 위한, 노인에 의한, 노년기의 학습에 관계되는 모든 것'이라는 넓은 의미로 해석된다.

표 2-1 Pedagogy, Andragogy, Geragogy 비교

구성개념	Pedagogy	Andragogy	Geragogy
자기개념	교사 중심	학습자 중심	자기주도성 내지는 노화에 따른 종교적 타자 의존성 증대
경험의 역할	학습의 자원	학습-직업(생활) 상호환류	전문적 경험의 축적, 교육적·문화적 계승 혹은 경험의 퇴화(치매)
학습과제	교과 중심	경험 중심, 과제 중심	생활, 교양 중심(생활, 삶의 보람, 취미 등 고령화에 대응하는 과제)
교육과정	공교육의 내용, 계획	과제에 기초한 프로그램(과정, 설계)	과제에 기초한 프로그램(과정, 설계)
학습결과	학력 형성, 직업에 대한 예기적 사회화	즉각적 응용, 경력 재구성	인생의 평온, 내세적 이해에 응용
학습조직 및 방법	공교육기관/단위제 혹은 학년제 누적 방식	평생학습기관/재교육 방식	평생학습기관/평생학습방식
학습동기	학문적 성과, 장래의 기대	사회적 역할 기대	인생의 적응과 통합

출처: 松井 政明 외(1997). 한정란(2001). 교육노년학.

2. 구성주의 학습

1) 구성주의 학습이론의 성격

구성주의(Constructivism)란 교육에 있어서의 포스트모더니즘이라고도 불리며 객관주의에 상대되는 의미로 사용되기도 한다. 여기서 구성은 활동의 결과가

아니라 학습자가 스스로 설계해 나가는 구성 과정을 의미한다(김영환, 1998). 따라서 구성주의 학습(Constructive Learning)이란 학습자가 자신의 경험, 흥미에 따라 정한 학습내용을 자신이 스스로 구성해 나가는 과정이다.

구성주의에서의 학습은 학습자에 의해서 구성된다는 것이 구성주의의 핵심 아이디어다. 즉, 학습자가 기존의 학습을 바탕으로 새로운 지식을 창출해 간다는 것이다. 구성주의는 지식(앎)의 형성과 습득을 개인의 인지 작용과 사회적 상호작용에 비추어 설명하는 상대주의 인식론에 기반을 두고 있다. 따라서 학습의 본질과 학습이 이루어지는 과정에 대한 근본적인 변화를 요구하고 있다. 이는 곧 교수자 중심에서 학습자 중심, 쓸모없는 지식에서 맥락적 지식 중심, 획일적 환경에서 풍부하고 다양한 학습 환경으로의 변화를 의미한다. 구성주의 학습관은 이전의 객관주의적 관점에서 지식을 객관적, 보편적, 초월적으로 보는 것과는 달리 지식을 상대적, 주관적, 사회문화적으로 구성되는 것으로 본다.

구성주의에서 교육목적은 맥락에 적합한 의미를 구성하고 실재를 구성하는 방법을 학습하도록 도와서 자신이 살고 있는 세상에 보다 잘 적응하고, 필요에 따라 세상을 변화시킬 수 있도록 하는 데 있다. 주어진 상황에서 개인의 주관적 경험과 사회적 상호작용을 통한 의미 구성이 곧 학습이다. 구성주의는 학습자가 외부 세계에 대한 의미를 직접 구성한다는 점에서 적극적이고 능동적인 학습자관을 택하고 있다.

정보화 사회의 교육적 패러다임은 학습자 중심이다. 즉, 교육이 가르치는 교수자 중심에서 배우는 학습자 중심으로 전환되고 있다. 구성주의는 그러한 패러다임과 맥을 같이 함으로써 현재는 컴퓨터 이용학습, 웹기반 학습 등의 이론적 배경을 대변해 주고 그 실천적 방안을 제시해 주는 학습이론으로서 각광을 받고 있다.

구성주의의 기본 가정은 다음과 같다. 첫째, 지식은 주제에 의해 구성된다. 둘째, 지식은 구체적인 상황을 중심으로 한 맥락적인 것이다. 셋째, 지식은 협동적인 과정을 통해 형성된다. 넷째, 개인은 문화적 배경과 상호작용한다.

2) 구성주의 학습의 유형

(1) 인지적 구성주의

인지적 구성주의(endogenous constructivism)는 지식 구조가 인지활동을 통하여 구성된다는 관점이다. 인지적 구성주의에서는 지식은 외부 세계를 반영하는 것이 아니라 인지활동을 통해서 발달된다고 보았다. 지식이란 외부 환경에 존재하는 정보와는 직접적인 관련성이 없으며, 인지구조를 기반으로 구성된다. 따라서 지식은 선행된 내용에 대한 추상화 과정을 통하여 발달하며 보편적인 발달 계열을 따른다. 이러한 인지적 구성주의는 피아제(Piaget)의 인지발달이론에 기초하며, 급진적 구성주의라고도 한다.

가. 인지적 도제학습

인지적 도제학습(cognitive apprenticeship Learning)은 학습이 처음에는 문제해결의 주변적 참여로 시작하지만 결국에는 완전한 참여와 주도로 이루어지게 된다는 이론으로 콜린스(Collins, 1991) 등에 의해 구체화된 이론이다.

도제라는 용어에는 '학습이나 지식의 습득은 반드시 체험을 통해서 이루어져야 한다'는 특성이 포함된다. 전통적인 도제제도에서는 어떤 사람이 특정 전문분야의 전문가가 되고 싶다면 그 분야에서 능력과 경험을 갖춘 전문가의 도제로 들어갔다. 여기서 전문가의 모든 행동과 사고를 살펴서 모방하고 직접 체험하면서 그 분야의 지식이나 기능, 태도 등을 익혀 나갔다.

인지적 도제학습의 근거는 다음과 같다.

첫째, 학습은 특정한 사회집단으로의 문화적 동화를 의미하며, 특정한 사회집단에 참여하여 지속적으로 실제적 과제를 해결해 나가는 과정을 중시한다.

둘째, 실제생활에서의 현장학습, 체험학습을 중시한다.

셋째, 학습자의 탐구(탐색) → 반성(숙고) 및 명료화 → 자기주도적 학습을 중시한다.

넷째, 비고츠키(Vygotsky)의 인지발달이론에 근거를 두고 실제적 과제에 대한 자기주도적 학습 및 협동학습을 강조한다.

도제학습의 절차는 다음과 같다.

첫째, 시연단계(Modeling) : 특정 사회집단에서 필요한 실제 과제의 문제해결 전 과정을 전문가가 시범을 보이는 단계이다.

둘째, 교수적 도움의 단계(Scaffolding) : 문제해결을 위한 인지적 틀을 제시하는 단계이다.

셋째, 교수적 도움의 중지단계(Fading) : 학습자 스스로 문제를 해결하는 단계이다.

인지적 도제이론이 가장 잘 적용되는 것이 국어 및 수학 영역이다. 예를 들어, 국어과에서 독해문제를 다룰 때, 상보적 교수법(reciprocal teaching method)에서는 학생들로 하여금 소리 내어 내용을 요약하게 하고, 혼동을 초래하는 부분을 확실히 설명하게 하며, 읽은 내용에 대해 질문을 만들거나 예상을 하게 한다. 이때, 교사는 먼저 이러한 과정을 시범을 보여주고, 나중에 교사의 역할을 학생들에게 넘긴다. 그리고 교사는 학생들을 지도하거나 학생들의 노력을 보조를 해주고, 학생들이 점차적으로 자신들의 독해에 익숙해지면 스스로 해결하도록 놓아준다.

인지적 도제이론에 의한 수업은 학생들로 하여금 주어진 자료를 이해하는 데 도움을 줄 뿐만 아니라 학생들이 직면한 새로운 상황에서 그들이 갖고 있는 비활성화된 지식(inert knowledge)과 기능을 적용할 수 있도록 해준다(Collins, Brown, & Holum, 1991).

나. 인지적 유연성 학습

인지적 유연성 학습(recognizable suppleness learning)의 기본 전제는 '지식의 재현과 그 과정'에 관심을 둔다. 지식은 단순한 일차원적 개념으로 표현될 수 있는 것이 아니고 복잡한 다차원적 개념으로 형성되어 있으며, 이 복잡하고 다원적 개념의 지식을 제대로 재현할 수 있도록 하기 위해서는 상황의존적인 스키마(Schema)의 연합체를 형성해야 한다.

인지적 유연성 학습의 교수원칙은 첫째, 주제 중심의 학습을 한다. 둘째, 학생들이 충분히 다룰 수 있는 정도의 복잡성을 지닌 과제로 작게 세분화한다. 셋째, 다양한 소규모의 예들을 제시한다.

인지적 유연성이라 함은 즉흥적으로 자신의 지식을 재구성할 수 있는 능력을 의미한다. 급진적으로 변화하는 상황의 요구에 따라 여러 가지 방법으로 적절하게 대처하는 것을 말한다. 인지적 유연성 이론은 주로 학습 이전의 상황에 있는 지식과 기능의 전환에 관련되어 있다. 다양한 관점에서 주어진 정보의 제공과 주어진 여러 가지 예에서 관련된 다양한 연구들을 활용하는 것을 중시한다. 또한 효율적인 학습이 일어나기 위해서는 실생활과 관련되어야 하고, 수업 역시 매우 구체적일 것을 주장한다. 더 나아가 인지적 유연성 이론은 이미 구성된 지식의 중요성을 강조하고, 좋은 교육이 일어나기 위해서는 학습자가 주어진 정보를 가지고 자기 자신이 새롭게 개발할 수 있는 기회를 갖도록 해야 한다고 주장한다. 특히 최근 발달된 전자 기술(비디오디스크, 하이퍼텍스트)의 활용을 바탕으로 발전되어 왔고, 주로 언어, 역사, 생물, 의학 분야에서 많은 발전을 하여 왔다.

인지적 유연성 이론의 원리는 네 가지로 요약할 수 있다.

첫째, 학습활동은 다양한 내용의 제시가 있어야 한다.

둘째, 학습자료는 너무 단순한 내용은 피하는 것이 좋고 정황에 따른 지식을 얻을 수 있는 것이어야 한다.

셋째, 수업은 반드시 사례에 근거를 두어야 하며, 정보의 전달보다는 지식의 구성을 강조하여야 한다.

넷째, 지식 요소들은 단편적이지 않고 고도로 통합적이어야 한다.

(2) 사회적 구성주의

사회적 구성주의(social constructivism)는 지식이 개체와 환경의 상호작용을 통해 만들어진다고 보는 관점이다. 사회적 구성주의에서 지식은 전적으로 외부 세계에 구속되어 있는 것도 아니고 그렇다고 해서 전적인 정신활동의 산물도 아니라, 환경과 상호작용하는 과정에서 경험하는 정신적인 활동의 반영이라고 보았다. 따라서 지식이란 개체가 다른 사람들과 상호작용하는 과정에서 경험하는 것을 통합한 것이다. 브루너(Bruner)와 비고츠키(Vygotsky)의 발달이론은 이처럼 사회적 환경의 영향을 강조하는 부분에서 본다면 사회적 구성주의에 해당된다.

가. 상황학습

상황학습(situated learning)은 학습에 있어서 구체적 맥락의 중요성을 강조하는 것으로 학습한 지식을 문세 상황에 적용하는 학습자 주도의 문제형성 및 문제해결학습이다. 상황학습은 개인과 상황 간의 관계를 수반하는데, 인지적 과정이 개인의 머릿속에만 일어나는 것은 아니라고 본다. 상황학습이론에서 볼 때 지식이라는 것은 상황적이고 그 지식이 사용될 행동과 문화 안에서 생성되는 것이지 결코 독립되어 존재하는 것이 아니며, 지식을 개발하고 전개하는 행동은 학습과 인지의 필수적인 부분이다. 상황적 학습모델에서는 한 상황 혹은 일련의 사건들이 있을 때 그것에 대한 학습자들의 각기 다양한 해석과 접근 방법을 협동적 노력을 통해 접하게 되면서 그들의 개인적 견해와 사고의 틀을 넓히는 결과를 가져오도록 하는 전략으로 본다. 또한 실제적 성격 과제에 대해 스스로 그 의미를 찾아가는 학습자 주도적 성격을 강조한다.

상황학습의 이론에 근거하여 학습을 설계할 때는 학습자가 의미 있는 지식을 구축해 나갈 수 있도록 문제를 제기하거나 의문을 가질 수 있도록 학습자를 유도하는 방향으로 상황이 설계되고 제공되어야 한다.

상황수업 이론의 원리는 두 가지로 압축된다.

첫째, 교수－학습활동은 사례나 문제 상황과 같은 상황을 중심으로 설계되어야 한다.

둘째, 교육과정 자료는 학습자에 의해 탐구될 수 있어야 한다.

상황학습은 참여학습과 밀접한 관련이 있고, 공학에 기초한 학습방법이라는 점에서 인지적 유연성이론(cognitive flexibility theory)과 유사하다고 할 수 있다.

상황학습은 첫째, 다양한 사례를 제공하여 실제적이고 구체적인 상황(맥락)을 통한 학습을 중시한다. 둘째, 실제적 과제와 다양한 사례를 제공하며, 주로 인문과학이나 사회과학 분야에 적용된다. 셋째, 실제적 과제에 대한 자기주도적 학습 및 협동학습을 강조한다.

나. 정황교수

정황교수(anchored instruction)는 교수자 자신이 자신의 수업을 이해시키기 위해 수업과 관련이 있는 내용을 끌어들여 수업에 활용하는 구성주의 수업이다. 즉, 교수－학습활동이 학습자들에게 관심의 대상이 되는 문제나 쟁점 등이 들어 있는 이야기, 모험담, 상황 등과 같은 정황을 중심으로 이루어진다.

정황교수의 이론은 다음과 같은 원리에 기초한다.

첫째, 교수－학습활동은 이야기, 사례, 학습자들의 관심사와 관련된 주제 또는 문제 등과 같은 정황을 중심으로 설계된다.

둘째, 교육과정 자료는 학습자에 의해 그들의 문제를 탐구할 수 있어야 한다(예 : 호환성 비디오디스크 프로그램 활용).

셋째, 비디오 자료들이 이어지는 모든 교수-학습을 위한 하나의 거대한 정황으로 주어진다.

넷째, 비디오 자료들은 일반적인 비디오와는 달리 학습자들로 하여금 새로운 지식을 구성할 수 있도록 고안된다.

다섯째, 단순한 어떤 강의 형식이 아니라 하나의 이야기로 주어진다. 그리고 그 이야기를 학습자들이 비디오를 통해 탐험할 수 있도록 하는 것이다.

정황교수는 상황학습과 밀접한 관련이 있고, 공학에 기초한 학습방법이라는 점에서 인지적 유연성 이론과 유사하다고 할 수 있다. 주로 초등학교의 읽기, 쓰기, 수학의 수업에 많이 활용되고 있다.

3. 전환학습

전환학습(transformative learning)의 등장은 기존의 안드라고지나 자기주도 학습과 같은 이론들이 성인학습자의 특성에만 관심이 있으며, 학습을 도구화하고, 너무나 실천적 측면이 있어서 학습을 통해 어떤 사실을 더 알게 되었을지라도 인간의 근본적인 변화는 일어나지 않는다고 비판하였다. 따라서 전환학습은 학습의 인지적 과정에 초점을 두고 있다. 메지로우는 이처럼 기존의 객관적이고 실증적인 접근에 대해 비판하면서 1978년에 전환학습을 제시하였는데, 우리가 살고 있는 세계와 우리 자신들에 관한 근본적인 변화와 관련하여 학습을 설명하였다. 이러한 전환학습은 학습활동에 의해 학습자 자신은 물론 타인이 인식할 수 있는 방법으로 학습 이전과는 확연히 구분되도록 인간을 새롭게 만든다는 것이다.

메지로우(Mezirow, 1978)에 의해 주창된 전환학습은 학습을 통해 학습자의 역사적·사회적 관점의 전환을 추구해야 한다고 강조한다. 메지로우는 '학습'이란 경험의 의미를 재해석하고 새로운 의미를 만들어 가는 과정이며, 아울러 '전환'은 기존에 가지고 있던 의미구조의 '근본적인 변화'를 의미한다. 메지로우는 인간에게 있어서 경험의 의미를 이해하는 것만큼 기본적인 욕구는 없다고 보았기 때문에 학습의 전체 개념은 학습자들이 그들의 일상생활에 참여하고 그것에 대한 이해의 방식을 넓혀가는 것을 의미한다. '인식의 전환'이란 학습자 자신이 처해 있는 상황 속에서 관점이나 생활에 대한 인식이 변화하는 것을 의미한다. 따라서 전환학습은 관습이나 인식에 의해 무비판적으로 받아들여졌던 사실들에 대해 '근본적인 변화'를 시도하기 위한 학습이라고 정의할 수 있다.

전환학습의 목적은 관습이나 인식에 의해 무비판적으로 받아들여졌던 사실들에 대해 '근본적인 변화'를 시도하는 데 있으며, 전환학습의 방법은 논쟁과 대화를 통하여 자신을 스스로 알아가는 과정을 취한다. 가르침을 주는 자와 받는 자가 구분되는 것이 아니라 상호 간의 구분 없이 서로에 대한 상호 교류를 통해서 전환이 이루어진다고 보는 것이다.

전환학습에 있어서 내용은 개인과 인간관계, 사회를 비판적으로 보고 그들의 인식 및 행동을 변화해 나갈 수 있게 하는 일상적이고도 비판적인 지식으로 구성되고 이와 관련하여 전환학습에서 인간은 변화를 창출하는 주체적이고 능동적인 존재로 본다.

예를 들면, 여성의 경우, 다음과 같은 문제가 전환학습의 주제가 될 수 있다. "당신은 어린 시절 남자친구나 형제로부터 부당한 취급을 받거나 차별을 받아 본 적이 있었는가?" 이러한 질문을 받은 많은 여성들은 어린 시절을 회상하게 되고 그들의 경험을 서로 이야기하게 된다. 그들에게 주어진 성 역할의 문제, 좌절감, 포기, 아버지나 남자형제로부터의 차별 대우 등 이러한 주제들은 그들의 존재에 대한 인식을 새롭게 해주고 비판의 여지를 열어준다. 이들은 그들의 주관적 경험에 대해 서로에게 이야기하고, 상호 간에 자기반성의 과정을 통하여 경험에 대한 새로운 의미를 창출하게 된다.

전환학습은 다음의 세 단계로 이루어진다. 첫 번째 단계는 대화를 통한 현실 비판 및 인식의 단계이다. 비판과 인식의 단계에서 학습자들은 서로의 경험을 중심으로 하는 대화를 통하여 현실을 알아간다. 이때 서로의 경험은 하나의 지식으로 각기 다른 사람들의 비판과 인식에 도움이 된다. 두 번째 단계는 인식 이후 필요한 행동은 무엇이며, 어떻게 해야 하는가를 생각하는 단계이다. 이때 학습자들은 일상생활에 대한 그들의 행동과 사회 모순을 극복하고 변화시키기 위해 그들이 가져야 할 입장에 대해 생각하게 된다. 세 번째 단계는 실천하고 행동하는 단계로 이때 실제 생활에서의 변화를 꾀하기 위한 행동이 이루어진다. 이러한 특성 때문에 전환학습은 사회 변화를 지향하는 사회운동의 성향을 강하게 띠고 있으며, 초기의 전환학습들은 대부분이 사회운동 형태로 나타났다. 따라서 전환학습은 소외인, 주변인의 비판적 인식을 위한 학습으로 이루어지고 있다.

전환학습에 있어서 핵심 개념을 살펴보면 성인기는 자신의 왜곡된 관점을 수정하는 데 필요한 시기라는 전제하에 세 가지 핵심 개념, 즉 경험, 비판적 반추,

발달을 제시하고 있다.

첫째, 경험이다. 메지로우는 학습자의 경험을 전환학습의 핵심 주제라고 보았다. 그러나 모든 종류의 경험이 중요한 것은 아니다. 단순한 감각에 의한 경험보다는 사회적으로 구성된 경험일 때 그 경험이 해체되고 재구성될 수 있어 실천적으로 적용해 볼 수 있는 전환학습의 주제가 되는 경험인 것이다.

둘째, 비판적 반추[4)]는 전환학습에 있어 가장 중요한 과정이다. 듀이(Dewey, 1993)는 반추를 어떠한 신념, 혹은 가정된 지식의 형태를 그것을 뒷받침하는 배경과 지향하는 결론에 바탕을 두고 꾸준히 깊게 생각하는 것이라고 정의하였다. 따라서 효율적인 학습을 위하여 긍정적인 경험과 함께 비판적 반추가 이루어져야 한다.

셋째, 발달이다. 메지로우는 전환학습의 과정이 성인발달의 중심이며, 경험의 비판적 반추를 통해 개인의 관점이 전환되어서 과거보다 폭넓은 경험을 하고, 더 차별화되고, 더 개방적이며 자신의 경험을 보다 잘 통합할 수 있는 한 차원 더 높은 의미 관점을 획득할 수 있다고 하였다.

메지로우는 학습을 "미래의 행동을 안내하기 위해 개인 경험의 의미를 새롭게 재해석하는 것에 이전 경험을 사용하는 과정"이라고 정의한다. 그는 전환(transformation)을 의미구조의 근본적인 변화로 보고 있다. 전환학습은 우리의 신념과 의미구조에 전환이 있을 때 또는 전체적인 관점에 전환이 있을 때 발생한다.

4. 의식화 이론

의식화 이론(Conscientization Theory)은 프레이리(Freire, 1971)에 의해 주창되었고, 가난, 문맹, 억압이라고 하는 맥락에서 출발했으며, 급진적인 사회 변화의 큰 틀

4) 반추(反芻): 되새김질. 어떤 일을 되풀이하여 음미하거나 생각함.

에 있었다. 프레이리는 교육의 궁극적인 목적이 해방이라고 주장하였으며, 교육은 세상을 변화시키기 위하여 세상에 대한 남녀의 활동과 반추라고 설명하였다. 그는 학습자들을 수동적인 존재가 아닌 자신의 인생을 형성하는 사회문화적 실체와 그러한 실체를 변화시킬 수 있는 능력에 대한 깊은 통찰력이 있는 사람으로 보고, 이러한 의식을 고양시키기 위하여 대화법을 사용하였다. 프레이리의 철학적 요소는 메지로우와 같이 비판적 반추임을 알 수 있다. 비판적 반추는 학습하는 데 있어 다른 학습자들과의 대화를 통해서 발생하기 때문이다. 이와 같은 방법은 교사와 학생이 상호협조하는 참여교육을 지향하는 것이라고 할 수 있다.

의식화의 기본 개념 구조는 소박한(naive) 의식에서 비판적(critical) 의식으로의 변화 또는 과정이다. 프레이리에 의하면 의식화란 현실을 발견하고 또 우리를 속이고 억압함으로써 비인간화시키는 사회구조의 유지 수단인 신화들을 발견하기 위하여 현실에 부단히 비판적으로 접근하는 것이라고 하였다(Freire, 1976).

프레이리에 있어 교육이란 근본적으로 비판적 의식을 가지게 되는 과정, 즉 의식화라고 보았다. 비판적 의식이란 단지 주어진 현실을 그대로 수용하는 것이 아니라 그 객관적 상황이 어떠하며 자신과의 관계가 어떠한지 파악하려는 태도를 의미하는 것이다. 따라서 프레이리의 의식화 교육은 비판적 의식의 각성을 통하여 허위의식을 극복하고 조작된 사회의 신화를 벗겨 현실 속으로 이끌어내는 인간해방을 목적으로 하는 교육이다.

1) 의식화 이론의 교육목적

의식화 교육목적은 인간의 해방, 인간과 세계의 인간화를 목적으로 한다. 프레이리는 의식화 교육론에서 교사와 학생들이 함께 비인간화 현실을 분석함으로써 비인간화 현실에 결별을 고하고, 인간 해방을 통한 민주주의 추구를 주장하였다. 브라질의 교육자였던 프레이리는 모국의 국민들이 착취당하고 있음을 깨닫고 이러한 하층계급 사람들이 비판적 의식을 바탕으로 사회적, 시민적, 정치적 규율을 통하여 자본주의의 무책임과 부당함을 극복하여 새로운 민주주의를 만들어야 한다고 주장하였다.

2) 의식화 이론의 교육의 관점

프레이리는 역사를 통하여 오직 억압자와 피억압자 두 계급의 사람이 존재한다고 하였으며, 피억압자의 입장에서 그들에게 필요한 것이 무엇이고, 실제로 무엇을 원하는지에 대한 고민을 시작으로 그들의 인간화 추구를 위한 교육을 펼쳐야 한다고 하였다. 교육은 사람들을 길들이거나 그들의 압제에서 해방시킬 수 있다. 교육은 단순히 글을 읽고 쓰고 하는 기능적인 것뿐만 아니라, 세상을 읽을 줄 아는 비판의식을 개발하는 것이라 보고, 문해 기능을 벗어나 세상을 읽을 줄 아는 시각을 키워야 한다고 하였다. 또한 피억압자의 인간화를 위하여 교육이 그 역할을 해야 한다고 주장하였다.

3) 의식화 교육방법

프레이리는 과거의 전통적 교육방법인 은행 저축식 교육(bank concept of education)은 학생이라는 텅 빈 저금통장에 교사가 지식이라는 돈을 넣는다는 교육으로 교사와 학습자의 관계는 주체와 객체의 관계로 왜곡되었고, 교사는 학습자에게 지식이나 신념 등을 합리화시키고 강압적인 태도로 학습자들을 예속화한다고 보고, 은행 저축식 교육을 극복하기 위하여 문제 제기식 교육(problem posing education)을 주장하였다. 문제 제기식 교육은 교사와 학습자가 수평적이며, 동반자적 관계이다. 교사는 학습자에게 일방적으로 가르치는 것이 아니고 그들로부터 배울 수 있다고 보았다.

그리고 프레이리의 두 번째 의식화 교육방법은 대화이다. 인간의 삶의 현장으로서 대화를 분석하는 데서 대화의 본질로 '말'에 관하여 말하고 있다. 진정한 말이란 실현해야 하기 때문에 행동하지 않을 수 없고 동시에 사고하지 않을 수 없다. 따라서 참된 말을 한다는 것은 세계를 변혁하는 것이다. 행동을 수반하지 않는 말은 허튼소리에 불과하여 언어주의에 빠지게 되고 성찰을 포기하는 행동을 강조하는 말은 행동주의에 빠지게 되는 경우가 생긴다. 따라서 참된 말은 행동과 반성(Action-Reflection) 속에서 실존한다고 볼 수 있다.

5. 자기주도 학습

1) 자기주도 학습의 개념

자기주도 학습(self-directed learning)이란 학습자가 스스로 학습의 주체가 되어 학습목표를 설정하고 학습계획, 과정, 실행 및 자원을 실행하며 학습성과를 평가하는 것이다. 즉, 자기주도 학습은 학습자가 스스로 학습을 주도적으로 이끌어 가는 것을 의미하며, 학습이 자율적인 조절과 통제하에 이루어질 때 그 효과도 긍정적이고 극대화된다. 자기주도 학습이란 '타인의 도움을 받지 않고 개개인이 스스로의 학습요구를 진단하여 목표를 설정하고, 목표를 달성하기 위하여 필요한 인적·물적 자원을 선택하며, 끝으로 학습의 성과를 평가하는 과정'으로 정의할 수 있다.

노울즈(Knowles, 1970)는 성인이 성숙함에 따라 자기주도성이 강화된다는 가정하에 성인의 자기주도성에 맞는 교육활동을 구조화하려는 성인학습자의 노력이 필요하다고 주장하였다. 이처럼 자기주도 학습은 성인학습을 효과적으로 실천하기 위하여 적용할 수 있는 중요한 이론이자 교육방법이다. 자기주도 학습은 안드라고지에 대한 근본적인 가정으로 성인교육에 있어 널리 행해지는 철학이며, 하나의 목표로 보고 있다. 성인학습은 아동학습과는 달리 자기주도가 가능하다는 견해가 있다. 성숙한 성인은 학습활동을 수행하고 계획하는 데 개인적인 책임을 질 수 있다고 보며, 한 명의 성인이 사회적 역할을 이행하고 자기주도적인 능력과 믿음을 가진 사람이라고 믿는다(Mezirow, 1985).

학습방법으로써 자기주도 학습은 개개인이 인간으로서 그들이 가질 수 있는 가장 위대한 잠재 가능성을 충분히 인식할 수 있는 방법이나 전달 수단으로 사용될 수 있다. 자기주도 학습은 타인의 도움을 받지 않고 고립적인 상황에서도 학습자 스스로 학습하는 것을 의미하는 것만은 아니다. 일반적으로 자기주도 학습에 대한 정의는 학습의 과정, 학습자 특성 가운데 어떤 측면에 초점을 맞추느냐에 따라 달라진다.

노울즈(Knowles, 1975)는 자기주도 학습을 '학습자가 스스로 학습요구를 진단하고, 학습목표를 설정하고, 관련 학습자원을 선택하고, 학습전략을 수립하고, 학습을 실행한 후 평가하는 과정에서 타인의 도움을 받거나 혹은 자신이 전적으로 학습을 진행시켜 나가는 것'으로 정의하였다. 펜랜드(Penland, 1979)는 자기주도 학습을 학습자, 계획자, 관계 집단, 학습평가의 요소를 고려하면서 정의한다. 그는 자기주도 학습이란 학습자가 학습요구 결정, 학습정보 수집, 학습자원 활용, 학습방법 구안 등에 대한 책임을 지고, 계획자는 학습자가 기대하는 수준에 도달하도록 도와주는 역할을 수행하며, 관계 집단은 학습자가 무엇을 학습하고 어떻게 행동해야 하는 것인가에 대한 방향을 제시하고, 학습평가는 학습자와 계획자가 협력적으로 실시하게 되는 학습을 의미한다고 보았다.

롱(Long, 1996)은 자기주도 학습에 대하여 넓은 의미에서는 교육내용, 교사, 학생 사이의 관계에 형성되는 교수과정, 교수방법, 심리적 과정을 포괄하는 것으로, 좁은 의미에서는 그중 하나에 초점을 맞추는 것으로 구분하면서 타인주도 학습과 자기주도 학습에 대한 차이를 표 2-2에서와 같이 설명하였다.

표 2-2 자기주도 학습과 타인주도 학습의 개념

자기주도 학습	타인주도 학습
상대적으로 독립적임	상대적으로 의존적임
솔선수범에 가치를 둠	지시에 따르는 것에 가치를 둠
긍정적인 자아효능감	제한된 자아효능감
초인지적 인식	초인지적 인식이 제한됨
내적으로 동기화됨	외적으로 동기화됨
깊이 있는 참여	표면적인 참여
정신적 초점에 우선권을 둠	정신적 초점이 산만함

출처: Long, H. B. (1996). Self-directed learning: Challenges and opportunities. In C. K. Cheong & J. J. Cheong(Ed.), Challenges of self-directed learning in Asia and the Pacific.

2) 자기주도 학습 강화를 위한 전략

학습에 있어 자기주도 학습은 개인 내부에서 발생하는 성장과정이라고 말할 수 있다. 성인교육자는 학습과정을 통해 성장과정을 촉진할 수 있는 것이다. 따라서 교수자는 성인학습자가 그들의 잠재가능성을 확장하고 자신의 내적 성장을 할 수 있도록 도울 수 있어야 할 것이다. 자기주도 학습을 통하여 성인학습자의 내적 성장을 위한 다음 세 가지로 설명할 수 있다.

(1) 비판적 반추의 촉진

자기주도 학습 강화를 위한 전략으로 성인학습자가 가지고 있는 경험들을 비판적으로 반추하는 능력을 개발하도록 돕는 것이다. 이 비판적 반추를 사용하여 얻고자 하는 학습결과를 얻을 수 있다. 이러한 비판적 반추는 어떤 특정한 정보나 행동 또는 기존의 생각들에 대한 비판적 사고를 의미한다. 브룩필드(Brookfield, 1987)는 비판적 사고를 촉진할 수 있는 방법을 다음과 같이 제시하였다.

- 비판적 사고자의 자기 가치를 확인하기
- 비판적 사고자의 말을 주의하여 듣기
- 비판적 사고자의 노력을 지지하고 있다는 믿음 주기
- 비판적 사고자의 생각과 행동을 반추하고 반영하기
- 비판적으로 생각하도록 동기 부여하기
- 비판적 사고 과정들을 정기적으로 평가하기
- 비판적 사고자들의 네트워크 형성에 도움 주기
- 비판적 교사가 되기
- 비판적 사고를 어떻게 하는지 알려주기
- 비판적 사고의 모델 되기

(2) 합리적 사고의 증진

성인학습자들이 자기주도 학습에 대해 가지는 생각들 중 가장 큰 장벽 중의 하나는 우리가 도달하고자 하는 학습결과가 세상에서는 도달하기 어렵고, 그런 원인에 대하여 외적 의미를 계속 찾으려고 하는 것이다. 예를 들어 자신이 바라는 것보다 표현에 인색한 남편으로 인해 불행하다고 생각하는 아내, 자신의 읽기 능력이 부족한 것이 2학년 때 담임선생님 때문이라고 불평하는 남자와 같이 일반적으로 우리는 자신의 책임보다는 남에 의해 결정된다는 사고를 가지고 있다.

(3) 자기주도 학습 촉진을 위한 기술

브로켓(Brockett, 1983)은 자기주도 학습을 최대화하기 위하여 교수자가 밀접한 관계를 통하여 성인학습자를 도와야 한다고 제안하였다. 자기주도 학습을 위한 교수자는 카운슬러, 성직자 등과 같은 사람들과 마찬가지로 성인학습자들을 도울 수 있는 협조자로서의 역할을 가져야 하는 것이다. 따라서 교수자는 성인학습자들과의 관계 강화를 위하여 사용할 수 있는 기술(Skill)을 가지고 있어야 한다.

3) 효과적인 학습을 위한 자기주도 학습

자기주도 학습이 자기 스스로 학습을 선택하고 실행하는 것이라는 포괄적 의미에서 자기주도 학습을 지칭하는 용어는 다양하며 학자들마다 여러 가지 견해를 가지고 있다. 자기주도 학습의 핵심은 타인의 조력 여부와 관계없이 개별학습자가 주도권을 가지는 학습과정으로서 학습자가 스스로 학습목표를 설정하고 학습자원을 확인하며 중요한 학습전략을 선택하고 학습결과를 평가하는 과정이다. 즉, 학습자 스스로 자신에 맞는 개별학습을 발견하고 스스로 수행하는 '자기학습'이다. 이러한 자기주도 학습의 목적은 자기조절을 통한 학습자의 학업성취도 향상이다.

자기주도 학습과 관련된 선행연구 결과를 종합해 보면, 자기주도적으로 학습하는 학습자는 자아효능감을 가지고 있으며, 내재적으로 동기화되어 학습에 자율적이고 적극적으로 흥미를 가지고 참여한다. 자기주도 학습의 4개 하위 요인의 개념을 밝히면 다음과 같다(양애경, 2010).

표 2-3 자기주도 학습의 4개 하위 요인

하위 요인	설명
주체성 (초인지)	주체성은 주어진 학습상황에서 학습자원을 활용하여 자발적으로 학습을 계획하고 실행 및 조절하며 학습을 스스로 평가하는 정도
성취지향성	성취지향성은 주어진 학습상황에서 호기심과 성취감으로 문제해결을 하고 성공감에 대한 확신과 성취감에 대한 자부심, 독립성, 신념의 정도
내재적 동기	주어진 학습상황에서 탐구심, 흥미, 요구 등이 내재화되어 긍정적으로 노력을 투입하고자 하는 신념과 의욕의 정도
과제해결력	주어진 학습상황에서 목표를 정하고 학습의지를 갖고 적극적이고 새로운 방식으로 과제해결을 잘 수행하려는 능력의 정도

출처: 양애경(2010). 감동학습플랜.

학교학습에서 학업성취도와 관련하여 가장 큰 설명력을 갖는 변인은 인지적·정의적 특성이다. 학습자의 인지적 특성은 교수-학습차원에서 학습효과를 향상시키는 데 중요하다.

학습자 개인의 지적 능력과 특성에 적절한 교수-학습이 투입될 때 학습효과가 극대화될 수 있다. 또한 교수-학습 과정에서 자신의 학습과정을 자신이 스스로 통제함으로써 학습에 대한 관찰, 점검이 이루어지고 자기의 학습 진도에 맞는 목표를 설정하며 이를 달성하려는 노력이 스스로에 의해 이루어지며, 자기보상을 통한 동기화가 이루어진다. 이러한 자기주도 학습 능력의 향상을 통해 학습자는 스스로 자신의 학습에 주도권을 갖고 자신의 학습요구를 진단하고 자신의 학습목표를 결정하며, 학습에 필요한 인적·물적 자원을 확보하고 적합한 학습전략을 선택하고 실행하여 성취한 학습결과를 스스로 평가하는 과정과 활동을 통하여 학습의 극대화를 가져오게 한다(황정규 외, 2003).

여러 선행연구들에서 자기주도 학습이 학업성취도에 효과적이라는 연구(박선미 외, 2008), 초등학교 6학년 학생들에게 자기주도 학습 훈련을 실시한 결과 통제집단에 비해 학업성취도가 높았으며(정종진, 1995), 자기주도 학습이 교사주도 학습에 비해 학업성취도에 효과적이었다(양명희 외, 2002).

자기주도 학습 체크리스트

1. 나는 공부목표를 스스로 설정한다.
2. 나는 스스로 동기부여할 수 있는 목표가 있고, 그것을 구체적으로 설명할 수 있다.
3. 나는 설정한 목표가 잘 실행되고 있는지 정기적으로 검토한다.
4. 나는 현재 학습하고 있는 내용을 잘 설명할 수 있다.
5. 나는 공부하다가 궁금한 것이 있으면 직접 찾아서 확인하고 이해한다.
6. 나는 과목별로 중요한 부분의 개념을 정의할 수 있다.
7. 나는 효과적인 교육방법을 알고 있다.
8. 나는 다음 주에 어떤 내용을 학습하게 되는지 설명할 수 있다.
9. 지난주 내가 학습한 내용과 이번 주에 학습하고 있는 내용이 어떤 연관성이 있는지 설명할 수 있다.
10. 나는 취약한 부분의 경우, 이를 해결할 수 있는 방법을 찾아 실행한다.
11. 나는 공부가 잘되는 나만의 필기방법이 있다.
12. 시험 보기 전 교과서와 문제집의 문제를 충분히 풀어서 시험에 자신이 있다.
13. 시험에서 찍어서 맞힌 내용은 반드시 학습한다.
14. 오늘 하루 공부해야 할 것들을 머릿속에 의지적으로 떠올린다.
15. 공부를 하면서 나의 실력이 쌓여 간다는 사실이 너무 좋다.
16. 공부하는 것은 힘들지만 젊은 날의 고생을 통해 스스로 싸우는 법을 배우고 있다고 생각한다.
17. 감당하기 어려운 과제가 주어져도 일단 시작하고 본다.
18. 나는 시간을 잘 활용해서 좋은 성과를 얻은 성공사례를 가지고 있다.
19. 나는 나만의 스트레스 해소법을 가지고 있다.
20. 컴퓨터를 사용할 때 사용시간을 정해 놓고 사용하는 편이다.

① 앞의 문항들 중 해당하는 항목이 6개 이하이면 스스로 공부하는 습관이 부족하다. 구체적인 학습목표가 없을 수 있기 때문에 학습방향에 대한 조언자가 필요하며, 지속적인 학습 멘토링을 통하여 학습목표를 설정하고 좋은 학습습관을 기르도록 노력한다.
② 앞의 문항들 중 해당하는 항목이 7~14개이면 효과적으로 학습하는 방법이 다소 부족하기 때문에 학습방법을 점검해 줄 조언자가 필요하다. 구체적인 계획을 수립하고 목표를 관리하는 방법을 배우도록 한다.
③ 앞의 문항들 중 해당하는 항목이 15개 이상이면 자기주도 학습자로서 구체적인 장·단기목표를 수립하고 명확한 학습방법을 설정한다면 학습의욕도 더 높아지게 된다.

출처: 중앙일보(2010.11.10) 참조.

4) 자기주도 학습 실천

(1) 마인드맵 학습법

마인드맵(mind map)은 왼쪽 뇌와 오른쪽 뇌의 기능을 합치도록 고안된 필기 방법이다. 공부를 할 때 양 뇌가 서로 도와가며 우뇌에서는 시각적 이미지를, 좌뇌에서는 언어적인 것을 기억하면 더 기억이 잘 된다.

좌뇌	우뇌
논리, 연산, 단어, 직선, 분석, 숫자, 배열, 목록	곡선, 공상, 색깔, 음악, 입체, 공간, 상상력

능률적이지 못한 노트 필기 형태는 집중력을 떨어뜨리고, 시간을 낭비하게 하며 지루함과 좌절감을 준다. 따라서 왼쪽 뇌와 오른쪽 뇌의 기능을 통합하고 활성화할 수 있는 필기 방법을 고안한 것이 '마인드맵'이다.

(2) 마인드맵 그리는 방법

① 준비하기 : 종이에 할 것인지 또는 프로그램을 사용할 것인지를 정한 후 사용할 도구준비

② 중심주제 생각하기 : 무엇을 중심에 놓을지를 생각한다.

③ 가지치기 : 각 가지 사이의 공간을 넉넉히 잡고 주 가지를 그린 다음 부 가지를 그린 후 글과 이미지로 엮어 나간다.

④ 검토하기 : 중심주제와 각 가지들이 적절하게 연결되었는지 검토하고 수정한다.

마인드맵을 그리는 과정	마인드맵을 그릴 때 유의점
1. 흰 종이와 색연필(5색 이상) 준비	1. 흰 종이의 전체공간을 자유롭게 사용
2. 흰 종이의 가운데에 쓰려고 하거나 생각하려고 하는 주제에 대한 '중심 이미지'나 '중심생각'을 쓰거나 그린다.	2. 흰 종이의 가운데에 그리도록 한다. 3. 주제에서 부주제로 뻗어 나간다. 4. 주제에서 부주제로 연결된 부분과 부주제에서 세부적인 내용을 차별화하여 그린다.
3. 이미지의 중심에서 가지를 하나씩 그려 가면서 이 가지 위에 단어나 그림, 상징기호를 섞어서 그려 넣는다.	5. 될 수 있는 대로 단어를 쓰기보다는 그림이나 기호를 그려서 창의적인 사고를 기르도록 한다.

☆ 마인드맵 사례

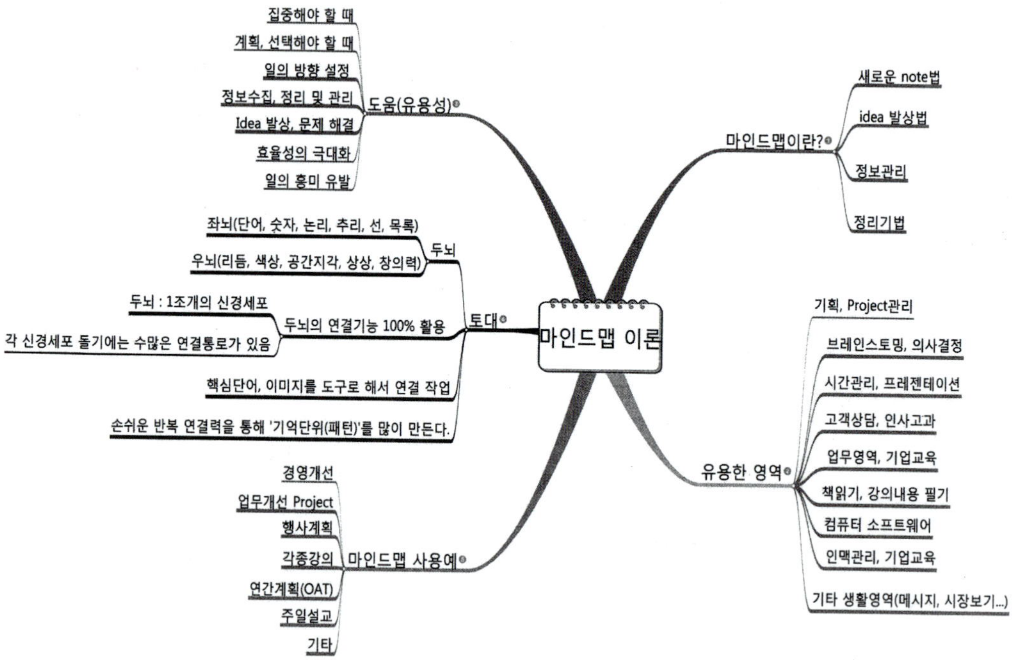

출처: 강규형(2013). 성과를 지배하는 바인더의 힘.

탐구문제

1. Pedagogy, Andragogy, Geragogy에서 경험의 역할을 비교 설명해 봅시다.

2. 전환학습에 대해 논의해 봅시다.

3. 효과적인 자기주도 학습을 위해 성인은 어떤 노력을 기울여야 하는지 논의해 봅시다.

CHAPTER

03 성인학습자에 대한 이해

학습개요

사회의 발달 주기가 매우 빨라진 현대를 살아가는 성인은 끊임없이 학습에 참여해야 할 수밖에 없는 환경에 놓여 있다. 적정 연령에 도달한 지로서 사회적 책임과 의무를 수행하는 성인학습자를 이해하는 것은 성인학습방법을 실천하는 데 선행되어야 할 과제이다. 이 장에서는 성인학습자의 특성과 성인학습의 원리, 그리고 성인들의 학습 참여 동기를 살펴보도록 한다.

학습목표

1. 성인학습자의 개념을 이해한다.
2. 성인학습자의 특성을 이해한다.
3. 성인학습의 원리를 이해한다.
4. 성인의 학습 참여 동기를 이해한다.

1. 성인학습자의 개념

성인이 몇 살부터인지에 대한 견해는 사회마다, 또는 법적 기준에 따라 다양하므로 어느 시점에서부터 성인이라고 단정하기 어렵다. 그러나 일반적으로 성인이란 나이가 들어감에 따라 역할과 기능이 달라지는 생물학적인 발달과업과 심리적 성숙도에 따라 정의 내리고 있다. 성인에 대한 개념을 살펴보면 다음과 같다.

첫째, 성인기는 연령에 의해서 규정될 수 있다. 성인기는 사회문화적 구축으로 간주되어 나라와 문화에 따라 다르게 규정된다(Merriam & Brockett, 1997). 오늘날 미국에서는 남자와 여자는 18세에 투표를 할 수 있고, 21세에 술을 마시는 것이 허용되며 16세에 의무교육을 마치고, 일부 주에서는 14세에 성인으로서 법정에 서기도 한다. 미국에서는 주나 특정 지역에 따라 다르며 일, 운전, 선거, 결혼, 조합 가입에 있어서 약정된 연령이 있다. 그러나 법적인 제한은 단지 경계선을 정할 뿐이다. 문화적으로 미국에서는 자신과 다른 사람에게 책임이 있을 때 성인으로 간주한다. 그러나 이런 경계는 흐릿하다. 예를 들어 대학생은 자기 집에 살지만 경제적으로 부모의 지원을 받는다. 또는 14세 아동이 부모와 함께 살지만 방과 후 생계를 돕는다. 이론가들의 공통된 협정은 18세를 기준으로 사용하고 있다. 왜냐하면 이 시점이 필수 학교교육을 마치고, 젊은이들이 자신과 다른 사람들에게 책임감을 갖기 시작하는 전형적인 시점이기 때문이다(Bee, 1996). 영국에서는 투표권을 갖는 18세부터를 성인으로 간주한다. 우리나라의 경우 18세 이상의 국민은 대통령 및 국회의원 선거권[5]이 있다. 그러나 민법 제4조에서 '사람은 19세로 성년에 이르게 된다.'라고 규정하고 있어 19세가 되면 성인임을 명시하고, 매년 5월 셋째 월요일을 성년의 날로 지정하고 있다.

둘째, 성인기는 심리적 성숙이나 사회적 역할에 바탕을 둔다. 한 개인이 그가

5) 공직선거법 제15조 제1항.

속한 사회에서 규정한 연령에 도달하였다 하더라도 심리적으로 성숙하지 못하다면 성인으로 간주할 수 없다는 것이다. 또한 성인이 되기 위해서는 사회적 역할이 있어야 한다.

노울즈(Knowles, 1980)는 '성인의 역할을 수행하는 사람 및 자신을 성인으로 인식하는 모든 사람이 성인에 포함된다.'라고 하였다. 성인학습자는 성인이 학습자로서 학습자가 학습활동의 계획이나 실천에 기본적인 책임을 지고 학습자들의 경험을 중요시하여 학습자들이 스스로 실제생활로부터 필요하다고 느끼거나 요구된다는 것들을 중심으로 학습활동이 전개되며 자기주도적으로 학습을 한다.

2. 성인학습자의 특성

성인기의 신체적·인지적·정의적·사회적 특성은 성인학습자의 학습능력에 중요한 영향을 미치는 요인으로 작용한다.

1) 신체적 특성

개인에 따라 신체적 특성이 다르나 인간은 연령이 증가함에 따라 신체적 기능이 감퇴되는 것이 사실이다. 성인전기에는 신체발달의 완성과 조화가 이루어지는 시기로 호흡계와 순환계, 신경계 등과 같은 여러 계통의 기관들이 생리적 평형을 이루다가 30대로 접어들며 서서히 쇠퇴해 간다. 20대 후반부터 호흡기능이 감퇴되고, 혈액순환은 50세 이후 급격히 감소하며 65세 이후에는 더욱 감소하여 동맥경화에 의한 고혈압, 뇌졸중의 원인이 될 수 있다. 남성의 경우는 남성호르몬 테스토스테론의 분비가 점진적으로 감소되어 체력과 성생활에 영향을 받게 되며, 다리와 등의 근육이 약화됨에 따라 지속적인 근육운동이 어려워지며 감각능력, 반응속도도 저하된다(Weller, 1983). 여성의 경우는 폐경으로 인하여 생식기능이 정지된다.

감각기능은 40세 이후에 시력과 청력이 쇠퇴되기 시작하여 원시안(Hyperopia)의 가능성이 높아진다. 성인 후기에는 노화과정이 진행됨에 따라 시각능력이 현저하게 저하되는데, 대체로 60세 이후가 되면 급격하게 쇠퇴된다. 청각능력도 55세 이후부터 급격한 저하 현상이 나타나고(김태현, 1994), 65~79세 연령층은 노인의 30~50%가 노인성 난청을 경험하며, 노인의 청각장애는 고주파 소리에 대한 기능상애가 심하며 높은 음조의 소리를 잘 듣지 못하고 서로 다른 음색의 소리를 잘 구별하지 못한다(Belsky, 1984).

외적인 변화는 개인에 따라 다르지만 30세 이후부터 피부의 탄력성이 떨어지기 시작하여 연령이 증가할수록 심해지게 되고 50세경에 근육조직이 상실된다. 또한 칼슘과 철분 등이 감소되고 지방질이 증가하여 뼈 밀도가 저하되며 골다공증이나 관절질환이 생기기 쉽다.

2) 인지적 특성

지능은 20대 중반에 절정을 이루다가 30대 이후부터 서서히 감소하는 것으로 알려졌다. 개인의 연령에 따른 지능 변화를 살펴보면 지능 구성의 요인들이 수(數) 요인을 제외하고 25세에서 45세까지는 증가하다가 그 후 완만한 하락세를 보이는 것으로 나타났다. 또한 이 연구는 연령증가와 함께 감소하는 유동적 지능의 경우에도 적절한 교육을 시키면 유동적 지능의 감소를 막을 수 있으며, 나아가 감소 추세를 보이지 않는 노인의 경우에는 증가시킬 수 있다고 보았다(Schaie, 1994).

카텔과 혼(Cattell & Horn, 1978)은 지능을 유동성 지능과 결정성 지능으로 구분하였다. 유동성 지능은 선천적 유전에 의해 결정된 지능으로 뇌신경의 성숙에 의해 발달하고 뇌세포의 감소와 손상에 의해 감퇴되며, 주로 수리능력과 기억력, 공간지각 능력이 이에 속한다. 결정성 지능은 후천적 경험, 문화와 의도적 학습에 영향을 받아 습득되는 것으로 언어 이해, 일반상식 능력, 어휘력 등이 이에 속한다. 유동성 지능은 14세경에 정점에 도달하였다가 20세가 지나면서 감소하기 시작하지만 결정성 지능은 성인기 동안에도 계속해서 증가한다. 즉, 결정성 지능의 감퇴는 유동성 지능의 감퇴보다 속도가 느렸고, 사회계층이 높을수록, 취업상태에 있을수록, 그리고 과업의 전문성이 높을수록 그 정도가 낮은 것으로 나타났다(Apps, 1991). 전통적 지능 이론에서는 성인들은 지능이 감퇴되기 때문에 새로운 학습이 곤란하므로 교육은 어려서 받아야 한다고 주장하였으나 카텔의 이론은 교육을 평생에 걸쳐 계속적으로 학습해야 함을 강조하고 있다. 대체로 학습능력은 연령이 증가할수록 저하되는데, 창의성은 최근 연구에 의하면 개인차가 매우 크고 일정한 연령과 관계없는 것으로 나타났다. 또한 사고 및 문제해결능력은 지능, 교육수준 및 직업에 영향을 받으며 연령증가로 인해 감퇴되지 않는 것으로 나타났다(김태현, 1994).

이상과 같은 점을 감안할 때 성인학습자에게는 학습에 충분한 시간을 제공해 준다든가, 학습에 대한 성취감과 자신감을 가질 수 있도록 배려하고 학습자의 경험을 상호교환하여 학습자원으로 활용할 수 있도록 교수자가 학습자를 조력한다면 충분한 학습능력을 발휘할 수 있을 것이다.

3) 정서적 특성

정서적 특성은 인간행동의 심리적 기초를 이루며 학습자로 하여금 학습활동을 하도록 하는 심리적 요인이다. 연령이 증가함에 따라 부정적 심리적 요인이 작용하게 되는데, 남성의 경우는 신체적 노화에 따른 긴장감, 직업에서의 승진 가능성 제한, 가족생활의 변화 등과 밀접한 관련을 갖게 된다(Weller, 1983). 반면에 여성의 경우는 자녀의 독립과 폐경이라는 변화로 상실감, 고통, 과업 완수에 대한 안도감, 그리고 새로운 역할에 대한 두려움을 수반하게 된다(Rubin, 1979). 또한 성인 중기에 남성은 여성적 특성(섬세하고 친절함)이 증가하고 여성은 남성적 특성(공격성, 권위주의적)이 증가하는 성 역할 지각의 변화가 생긴다. 윤진(1984)은 노년기에 나타나는 특징적 성격 변화로 내향성 및 수동성 증가, 조심성 증가, 경직성 증가, 우울 성향 증가, 생에 대한 회상의 경향, 친근한 사물에 대한 애착 증가, 성 역할 지각변화, 의존성 증가, 유산을 남기려는 경향이라고 하였다. 노년기에 조심성 증가의 이유 몇 가지를 제시하면(장인협·최성재, 2002) 첫째, 노인 스스로의 의지로서 정확성을 중요시한다. 둘째, 시각·청각 등 감각기능의 감퇴와 신체적·심리적 기능의 감소이다. 셋째, 결정에 대한 자신감 감퇴로 인해 확실성을 기하기 위해 조심성이 요청된다는 것이다. 또한 노령화에 따른 스트레스로 인한 우울증 경향은 체중 감소, 불면증, 강박관념, 감정적 무감각 등의 증상을 유발하고, 과거에 대한 집착, 사물에 대한 집착, 수동적이고 의존성 증가 등이 있다.

해비거스트(Havighurst, 1972)는 노년기에 이루어야 할 과업으로 신체적 능력과 건강의 쇠퇴에 대한 적응, 정년퇴직과 경제적 수입 감소에 대한 적응, 배우자 죽음에 대한 적응, 생활에 적합한 물리적 환경 조성을 제안하였다. 따라서 성인 학습자들이 현실에서 직면하는 문제해결을 위한 동기를 갖고 있다는 점을 고려하여 그들이 자발적으로 선택하고 참여하여 실생활에서 만족할 만한 효과를 얻도록 한다면 학습에 적극적으로 참여하게 될 것이다.

4) 사회적 특성

청소년 후기에는 성 역할 정체감(sex-roleidentity)과 개인적인 정체감을 확립하는 시기이고 성인 생활의 준비를 하는 단계로 자신의 삶에 대한 결혼 및 직업의 선택과 같은 영속적인 선택으로 중요한 결정을 하는 최종 단계이다. 성 역할에 대한 정체감은 사회가 특정 성에 적절하다고 인정하는 태도, 특성, 흥미와 동일시하는 과정으로 성에 따른 역할기대를 내면화하는 과정이고 아동기부터 형성되기 시작하며, 직업에 관한 자신의 능력을 평가하는 데에 영향을 미친다. 성인 초기에는 공식적이고 완전한 성인으로서의 삶이 시작되는 시기로 사랑과 일을 통해 구체적으로 자아를 실현하려고 한다. 결혼을 하고 자녀 출산과 양육을 한다. 자녀 출산 이후 삶의 방식이 급격하게 달라지며 부부의 삶의 방식과 부부간 역할과 책임에 대한 재조정이 필요하다. 그리고 직업수행을 위해 직업별로 요구하는 전문적 기술을 습득하고 훈련하는 단계이며, 성공적인 직장 생활을 위해 전문지식과 기술, 사회적 위계, 대처능력, 우호적 인간관계를 형성해야 한다.

성인 중기에는 가족생활에서 성공적인 가족생활을 위해 가족을 위한 미래 목표의 설정, 가족원의 책임과 권리의 공평한 배분을 해야 하고, 직업적 만족과 성취가 가장 높으면서도 직업전환의 위기를 맞게 되며 직업적 성공과 만족은 개인의 생계유지뿐만 아니라 인지·정서적 측면에도 영향을 미치게 된다.

노년기에 들어서면 성인기의 주요 과제들—결혼, 자녀 양육, 직업—에서의 성공과 실패에 대한 평가를 하게 된다. 따라서 성취에 대한 한계를 깨닫고 현실을 수용할 수 있어야 하며, 자신의 자아상에 통합할 수 있어야 한다. 사회 역할의 축소에 따른 자부심의 저하, 고독과 소외, 은퇴로 인한 소득 감소 등이 주요 문제로 오는 고통 상실과 젊음에 가치를 부여하는 사회로부터의 노인 무시, 신체적 능력의 점진적 쇠퇴는 노인의 좌절감과 사기 저하를 촉진한다. 또한 노인기의 사회적 역할이나 지위가 확립되어 있지 못하기 때문에 사회적으로 고립되어 간다.

성인학습에 참여하는 학습자들 상호작용에 대해서 롱(Long, 1996)은 성인의 경우, 혼자보다는 집단 속에서의 학습이 잘 이루어질 뿐만 아니라 학습의 효과나 학습자들의 만족도에서도 긍정적인 결과를 나타내었으며, 성인들도 이를 원하고 있다고 하였다.

3. 성인학습의 원리

성인학습자들을 대상으로 하는 성인학습은 대부분 학교 이외의 장소에서 이루어지기 때문에 학교에서 이루어지는 학습과는 많은 차이를 보인다. 성인학습은 성인학습자들을 대상으로 행해지기 때문에 그들의 다양한 욕구와 흥미를 만족시켜 주기 위한 프로그램, 지도자나 교수자, 교육장소와 시간, 교육목표 수립과 교육과정 평가에 이르기까지 모든 활동에 있어 융통성을 가지고 있다.

성인학습은 방법에 있어 세 가지 특성을 보여준다. 첫째, 성인학습에 있어 성인학습자를 학습활동으로 유도해 줄 수 있는 환경이 제공되어야 하고, 둘째, 성인학습자가 직면하고 있는 문제들을 풀어나가는 데 필요한 방법이나 기술들을 제공해야 하며, 셋째, 성인학습에 있어 성인학습자들의 학습욕구를 만족시켜 줄 수 있는 학습태도, 학습자료들을 적절하게 제공할 수 있어야 한다.

성인학습 원리에 대한 주장은 매우 다양하다. 능률적인 학습을 위한 성인학습의 원리로 박노열(1987)은 참여 및 조직의 원리, 다양성의 원리, 상호학습의 원리, 계속성의 원리를 제시하였고, 조용하(1993)는 자발성의 원리, 자기학습의 원리, 상호학습의 원리, 생활 적응의 원리, 지역성의 원리, 능률성의 원리를 제시하였다. 한국교육학회 사회교육연구회(1991)는 자발성의 원리, 자기주도성의 원리, 상호학습의 원리, 현실성의 원리, 다양성의 원리, 능률성의 원리, 참여교육의 원리, 유희·오락성의 원리로 제시하였다.

위에서 제시한 다양한 원리를 기초로 성인학습의 원리를 제시하면 다음과 같다.

1) 자발성의 원리

학습자는 외부의 권리나 타인의 강요에 의해 학습에 임하는 것이 아니라 자발적 의지에 따라 학습에 참여하여야 한다. 자아개념이 확립된 상태인 성인은 외부에서 부여되는 학습에 대한 저항감이나 갈등을 느껴 거부하는 경향이 나타날 수도 있다. 그러므로 성인의 독립적인 자아개념을 존중하여 그들의 흥미, 관심에 기초한 학습이 전개될 때 성인학습자들이 자발적으로 학습을 하게 될 것이다.

학습자들이 특정한 분야나 내용에 대한 학습의 필요성을 인지하도록 자극하고, 스스로 학습의 필요성을 느껴서 필요한 것을 배우고자 하는 욕구를 이끌어내야 한다. 또한 지속적으로 학습활동에 참여할 동기를 유발하는 방법을 강구해야 한다. 성인학습자들은 과거 학습경험에 의해 불안감이나 저항감을 갖고 있을 가능성이 있으므로 학습 참여에서 불안을 해소시킴과 동시에 자신감을 불어넣어 주는 것이 자발 학습을 촉진시키는 방법이다.

2) 자기주도성의 원리

타인의 판단이나 기준에 의하지 않고 학습자 스스로가 주체적으로 학습의 목적, 방법을 결정하도록 학습에 대한 자율성과 자기계발의 주도권을 부여하는 것을 말한다. 성인학습자들은 아동과는 비교될 수 없는 다양한 경험을 이미 갖고 있어 한층 질 높은 학습이 가능하며 새로운 학습이 전개될 수 있기 때문이다. 자기주도적 학습을 촉진시키기 위한 방법으로 각종 사회교육 시설을 확충하고 일반 대중에게 완전히 개방함으로써 학습자들이 성인학습을 편안하고 손쉽게 접할 수 있는 기회를 부여하는 것이다.

3) 다양성의 원리

성인학습의 대상은 직업, 연령, 학력, 사회경제적 배경, 사회적 경험 등에서 매우 이질적이다. 따라서 성인학습에 있어 교육내용과 방법은 이것을 감안하여 선정해야 한다. 기획 단계부터 이질성을 고려하는 것에서부터 교육적 경험을 통해 다양한 경험을 얻을 수 있는 환경을 조성하는 것도 중요하다. 이러한 이질적인 성인학습자들의 필요를 최대한으로 충족시켜 학습효과를 높이기 위한 다양한 방법들의 조화로운 적용이 필요하다.

4) 융통성의 원리

성인학습에 있어서 모든 학습이 계획된 방향으로만 진행되는 것은 아니다. 때로는 계획과 다른 학습내용과 방법이 요구되므로 상황에 따라 임기응변식으로 새로운 방법을 도입하거나 그 계획 자체를 원천적으로 변경시켜야 할 경우도 생긴다. 각각의 사태에 대해 얼마나 융통성 있게 대처하느냐에 따라 성인학습의 성패가 달려 있는 것이다.

5) 생활적응의 원리

성인학습자가 생활에서 현실적으로 부딪히는 과제 및 요구를 중심으로 학습을 전개하고, 그 결과를 즉각적으로 생활에 활용할 수 있는지 여부와 학습욕구의 충족 정도에 따라 학습활동이 결정된다. 성인학습은 현실성에 입각하여 구체적인 현실의 문제를 해결함으로써 역할수행에 실제적인 도움을 줄 수 있어야 한다. 따라서 성인학습의 교육목표, 교육내용, 교육방법, 교육평가에 이르기까지 현실과 밀착될수록 교육의 유의미성이 높아지게 되는 것이다.

6) 계속성의 원리

성인학습은 평생 계속되어야 하므로 교육을 실시하는 기관과 담당자는 성인 학습자가 지속적으로 학습에 참여할 수 있는 교육 기회를 개발·제공해야 한다. 성인학습의 기회가 확대되고 내용이나 방법이 다양해짐에 따라 보통 한 프로그램을 통한 학습자의 학습욕구 충족은 부족하게 되었다. 따라서 성인학습에서 지속적인 학습이 가능하도록 지식 자체를 학습시키기보다는 학습하는 방법을 습득시키고 자기계발의 중요성을 각인시켜 학습의 기본을 심어주는 것이 중요하다.

7) 상호학습의 원리

학습효과를 높이기 위해 지도자와 학습자, 학습자와 학습자가 서로 배우고 가르치는 형태를 통해 학습에 참여한 모든 사람의 집단역동을 활용하는 것이다. 성인의 경우 다양한 통로를 통하여 축적한 각자의 경험을 학습자원으로 서로 공유하여 서로에게 영향을 주고받음으로써 상호학습이 가능하게 된다. 성인 학습자들은 가정이나 사회에서 교육자의 위치에 서 있으므로 가르치는 사람과 배우는 사람의 획일적인 구분이 불가능함을 고려해야 한다. 이에 성인학습 지도자는 '교수자'라는 역할보다 '촉진자', '조언자'의 역할이 더 강조된다. 배우고 가르치는 사람 간의 지위 격차란 없으며, 동료라는 특수한 관계가 강력한 힘을 발휘하기도 한다. 따라서 어떤 사물이나 사상에 대한 태도나 행동적인 변화가 요구되는 경우 이를 적극적으로 활용할 필요가 있다.

8) 참여교육의 원리

참여교육의 원리는 성인학습을 시행함에 있어 교육의 전 과정에 전문적인 지도자들과 성인학습자들이 참여함으로써 교육이 이루어지고, 그 결과에 피드백을 받아 새로운 교육이 실시되는 것을 말한다. 참여교육은 성인학습 전 과정에 대하여 성인학습자들이 적극적으로 참여하도록 유도함으로써 학습자 생활의 질을 개선하여 보다 나은 상태로 변화하는 데 도움을 줄 수 있는 현실성을 강조한다.

9) 효율성의 원리

성인학습의 목적달성을 위해 다양한 학습형태나 매체를 투입할 때 투자에 비해 학습결과가 높은 방법을 선택해야 할 것이다. 선정된 교육방법이 바람직하더라도 시간적·경제적으로 효과적이며 능률적인지 살펴봐야 할 것이다. 가장 효율적이며 적절한 학습방법을 선택해야 한다. 일정한 목표가 정해져 있고 계획에 의하여 행해지는 활동이라면 성과에 주목하여 일정한 시간 내에 많은 결과를 올릴 수 있도록 계획이 선행되어야 한다.

10) 유희·오락성의 원리

성인학습에 게임과 같은 오락적 측면이 추가될 경우 학습자의 적극성을 높일 수 있다. 성인학습자들은 학습에 대한 불안이나 부담감으로 인한 심리적 압박을 받는 경우가 많이 있다. 가벼운 마음으로 학습을 즐기는 가운데 학습에 몰입할 수 있도록 하는 유희·오락성의 원리는 중요한 요소가 된다. 성인학습의 내용이 진지하고 딱딱한 내용일지라도 유희·오락성이 가미됨으로써 학습에 쉽게 접근하고 많은 것을 배우며, 생각할 수 있기 때문이다.

4. 성인의 학습참여 동기

현대사회의 성인은 급변하는 사회 변화에 적응하며 살아가기 위하여 끊임없이 무엇인가를 배우고 학습한다. 평생학습의 필요성이 대두되면서 성인의 학습에 관한 다양한 연구가 많은 학자들에 의해 이루어져 왔다. 특히 평생학습자들의 학습 참여 행위를 설명하기 위하여 노력한 대표적인 학자는 Miller, MaClusky, Boshier, 그리고 Cross 등이 있다. Miller(1967)는 참여 동기 결정이론을, MaClusky(1978)는 여유이론을, Boshier(1971)는 자아환경일치이론을, 그리고 Cross(1981)는 연쇄반응 모델을 제시하였다.

1) 참여 동기이론

먼저 성인의 참여 동기를 체계적으로 유형화하고 구조적 특성을 규명하려는 시도는 호울(Houle, 1961)로부터 시작되었다. 호울은 성인학습에 참여하는 사람들의 근본적인 동기를 밝히기 위해 참여에 대한 의식과 신념에 초점을 맞추어 22명의 능동적인 계속 학습자들을 대상으로 심층적인 면담을 통하여 연구한 결과, 목표 지향적인 학습자, 활동 지향적인 학습자, 학습 지향적인 학습자의 참여 동기를 유형화하였다.

첫째, 목표 지향적인 사람은 교육 목적 달성을 하고자 하는 욕구를 갖고 있으며 학습을 충족 수단으로 인식하는 사람들이다. 따라서 그들에게는 학습활동을 어떤 기관, 내용이나 방법을 한정시키지 말고 그들의 목적에 맞는 프로그램에 참여시키는 것이 효과적이다.

둘째, 활동 지향적인 사람은 특정 목표나 과목이 아닌 '활동 그 자체'를 위해 참가한다. 외로움이나 지루함 또는 불행한 가정생활 또는 직업 상황에서 탈피하기 위해, 배우자를 찾기 위해, 신용을 쌓고 학위를 취득하기 위해 학습활동에 참여한다.

셋째, 학습 지향적인 사람은 지식 그 자체를 추구하는 사람들로서 학습에 대한 흥미와 동기를 가지고 학습에 참여하며, 그 과정을 통해서 만족감을 얻기 때문에 지속적이며 평생을 가는 학습을 한다.

Boshier(1971)는 직접 개발한 교육참여척도(Education Participation Scale, EPS)를 통해 3차에 걸친 요인분석을 실시하여 여섯 가지 참여 동기 유형인 전문성 함양, 지역사회 봉사, 외부기대, 사회적 접촉, 사회적 자극, 지적 관심 등을 제시하였다. 이후에도 그는 EPS 도구의 타당성을 계속적으로 검증하는 자료를 정기적으로 보고하였다(전선영, 2012).

Morstain과 Smart(1974)는 Boshier가 개발한 교육 참여 척도를 기반으로 교육 참여와 관련된 사회적 관계 요인, 외부 기대 요인, 사회복지 요인, 직업 향상 요인, 도피/자극 요인, 인지적 관심 요인 등 여섯 가지 요인을 제시하였다.

2) 성인의 학습목표 유형별 지도 방법

성인학습자들의 학습목표 유형별로 특성을 파악하여 三浦清一郎(1982)은 교육 참여 동기를 무목표 학습자, 사교적·활동 지향적 학습자, 자극-탐구적인 학습자, 직업 지향적인 학습자, 생활-변혁 지향적인 학습자, 학습에 대한 무관심-거부형 학습자 등의 여섯 가지로 유형화하고 그에 맞는 학습지도 방법을 다음과 같이 제시하였다.

(1) 무목표 학습자

이 유형의 학습자들은 학습에 대한 구체적인 목표가 없이 성인학습에 참여하고 그저 시간을 보내기 위해 학습에 참여한다. 이들은 학습에 대한 동기나 의욕이 부족하기 때문에 학습에 대한 효용가치를 알려주어 구체적인 학습목표를 제시해 주고 학습에 대한 흥미를 갖고 학습활동에 참여하도록 도와주어야 한다.

(2) 사교적 · 활동 지향적 학습자

이 유형은 학습활동을 통해 다른 사람과의 인간관계를 넓히는 것을 목적으로 하며 그 속에서 자신의 존재가치를 인정받고자 한다. 관계 지향적인 사람들에게서 많이 볼 수 있는 유형이다. 이들은 사람들을 만나기 위해서 학습에 참가하므로 학습의 직접적인 성과 이상으로 학습 분위기 및 동료와의 교류 기회를 중시한다. 따라서 학습시간 이외에 교류의 장과 기회를 제공해 주어 학습과 인간적 교류의 두 가지 문제를 동시에 충족시켜 준다. 또한 학습활동의 평가가 사회적 교류의 관점에서 이루어진다는 점을 감안하여 좋은 인간관계를 통해서 학습활동에서 성과를 이루도록 격려해야 한다.

(3) 자극-탐구적인 학습자

이 유형은 단조로운 일상생활로부터 탈피하고자 학습에 참여하며, 호기심과 탐구심이 높다. 이들은 학습활동을 통해서 변화를 기대하고 학습에 대해 적극적이므로 교수자의 적극적 통제나 자극이 없이도 스스로 학습하는 경향이 있다. 따라서 학습에 대한 정보제공, 학습방법의 제시, 학습하는 방법에 대한 조언을 해주며, 학습활동에 대한 용기를 주고 도와주어야 한다.

(4) 직업 지향적인 학습자

이 유형은 직업생활에서 당면한 문제를 해결하기 위해 필요한 기술이나 지식을 습득하고자 참여한다. 이들은 학습을 하나의 도구로 간주하여 학습결과가 문제해결에 도움을 주지 못하면 학습성과 자체를 인정하지 않으며, 직업생활에 필요한 특정한 기술과 지식을 습득하고자 하므로 적극적으로 학습에 참여한다. 이들은 학습성과가 구체적이고 응용 가능성을 중요시하며, 계속적인 학습을 필요로 하기 때문에 학습활동을 통해 학습방법 등을 습득할 수 있도록 적절한 배려를 해주어야 한다.

(5) 생활－변혁 지향적인 학습자

이 유형은 학습을 자기 수양의 과정으로 파악하여 학습을 통해 자기성장과 생활의 변혁을 도모하고자 한다. 생활 향상을 위해 구체적이고 즉시 응용 가능한 성과를 기대한다는 점에서는 직업 지향형의 학습자와 동일하다. 이들은 학습목표가 원대하고 현재 참가하고 있는 학습활동은 그 최종 목표를 달성하기 위한 하나의 과정으로 간주하기 때문에 학습활동에 대한 지속성이 있고 자기주도적 학습을 한다.

(6) 학습에 대한 무관심－거부형 학습자

이 유형은 학습에 대해 거의 무관심하거나 학습이 왜 필요한지를 모르며, 학습 자체에 대해 적대감이나 불안을 갖고 있다. 그 이유는 과거에 학습으로부터 이익이나 만족할 만한 성과를 거두지 못하고 학습에 대한 실패 경험이 많은 경우이다. 이들은 학습활동은 자신의 생활과는 거리가 멀다고 여기며 학습활동으로부터 거리를 두고 있었기 때문에 학습에 대해 어색하다. 따라서 학습에 대한 거부감을 없애고 자신감을 갖도록 교수자의 조언과 배려가 필요하다.

표 3-1 학습동기 유형

연구자	학습동기 유형		
Houle(1961)	활동 지향	목표 지향	학습 지향
Burgess(1971)	현재 생활에서의 도피 사회활동에 참여	개인적 목표와 사회적 목표 성취	지식의 추구 종교적 목표 성취 공식적 자격 획득
McClusky(1971)	환경 적응의 요구(일상적 생활기술 습득, 정상적 기능 유지) 표현적 요구(사회활동 참여)	공헌의 요구(타인을 위한 배움 실천과 봉사) 영향력 요구(자신이 먼저 사회에 영향을 미치려는 요구)	초월의 요구 (인생의 본질)
Sheffield(1971)	대외욕구충족 지향(내적 성취도, 자기만족) 대외활동 지향(사회관계망 형성, 봉사활동)	개인적, 사회적 목표 지향	학습 지향
Morstain & Smart(1974)	사회적 관계(타인과 교제, 우정, 이성 친구) 사회적 관계 증진(사회봉사, 공동체 활동) 도피와 자극(생애 전환, 휴식)	직업적 진보(직장동료와의 경쟁) 외부적 기대(직장 또는 권위자로부터의 요구사항)	인지적 흥미(지식획득의 만족감, 지식실천의 행복감)
Boshier(1985)	사회적 자극, 사회적 교섭	외적 기대 및 지역사회 봉사	전문성 함양, 지적인 흥미

출처: 박명경(2017). 대학평생교육기관의 관계마케팅전략과 성인학습자의 학습동기, 관계몰입 및 참여지속의도 간의 구조적 분석.

탐 구 문 제

1. 성인학습자의 특성에 대해 이야기해 봅시다.

2. 성인의 학습참여 동기에 대해 이야기해 봅시다.

3. 성인의 학습원리에 대해 이야기해 봅시다.

CHAPTER

04 평생교육의 교수-학습

학습개요

성인의 학습을 보다 효과적이고 효율적으로 이끌어 가기 위해서는 교수-학습의 개념을 이해할 필요가 있다. 또한 성인학습지도의 원리를 익히는 것은 교수-학습 활동을 원활하게 이끌어 가는 데 필요하다. 더불어 성인학습에 영향을 주는 변인을 파악하고 분석하는 것은 성인학습자의 학습성과를 만족스럽게 하는 데 중요한 영역이다.

학습목표

1. 교수-학습의 개념을 이해한다.
2. 평생학습지도의 기본원리를 이해한다.
3. 성인학습에 영향을 주는 변인을 설명할 수 있다.

1. 교수-학습의 개념

교과를 효율적이고 최적의 상태로 가르치기 위해서는 적절한 교수방법이 필요한데, 이러한 점에서 교과와 교수학습은 불가분의 관계를 가진다. 교수-학습이란 교과교육의 지식을 효율적이고 의미 있게 가르치고자 하는 일련의 의도된 노력과 행위라고 할 수 있다. 교수(teaching)는 교과를 가르치는 행위를 지칭하고, 학습(learning)은 교과지식을 배우는 일련의 모든 과정을 의미한다.

교수(teaching)란 지식을 전달하고 학습자의 특정한 태도와 행동을 형성하기 위한 의도적이고 조직적인 활동이다. 좁은 의미에서 교수란 '학문이나 기술을 가르치는 행위'이고, '넓은 의미로는 교수자가 의도적으로 계획한 모든 활동'이다. 몇몇 학자들의 정의를 살펴보면 Corey(1971)는 "어떤 특정한 조건하에서 특정한 행동을 습득하거나 배제하고 혹은 특수한 상황에 대해 반응을 하거나 학습이 일어날 수 있도록 개인의 환경을 계획적으로 관리하는 전 과정"이라고 교수를 정의했다. Reigeluth(1983)는 교수를 "수업에 비해 포괄적인 것으로서 구체적으로 설계, 개발, 적용, 관리, 평가를 포함하는 것"이라고 정의하였다(변영계, 2003).

학습(learning)에 대한 정의는 학자들에 따라 다양하게 내리고 있다. 넓은 의미에서의 학습이란 "유기체가 그를 둘러싸고 있는 환경과의 상호작용을 통해 그 유기체의 행동에 변화가 일어난 경우"라고 성격을 규정짓고 있다. 그러나 좁은 의미에서의 학습이란 "학습자가 정해진 학습 목표를 달성시키려는 상황에 참여하여 의도한 학습 목표를 성취하는 활동을 하는 경우"라고 의미를 한정 짓고 있다(전게서).

행동주의적 입장에서 학습이란 자극과 반응 간의 관계에서 일어나는 관찰 가능한 행동의 변화를 의미한다. 즉, 학습이란 유의미한 경험의 결과로 인하여 개인의 지식, 행동, 또는 태도가 긍정적이고 지속적으로 변화하는 것을 말한다. 인지주의적 입장에서는 학습은 환경으로부터의 자극을 새로운 정보처리능력으로 변형시키는 일련의 '인지구조의 변화'로 볼 수 있다.

교수-학습의 차이점은 다음과 같다.

첫째, 교수는 일정한 목표가 있으나 학습은 일정한 목표가 있을 수도 있고 없을 수도 있다.

둘째, 교수는 일의적이나 학습은 다의적이다. 한 교수의 수업내용은 같으나 학습자는 각각 다르게 배울 수 있다는 것이다.

셋째, 교수는 실제 교육이 이루어지는 교실 사태에 초점을 두지만 학습은 연구실 및 실험실의 실험 상황에 관심을 둔다.

넷째, 교수는 처방적(prescriptive)이지만 학습은 기술적(descriptive)이다. 교수는 교육의 목적을 성취하기 위한 방법을 제시하지만 학습은 유기체에서 나타나는 학습의 과정과 결과를 있는 그대로 기술하는 것이다.

2. 평생학습지도의 기본 원리

학습지도의 원리란 수업에서 전개되는 교수자의 여러 가지 활동을 일관해서 규제하는 원칙적인 생각을 말하는 것이다.

1) 자발성의 원리

학습자 스스로가 능동적으로 학습활동에 의욕을 가지고 참여하도록 하는 원리이다. 즉, 학습지도는 내적 동기가 유발된 학습을 시켜야 한다는 원리로서 유사한 학습원리는 자기활동의 원리, 흥미의 원리, 노작의 원리 등이 있다. 학습자의 활동은 소극적이고 교수자의 활동만 적극적인 것은 문제가 있다.

전통적인 학습은 주로 교수자 중심의 교육활동이었으나 현대의 교육사조는 경험적인 입장과 학습자 중심의 입장을 강조하고 있기에 교수자의 책임은 자발성에 의해서 발달해 가는 학습자를 옆에서 도와주는 학습의 보조자가 되어야 한다.

2) 개별화의 원리

학습자 자신의 요구와 능력 등에 맞는 학습활동의 기회를 마련해 주어야 한다는 원리이다. 즉, 학습자를 존중하고, 학습자 개개인의 능력, 소질, 성향 등 모든 발달 가능성을 신장시키려는 원리를 말한다. 학습자들은 각자 서로 다른 재능이나 소질을 갖고 있다. 따라서 가능한 한 개성에 맞는 교육을 해야 하는 것이 개별화의 원리이다. 교육은 학습자를 개별적 존재로 인정해야 하고 그 개인에 맞는 교육방법을 제공해야 한다.

개별화 교육의 목표는 교수자와 학습자의 1:1 지도 형태로, 학습능력에 있어 개인차가 현저하기에 능력별 지도와 학습의 개별화를 강화하는 방법이며, 학습집단 속에서 학습자의 개성을 살려서 공동작업에 공헌할 수 있게 하는 방법이다.

3) 사회화의 원리

교육의 궁극적인 목적은 학습자들을 사회화하여 유용한 사회인으로 육성시키고자 함이다. 즉, 공동학습을 통해서 협력적이고 우호적인 인간관계를 형성하고 사회화를 돕는 것이다. 교육은 개성을 존중하여 이를 발전시키고 사회적 발달을 최대한으로 신장시켜야 한다. 사회적인 틀 속에서 수업을 함으로써 학생들의 사회적 인격을 형성하고자 하는 것이 사회화의 원리이다.

이는 모든 학습활동이 공동적 학습활동의 계획과 실행을 통하여 사회적 인간을 형성할 것을 목표로 하며, 각자가 자기의 개성에 맞는 학습활동을 하여 그것이 집단의 다른 사람에게 공헌하게 되고, 자기 자신도 다른 사람의 활동에 의해서 많은 것을 배우도록 노력하는 것이다.

4) 통합의 원리

전인교육을 지향하자는 것으로, 학습자를 전체적 인격체로 보고 그에게 내재되어 있는 모든 능력을 조화롭게 발달시키기 위한 생활 중심의 통합교육을 원칙으로 한다. 단편적인 지식의 주입식 교육방법에서 벗어나 자연과 사회의 여러 생활영역과 밀접하게 상호작용하며 인간생활을 통합적으로 이해하도록 교육해야 한다. 이것이 통합의 원리이다.

지식과 기능을 포함한 전인교육으로서 환경에 적응할 수 있는 내재적인 모든 능력을 조화롭게 발달시킨다. 현대인은 사회, 문화, 경제, 과학, 자연, 예술, 종교와 같이 인생의 여러 영역에 통합적으로 활동하기 때문에 학습도 여러 영역의 통합적인 생활에 바탕을 둔 교육이 실시되어야 한다. 이를 위해서는 교재를 통합하여 사용할 필요가 있다. 즉, 교재의 통합, 인격의 통합, 생활지도의 통합, 지도 방향의 통합으로 교육의 일관성이 이루어져야 한다.

5) 목적의 원리

학습자는 학습목표가 분명하게 인식되었을 때 자발적이고 적극적인 학습활동을 하게 된다. 즉, 학습자가 뚜렷한 목적의식을 갖도록 자극을 주어 학습에 대한 동기유발이 되도록 한다면 효과적인 학습이 이루어진다는 것이다. 교수자가 훌륭하게 학습지도를 할지라도 학습자가 학습에 대한 목적의식이 없다면 자발적이고 적극적인 학습활동이 이루어지기 어렵다. 교수자는 학습자에게 적절한 학습목표를 제시해 줄 수 있도록 해야 하고, 학습자가 목표에 맞는 학습활동을 하도록 지도하는 것이 필요하다.

6) 직접 경험의 원리

백문불여일견(百聞不如一見)이라는 말이 있다. 학습에 있어 전통적인 방법인 언어 위주로 설명을 하는 것보다는 구체적인 사물을 학습자가 직접 경험을 해 봄으로써 학습의 효과를 높일 수 있다.

직접 사물을 관찰, 실험, 실습하고 자료를 수집하여 검증하는 경험을 통하여 타당한 인식 작용을 할 수 있는 능력을 배양할 필요가 있다. 직접 경험의 원리 또는 직관의 원리란 어떤 사물에 대한 개념을 인식하는 데 있어서 언어적 설명보다는 구체적 사물을 직접 제시하거나 경험함으로써 그 효과가 훨씬 크다는 것이다. 그러므로 교사는 시청각 교재를 학습에 도입하여 교육방법을 과학화하는 등 효과적인 학습이 이루어질 수 있도록 도와야 한다.

3. 성인학습에 영향을 주는 변인

성인학습에서는 일반적으로 개인적 요인 및 환경요인에 영향을 받는다. 따라서 환경적 요인, 학습자 요인, 수업 요인, 교수자 요인으로 구분하여 살펴보면 다음과 같다.

① 환경적 요인 : 학습자가 속해 있는 집단의 특성, 가정환경, 조직 풍토, 사회적 환경 등

② 학습자 요인 : 신체적 특성(노화 등)과 지적 특성(지능, 선행학습 정도 등), 정의적

특성(불안, 자아개념, 성취동기, 성격, 흥미 등), 학습전략 및 방법 등

③ 수업 요인 : 수업 체제, 평가 체제 등

④ 교수자 요인 : 교수자의 행동, 태도, 학습자를 바라보는 눈 등

성인학습에 영향을 미치는 변인들은 매우 다양한데, 특히 학습준비성, 동기, 학습의 전이, 기억과 망각, 자아효능감, 학습 스타일 등에 대해 살펴보고자 한다.

1) 학습준비성

학습준비성(learning readiness)이란 학습자가 학습할 수 있는 신체적·정신적인 모든 조건이 갖추어진 상태를 말한다. 준비성은 성숙요인과도 밀접한 연관성을 가지고 있어서 신체적·정신적 성숙은 학습에 도달할 수 있는 기본적인 준비 태세의 요인이 된다. 즉, 학습자의 학습은 적절한 성숙 단계에 도달해야만 가능하다.

해비거스트(Havighurst)는 준비성의 개념을 발달단계의 발달과업과 관련시켜 설명하였다. 즉, 성숙을 통해 사회가 요구하는 것을 자신이 성취할 준비가 되어 있을 때 교육의 적정 시기가 온다고 보았다. 모든 학습은 학습자의 성숙단계에 따라서 전개해야 한다. 학습자의 능력이나 성숙의 정도에서 준비가 갖추어져 있어야 학습지도는 효과적일 수 있다. 따라서 학습자가 준비되어 있다는 것은 교육의 최적 시기로서 최대의 효과를 얻을 수 있는 시기라고 볼 수 있다.

2) 동기

동기(motivation)란 '인간의 행동을 일으키게 하는 근원적인 힘으로 행동을 목표로 이끌어 가는 에너지'이다. 즉, 개인의 행동 방향을 결정하는 경향이나 태세

를 말한다. 동기는 일차적 동기와 이차적 동기로 구분된다. 일차적 동기는 기본적, 생득적 동기로서 유기체가 생체를 유지하는 데 필요한 동기이다. 일차적 동기는 항상적 동기와 비항상적 동기로 구분되는데 항상적 동기에는 배고픔, 목마름, 수면, 성욕 등이 있고 이 동기들은 욕구가 충족되어 생리적으로 평형상태가 유지될 때까지 지속적으로 발생한다. 비항상성 동기에는 호기심, 탐색, 활동, 조작 등이 있고 이 동기들은 평형상태를 유지하지 않아도 되는 동기들이다. 사회적 동기인 이차적 동기(secondary motivation)는 후천적 학습 및 경험으로서의 동기로 경쟁, 우월, 독립, 상벌, 소속감, 권력, 성취, 야망, 사회적 인정, 자아실현 등이다. 이차적 동기는 환경적 요인이나 상황요인에 따라 학습한 동기, 특히 대인관계 속에서 형성하는 것들이 이에 속한다.

동기의 기능을 최대한도로 살려서 학습을 하여 가져올 결과, 즉 동기와 학습의 능률과의 관계를 살펴보면 다음과 같다.

첫째, 학습의 속도를 결정한다. 학습에 있어 동기가 있으면 학습 속도는 빨라진다. 그러나 동기가 너무 강해도 목표에만 정신이 팔려서 넓은 범위의 학습수단을 적절하게 사용하지 못한다.

둘째, 학습의 도달 한계를 결정한다. 학습하려는 동기의 강도에 따라 학습내용의 양과 질의 한계가 결정된다. 동기가 강하면 강한 만큼 양이 많고 질이 좋으며 약하면 약할수록 양이 적고 질이 낮다.

셋째, 동기가 강하면 오류를 적게 범한다. 학습하려는 동기가 강하게 유발되면 비교적 오류를 적게 범하고 학습 속도도 빨라진다는 것이다.

(1) 학습동기

학습동기(learning motive)란 '학습자로 하여금 어떤 학습목표를 향해서 학습하게 하는 학습자의 모든 심리적인 상태로서, 학습활동 전개에 있어 학습의욕을 일으키게 하는 내적인 힘'을 말한다. 적절한 학습동기는 학습을 적극적으로 수행할 수 있도록 하여 만족스러운 결과를 가져오게 한다.

동기유발의 일반적 원리는 다음과 같다. 첫째, 일상생활에서 이미 경험한 내용과 학습내용을 관련시킨다. 둘째, 학습자의 흥미와 관심을 학습내용과 관련시킨다. 셋째, 성공감·필요성 등을 체험하게 하여 학습의 의욕을 고취시킨다. 넷째, 학습목표를 정확히 한다. 다섯째, 학습자료·수업매체 등에 대한 학습 선호도나 준비 등에 대한 개인차에 따라 학습과제를 제시한다.

학습동기유발 방법은 내적 동기유발 방법과 외적 동기유발 방법으로 구분된다.

첫째, 내적 동기유발이란 학습의 장에서 동기의 목표를 학습자 내부에 두어 학습 자체에 의해 동기가 유발되는 방법이다. 즉, 학습자의 요구, 흥미, 태도, 목적 등에 의해 동기가 유발된다. 둘째, 외적 동기유발이란 학습의 동기가 외부에서 도입되어 동기가 유발되는 방법이다. 즉, 점수나 칭찬, 상벌 등에 의해 이루어지는 것이다.

가. 내적 동기유발 방법

① 학습자가 학습문제에 대해 호기심을 갖도록 한다.
② 성취감의 경험을 늘려 주고 실패의 경험을 줄여 준다.
③ 지식과 기능, 인격 등에 감명을 줄 수 있는 모델을 정하여 동일시하도록 유도한다.
④ 학습목표를 분명히 알게 한다.
⑤ 학습결과에 대한 지식을 제공한다.

나. 외적 동기유발 방법

첫째, 상과 벌을 적절히 사용한다. 상은 학습자의 목표 추구 행동을 더욱 촉진하는 역할을 하여 학습행동을 유발하는 강화의 기능을 한다. 상의 내용은 물질적인 것보다 정신적인 보상감을 갖도록 제시하는 것이 효과적이다. 즉, 선물이나 돈 등의 물질적인 것보다 격려와 칭찬, 인정 등의 정신적인 보상이 더 지속적인 효과를 갖는다.

둘째, 학습과정에서 학습자들의 적절한 경쟁과 협동을 통해서 자극을 받는다.

그러나 과열된 경쟁은 학습동기에 부정적인 결과를 가져오게 하므로 적절한 경쟁심을 갖도록 한다. 협동은 목표를 공동으로 도달하는 행동과정으로 학습효과를 높일 수 있다.

(2) 성취동기

성취동기(achievement motive)란 '도전적이고 어려운 과제를 성공적으로 수행하려는 욕구이다(Atkinson, 1983).' 성취동기는 머레이(Murray)에 의해 처음 제시되었고, 이후 맥클랜드와 앳킨슨(McClelland & Atkinson)에 의해 체계화되었다. 맥클랜드(1985)는 아동에게 성취에 대한 보다 높은 욕구를 형성시킬 수 있다고 믿었다. 학교에서 학업성취에 가장 큰 영향을 미치는 동기요인이 성취동기이다. 성취동기가 높으면 적절한 목적을 설정할 수 있고 학습과제의 수행과정에서의 어려움을 극복할 수 있으나 성취동기가 낮은 사람은 자신의 능력에 비해서 지나치게 높거나 낮은 목표를 설정하고 과제수행에 심혈을 기울이지 않는 결과를 나타낸다(Stipek, 1984 ; Weisz, 1979). 일반적으로 성취욕구가 높은 학생들은 도전적인 과제물, 높은 기준, 명백한 피드백, 재도전의 기회 등에 의해 동기화되는 경향이 있다.

3) 학습의 전이

학습의 전이(transfer of learning)란 사전학습 내용이 후속학습 내용에 영향을 주는 것을 말한다. 즉, 이전에 학습한 내용이 후에 학습하는 것을 촉진시킬 수도 있고 방해할 수도 있다. 학습의 전이는 긍정적(적극적) 전이와 부정적(소극적) 전이 그리고 수평적 전이와 수직적 전이로 분류한다.

긍정적 전이란 사전학습이 후속학습을 하는 데 긍정적으로 작용하는 것이고, 부정적 전이란 사전학습이 후속학습을 하는 데 방해하는 것이다. 수평적 전이란 한 특수 분야에서 학습된 것이 다른 분야의 학습이나 실생활에서 이용되는 것이고, 수직적 전이란 한 행동 수준(예: 이해 수준)에서의 학습이 그보다 고차적인 행동수준(예: 문제해결 수준)의 학습을 촉진시키는 것이다(김언주, 1971).

4) 기억과 망각

기억(memory)이란 학습경험의 사실 및 내용을 저장하여 간직했다가 필요할 때에 재생하여 인지해 내는 과정이다. 학습과 기억이라는 말은 가끔 동일한 의미로 사용되어 왔으며, 넓은 의미에서 기억이란 과거에 경험한 행동들에 대한 재생 및 재인 능력을 말한다(Zanden, 1980).

기억은 기명, 파지, 재생, 재인의 4단계를 밟아서 현재 학습경험의 사실이 사전학습 경험의 사실과 같다는 것을 확인하는 데까지의 일련의 심리적 과정이다. 즉, 새로운 학습경험이 중추신경에 기명되어 의식 범위 내에서 파지되었다가 어떤 자극에 의해서 머릿속에서 표상으로 재생되어 재인되는 과정이다.

(1) 기억의 과정

첫째, 기명(memorizing)은 자극을 지각하거나 정보를 받아들여 정리하는 과정이며, 경험 내용을 머릿속에 흔적으로 각인하는 과정이다.

둘째, 파지(retention)는 기명된 것을 일정 기간 동안 기억흔적으로 간직하는 것이다.

셋째, 재생(reproduction)은 파지하고 있는 내용을 생각해 내어 의식화하는 과정이다.

넷째, 재인(recognition)은 기명된 내용과 재생된 내용이 일치하는지를 의식하는 것이다.

이때 기억된 모든 것이 회상되거나 재생되는 것은 아니다. 기억된 것 중에서 재생되는 것을 파지라 하고 재생되지 않는 것을 망각이라고 한다.

(2) 기억의 구조

기억의 구조는 저장 기간 또는 의식 여부에 따라 일반적으로 감각기억, 단기기억, 장기기억으로 나누어진다.

첫째, 감각기억(sensory memory)은 순간적으로 대상(정보)을 감각(시각, 청각)적 이미지 형태로 기억하는 것이고, 이 정보들 중에서 주의를 기울인 정보만이 단기기억으로 넘어간다.

둘째, 작동기억(working memory)은 현재 의식하고 있는 정보들을 정보처리하는 동안의 작업대와 같은 역할을 하는 것이며, 약 20~30초 동안 저장된다.

셋째, 장기기억(long term memory)은 나중에 재생할 수 있도록 수 시간 내지 영구히 저장되는 강화된 기억을 말한다.

(3) 기억의 강화

학습에 있어서 파지율을 높이고 망각률을 낮추는 것은 매우 중요한 문제이다. 따라서 기억력의 증대와 강화는 학습의 성공과도 밀접하다. 결국 학습과정에서는 단기기억을 장기기억화하는 것이 매우 중요하다. 기억을 강화하는 방법들로는 심상, 조직화 및 정교화, 시연, 의미화, 주의집중 등을 들 수 있다.

가. 심상

제시된 자극에 대해 심상을 떠올려 조직화하는 방법으로, 기억할 내용이나 정보를 자기가 알고 있는 장소나 거리, 대상에 관련시켜 기억하고 재생하는 방법이다.

'장소법(method of loci)'은 전철역이나 학교에서 집으로 가는 길처럼 기억 속에 확고히 자리 잡고 있는 일련의 장소들을 이용하는 기억술이다. 또한 여러 개의 단어들을 외우려고 할 때, 각 단어들을 친근한 장소와 연합하는 방법으로 암기하고 후에 그 단어들을 회상할 때는 마음속에서 그 장소와 연합하여 기억한다.

나. 조직화 및 정교화

주어진 자극에 대해 우리가 알고 있는 지식을 동원하여 내용을 첨가하여 살을 붙이고, 가다듬고, 관련 내용을 의미 있게 조직화하는 등의 과정 일체를 가리킨다. 사람들은 자극 정보들을 범주적 또는 주제 중심의 위계적 조직화를 통해 보다 상위 수준의 의미로 정교화 처리하여 기억해야 할 단위 용량을 줄임으로써 기억을 높인다고 한다. 예를 들면, 조선조 왕의 이름을 외울 때 '태정태세문단세……' 등으로 기억한다든가, 무지개색을 '빨주노초파남보'로 기억하는 방법 등이다.

다. 시연

단기기억의 정보를 잊지 않으려고 되풀이해 장기기억 속으로 집어넣는 능동적 과정이다.

학습을 할 때 반복학습을 함으로써 학습내용을 장기기억화할 수 있다.

라. 의미화

기억해야 할 정보를 그 정보와 관련된 의미와 연결시켜서 기억하는 방법으로 장기기억에서는 주로 정보의 의미가 부호화된다. 예를 들면, 이삿짐센터의 전화번호가 '2424'라던가, 퀵서비스센터의 전화번호가 '8282' 등인 것을 들 수 있다.

마. 주의집중

주어지는 자극이나 정보에 대해 그 색상, 형태, 크기, 특징 등에 대해 주의를 집중하여 기억하면 장기기억화에 도움이 된다.

(4) 망각의 원인

망각(forgetting)이란 일단 기억한 정보가 시간의 경과 또는 사용하지 않음으로 인해 약화되고 소멸되어 다시 재생되지 않는 현상을 말한다.

망각의 원인은 소멸설과 간섭설의 두 가지 견해가 있는데, 지금까지 연구된 결과들로 보면 소멸과 간섭이라는 두 가지 과정이 모두 일어나고 있는 것으로 보인다.

첫째, 소멸설(decay theory)은 사용하지 않음으로써 기억흔적이 점차 쇠퇴하고 이로 인해 소멸되어 망각이 일어난다는 설이다. 학습에 있어서 어떤 자극이 주어지면 생리학적인 기억흔적이 대뇌피질의 기억중추에 형성되는데, 이 흔적을 연습이나 재생하지 않고 그대로 두게 되면 소멸한다는 것이다.

둘째, 간섭설(interference theory)은 새로운 정보가 이전 정보의 인출을 더 어렵게 한다는 이론이다. 즉, 유사한 자극 정보를 새로 학습하면 이전에 학습한 내용 간에 간섭이 일어나 망각이 일어나게 된다는 것이다. 일반적으로 삽화 기억은 쉽게 간섭의 영향을 받아 망각되나 의미 기억, 즉 일반 지식에 대한 기억은 간섭의 영향을 덜 받는 것으로 밝혀졌다.

5) 자아효능감

자아효능감(self efficacy)이란 어떠한 과제를 성공적으로 조작하고 실행하는 자신의 능력을 지각하는 특성이라고 정의한다(Bandura, 1978). 자아효능감은 다양한 수준에서 교사와 학습자 모두에게 영향을 준다. 학생들이 느끼는 자아효능감은 스스로에게 긍정적인 감정을 경험하도록 하여 보다 상위의 과제에 도전하려는 열정을 갖도록 한다. 열정은 결국 학습자들의 동기와 직결되며, 학생들의 학업성취는 이러한 동기에 영향을 받는다.

자아효능감은 학습을 하는 동안에 진행되는 학생들의 사고뿐만 아니라 과제를 회피하거나 접근하려는 경향성에도 영향을 주게 된다. 자아효능감을 지니고 있는 학습자는 과업에 직접적으로 집중하지만 그렇지 않은 학습자들은 스스로 무력감을 느끼게 되어 과제를 회피하려 한다. 자아효능감이 높은 학습자들은 낮은 학습자들에 비해 실제 자기 능력보다 높은 성취를 가져왔다는 연구결과는 교사들이 학습자들에게 높은 자아효능감을 갖도록 해야 함을 강조하고 있다.

자아개념은 학습자의 행동과 사고에 영향을 미치는 정의적 특성 중에서 가장 중요한 특성으로서, 많은 연구자들이 자아개념을 성격의 중요 부분으로 취급하고 교육의 중요 요인으로 간주하면서 관심을 증가시켜 왔다(이용남 외, 1999). 자아개념과 동의어로 이해되는 것은 자기, 자아, 자기 지식, 자아정체성, 자기이해, 자아상, 현상적 자기 등 여러 가지 있다(Burns, 1981). 자아개념이라는 용어는 1890년 '총체적 자아'를 주관적 자아(I)와 객관적 자아(Me)로 구분하고, 주관적 자아는 순수자아, 객관적 자아는 경험적 자아로서 정신적 자아, 물질적 자아, 사회적 자아, 신체적 자아로 구성된다고 하였다. 또한 쿨리(Cooley)는 1902년에 자아는 타인과의 접촉을 통해서 사회적으로 형성되며, 자기라는 '상'은 사회적인 상호작용에서 타인이라는 거울 속에서 발견될 수 있다는 뜻으로 'looking-glass self(면경자아)'라는 개념을 사용하였다(김용래, 2000).

로저스(Rogers, 1951)는 자아개념은 개인의 자신에 대한 지각이며, 이러한 지각에 부합하는 가치와 함께 자신의 환경 속에서 중요한 타인과의 관계를 통해서 형성되는 하나의 조직된 상이며, 인간은 선천적으로 자아실현의 경향성을 가지고 있다고 하였다.

자아효능감의 증진 방법(Schank, 1990)은 다음과 같다.

첫째, 목표 달성을 위한 구체적인 전략에 대한 훈련을 학습자들에게 제공한다.

둘째, 학습자들이 옳게 행동한 부분을 지적하고 실수를 교정할 방법을 알려주며, 학습자들이 점점 향상되어 가고 있음을 확신시켜 주는 피드백을 제공한다.

셋째, 과제를 해결할 구체적인 전략에 대해 알려주고, 어려움을 극복하여 성공할 것이라는 확신을 준다.

넷째, 성공이 점점 성취되어 가고 있음을 강조하고, 성공했을 때 그것을 자신의 능력과 노력에 의한 것으로 귀인하도록 하는 피드백을 제공한다.

다섯째, 학습자들을 다른 학습자와 비교하기보다는 학습자의 현재 수행이 과거의 수행들에 비해 얼마나 발전되어 가고 있는지에 대한 피드백을 제공한다.

여섯째, 과제를 해결하기에 앞서서 목표를 먼저 세우도록 학습자들을 격려한다.

일곱째, 단지 과제를 해결했다는 이유만으로 보상을 제공하지 말고 과제를 해결하는 데 참여하여 노력을 기울여서 해결했을 때만 보상을 제공한다.

6) 교수-학습 스타일

(1) 교수 스타일

교수 스타일(teaching style)은 학습자들이 성공적으로 학습이 일어나도록 하는 데 중요한 역할을 한다. 버틀러(Butler, 1987)는 교수 스타일에 대한 연구를 통해 교수 스타일을 네 가지로 분류하여 각 유형별로 나타나는 교수자의 행동 특성들을 표 4-1에 제시하면 다음과 같다.

표 4-1 교수 스타일 및 교수 행동 특성

유형	교수 스타일 및 행동 특성
유형 1	1. 학습자들로 하여금 이미 가지고 있는 지식보다 더 높은 수준의 지식에 도전한다. 2. 학습자의 독창성을 중시한다. 3. 새로운 활동과 수단으로 창조성을 촉진한다. 4. 풍부한 자극을 주는 환경을 제공한다. 5. 정해진 틀이 없이 커다란 아이디어를 가지고 작업한다. 6. 과제 수행에 시한을 두지 않는다.
유형 2	1. 실천적 교육을 강조한다. 2. 구체적 순서를 가지고 틀이 이미 정해져 있는 작업을 제공한다. 3. 간결하고 순서대로 진행되는 체계와 결과를 권장한다. 4. 원형과 모방을 통하여 창조성을 촉진한다. 5. 전체 내용을 구체적으로 다룬다. 6. 분명한 과제를 부여한다. 7. 정해진 시간 안에 작업을 마친다.

유형	교수 스타일 및 행동 특성
유형 3	1. 학습자의 개인적인 표현과 상상력을 촉진한다. 2. 칭찬을 자주 한다. 3. 다양함과 변화를 즐긴다. 4. 협동 과제를 준다. 5. 구조화되지 않은 친근한 환경을 조성한다. 6. 각종 미디어를 이용하여 학습내용을 개발한다.
유형 4	1. 아이디어, 개념, 이론을 강조한다. 2. 아이디어를 분석, 평가한다. 3. 학습자들이 많은 지식을 갖기 원한다. 4. 획일적이고 신뢰할 수 있는 법칙과 순서를 중요하게 생각한다. 5. 주의산만한 것을 싫어한다. 6. 논리적인 이론을 중시한다.

출처: Butler(1995). Fry, Ketteridge & Marshall., A Handbook for Teaching and Learning in Higher Education. 2003, p.220 재인용.

버틀러는 학습자가 효과적인 학습을 하지 못하는 이유는 학습동기 결핍이나 선재 지식과의 마찰 같은 장애요인 외에도 학습자의 학습 스타일과 교수의 수업 스타일 간의 불일치를 지적하여 교수 스타일과 학습 스타일 간의 조화가 중요함을 강조하였다.

(2) 학습 스타일

학습 스타일(learning style)이란 개인이 정보를 지각, 수집, 처리하는 독특한 기술(skill)과 성향을 말한다. 사람마다 개성이 다르고 특별히 선호하는 학습 경향을 파악하여 자신의 학습유형에 적합한 학습방식을 선택할 필요가 있다.

콜브(Kolb, 1984)는 학습 스타일 유형을 학습방식에 따라 네 가지로 구분하고, 성인학습자의 네 가지 학습방식과 학습 사이클 네 가지 학습방식을 다음과 같이 제시하였다.

가. 성인학습자의 네 가지 학습방식

① 실행형 : 실제 무엇인가를 직접 참여하고 실제 참여하여 배운다.

② 관찰형 : 결과를 유도하는 정보, 사람, 방법, 대상을 관찰하여 배운다.

③ 창의형 : 관찰 결과를 토대로 새로운 개념과 원리를 창출하여 배운다.

④ 실험형 : 새로운 사고방식, 개념, 원리 등을 실험하면서 배운다.

나. 성인학습자의 학습 사이클 네 가지 학습방식

① 구체적 경험(Concrete Experience, CE) : 구체적인 경험으로부터 학습하는 것을 중시하고 문제에 직면했을 때 느낌에 의존하는 경향이 강하며, 느끼며(Feeling) 배운다.

② 성찰적 관찰(Reflective Observation, RO) : 의사결정 이전에 신중한 관찰을 하여 판단하며, 시청(Watching)을 잘한다.

③ 추상적 개념화(Abstract Conceptualization, AC) : 문제해결을 할 때 논리성과 지식에 의존하며, 생각하며(Thinking) 배운다.

④ 적극적 실험(Active Experimentation, AE) : 문제 상황에서 실제적인 접근을 하여 문제를 해결하고 실제 행하며(Doing) 배운다.

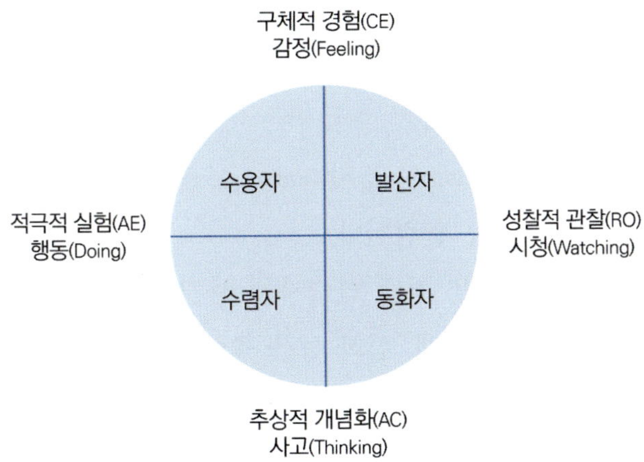

그림 4-1 Klob의 학습 스타일 모형

출처: 차갑부(2009). 텔리아고지.

콜브(Klob)는 개인의 학습양식(learning style)을 발산자(Diverger), 동화자(Assimilator), 수렴자(Converger), 수용자(Accommodator)의 네 유형으로 분류하였다.

① 발산자 : 발산자(Diverger)는 구체적인 경험을 통해 지각하고 반성적으로 관찰하는 학습방식을 가지며, 다양한 관점에서 사물을 볼 수 있다. 감수성이 강하고 학습 시 다른 사람들을 관찰하며, 사람과의 관계를 선호하는 경향이 있다.

② 동화자 : 동화자(Assimilator)는 추상적으로 개념화하여 지각하고 반성적으로 관찰하며 정보를 처리한다. 간결하고 논리적인 접근을 선호하여 아이디어와 추상적인 개념에 많은 관심을 둔다.

③ 수렴자 : 수렴자(Converger)는 추상적으로 개념화하여 지각하며, 활동적으로 실험하면서 정보를 처리한다. 문제해결을 하는 데 기술적 과제를 선호하고 지식과 이론을 실제적으로 활용하는 방안을 모색한다.

④ 수용자 : 수용자(Accommodator)는 구체적인 경험을 통해 지각하고 활동적인 실험을 통해 정보를 처리한다. 구체적이고 직접적인 경험을 통하여 하는 학습을 잘하고 직관적이고 다른 사람들의 분석을 활용하며, 긴박한 상황에서 뛰어난 적응력을 발휘한다.

일반적으로 교수-학습하는 과정에서 학습자들의 학습 스타일을 VAK 학습 스타일로 소개하면 다음과 같다.

VAK 학습 스타일은 시각(Visual), 청각(Auditory), 촉각(Kinesthetic) 등 세 가지 감각 수신기(sensory receivers)와 관련된다.

첫째, 시각적 학습 스타일을 지닌 학습자는 사진과 같은 이미지에 많이 의존한다. 이들은 그래프, 다이어그램, 삽화 등을 좋아한다. 이들은 상상력을 활용하여 얼굴과 장소를 시각하며, 정보가 시각적이고 쓰인 형태로 제시될 때 가장 잘 학습한다. 이러한 성인학습자들과 효과적인 커뮤니케이션 수단은 학습자료를 배포하거나, 화이트보드에 글을 써 가며 강의하거나, 흑판을 활용하면 효과적이다.

둘째, 청각적 학습 스타일을 지닌 학습자는 학습과 관련한 다양한 소리를 주의 깊게 경청한다. 이들은 강사의 음성과 이들 음성이 내포하는 의미가 무엇인지 매우 주의를 집중하고 있으며, 토론에 적극적으로 참여한다. 이들과 효과적으로 커뮤니케이션하는 방법은 명료하게 말하고, 질문을 자주 하는 것이다.

셋째, 촉각적 학습 스타일을 지닌 학습자는 만지고 움직이면서 학습하는 것을 좋아한다. 즉, 운동감각(움직임)과 촉각(만지기)이다. 이들은 자신이 학습하고 있는 내용과 강사가 가르치는 방법에 대한 자신의 감정과 느낌을 신뢰한다. 이들은 실제적으로 자신이 학습하는 것을 느껴보길 원한다. 이들은 학습 중 강사의 역할연기 등에 적극적으로 참여한다. 이들 학습자들과 효과적인 커뮤니케이션 방법은 자발적으로 참여를 유도하고, 학습한 내용을 실습하도록 하며, '이것에 대하여 어떻게 느끼는가?'와 같은 질문을 하는 것이다.

대부분의 성인학습자는 신체 감각기관의 장애가 없다면 이러한 세 가지 학습스타일을 모두 활용하여 학습한다. 그러나 이 중 한 스타일을 대부분의 학습에서 더 선호한다.

표 4-2 VAK 학습 스타일

시각적 학습자	그래프, 삽화, 사진, 다이어그램, 차트
청각적 학습자	강의, 말로 표현, 녹음, 토론, 질문
촉각적 학습자	만지기, 재료(진흙이나 찰흙)를 이용하여 모양 만들기, 움직임(역할놀이)

☆ VAK 학습 스타일 자기평가 설문지

당신이 일반적으로 하는 행동에 ○표 하시오.

1. 새로 구입한 장비를 작동할 때 나는 일반적으로 __________
   a) 먼저 설명 매뉴얼을 읽는다.
   b) 그것을 사용한 사람으로부터 설명을 듣는다.
   c) 일단 시도해 보고 그것을 사용하는 방법을 이해한다.

2. 여행에 관한 설명이 필요할 때 나는 흔히 __________
   a) 지도를 본다.
   b) 설명을 요구한다.
   c) 직감에 의존하여 컴퍼스를 활용한다.

3. 새로운 요리를 할 때 나는 __________
   a) 조리법에 관한 책자대로 해본다.
   b) 친구를 불러서 설명을 듣는다.
   c) 조리를 하는 것을 점검하면서 본능대로 한다.

4. 만일 새로운 것을 사람들에게 가르칠 때 나는 __________
   a) 사람들을 위해서 설명내용을 적는다.
   b) 사람들에게 언어적 설명을 한다.
   c) 먼저 시범을 보인 다음 사람들에게 해보도록 한다.

5. 나는 __________ 말하는 경향이 있다.
   a) 내가 하는 방법을 관찰하라고
   b) 내가 하는 설명을 들으라고
   c) 당신이 해보라고

6. 자유 시간에 내가 가장 즐겨 하는 것은 __________
   a) 박물관과 갤러리에 간다.
   b) 음악을 들으며 친구와 대화한다.
   c) 운동을 하거나 손수 조립한다.

7. 옷을 살 때 나는 __________ 경향이 있다.
   a) 입었을 때 어떻게 보일지를 상상하는
   b) 점원과 상담하는
   c) 입어보고 어울리는지 살펴보는

8. 휴일을 정할 때 나는 보통 __________
   a) 여러 자료를 읽어본다.
   b) 친구로부터 추천을 받는다.
   c) 목적지에 가면 좋은 점이 무엇인지를 생각한다.

9. 새 차를 구입했을 때 나는 __________
   a) 신문과 잡지에 나와 있는 정보를 읽는다.
   b) 내가 필요한 것을 친구와 상의한다.
   c) 여러 차종을 꼼꼼히 살펴본다.

10. 새로운 기술을 학습할 때 나는 __________ 가장 편안함을 느낀다.
    a) 교수자가 행하는 것을 볼 때
    b) 내가 머릿속에 생각하고 있는 것을 교수자와 대화할 때
    c) 스스로 학습할 때

11. 메뉴에서 음식을 선택할 때 나는 __________ 경향이 있다.
    a) 어떤 음식이 좋은지를 생각해 보는
    b) 머릿속으로 생각하거나 동행한 파트너와 상의하는
    c) 어떤 음식이 맛있을지를 생각하는

12. 밴드 소리를 들을 때 나는 __________
    a) 악대 대원과 청중들을 바라본다.
    b) 음악 소리를 듣는다.
    c) 음악에 맞춰 가끔씩 몸을 움직인다.

13. 집중할 때 나는 흔히 __________
    a) 앞에 있는 단어나 그림에 초점을 둔다.
    b) 머릿속으로 문제점과 해결책을 생각한다.
    c) 이리저리 움직이고 필기구와 물건을 만지작거린다.

14. __________을(를) 좋아하기 때문에 나는 가구를 선택한다.
   a) 색깔과 모양새
   b) 판매자가 준 설명서
   c) 재질과 촉감

15. 내가 가장 잘 기억하는 것은 __________ 이다.
   a) 본 것
   b) 말한 것
   c) 행한 것

16. 걱정거리가 있을 때 나는 __________
   a) 최악의 경우에 일어날 수 있는 시나리오를 상상한다.
   b) 나를 가장 괴롭히는 것을 머릿속에 그려 본다.
   c) 가만히 앉아 있을 수가 없어서 계속해서 움직인다.

17. 나는 __________ 때문에 다른 사람들과 특별히 관련된다고 생각한다.
   a) 사람들이 어떻게 볼 것인가 하는 것
   b) 사람들이 내게 어떤 말을 할 것인가 하는 것
   c) 사람들이 나에 대해 어떻게 생각할 것인가 하는 것

18. 시험이 변경되었을 때 일반적으로 나는 __________
   a) 메모장에 기록한다.
   b) 혼자 또는 다른 사람들과 함께 내가 노트한 것에 대해 이야기한다.
   c) 이동하거나 공식을 만드는 것을 상상한다.

19. 다른 사람에게 설명할 때 나는 __________ 경향이 있다.
   a) 내가 뜻하는 것이 무엇인지를 사람들에게 보여주는
   b) 사람들이 이해할 때까지 여러 가지 방법으로 설명하는
   c) 내 생각을 사람들이 받아들이도록 노력하고 그것에 대해 이야기하는

20. __________ 정말 좋아한다.
   a) 영화·사진·미술을 감상하고 사람들을 바라보는 것을
   b) 음악이나 라디오를 듣고 친구와 이야기하는 것을
   c) 스포츠 활동에 참가하고 음식을 먹고 와인을 마시거나 춤추는 것을

21. 자유시간의 대부분을 나는 __________ 보낸다.
   a) 텔레비전을 시청하면서
   b) 친구와 이야기하면서
   c) 육체적 활동이나 무엇인가를 하면서

22. 모르는 사람을 처음 접할 때 나는 흔히 ___________
   a) 얼굴을 맞댄다.
   b) 전화로 대화한다.
   c) 어떤 활동이나 식사 등을 하면서 잘 지내려고 노력한다.

23. 나는 먼저 사람들이 __________를 주목한다.
   a) 외모와 옷을 어떻게 입었는지
   b) 목소리
   c) 서서 움직이는 자세

24. 화가 나면 나는 ___________
   a) 나를 화나게 하는 것이 무엇인지를 생각해 본다.
   b) 목소리를 높이고 내가 어떻게 생각하는지를 사람들에게 말한다.
   c) 발을 구르고 문을 꽝 닫고 육체적으로 노여움을 나타낸다.

25. 나는 ___________을 가장 잘 기억한다.
   a) 얼굴
   b) 이름
   c) 실제로 해본 것

26. ___________ 누군가가 거짓말하고 있다는 것을 당신에게 말할 수 있다고 생각한다.
   a) 당신을 바라보지 않는다면
   b) 목소리를 바꾼다면
   c) 우스운 인상을 준다면

27. 오랜 친구를 만날 때 나는 ___________
   a) "만나서 반갑네!"라고 말한다.
   b) "소식을 들으니 좋구나!"라고 말한다.
   c) 껴안거나 악수를 한다.

28. 나는 ___________ 가장 잘 기억한다.
   a) 필기하거나 인쇄물을 봄으로써
   b) 큰소리로 말하거나 말을 반복하고 머릿속에 요점을 정리함으로써
   c) 활동을 하거나 행한 것을 상상함으로써

29. 불량품에 대해 불평할 때 __________ 것이 가장 편하다.
    a) 편지를 쓰는
    b) 전화로 불평하는
    c) 반품하는

30. 나는 __________ 말하는 경향이 있다.
    a) 당신이 무엇을 의미하는지를 안다고
    b) 당신이 말하는 것을 듣는다고
    c) 당신이 어떻게 생각하고 있는지를 안다고

각 문항에 대해 응답한 것의 개수를 센다.

A : ________ B : ________ C : ________

- A를 가장 많이 선택했다면 당신은 시각적 학습 스타일입니다.
- B를 가장 많이 선택했다면 당신은 청각적 학습 스타일입니다.
- C를 가장 많이 선택했다면 당신은 촉각적 학습 스타일입니다.

(3) MBTI 성격유형별 학습 스타일

〈MBTI〉는 Myers-Briggs Type Indicator의 머리글자만 딴 것으로 Jung의 성격유형 이론을 바탕으로 Katharine C. Briggs와 Isabel B. Myers가 오랜 세월 연구 개발한 성격유형 선호 지표로써 자신과 타인의 성격 역동을 이해하는 데 아주 유용하게 쓰이는 도구이다. 우리나라에서 현재 사용되고 있는 MBTI는 문화적 차이를 고려한 번역 과정 및 엄격한 표준화 과정을 거쳐 1990년부터 사용되고 있으며, 전문교육을 받은 사람들에 의해 책임 있게 검사되고 해석되어야 한다. MBTI의 목적은 우리 각자가 가지고 태어난 선천적인 성격 경향과 잠재력을 알고 그것에 대한 인식을 높이고, 수용하며 받아들이는 데 있다.

MBTI는 인식과 판단에 대한 융의 심리적 기능이론, 그리고 인식과 판단의 향방을 결정짓는 융의 태도 이론을 바탕으로 하여 제작되었다. 또한 개인이 쉽게 응답할 수 있는 자기 보고(self report) 문항을 통해 인식하고 판단할 때의 각자 선호하는 경향을 찾고, 이러한 선호경향들이 하나하나 또는 여러 개가 합쳐져서 인간의 행동에 어떠한 영향을 미치는가를 파악하여 실생활에 응용할 수 있도록 제작된 심리검사이다.

〈MBTI〉 검사지는 모두 95문항으로 구성되어 네 가지 척도의 관점에서 측정한다.

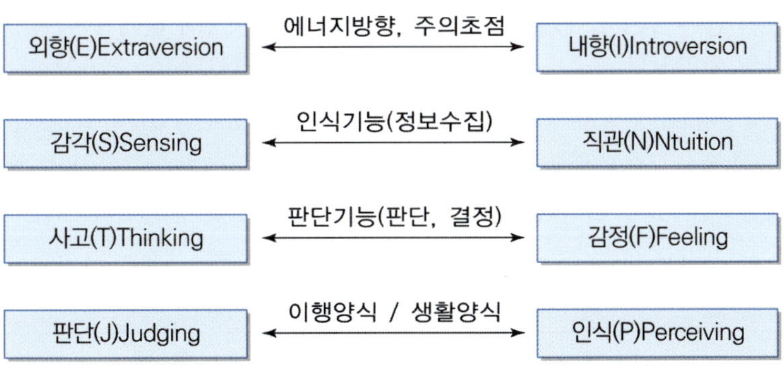

MBTI 성격검사지

※ 실시 요령
1. 다음 각 번호별로 제시되어 있는 두 개의 문장을 읽고 나에게 보다 많이 해당되는 것에 ○표를 한다.
2. ○ 개수를 세어 합계란에 쓰고 점수가 큰 쪽의 유형을 ㅁ 안에 쓴다.
3. ㅁ 안에 쓴 영어 알파벳을 맨 나중에 차례대로 네 가지를 붙여서 쓴다.

나의 에너지 방향은?

번호	E 유형	표시	I 유형	표시
1	나는 여러 친구들과 많이 사귀는 편이다.		나는 몇 명의 친구들과 깊이 사귀는 편이다.	
2	계발활동을 갈 때 새로운 친구들을 만나는 것이 신난다.		새로운 계발활동 부서에 갈 때 처음 보는 친구들과 앞으로 어떻게 지낼까 걱정이다.	
3	처음 보는 친구들을 만나면 내가 먼저 말한다.		처음 보는 친구들을 만나면 다른 친구가 나에게 먼저 말한다.	
4	나의 생각이나 느낌을 다른 사람에게 이야기하는 편이다.		나의 생각이나 느낌을 내 마음속에 간직하는 편이다.	
5	나는 친구들과 함께 하는 놀이가 좋다.		나는 나 혼자 재미있게 하는 놀이가 좋다.	
6	나는 많은 친구들에게 이야기하기를 좋아한다.		나는 친한 친구들에게 이야기하기를 좋아한다.	
7	친구들과 함께 공부하면 잘 된다.		나 혼자 공부하면 더 잘 된다.	
8	나는 나의 생각과 느낌을 말로 표현하는 것이 편하다.		나는 나의 생각과 느낌을 글로 표현하는 것이 편하다.	
9	주위 사람들은 내가 활발하다고 말한다.		주위 사람들은 내가 얌전하다고 말한다.	
	합 계		합 계	

☆ 나의 인식 기능은?

번호	S 유형	표시	N 유형	표시
1	나는 친구들에게 내가 직접 보고 들은 것에 대해 얘기하는 것을 좋아한다.		나는 친구들에게 내가 상상한 것을 이야기하는 것을 좋아한다.	
2	나는 실제로 있었던 사람이나 사실에 대한 책을 좋아한다.		나는 상상으로 지어낸 이야기를 좋아한다.	
3	어려운 일에 부딪히면 하던 일을 잘 못한다.		어려운 일에 부딪히면 도전하고 싶은 마음이 생긴다.	
4	나는 무엇을 할 때 전에 배웠던 대로 하는 것이 편하다.		나는 무엇을 할 때 새로운 방법을 생각해서 하는 게 더 재미있다.	
5	나는 그려진 그림에 색칠하기를 좋아한다.		나는 이야기 지어내기를 좋아한다.	
6	나는 현재에 최선을 다하는 것이 중요하다고 생각한다.		나는 미래에 대한 꿈을 갖는 것이 중요하다고 생각한다.	
7	나는 선생님이 가르쳐 주신 방법대로 하는 편이다.		나는 나 스스로 나만의 방법을 만들어서 하는 편이다.	
8	내가 좋아하는 책은 읽은 것이라도 또 읽는다.		나는 새로운 다른 책을 읽는 것이 좋다.	
9	나는 부지런하고 성실하다는 얘기를 듣는 편이다.		나는 기발하고 엉뚱하다는 얘기를 듣는 편이다.	
	합 계		합 계	

☆ 나의 판단 기능은?

번호	T 유형	표시	F 유형	표시
1	나는 불공평한 것이 가장 나쁘다고 생각한다.		나는 다른 사람의 마음에 상처를 주는 것이 가장 나쁘다고 생각한다.	
2	나는 공부 잘하는 실력 있는 학생으로 인정받고 싶다.		나는 친구들 사이에서 인기가 좋은 학생으로 인정받고 싶다.	
3	우리 편이 지면 다음번에는 이기도록 계획을 짠다.		우리 편이 지면 '다음에 이기면 되지' 하면서 친구들의 기분을 좋게 해준다.	
4	친구의 잘못된 점은 지적해 주는 편이다.		친구의 잘못된 점을 지적해 주면 친구가 어떻게 생각할까 걱정이 돼서 말하지 않는 편이다.	
5	나는 공평한 사람이 되고 싶다.		나는 친절한 사람이 되고 싶다.	
6	달리기에서 이기면 기분이 아주 좋다.		달리기에서 이기면 기분은 좋지만 진 사람은 기분이 어떨까 생각한다.	
7	나는 똑똑한 사람으로 인정받고 싶다.		나는 따뜻한 사람으로 인정받고 싶다.	
8	도둑질을 하는 학생은 벌을 받아야 한다고 생각한다.		도둑질을 하는 학생은 도둑질을 하지 않도록 도움을 받아야 한다고 생각한다.	
9	벌금을 받을 때는 규칙대로 정확하게 받아야 한다.		벌금을 받을 때는 상황에 따라 그 사람의 사정을 고려해서 받아야 한다.	
	합 계		합 계	

☆ 나의 생활양식은?

번호	J 유형	표시	P 유형	표시
1	내가 해야 할 일을 먼저 하고 논다.		내가 할 수 있는 일이라면 먼저 재미있게 놀고 난 후에 해도 괜찮다.	
2	수업계획에 따라 차근차근 가르쳐 주시는 선생님이 좋다.		그때그때마다 우리가 좋아하는 것에 맞추어 수업내용을 바꾸어서 가르치는 선생님이 좋다.	
3	나는 정리 정돈된 깨끗한 방이 좋다.		나는 내 마음대로 흩어 놓을 수 있는 방이 좋다.	
4	하기 쉽게 잘 짜여진 숙제를 나는 좋아한다.		새로운 방법으로 하는 숙제를 나는 좋아한다.	
5	자전거를 탈 때 어디로 갈지 미리 생각하고 탄다.		자전거를 탈 때 그냥 달리고 나서 어디로 갈지 생각한다.	
6	나는 일기장이나 과제물을 잘 챙기는 편이다.		나는 일기장이나 과제물을 잘 잊어먹는 편이다.	
7	무엇을 공부해야 할지 자세히 가르쳐 주시는 선생님이 좋다.		우리들 스스로 공부할 것을 선택하도록 맡기시는 선생님이 좋다.	
8	게임의 규칙은 절대로 바뀌어서는 안 된다.		게임의 규칙은 경우에 따라 바뀔 수 있다.	
9	나는 일을 계획적으로 해내는 편이다.		나는 일을 그때그때 해내는 편이다.	
	합 계		합 계	

▶ MBTI 성격유형 검사 결과: 나의 성격유형은 □ □ □ □ 입니다.

표 4-3 MBTI 16가지 성격유형

ISTJ 준법자, 보수자	ISFJ 관리자, 보호자	INFJ 예언자, 창조자	INTJ 과학자, 발명가
ISTP 모험가, 개척자	ISFP 온정주의자, 예술가	INFP 이상주의자, 예술가	INTP 아이디어 뱅크, 철학자
ESTP 활동가, 수완가	ESFP 사교가, 낙천가	ENFP 열성주의자, 외교가	ENTP 발명가, 창조자
ESTJ 사업가, 행정가	ESFJ 친선도모자, 봉사자	ENFJ 언변가, 교사	ENTJ 지도자, 통솔자

MBTI의 16가지 성격유형별 학습 스타일을 살펴보면 다음과 같다.

1) ISTJ

신중하고 조용하며 집중력이 강하고 매사에 철저하며, 사리 분별력이 뛰어나다. 실제 사실에 대하여 정확하고 체계적으로 기억하며, 일 처리에 있어서도 신중하고 책임감이 강하다. 자신과 타인의 감정과 기분을 배려하며, 전체적이고 타협적 방안을 고려하는 노력이 때로 필요하다. 정확성과 조직력을 발휘하는 분야의 일을 선호한다. 즉, 회계, 법률, 생산, 건축, 의료, 사무직, 관리직 등에서 능력을 발휘하며, 위기 상황에서도 안정되어 있다.

ISTJ 유형들은 기억할 필요가 있는 사실을 선별하기 위해 경험을 관찰하고 구조화시키는 일에 조용히 몰두할 때 학습에 가장 효과적이다. 스스로 탐구적인 학습보다 교사가 제시한 틀 속에서 학습하는 것을 선호한다. 기억하는 데 많은 재능을 가지고 있으며, 사실적이고 논리적이다.

2) ISFJ

조용하고 차분하며 친근하고 책임감이 있으며 헌신적이다. 자신과 타인의 감정에 민감하고, 일 처리에 있어서 현실감각을 갖고 실제적이고 조직적으로 처리한다. 때로는 의존적이고 독창성이 요구되며, 타인에게 자신을 충분히 명확하게 표현하는 것이 필요할 때가 있다. 타인의 관심과 관찰력이 필요한 분야, 즉 의료, 간호, 교직, 사무직, 사회사업에 적합하다.

ISFJ 유형들은 보존할 가치가 있는 사실들과 기억을 뽑아내기 위해 그들의 경험을 관찰하고 조직화하며 조용히 집중할 때 최선의 학습효과가 나타난다. 학습이 형식을 갖추고 질서정연한 방식이며, 구체적인 것에서 추상적인 것으로 진행될 때 학습이 효율적이다.

3) ISTP

조용하고 과묵하고 절제된 호기심으로 인생을 관찰하며 상황을 파악하는 민감성과 도구를 다루는 뛰어난 능력이 있다. 일과 관계되지 않는 이상 어떤 상황이나 인간관계에 직접 뛰어들지 않으며, 가능한 에너지 소비를 하지 않으려 하며, 사람에 따라 사실적 자료를 정리, 조직하길 좋아하며 기계를 만지거나 인과관계나 객관적 원리에 관심이 많다. 연장, 도구, 기계를 다루는 데 뛰어나며, 사실들을 조직화하는 재능이 많으므로 법률, 경제, 마케팅, 판매, 통계분야에 능력을 발휘한다.

ISTP 유형의 사람들은 직접 관찰할 수 있는 1 : 1의 관계에서 가장 잘 학습한다. 이들은 특히 논리적인 근거를 지닌 주제들을 좋아하며, 규칙이나 원칙들을 터득하여 그 주제에 관련된 것들을 효과적으로 처리할 수 있다. 이들은 혼자서 자신만의 시간표 속에서 자신의 수준에 맞춰 학습하기를 좋아하며, 구체적인 사실과 자료들을 정확하게 보고해야 할 때에 최상의 점수를 얻는다.

4) ISFP

말없이 다정하고 온화하며 친절하고 연기력이 뛰어나며, 동정적이고 자기 능력에 대해 겸손하며, 적응력과 관용성이 많다. 자신의 의견이나 가치를 타인에게 강요하지 않으며 반대 의견이나 충돌을 피하고 인화를 중시한다. 일상 활동에 있어서 관용적·개방적이고 융통성과 적응력이 있으므로 의료, 교직, 예술, 성직, 사회사업, 생산 분야 등에 적합하다.

ISFP 유형들은 논리적·객관적 학습목표보다는 사적인 흥미가 뒷받침되어 있을 때 학습의욕과 능력이 보장된다. 사람들을 돕거나 사람들에 대해 아는 것과 관련된 학습 주제를 좋아하고 자발적이고 충동적 학습 습관을 가지고 있다. 감각적으로 풍부한 활동들에 조용히 몰입한다. 영상 자료, 시청각 도구, 실험실, 자신들이 직접 다룰 수 있는 실험재료, 컴퓨터를 이용한 수업이 효율적이며, 실질적인 예와 논증이 실제 학습에 이용될 때 학습의 의미를 찾는다.

5) INTJ

사고가 독창적이고 창의력과 비판 분석이 뛰어나며, 내적 신념이 강하다. 자신이 가진 영감과 목적을 실현시키려는 의지와 결단력과 인내심을 가지고 있다. 자신과 타인의 능력을 중요시하며, 목적 달성을 위하여 온 시간과 노력을 바쳐 일한다. 직관력과 통찰력이 활용되는 분야, 즉 과학, 엔지니어링, 발명, 정치, 철학 분야 등에서 능력을 발휘한다.

냉철한 분석력 때문에 일과 사람을 있는 그대로의 사실적인 면을 보고자 하는 노력이 필요하며, 타인의 감정을 고려하고 그 관점에 진지하게 귀 기울이는 것이 바람직하다.

INTJ 유형들은 조용히 새로운 아이디어와 가능성들을 추구하며, 상상력이 풍부하다. 혼자 학습하는 것을 선호하며, 발명가와 같은 독창성을 발휘할 기회를 갖는다. 숨은 뜻을 읽고 일반적인 개념을 파악하는 데 신속하며, 통찰력이 뛰어나서 사실적 기억력보다 개념과 언어적인 기술에 의지한다.

6) INFJ

인내심이 많고 통찰력과 직관력이 뛰어나며, 양심이 바르고 화합을 추구한다. 창의력과 통찰력이 뛰어나며, 강한 직관력으로 말없이 타인에게 영향력을 끼친다. 독창성과 내적 독립심이 강하며, 확고한 신념과 열정이 있는 정신적 지도자들이 많다. 한곳에 몰두하는 경향으로 자기 안의 갈등이 많고 복잡하며 풍부한 내적인 생활을 소유하고 있고 내면을 좀처럼 남과 공유하기 어려워한다. 직관력과 사람 중심의 가치를 중시하는 성직, 심리학, 심리치료와 상담, 예술과 문학 분야이다.

INFJ 유형들은 새로운 아이디어와 흥미, 영감이 풍부하다. 숨은 뜻을 읽으며 일반적인 개념을 파악하는 데 빠르며, 읽기는 중요한 학습전략이다. 통찰을 중요시하며, 생각을 표현하기 위해서 글쓰기 전략을 활용하고 목표를 가지고 학습할 때 가장 효과가 크다. 창조적이기도 하고 순차적인 것을 선호하기도 해서 갈등을 초래하기도 하며, 세부사항을 놓치기 쉽다.

7) INTP

조용하고 과묵하며 논리와 분석적으로 문제를 해결하기 좋아한다. 관심 있는 분야에 대해서는 말을 잘하고 이해가 빠르며, 높은 직관력으로 통찰하는 재능과 지적 호기심이 많다.

개인적인 인간관계나 친목회, 혹은 잡담 등에 별로 관심이 없으며, 지나치게 추상적이고 비현실적이며, 사교성이 결여되기 쉬운 경향이 있고, 때로는 자신의 지적 능력을 은근히 과시하는 수가 있기 때문에 거만하게 보일 수 있다. 지적 호기심을 발휘할 수 있는 분야, 즉 순수과학, 연구, 수학, 엔지니어링 분야나 추상적 개념을 다루는 경제, 철학, 심리학 분야의 학문을 좋아한다.

INTP 유형들은 독립적이고 비형식적인 학습 환경을 선호한다. 개방적 탐구를 선호하므로 계획되고 틀에 짜인 학습전략은 효율적이지 않다. 정서적인 관여가 없는 상황에서 학습의 효율성을 가장 높일 수 있으며, 자신들이 흥미 있어 하는 분야에는 끝까지 해낸다.

8) INFP

정열적이고 충실하며, 낭만적이고 내적 신념이 강하다. 마음이 따뜻하고 조용하며, 이해심이 많고 관대하며, 자신이 지향하는 이상에 대하여 정열적인 신념을 가졌다. 완벽주의적 경향으로 노동의 대가를 넘어서 자신이 하는 일에 흥미를 찾고자 하는 경향이 있으며, 인간 이해와 인간복지에 기여할 수 있는 일을 하기를 원한다. 언어, 문학, 상담, 심리학, 과학, 예술 분야에서 능력을 발휘한다.

INFP 유형들은 상상력을 활용할 수 있는 주제를 독립적이고 사적인 환경에서 탐구하기를 좋아하고 이론적·개념적 학습을 통해 사실과 세부사항에 접근하며 자발적이고 충동적인 학습방법을 선호한다. 인간관계를 중시하는 자율적 학습자로 관심분야를 조용히 추구하며 몰입한다.

9) ESTJ

실질적이고 현실감각이 뛰어나며 일을 조직하고 계획하여 추진시키는 능력이 있으며 현실적, 실용적인 면이 강하다. 타고난 지도자로서 일의 목표를 설정하고, 지시하고 결정하고 이행하는 능력이 있다. 기계분야나 행정 분야에 재능을 지녔으며, 결과를 눈으로 볼 수 있는 일, 즉 사업가, 행정관리, 생산 건축 등의 분야에서 능력을 발휘할 수 있다.

ESTJ 유형들은 목적이 분명하고 논리적·체계적으로 조직화된 학습 환경을 선호하여 알고 있는 학습자료를 분명하고 논리적으로 조직하기를 좋아한다. 과제가 현재의 경험과 연결되거나 구체적인 활동에서 나온 이론일 때 최상의 학습능률을 올린다. 지식을 단계별로 점진적으로 습득하며, 한 개념에서 다른 개념으로 뛰어넘거나 추상적인 아이디어를 다루면서 빠른 전개를 하는 학습방법에 어려움을 느낀다.

10) ESFJ

마음이 따뜻하고 이야기하기 좋아하며, 양심이 바르고 인화를 잘 이룬다. 동정심이 많고 타고난 협력자로서 동료애가 많으며, 친절하고 능동적인 구성원이다. 이야기하기를 즐기고 정리 정돈을 잘하며, 참을성이 많고 다른 사람을 잘

도와준다. 일이나 사람들에 대한 문제에 대하여 냉철한 입장을 취하는 것을 어려워한다. 반대 의견에 부딪혔을 때나 자신의 요구가 거절당했을 때 마음의 상처를 받는다. 사람을 다루고 행동을 요구하는 분야, 즉 교직, 성직, 판매, 특히 동정심을 필요로 하는 간호나 의료 분야에 적합하다.

ESFJ 유형들은 개인적인 관계 속에서 관심과 피드백을 줄 때 최상의 학습이 이루어진다. 사실적인 기억을 하는 암기력에 의존하고 구체적·세부적 관찰을 요하는 과제를 선호하는 경향이 있다. 교재의 중요한 내용에 대해서 설명을 위한 그림이나 요약문, 보기를 들어주면 더욱 효과적이다. 과거의 경험 등 많은 사실들을 기억하고 있으며, 그것이 학습에 도움이 된다.

11) ESTP

현실적인 문제해결에 능하고 적응력이 강하며, 관용적이다. 사실적이고 관대하며, 개방적이고 사람이나 일에 대한 선입관이 별로 없다. 강한 현실감각으로 타협책을 모색하고 문제를 해결하는 능력이 뛰어나다. 순발력이 뛰어나며 많은 사실들을 쉽게 기억하고, 예술적인 멋과 판단력을 지니고 있으며, 연장이나 재료들을 다루는 데 능숙하다. 엔지니어링, 경찰직, 요식업, 신용조사, 마케팅, 건강 및 보건 분야, 건축, 생산, 레크리에이션, 분쟁 조정가 역할 분야에 적합하다.

ESTP 유형들은 늘 새로운 시도, 경험, 자극에 빠지기를 선호한다. 친구들과 함께 학습하기를 선호하며, 학생 주도적인 발표수업이 가장 좋은 학습방법이다. 사실들을 객관적이고 논리적으로 구조화하기를 선호하므로 지식을 단계적으로 쌓아가기를 원한다. 개방적으로 탐구하기 때문에 계획적 틀에 짜인 학습은 선호하지 않는다.

12) ESFP

현실적이고 실제적이며, 어떤 상황이든 잘 적응하고 수용력이 강하며, 사교적이다. 주위의 사람이나 일어나는 일에 대하여 관심이 많으며, 사람이나 사물을 다루는 사실적인 상식이 풍부하다. 때로는 조금 수다스럽고, 깊이가 결여되거나 마무리를 등한시하는 경향이 있으나, 어떤 조직체나 공동체에서 밝고 재미있는 분위기 조성 역할을 잘한다. 물질적 소유나 운용 등의 실생활을 즐기며, 상식과 실제적 능력을 필요로 하는 분야의 일, 즉 의료, 판매, 교통, 유흥업, 간호직, 비서직, 사무직, 감독직, 기계를 다루는 분야를 선호한다.

ESTP 유형들은 호기심이 많기 때문에 늘 새로운 시도, 경험, 자극에 빠지기를 원한다. 감각을 사용하기 때문에 실험하고, 배우게 될 새로운 개념과 기술을 실제적으로 이용할 수 있는 직접 경험을 선호한다. 단계적 학습을 선호하며, 관심 있는 주제를 학습할 때는 신중하고 충분히 자료를 조사하며, 확실하고 정확하게 이해하기를 원한다. 개방적 탐구 자세를 갖고 있어 계획적이며, 짜여진 학습전략은 맞지 않다.

13) ENTJ

열성이 많고 솔직하고 단호하며, 지도력과 통솔력이 있다. 활동적이고 솔직하며, 결정력과 통솔력이 있고, 장기적 계획과 거시적 안목을 선호한다. 지식에 대한 욕구와 관심이 많으며, 특히 지적인 자극을 주는 새로운 아이디어에 높은 관심을 가진다. 일 처리에 있어 사전 준비를 철저히 하며, 논리적·분석적으로 계획하고 조직하여 체계적으로 추진해 나가는 형이다. 다른 사람의 의견에 귀를 기울일 필요가 있으며, 자신과 타인의 감정에 충실할 필요가 있다. 경영컨설턴드, 변호사, 인력자원관리자, 행정가, 심리학, 사회학, 생명공학, 컴퓨터공학 등의 분야에 적합하다.

ENTJ 유형들은 다양한 활동을 원하고 호기심이 많아 교사나 부모들이 생각하지 못한 장소나 사물에 대해 탐구한다. 스스로 찾고 연구하는 과제를 선호하며, 수행해야 할 과제라고 생각되면 어느 방법의 학습이라도 논리적이고 체계적이며 계획적으로 학습한다.

14) ENFJ

따뜻하고 적극적이며, 책임감이 강하고 사교성과 동정심이 풍부하다. 다른 사람들의 생각이나 의견에 진지한 관심을 가지고 공동선을 위하여 다른 사람의 의견에 대체로 동의한다. 현재보다는 미래의 가능성을 추구하며, 편안하고 능란하게 계획을 제시하고 집단을 이끌어 가는 능력이 있다. 사람을 다루는 교직, 성직, 심리 상담치료, 예술, 문학, 외교, 판매에 적합하다.

ENFJ 유형들은 선천적으로 인간관계의 조화를 추구하기 때문에 친구와 상호작용을 수반하는 토론학습이나 발표수업을 선호한다. 의미를 구성하고 전체적인 개념을 파악하며, 문장 이면의 뜻을 간파하는 데 빠르다. 감각 차원의 관찰보다는 통찰에, 그리고 사실적인 기여보다는 유창한 언어표현을 더 믿는 경향이 있다.

15) ENTP

민첩하고 독창적이며, 안목이 넓고 다방면에 관심과 재능이 많다. 풍부한 상상력과 새로운 일을 시도하는 솔선력이 강하고 논리적이다. 새로운 문제나 복잡한 문제에 해결 능력이 뛰어나며, 기민하고 박식하다. 그러나 일상적이고 세부적인 일을 경시하고 태만하기 쉽다.

새로운 도전이 없는 일에는 흥미가 없으나 관심을 갖고 있는 일에는 대단한 수행능력을 가지고 있다. 발명가, 과학자, 문제해결사, 저널리스트, 마케팅, 컴퓨터 분석 등에 탁월한 능력이 있다.

ENTP 유형들은 상상력이 풍부하며, 의미를 조합하고 이해하는 데 빠르며, 주의 깊은 관찰보다 통찰에, 사실들을 기억하기보다는 개념과 언어기술에 더 의지한다. 독창적인 학습과제를 선호하고 논쟁을 즐기며, 동료들과 이야기하고 토론하면서 학습하기를 선호한다. 모든 학습과제의 전체적인 그림과 핵심 개념을 찾으려고 노력하지만 개방적 탐구적이므로 계획적인 틀에 짜인 학습전략은 선호하지 않는다.

16) ENFP

따뜻하고 정열적이고 활기에 넘치며, 재능이 많고 상상력이 풍부하다. 온정적이고 창의적이며, 항상 새로운 가능성을 찾고 시도하는 형이다. 문제해결에 재빠르고 관심이 있는 일은 무엇이든지 수행해 내는 능력과 열성이 있다. 다른 사람들에게 관심을 쏟고 사람들을 잘 다루며, 뛰어난 통찰력으로 도움을 준다. 통찰력과 창의력이 요구되지 않는 일에는 흥미를 느끼지 못하고 열성을 불러일으키지 못한다. 상담, 교육, 과학, 저널리스트, 광고, 판매, 성직, 작가 등의 분야에서 뛰어난 재능을 보인다.

ENFP 유형들은 상상력이 풍부하다. 틀에 짜인 학습, 암송들은 효과적인 학습전략이 아니다. 토론학습, 상호 의견 교환하기, 발표회 등이 선호하는 학습방법이며, 사실보다 통찰에 더 의존한다. 계획적이고 단계적으로 학습하기보다는 미루었다가 한꺼번에 해낸다.

노울즈(Knowles, 1980)는 성인들은 다음과 같은 상황에서 가장 효과적인 학습이 이루어심을 언급하였다.

첫째, 성인학습자들은 무엇인가를 알거나 수행하는 일이 왜 중요한지를 이해

할 때

둘째, 성인학습자들은 자신에 맞는 학습방법을 사용해 학습할 자유가 있을 때

셋째, 직접 경험해 보는 학습이 이루어질 때

넷째, 성인학습자들이 학습의 필요성을 느끼고 있을 때

다섯째, 학습과정이 긍정적이고 학습을 독려하는 분위기일 때

따라서 성인학습자를 가르치는 교수자는 항상 긍정적이고 학습자를 독려하는 분위기를 만들어야 하고 인내도 필요하며, 성인학습자들이 교수자의 질문에 대답할 수 있도록 시간적 여유를 주어야 한다. 아마도 이들은 대답을 준비하느라 시간이 필요할 수도 있기 때문이다. 성인학습자들이 수업에 작은 기여라도 한다면 적극적으로 인정을 해주고 진정으로 격려해 준다면 교수자와 학습자 간에 원만한 관계가 형성될 것이다. 또한 성인학습자의 학습 스타일을 고려하여 지도한다면 효과적일 것이다.

성인학습자를 가르치는 교수자들은 무엇을 가르칠 것인가도 중요하지만 학습자들에게 자신감과 열정을 심어 줄 기회로 활용하는 것도 중요하다.

탐 구 문 제

1. 평생학습지도의 원리에 대해 논의해 봅시다.

2. 성인학습에 영향을 주는 변인에 대해 논의해 봅시다.

3. 성인학습자의 학습방법에 대해 논의해 봅시다.

CHAPTER

05 평생교육의 교수이론

학습개요

성인의 학습을 보다 효과적이고 효율적으로 이끌어 가기 위해서는 교수-학습의 개념을 이해할 필요가 있다. 또한 성인학습지도의 원리를 익히는 것은 교수-학습 활동을 원활하게 이끌어 가는 데 필요하다. 더불어 성인학습에 영향을 주는 변인을 파악하고 분석하는 것은 성인학습자의 학습성과를 만족스럽게 하는 데 중요한 영역이다. 따라서 이 장에서는 평생교육을 실천하는 데 적합하다고 생각되는 교수이론을 중심으로 살펴보았다.

학습목표

1. 글레이저의 교수이론을 이해한다.
2. 브루너의 교수이론을 이해한다.
3. 가네의 교수이론을 이해한다.
4. 목표 기반 시나리오를 이해한다.
5. 켈러의 동기유발 교수설계이론을 이해한다.

1. 글레이저의 교수이론

글레이저(Glaser, 1962)는 수업과정을 하나의 체제(System)로 파악하고, 4단계로 구분하였다. 즉, 수업목표 → 출발점 행동 진단 → 수업절차 → 성취도 평가, 전 단계가 후속 단계를 계속적으로 결정하고 수정하며, 각 단계가 피드백 선에 의해 유기적으로 서로 관련되어 있다. 각 단계에서 얻어진 수업과정을 도식화하면 그림 5-1과 같다.

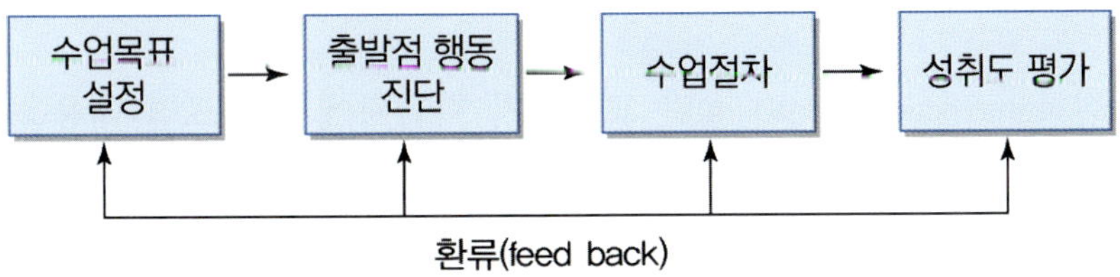

그림 5-1 글레이저의 수업 모형

1) 수업목표의 설정

수업목표(Instructional Objective)는 학습자들이 성취해야 할 궁극적 목표이며, 관찰, 측정, 기술이 가능한 것으로 세분화되어야 한다. 수업목표는 도착점 행동으로 설명되며, 도착점 행동(Terminal Behavior)이란 수업이 끝났을 때 학습자들이 보여줄 수 있는 성취를 의미한다.

2) 출발점 행동

출발점 행동(Entering Behavior)이란 새로운 수업과정이 시작하는 단계에서는 학습자가 이미 습득하고 있는 학습내용에 대해 진단함으로써 실제 수업상황에서 학습자의 특성과 개인차를 고려한 수업을 진행할 수 있으며, 학습자가 갖고 있는 선행학습(Previous Learning)의 정도와 학습자의 종합적 진단을 통한 학습자의 준비성 및 새로운 수업참여의 가능성 여부를 판단한다. 출발점 행동으로는 학습자의 선행학습 정도, 적성, 지능 등의 지적 요인과 학습자의 흥미, 동기, 태도, 학습습관, 자아개념과 같은 정의적 요인 등을 고려해야 할 것이다.

3) 수업절차

수업절차(Instruction Procedure)란 교수자가 학습자에게 가르칠 내용을 직접 가르치는 과정, 즉 교수자의 수업 전개 활동을 말한다. 이 단계에서는 가르치고 배우는 수업과정으로 학습자의 주의집중을 유도하고 정보를 제시하며, 학습동기유발 방법, 학습내용에 대한 파지 및 전이를 위한 방안, 수업형태 등이 포함된다. 수업현장에 필요한 수업 전개의 구체적인 단계 및 절차를 구안하고, 교재의 재구성 및 교과 내용에 적합한 교수 매체나 학습자료의 준비, 다양한 교과내용에 대한 적합한 교수방법의 선정이나 활용 등으로 효과적인 수업과정이 이루어진다. 또한 형성평가에 의한 교정학습이 제공된다.

4) 성취도 평가

성취도 평가(Achievement Evaluation)는 설정된 수업목표가 얼마나 달성되었는지를 평가하는 방법으로 도착점 행동의 성취를 알아보는 것이다. 형성평가에서 얻어진 정보는 후속되는 학습활동을 조정하는 데 이용하고, 총괄평가의 결과는 설정된 수업목표에 대한 도달 정도를 판단하는 데 이용되며, 다음 단위의 교수과정 설계의 기초자료로 활용된다. 즉, 평가에 의해 계속적인 피드백이 행해지고, 각 단계별로 수정·조정·보완이 이루어진다.

5) 피드백

피드백은 수업과정에서 각 단계의 작업 결과를 평가하고 수정하는 데 필요한 정보를 송환하는 기능을 의미하는 것으로 이 모형에서는 수업목표, 출발점 행동, 수업절차, 성취도 평가 등을 평가하여 후속 수업의 설계 및 개발, 운영, 관리 계획에 피드백 정보를 제공한다.

피드백(feedback)이란 커뮤니케이션 송신자의 의도가 담긴 메시지가 전달되었을 때, 그 메시지에 대한 수용자의 반응 또는 그 반응의 커뮤니케이터로의 환류(還流)를 의미한다.

피드백의 기능은 피드백을 통하여 역할이 명확해지고 새로운 행동으로 교정하는 교육적 기능과 피드백을 통하여 보상이 제공되거나 약속하는 동기부여 기능이 있다.

리처드 윌리엄스(Richard Williams, 2007)는 피드백 이야기(Tell me how I'm doing)에서 피드백의 종류를 칭찬하는 지지적 피드백, 행동의 변화를 요구하기 위해 충고를 하는 교정적 피드백, 상대방에게 영향을 미치지 못하는 무의미한 피드백, 상대방에게 상처와 모멸감을 주는 학대적 피드백으로 구분하고, 제시한 피드백의 10계명은 다음과 같다.

첫째, 계획을 짜라. 이것은 피드백을 주기 전에 생각을 정리하고 확실한 예를 들면서 전달해야 하며, 해답을 마음속에 생각하고 있으라는 뜻이다.

둘째, 명확하게 하라. 이것은 실제로 무슨 일이 발생했는지 파악하고, 상대방이 여러분의 의도를 추측할 필요가 없도록 명확하게 이해할 수 있는 예를 들라는 것이다.

셋째, 행동에 집중하라. 효과적인 피드백을 하려면 상대방의 성격이나 태도, 직책 등에 대해 말하지 말고 눈에 보이거나 평가될 수 있는 특정 행동에 초점을 맞추어야 한다.

넷째, 시간과 공간을 배려하라. 이것은 피드백이 얼마나 신속히, 그리고 어떤 장소에서 전달되느냐를 말한다. 가능한 한 스트레스를 덜 받을 만한 상황에서 전달되어야 한다.

다섯째, 균형을 유지하라. 이것은 지지적 피드백과 교정적 피드백 사이의 균형을 말한다.

여섯째, 침착하게 하라. 피드백을 줄 때 감정적이 되거나 과잉반응을 해서는 안 된다. 이때 지금 이곳에서 생긴 일에 대해서만 피드백하고 과거 일까지 끄집어내서 따지고 들면 안 된다.

일곱째, 효과적인 기술을 사용하라. 이런 기술들에는 요점 말하기, 눈 마주치기, 중요한 한 가지 문제에만 집중하기 등이 있다.

여덟째, 효과적인 스타일을 사용하라. 피드백을 전달할 때 자신에게 맞는 방식으로 접근하는 것을 말한다. 여기에는 상대방이 요청하지 않으면 먼저 충고하지 않는 것도 포함된다.

아홉째, 느낌을 표현하라. 자신의 느낌을 표현하는 것이 익숙하지 않은 사람들에게는 이 항목이 다소 어렵다. 느낌은 피드백 메시지와 같이 전달될 때 더욱 강력해지고 영향력도 커진다.

열 번째, 경청하라. 이것은 상대방으로 하여금 자신의 의견을 표현하게 하고, 그 사람의 의견을 잘 듣는 것을 말한다. 경청을 잘하는 사람은 상대방이 중요한 의견을 말할 수 있도록 열린 질문을 던지는 데도 능하다.

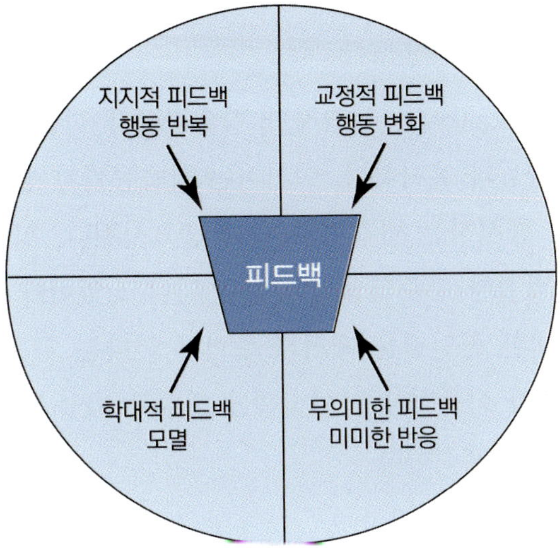

그림 5-2 피드백의 종류

2. 브루너의 교수이론

브루너(Bruner, 1966)는 피아제의 인지발달이론을 기초로 하여 아동의 인지발달은 사물이나 현상의 구조를 파악하는 방식에서 질적인 차이를 나타낸다고 보았으며, 이러한 차이를 지식의 표현양식으로 개념화하였다. 그는 아동이 세계를 고찰하는 방법의 질적인 차이에 해당하는 표현양식을 행동적 표현, 상징적 표현, 영상적 표현으로 나누었다.

브루너는 수업이론에서 수업은 수업목표의 설정, 학습자의 개인차 고려, 학습자의 학습동기 형성, 학습자의 계열화와 구조화, 수업사태의 조직, 수업평가 단계로 진행된다. 이것은 학습 경향성, 지식의 구조화, 학습의 계열화, 강화, 학습자 사고의 자극이라는 다섯 가지 측면을 포괄하고 있다.

1) 학습 경향성

학습 경향성(Predisposition)은 학습자가 학습하고자 하는 의욕을 의미하며, 준비성이나 출발점 행동과 유사하다. 여기서는 학습동기가 중요한데, 외적 동기보다는 내적 동기를 중시하는 발견적 학습이 중요시된다. 학습 경향성의 조건으로는 학습과제가 적절한 수준의 불확실성을 지니고 있어야 한다는 가능성 탐색의 자극, 실패에 대한 불안감을 제거해 주어야 한다는 가능성 탐색의 유지, 학습자들이 수업목표와 학습과제를 인식해야 한다는 가능성 탐색의 방향을 제공하는 세 가지 조건을 제시한다.

2) 지식의 구조화

지식의 구조화(Structure of Knowledge)는 한 사물을 얽어매고 있는 요소 내지 그 요소가 얽혀 있는 모양, 즉 학문의 기저를 이루고 있는 일반적인 아이디어, 기본 개념, 일반적 원리이다. 브루너는 모든 지식은 구조를 가지고 있다고 전제하고, 학습자들이 특정 영역의 지식을 쉽게 학습할 수 있도록 지식을 구조화하는 구체적인 방식을 제시해야 한다고 본다. 특정영역의 구조를 알게 되면 정보를 단순화하고, 새로운 명제를 산출하며, 지식의 조작능력을 증진시킬 수 있다는 것이다. 브루너는 교실에서의 학습활동은 교사가 제시하는 구체적인 예로부터 학생 스스로가 발견해야 하는 교과의 구조에 대한 일반화로 진행되는 귀납적인 방법으로 행해져야 한다고 주장한다.

(1) 지식 구조의 특징

지식의 구조는 세 가지 특징으로 기술될 수 있다. 즉, 표현양식, 경제성 그리고 생성력이다. 잘 구조화된 지식이란 올바른 방법으로 표현되고, 경제성과 생성력이 있도록 조직화된 지식을 말한다(이홍우, 1988).

가. 표현양식

작동적 표현, 영상적 표현, 상징적 표현의 세 가지 양식으로 표현될 수 있다. 작동적 표현(Enactive Representation)은 한 사건에 대하여 적절한 신체적 반응이나 그것으로부터 어떤 결과를 얻기 위한 일련의 활동으로 표현하는 방법이고, 영상적 표현(Iconic Representation)은 지식이 함축하고 있는 의미를 이미지(Image)를 이용하여 표현하는 방식으로 과학적 개념을 그림·도표·사진 등으로 표현하며, 상징적 표현(Symbolic Representation)은 상징적인 언어나 형식적이고 논리적인 명제를 이용하여 지식을 훨씬 더 추상적으로 표현하는 방식이다.

나. 지식 구조의 경제성

정보를 최대한 간소하게 요약해서 표현하는 것이다. 요구되는 정보의 양이 많을수록 그 지식의 경제성은 낮다. 표현양식에 따라 경제성은 상징적 〉영상적 〉 작동적 표현 순이다.

다. 지식 구조의 생성력

문장의 의미를 파악해 낼 수 있도록 구성하는 것을 의미한다. 즉, 특수한 구조가 학습자로 하여금 새로운 명제를 표출해 내거나 문제해결을 위해 정보를 이용할 때, 학습한 명제가 지적 산출력(응용력이나 전이가)을 가졌는가를 의미한다.

3) 학습의 계열화

계열(Sequence)이란 학습자들이 학습내용을 이해, 변형, 전이하는 데 도움이 될 수 있도록 학습과제를 순서대로 조직하고 제시하는 원칙을 말한다. 학습내용을 어떻게 조직하느냐에 따라 학습의 효과가 좌우된다. 계열에 따른 학습과제를 조직할 때 고려할 점은 첫째, 학습 계열은 학습자의 신행학습, 발달단계, 자료의 성격, 개인차 등을 고려해야 한다. 둘째, 학습자들의 지적 발달단계를 고려해야 한다. 셋째, 학습 계열의 조직은 적절한 수준의 불확실성과 긴장감을 유지하도록 고려해야 한다. 넷째, 학습 계열을 조직할 때는 학습자의 학습 속도, 전이의 가능성, 망각에 대한 저항, 표현양식, 학습내용의 경제성과 생성력 등의 준거를 고려해야 한다.

4) 강화

강화(Reinforcement)란 어떤 행동의 강도와 발생 빈도를 강화시키는 것이다. 수업과정에서 상벌은 학습활동의 결과와 방향을 알려주며, 상벌의 교정적인 정보 활용은 학습자 스스로 자기 학습의 결과를 확인하고 이에 따르는 만족과 불만족을 느끼는 내적 보상이 이루어진다.

(1) 브루너의 강화에 대한 논의

① 상이나 벌은 외적 보상이 강하면 성취 자체로부터 받는 보상은 감소된다.

② 학습에 실패한다는 것은 다음의 성취, 혹은 향상을 위한 가치 있는 정보를 제공받게 된다.

③ 성공에 따른 강한 내적 보상은 그 행동을 다음에도 계속하게 하는 역할을 한다.

④ 외적인 보상에 따르는 벌은 행동을 와해시킬 가능성이 높으며, 시정과 향상을 위한 기반이 되기 어렵다.

⑤ 수업이론에서 강화의 기능을 활용할 경우 내적 보상과 외적 보상의 균형을 유지하여야 한다.

5) 학습자 사고의 자극

브루너는 인간은 스스로 무엇인가를 발견하려는 욕구를 지닌 존재로 보고 발견학습을 주장하였다. 발견학습(Discovery Learning)이란 지식의 구조를 학생들 스스로 발견할 수 있게 하는 방법이다. 즉, 교사의 최소한의 지도와 학습자의 최대한의 탐구 및 시행착오에 의해 원리나 규칙을 깨닫고 문제를 스스로 해결하는 학습방법을 말한다. 따라서 교사는 학생들이 자발적으로 사고하는 태도를 갖도록 교과를 가르쳐야 할 것이다. 즉, 교사는 탐구적 사고의 절차를 학생들에게 가르쳐야 한다.

(1) 발견학습의 특징

① 기본구조에 대한 철저한 학습을 강조한다.
② 학습효과의 전이를 중시한다.
③ 학습의 결과보다 과정과 방법을 중요시한다.
④ 학습자의 주체적인 학습을 강조한다.

(2) 발견학습의 절차

① 문제의 발견 : 문제의식을 가지고 구체적인 사실을 발견(파악)하는 단계이다.
② 가설의 수립 : 직관적인 사고로써 결과에 대해 예측하거나 가설을 설정하는 단계이다.
③ 가설의 검증 : 분석적 사고에 의한 원리의 발견 및 가설을 검증하고 개념으로 정착하는 단계이다.
④ 적용 : 결론을 맺고 실제에 적용하여 활용할 수 있는 능력으로 전환하는 단계이다.

(3) 발견학습의 장점

① 교과 내용의 전달이 용이하다.
② 문제해결력을 길러 준다.
③ 학습의 전이가 잘 된다.
④ 내적 동기유발이 촉진된다.
⑤ 고등정신 기능을 길러 준다.

(4) 발견학습의 단점

① 시간이 오래 걸린다.
② 능력차를 고려하지 않으면 특정 학습자만의 학습이 되기 쉽다.
③ 추상적인 개념은 스스로의 발견을 통해서 습득하기 어렵다.

3. 가네의 교수이론

가네(Gagné, 1974)는 인간학습의 결과로 얻어지는 산출물을 다섯 가지 능력(학습유형 = 위계 학습의 결과 : 언어정보, 지적 기능, 인지전략, 운동기능, 태도)으로 분류하고, 그 각각의 능력들을 바로 교수 활동을 통해 가르쳐야 하는 목표로 보고 있다. 가네는 인간의 학습이 단순한 것에서 복잡한 것으로, 저차원에서 고차원으로 발전하는 위계를 이루고 있으며, 한 단계의 학습은 다음 단계의 학습에 필수적인 선행요건이 된다는 학습위계(learning hierarchy)에 기초를 두고 있다. 이 이론은 수업목표 분석, 학습과제 분석 및 수업이론 정립에 기여하였다. 가네는 여덟 가지 학습유형이 위계를 이루고 있고 하위 학습이 이루어져야 상위 학습이 가능하다고 했다. 그리고 각각의 학습유형은 상이한 내적·외적 조건을 요구한다. 내적 조건은 필요한 선수 학습의 획득 및 정보처리의 9단계를 의미하며, 외적 조건은 정보처리의 단계에 따른 수업의 사태를 의미한다. 수업의 사태는 주의집중 단계로부터 교수 목표의 제시, 선수학습의 회상 등을 거쳐서 마지막으로 평가 및 전이를 위한 활동 등으로 구성된다.

1) 기본 관념

① 학습능력은 낮은 차원에서 높은 차원의 단계로 축적되어 왔다.
② 높은 수주의 지식이나 기술을 학습하기 위해서는 반드시 낮은 단계의 지식이나 기술을 습득해야 한다.
③ 주어진 학습과제는 그 복잡성의 정도에 따라 다른 수준의 학습능력을 요구한다.
④ 다른 위계의 학습능력을 필요로 하는 학습과제를 학습하기 위해서는 거기에 알맞은 학습유형을 적용하여야 한다.

2) 학습의 결과

(1) 언어적 정보

언어적 정보(verbal information)란 명제적 지식 또는 선언적 지식으로서 어떤 사실 또는 일련의 사건에 대해 구두로 말하거나, 글로 진술하는 것을 말한다. 선행조직자의 제공, 이름과 명칭의 기호화를 의미한다.

(2) 지적 기능

지적 기능(intellectual skills)이란 학습자 주변에 있는 환경에 대하여 이를 개념화하여 반응하는 능력을 말한다. 방법적 지식 또는 절차적 지식으로서 구어, 읽기, 쓰기, 수의 사용 등과 같이 상징 또는 기호를 사용한다. 이것의 하위유목은 식별, 개념, 원리, 문제해결학습 등이다.

(3) 인지전략

인지전략(cognitive strategies)은 내적으로 조직된 통제 과정이다. 학습방법, 사고방법, 독서방법 등과 같이 독자적으로 개발하고 있는 사고 전략이다. 이를 위한 수업은 많은 지적 기능의 학습을 통해서 가능하다. 또 다른 방법은 생산적 사고의 개발을 위한 연습의 기회를 많이 제공하는 것이다.

(4) 태도

태도(attitudes)란 어떤 대상에 대한 찬반 또는 호오를 선택하게 하는 어떤 사람의 내적인 정신적 경향을 의미한다. 태도를 직접적으로 가르치는 방법은 강화의 방법에 의한 것이다. 간접적으로 태도를 가르치는 방법은 대리적인 강화를 이용하는 것이다. 모범적인 인간에 의한 시범 보이기도 이 원리에 해당한다.

(5) 운동기능

운동기능(motor skills)이란 어떤 일을 수행하기 위한 몸의 움직임을 말한다. 예를 들면 네모를 그리거나 자전거를 타거나 피아노를 연주하는 것과 같은 것들이다. 반복적 연습을 통해 잘 학습된다.

3) 위계학습 유형

가네는 학습결과로 얻어지는 다섯 가지 영역 중에서 지적 기능 영역에 속하는 학습유형을 여덟 가지로 제시하였다.

(1) 신호학습

신호학습(Signal Learning)은 파블로프(Pavlov)의 고전적 조건형성에 의한 반응으로 이루어지는 학습으로, 자극이나 신호에 대해 정서적 반응을 하는 학습이다(예: 시험시간표를 보면 걱정이 뒤따른다, 사람의 얼굴 표정을 보고 기쁨이나 화가 났는지를 알게 된다, 학교에서 종소리를 듣고 수업의 시작과 종료를 알게 된다).

(2) 자극－반응학습

자극－반응학습(Stimulus-Response Learning)은 스키너(Skinner)의 조작적 조건화 원리에 의해 이루어지는 학습으로, 특정 자극에 대해 구체적인 반응을 하는 것이다(예: 학생이 선생님(자극)을 보면 머리를 숙여 인사(반응)한다, 카드에 '엄마'(자극)라고 써서 보여 주었더니 아이가 '엄마'(반응)라고 읽는다).

(3) 연쇄학습

연쇄학습(Chaining Learning)은 전 단계에서 학습한 자극－반응의 고리를 연결시키는 학습으로, 운동기능에서의 자극과 반응의 결합이 연쇄적인 것을 의미한다(예: 체조를 순서대로 하는 것을 배운다, 한글의 자음과 모음을 연결하여 사물의 이름을 쓴다).

(4) 언어연합학습

언어연합학습(Verbal Association Learning)은 개별적 언어가 순서에 맞도록 연결시키는 학습이다. 또한 우리말과 외국어 단어를 연결하여 학습하는 것도 여기에 포함된다(예: 학습－Learning, '새'라는 단어와 '날다'라는 단어가 연결되어 '새가 날다' 등).

(5) 중다변별학습

중다변별학습(Multiple Discrimination Learning)은 여러 가지 구체적 반응과 연쇄반응을 학습하여 그것들을 구별할 수 있는 능력이다. 즉, 비슷한 여러 대상을 구별할 수 있는 능력을 학습하는 것을 말한다(예: 여러 가지 모양의 도형을 제시했을 때 삼각형을 다른 것과 구별하는 능력, 어떤 자동차를 보고 자동차의 이름·생산연도·모델·생산회사 등을 말할 수 있다).

(6) 개념학습

개념학습(Concept Learning)은 공통된 속성을 이해하고 그것을 기준으로 하여 사물을 분류하는 학습이다. 즉, 사물의 공통적인 성질이나 추상적인 성질을 분류하는 것이다(예: 크다, 작다 등 사물의 공통 성질에 대해 분류하거나 반응하는 것).

(7) 원리학습

원리학습(Rule Learning)은 개념과 개념 간의 관계를 파악하는 능력을 획득하는 것을 의미한다. 즉, 개념들 간의 관계가 연결됨으로써 학습이 된다(예: 사각형의 넓이를 구하려면 가로와 세로의 길이를 곱하면 된다).

(8) 문제해결학습

문제해결학습(Problem Solving Learning)은 학습자가 이전에 경험하지 못했던 어떤 문제에 대해 몇 가지 규칙을 적용해서 해결하려는 학습이다. 즉, 이전에 논의된 여러 종류의 학습에서 획득한 능력을 주어진 문제에 응용하여 해결하는 능력을 학습하는 것을 말한다.

4) 학습의 과정과 수업사태

수업사태란 수업장면에서 교수가 학습의 사태를 통제하는 일련의 활동을 말하는 것으로 학습이 일어나는 시기에 학습자 주의의 자극 장면을 공간적 차원에서 적절히 배열한다는 것이다. 가네는 수업사태를 9단계로 나누면서 이러한 아홉 가지의 사태들이 학습의 내적 과정을 돕기 위한 외적인 도움을 주는 하나의 가능한 방법들이라고 말한다. 이들 각 사태들의 구체적 특성은 학습이 의도하는 능력에 따라 달라져야 한다고 주장한다. 이러한 교수의 아홉 가지 사태들은 하나의 학습능력을 가르치기 위하여 교수를 계열화하는 기본적인 원리들로 해석될 수 있는 것이다.

(1) 수업의 과정

가. 자극의 수용

학습을 시작하기 위해 자극이 수용되어야 하고, 그런 수용이 이루어지려면 학습자가 자극에 주의를 기울여야 한다.

나. 동기화

수업의 결과에 대한 기대감을 형성할 때 학습자의 동기유발이 된다.

다. 선택적 지각

학습자들은 선택적 지각을 통해서 중요한 정보와 덜 중요한 정보를 구별한다.

라. 의미적 부호화

새로운 정보를 장기기억에 저장하기 유의미하게 조직하는 과정이다.

마. 장기기억에 저장

의미 있게 부호화된 정보는 장기기억에 저장된다.

바. 탐색과 회상

장기기억에 저장된 정보를 사용할 필요가 있을 때, 저장된 모든 정보 중에서 필요한 정보를 찾기 위해 탐색과 회상을 한다.

사. 수행

학습자가 학습한 것을 확인하고 피드백을 제공하기 위한 단계로 수행이 제안된다.

아. 피드백

주어진 수행의 적절성이나 부적절성에 대한 정보를 제공한다.

(2) 아홉 가지 수업사태

가. 주의집중

수업의 시작과 동시에 학생들의 주의를 이끌어 내는 것이 중요하다. 학생들의 시선을 교사에게 집중시키고, 관심을 갖게 하는 것이 우선시되어야 한다. 학생들이 주의를 끄는 방법은 학생들에게 색다른 자극을 제시하거나, 학생들의 흥미를 유발하는 방법을 활용하거나, 학습과제와 관련 있는 행동을 보여준다.

나. 수업목표의 제시

학습과제를 다루기 전에 학습을 통해 달성해야 할 목표를 제시한다. 학습자는 학습의 결과로서 기대되는 성취가 어떤 것인지를 알아야 한다. 학생들이 자신들의 달성해야 할 목표를 인지함으로써 자신이 학습태도를 재형성한다. 이때 학습목표를 효과적으로 전달하기 위하여 학생이 쉽게 이해할 수 있는 언어나 도구로 나타내는 것이 좋다.

다. 회상의 자극

새로운 정보를 성공적으로 동화하기 위해, 학생들은 그들의 기억 속에 이미 저장되어 있는 관련 정보를 회상할 필요가 있다. 교사는 학생들의 기존 정보를 상기시켜서 새로운 자료에 그것을 관련지어서 적절한 설명을 회상할 수 있도록 자극해야 한다.

라. 자극의 제시

학습할 내용을 제시한다. 학습은 새로운 정보의 제시를 요구하게 되며, 새로운 정보의 제시로 학습자들에게 새로운 자극의 독특한 특징이 무엇인지를 알게 하고, 정의나 규칙의 형태일 수도 있으며, 무엇을 하는 방법에 대한 지식인지를 알 수 있다. 교수자의 과제는 그것의 독특한 특징을 제시하여 학습자들이 기억하기 쉽도록 도와주는 것이다.

마. 학습안내 제공

학습할 과제의 모든 요소들을 통합시킨다. 이전의 정보와 새로운 정보를 적절히 통합시켜서 그 결과를 장기기억에 저장할 수 있도록 학습자들은 도움이나 지도를 받아야 한다. 여러 가지 구체적이고 친밀한 예의 제시나 연결시키려는 노력이 필요하다. 학습자의 학습행위를 이끌거나 특정개념이나 원리를 가르치고자 할 때 교수자가 질문이나 힌트 등의 자극을 제시하는 것이다.

바. 수행유도

수업은 배운 것을 파지하게 하고 새로운 환경에서의 학습에 전이를 가능하게 한다. 학습자가 기억을 쉽게 할 수 있도록 여러 가지 방법이 계획되어야 하는데, 학습내용을 분류하고 도표나 그래프의 형태로 조직하여 제시하는 것은 파지를 가능하게 하는 하나의 자료가 될 수 있다.

사. 피드백 제공

학습자의 성취행동이 어느 정도 정확하였는가에 대한 정보를 주어야 한다. 즉, 학습자가 학습의 결과로 얻어진 과제수행이 얼마나 성공적이었고 정확했는지에 대한 결과를 알려준다. 피드백을 통해서 학습자는 그들의 최초의 목표를 알게 되고 수행의 개선이 필요한 학습자들은 얼마나 더 많은 연습이 필요한지를 알게 된다.

아. 수행평가

학습자들이 학습한 것이 무엇인가를 알아보기 위한 단계이다. 수행은 공식적으로 질문법을 많이 사용하는데, 짧은 문제나 퀴즈, 혹은 시험의 형태를 취하거나, 연습문제나 과제를 수행하거나 배운 것을 실습할 수 있는 기회를 제공하여 유도한다.

자. 학습의 전이촉진

학습자들이 문제해결을 위해 다른 분야의 원리나 개념을 전이하거나 일반화할 수 있어야 한다. 전이를 제공하는 것은 수업의 내용이 새로운 과제나 새로운 환경에 전이가 가능하도록 하는 다양한 환경을 만들어 주는 것이다. 즉, 학습자가 학습한 것을 다양한 경우에 활용해 보도록 환경과 경험을 만들어 주는 것이 중요하다.

수업과정
자극의 수용(주의)
동기화(기대)
선택적 지각
의미적 부호화
장기기억에 저장
탐색과 회상
수행
피드백

Gagne의 수업사태
1단계 : 주의 획득하기
2단계 : 학습목표 제시
3단계 : 선수지식의 회상
4단계 : 자극의 제시 5단계 : 학습안내 제공 6단계 : 수행 유도
7단계 : 피드백 제공
8단계 : 수행평가
9단계 : 파지와 전이증진

그림 5-3 가네의 학습과정과 교수 사태

4. 목표 기반 시나리오

목표 기반 시나리오(Goal Based Scenarios, GBS)란 학습활동을 설계할 때 실제적인 과제를 해결하는 과정에서 복잡한 학습 환경에 내재되어 있는 지식과 기능을 획득할 수 있도록 하고 학습자의 능동적인 참여활동과 협동학습을 강조하는 학습자 중심의 교육 모형이다.

1) 역동적 기억이론

역동적 기억이론(dynamic memory theory)은 기억된 경험의 구조와 그 경험들의 추출, 사용, 변형의 역동적 과정에 대한 이론이다. 이 이론에서는 기억, 이해, 경험, 학습이 서로 분리될 수 없다는 것을 전제로 한다. 역동적이라는 의미는 기억이 정지되어 있는 상태가 아니라 항상 변하는 상태에 있으므로 역동적 기억은 시간이 흐름에 따라 항상 변화하는 기억을 의미하며, 그 변화는 인간경험의 결과이고 그 변화과정이 학습이다. 역동적 기억이론은 기억과 관련된 여섯 가지 요소인 목적(goals), 기대(expectation), 기대실패(expectation failure), 실패에 대한 적절한 설명(explanations), 스토리(stories), 재확인(remindings)들이 상호작용을 일으키면서 학습을 이루어 가는가를 설명하고 있다(조일현, 2002).

역동적 기억이론에서는 학습자들이 자신이 처한 문제를 해결하는 데 도움이 되는 경험에 주목하게 되고 이를 통하여 학습자는 문제해결에 대한 기대를 갖게 되며, 해결 상황에 대한 예상을 하게 된다.

2) 목표 기반 시나리오의 특징

생크(R. Schank, 1999)가 개발한 GBS의 특징 세 가지는 다음과 같다.

첫째, 목적 지향성이다. 둘째, 목적 지향적 학습은 기대 실패라는 계기를 통하여 촉진된다. 기대 실패는 현재 가지고 있는 지식이 부족한 경우 지식의 부족을 채워 보려는 시도의 실패를 겪으면서 이루어지므로 부정적인 실패와 긍정적인 실패도 포함된다. 셋째, 사례 기반의 문제해결 과정이다. 기대 실패에 의해 유발된 문제상황은 학습자가 그 문제의 답을 찾기 위해 과거의 경험을 활용하고 문제를 해결한 사례는 다음에 유사한 문제해결을 하는 데 기여한다.

캠벨과 몬선(Campbell & Monson, 1994)은 GBS의 교수-학습 모델의 특징을 아홉 가지로 제시하였다.

① 동기를 유발할 만한 도전적인 최종 목표가 학습자에게 제시된다.

② GBS의 최종 목표는 미리 설정된 일련의 핵심기술과 지식으로 구조화된다.

③ 학습 환경은 총체적이며 풍부한 학습 맥락으로 이루어져 있어 지식과 기술은 단편적이지 않고 통합된 전체 속의 부분으로서 습득된다.

④ 경험, 문화적 배경, 흥미, 동기 등에 있어서 학습자들의 다양성을 인정하고 이러한 다양성을 수용하며 긍정적인 방향으로 활용한다.

⑤ 학습자는 선정된 핵심 지식과 기술을 단지 습득하는 데 그치는 것이 아니라 새로운 지식과 기술을 탐색하고 개발할 수 있다.

⑥ 최종 목표를 달성하기 위해 학습자는 자유롭게 자신의 전략을 선택한다.

⑦ 학습과정에서 발생하는 긴장은 반성적 사고, 진정한 의미에서의 학습에 대한 강조, 그리고 사용하기 쉽게 만들어진 학습 보조 자원들에 의해 적절하게 조절된다.

⑧ 학습자들은 필요할 때 즉시 학습자원들을 활용한다.

⑨ 학습 환경의 구성요소로는 실제와 매우 유사한 과제, 팀 활동, 교육내용과 교육과정에 모두 정통한 코치, 시나리오와 관련된 것뿐만 아니라 내용과 관련된 정보도 포함하고 있는 인쇄물 및 온라인 학습지원 시스템 등이 있다.

3) 목표 기반 시나리오의 설계절차

생크(Schank, 1999)는 GBS의 설계절차를 7단계로 설명하고 있다.

첫째, 핵심기술(target skill)의 도출 및 목표설정이다. 교수자가 가르치고자 하는 지식과 기술이 GBS의 핵심이므로 설계과정은 전달하고자 하는 핵심기술을 달성한다는 목표를 중심으로 이루어진다.

둘째, 미션(mission)의 설정이다. 학습자들이 설정된 목표를 성취하기 위해 수행해야 하는 미션 및 과제를 개발해야 한다.

셋째, 커버스토리(cover story)의 개발이다. 커버스토리는 목표를 달성하기 위해 학습자들이 수행할 미션을 이야기 형식으로 설명한 것이다. 커버스토리는 학습자가 미션에 대한 이해를 충실하게 하고 미션수행에 필요한 상세한 정보를 제공하며 사실적이고 흥미로운 이야기 전개로 학습동기를 유발하는 역할을 한다.

넷째, 역할(role)의 개발이다. 역할은 학습자들이 커버스토리 내에서 맡게 되는 인물이다.

다섯째, 시나리오 운영(scenario operation) 설계이다. 시나리오 운영은 학습자들이 미션을 수행하는 모든 구체적인 활동을 의미한다.

여섯째, 학습자원(resources)의 개발이다. 학습자원은 교재, 논문, 인터넷 사이트, 전문가, 비디오 등으로 학습자가 미션을 수행하는 데 필요한 각종 정보가 학습자원의 형태로 조직되어 적시에 활용된다.

일곱째, 피드백(feedback)의 제공이다.

표 5-1 GBS 단계별 수업설계(생태와 환경)

절차	학습내용
I. 학습 목표	1. 폐기물의 종류를 구분하고 분리수거를 할 수 있다. 2. 폐기물로 인한 환경오염을 알게 된다. 3. 폐기물로 인해 발생하는 환경오염 대책을 열거할 수 있다. 4. 친환경적 사고를 하게 된다. 5. 지속 가능한 환경보존에 대해 알게 된다.

절차	학습내용
II. 미션 정하기	1. 축구 경기장에서 발생하는 쓰레기 조사, 분류하기 2. 쓰레기 분리 수거 방법과 내용 조사 3. 경기장 관리 실태 보고서 작성 4. 경기장 운영으로 발생되는 환경문제와 대책조사 5. 친환경적 경기장 관리안 작성
III. 커버 스토리	대한축구협회 전무이사는 TV 뉴스를 보던 중 이탈리아 울트라스의 축구 경기장 난동으로 경찰관이 죽고 축구 경기장이 아수라장이 된 것을 보았다. 화가 난 사람들이 먹던 과일, 캔, 물병, 모자 등을 마구 던지고 빨간색, 파란색 연기도 엄청나게 피어올랐다. 연기 속에서 선수들과 관중, 경찰관이 무질서하게 움직였다. 결국 이탈리아 프로축구는 2주간 관중이 없이 경기를 하게 되었다. 전무이사는 얼마 전 이탈리아 축구협회로부터 우리나라와의 친선경기 제안을 받은 바 있어 은근히 걱정이 되었다. 혹시 모를 사태에 대비하고자 체육시설공단에 연락을 취해 경기가 열릴 상암월드컵 경기장의 관리실태를 파악하기로 했다. 그리고 울트라스의 난동 같은 것이 있어도 빠른 시간 안에 경기장을 정상화하여 경기를 계속할 수 있도록 점검하라는 공문을 보냈다.
IV. 역할 정하기	• 전문이사 : 대한축구협회 전무이사이며 꼼꼼하게 업무처리를 잘하고 질서의식이 강한 유능한 지도자 • 체육시설공단 : 국내 체육시설의 총 관리기관 • 상암월드컵 경기장 관리소장 : 상암 축구 경기장 총관리자
V. 시나리오 운영설계	• 미션 1 : 축구장에서 발생하는 쓰레기 종류 조사, 분류 • 미션 2 : 쓰레기 분리수거 방법과 내용 조사 • 미션 3 : 경기장 관리 실태 보고서 작성 • 미션 4 : 경기장 운영으로 발생되는 환경문제와 대책조사 • 미션 5 : 친환경적 경기장 관리안 작성
VI. 학습 자원 개발	• 인적 요소 : 생태와 환경 담당교사 2명 • 물적 요소 : 학생들의 학습 절차별 보고서, 개인 블로그를 활용한 자료의 공유 및 상호작용 제시. 파워포인트를 통한 발표 및 발표 자료의 예제공, 정보수집 및 상호작용과 문제해결을 위한 참고도서 및 참고자료 제공 • 환경요소 : 인터넷이 가능한 컴퓨터실
VII. 피드백	단계별 수시 피드백

출처: 이명순(2009). PBL과 GBS의 학습효과 비교연구: 고등학교 환경교육 사례를 중심으로.

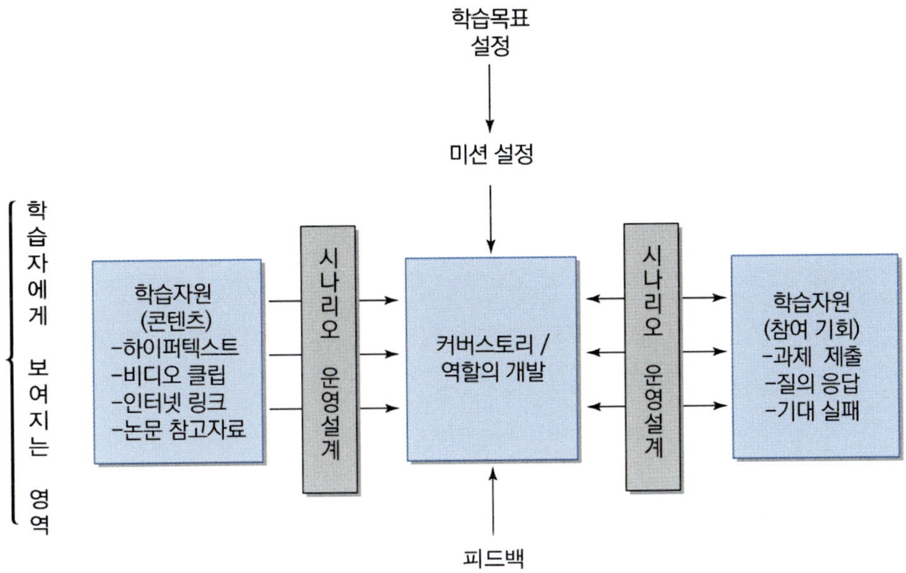

그림 5-4 GBS의 설계절차

출처: 조일현(2002). GBS를 활용한 교수설계 모델의 개발/적용사례.

5. 켈러의 동기유발 교수설계이론

켈러(Keller, 1979)의 동기유발 교수설계이론은 동기유발의 네 가지 요건을 주의집중, 관련성, 자신감, 만족감으로 보고, 이러한 요건을 충족시키도록 수업을 설계하면 효과적인 수업이 된다는 이론이다. 네 가지 요건의 영문 앞글자를 따서 ARCS(Attention, Relevance, Confidence, Satisfaction) 모형이라고도 한다. 켈러의 학습동기 이론에 있어 가장 핵심적인 용어는 '동기'이다. 켈러는 학습동기 이론의 주요한 네 가지 요소(주의집중, 관련성, 자신감, 만족감)가 어떻게 학습자의 노력과 수행, 결과에 영향을 끼치는지에 대해 설명했다.

1) ARCS이론의 특징

① 인간의 동기를 결정지을 수 있는 여러 가지 다양한 변인들과 그에 관련된 구체적 개념들을 통합한 4개의 '개념적 범주'들을 포함하고 있다.
② 동기를 유발하고 유지하기 위한 구체적이고 처방적인 전략들을 제시하고 있다.
③ 교수설계 모델들과 병행하고 활용될 수 있는 동기설계의 체제적 과정을 포함하여 소개하고 있다.

2) 켈러의 ARCS이론의 몇 가지 가정

첫째, 학습자의 동기는 고정불변한 것이 아니라 유동적이고 변화 가능한 것이다. 만약 학습자의 동기가 고정되어 있고 외부의 힘으로는 바꿀 수 없다고 한다면 교수자는 학습자의 동기유발과 지속을 위해 할 수 있는 것이 아무것도 없다. 켈러는 학습자의 동기가 다양한 외부적 변인을 통해 변화 가능하다고 전제한다.

둘째, 동기전략을 논할 때 교수설계에 있어 효율성과 효과성은 보장되어 있다. 동기전략은 크게 보았을 때 교수설계의 하위 요소이다. 교수설계에서 동기전략을 고려한다는 것은 이미 학습의 효과성과 효율성이 보장되어 있다는 의미이다.

셋째, 학습자의 동기는 체제적인 문제해결법에 의해 강화하거나 약화시킬 수 있다. 교수자는 학습동기 이론을 바탕으로 여러 가지 다양한 전략들을 통해 학습자의 동기를 조절하는 것이 가능하다. 다시 말해서 학습을 위한 학습자의 동기가 지나치게 약하다면 학습자는 동기이론을 바탕으로 학습자에게 필요한 전략이 어떤 것인지를 파악하고 그것과 관련된 전략을 통해 학습자의 동기를 강화할 수 있다.

3) ARCS이론의 동기와 관련된 네 가지 구성요소

(1) 주의집중(Attention)

학습이 효과적이기 위해서는 학습자의 주의력이 필요하다. 이러한 학습자의 주의집중을 위해 켈러는 세 가지 하위 전략을 내세웠다.

가. 감각적 주의집중

교수자는 우선 학습자의 흥미를 유발하기 위해 무엇을 할 것인가에 대해 생각해야 한다. 즉, 학습자가 새롭고 흥미롭게 느낄 만한 매체나 전달방식을 통해 학습자가 학습내용에 관심을 기울이도록 하는 것이 바로 감각적 주의집중의 핵심이다.

나. 인지적 주의집중

학습자의 감각적 주의집중이 이루어졌다면 그것을 한 단계 더 높은 차원의 호기심으로 연결할 필요가 있다. 그래서 필요한 것이 바로 인지적 주의집중이며, 교수자는 학습자가 학습내용에 스스로 의문을 갖고 그것을 탐구하고자 하는 욕구를 가질 수 있도록 질문거리를 주거나 역설적인 상황을 제시할 수 있다.

다. 다양성

아무리 새롭고 놀라운 자극이라 할지라도 그것이 계속해서 반복되어 익숙해지면 사람은 심리적으로 지루함을 느끼게 된다. 지루함을 느끼면 학습에 대해 주의집중이 떨어지고 동기 지속도 어렵기 때문에 교수자는 다양한 매체 혹은 구체적인 예시를 제시하는 등 학습방식이나 형태의 다양성을 추구할 필요가 있다.

(2) 관련성(Relevance)

학습동기 이론에서의 관련성이란 사람들이 왜 어떠한 것에 끌리는지에 대한 설명이다. 그리고 그 관련성은 위에서 언급한 것처럼 행위의 목적이 가지는 매력과 가치에 비례한다. 수업의 목적이 더 매력적이고 가치 있어 보일 때 사람들은 그것에 끌리게 된다. 즉, 목적이 자신과 더 잘 부합할수록 큰 동기를 얻는 것이다. 이 관련성을 위한 하위 전략은 다음의 세 가지가 있다.

가. 목표지향성

학습자들은 기본적으로 뭔가를 필요로 하기 때문에 학습에 임한다. 따라서 교수자는 학습자들의 필요를 잘 파악하고 그것에 맞추어 목표를 선정할 필요가 있다. 또한 설정된 목표를 학습자들에게 주지시켜 주고, 그것의 유용성에 대해 말해 주어야 한다. 학습자들은 제시된 목표를 통해 자신의 필요가 충족되는지 아닌지에 대해 판단할 수 있기 때문에 목표설정은 신중하게 이루어져야 한다.

나. 동기 일치

설정된 목표가 학습자 개인의 필요와 일치한다 하더라도 실제 수업의 방식이 학습자의 욕구를 충족시켜 줄 수 없다면 학습자의 동기가 낮아지게 된다. 교수자는 이를 방지하기 위해 학습방법이나 내용이 학습자가 학습유형과 관심사에 부합하도록 만들어야 한다. 이를 위해 교수자는 개인적 성취의 기회, 협력 활동, 지도력의 책임, 긍정적인 역할 모델을 제공함으로써 학습내용을 학습자의 동기나 가치와 부합하게 하는 것이 좋다.

다. 친밀성

지나치게 개인적이거나 특수하지 않다면, 가급적 학습에 사용되는 예시나 상황들은 학습자에게 친숙한 것일수록 좋다. 사람은 일반적으로 새로운 것에 호기심을 보이지만 그것이 자신과 너무 동떨어졌다고 느끼면 오히려 호기심이 감소하는 경향이 있다. 교수자는 학습자가 새롭게 배우는 학습 개념들을 자신에게 친숙한 경험이나 지식과 연결할 수 있도록 도와야 한다.

(3) 자신감

켈러의 학습동기 이론에서의 자신감(Confidence)은 바로 학습결과에 대해 학습자가 기대하고 있는 것을 나타내는 척도이다. 즉, 학습자가 자신의 성공에 대해 얼마만큼 확신을 가지고 있느냐가 학습자의 자신감을 좌우한다는 것이다. 학습 성공에 대해 높은 기대감을 가지고 있는 학습자일수록 기대감은 높아지게 된다. 그리고 교수자는 이를 위해 몇 가지 전략을 세울 수 있다.

가. 학습 요건

교수자는 학습자가 학습에 대한 성공을 기대할 수 있도록 학습 요건을 마련해 줘야 한다. 가장 좋은 방법은 학습자에게 그들이 어떻게 성공할 수 있는지와 어떤 기준에 의해 평가받는지에 대해 자세히 가르쳐 주는 것이다. 만약 성공의 기준이 없다면 학습자는 자신이 어떻게 해야 성공할 수 있는지 모르고, 또 성공에 대한 기대도 갖지 않게 된다.

나. 성공 기회 제공

학습자가 실제 학습을 진행하면서 성공의 기회를 갖지 못한다면 학습자는 반복된 실패로 인한 무력감을 경험하게 된다. 따라서 교수자는 학습자가 그들이 배우고 있는 학습내용을 바탕으로 여러 가지 과제를 수행할 수 있다는 필요가 있다. 이를 위해서 교수자가 할 수 있는 일은 학습자에게 다양한 학습의 경험을 제공하는 것이다.

다. 자기 통제와 규제

사람은 자신에게 통제와 규제할 수 있는 힘이 주어졌을 때 더 큰 자신감을 얻는다. 만약 성공이 자신의 노력이나 수행 여부에 좌지우지되지 않는다면 사람들은 노력 자체에 대한 신뢰감을 잃게 된다. 학습자가 성공을 하게 하되, 그것이 운이나 외부적 요인이 아니라 학습자 스스로의 노력과 능력에 달린 것이라는 믿음을 계속해서 주지시켜 주어야 한다. 그래야 학습자는 더 나은 성공을 위해 자발적으로 노력할 것이다.

(4) 만족감

학습자들은 자신이 수행한 것을 토대로 학습의 결과에 대해 만족할 수도 있고 불만족할 수도 있다. 만족감(Satisfaction)은 학습의 초기에 직접적으로 동기를 유발하지는 않으나 학습자가 학습에 대한 동기를 유지할 수 있게 만들어 주는 요소이다. 또한 이전에 수행했던 학습에 대한 만족감은 다음 학습에 대한 기대와 동기의 밑바탕이 된다. 만족감은 특히 내재적 동기에 강력한 영향을 미치게 되는데, 교수자는 이를 위해 외재적 보상을 적절히 이용할 수 있어야 한다. 만족감을 위한 전략은 다음과 같다.

가. 내재적 강화

학습의 결과에 대해 학습자가 내적으로 만족감을 느끼는 것이 중요한 까닭은 그것이 근본적으로 학습자의 학습능력을 신장시켜 주는 요인이기 때문이다. 학습이 내재적으로 만족스럽지 않은 경험이 반복되면 학습자는 학습자체를 싫어하고 기피할 가능성이 크다. 그렇기 때문에 교수자는 단순히 외적인 부분이 아니라 내적으로 학습자가 학습에 대해 긍정적인 인식을 갖게 하도록 노력해야 한다. 이를 위해 가장 좋은 방법은 학습성과가 개인의 노력에 달렸다는 사실에 대한 강조와 더불어 그러한 개인의 노력과 성과를 긍정하는 피드백을 제시하는 것이다.

나. 외재적 강화

학습자의 외적인 보상과 유인이 학습자의 동기를 강하게 고취시키는 데 큰 역할을 하기도 한다. 따라서 교수자는 학습자에게 현실적이거나 상징적인 보상을 제공하고 학습자가 스스로 자신의 성과를 확인할 수 있도록 기회를 제공해야 한다. 그러나 학습자의 노력이나 수행에 직접적인 관련이 없는 외재적 보상을 반복해서 제공하는 것은 오히려 학습자의 동기를 떨어뜨리는 요인이 될 수 있다.

다. 형평성 유지

학습자가 한 명이 아닌 다수일 경우 형평성 유지는 매우 중요한 전략이다. 사람들은 타인과의 비교를 통해 자신의 성과를 상대적으로 인식하고 받아들이기 때문에 자신이 받은 보상이 아무리 좋다 하더라도 타인이 받은 보상에 비해 상대적으로 턱없이 부족하다면 학습자는 불만족을 느낄 수밖에 없다. 만약 그 기준이 자신이 납득할 수 없는 것이라면 불만족은 더욱 커지게 된다. 교수자는 이를 막기 위해 평가기준을 명확히 하고 항상 엄격하게 그것을 적용하려고 노력해야 한다.

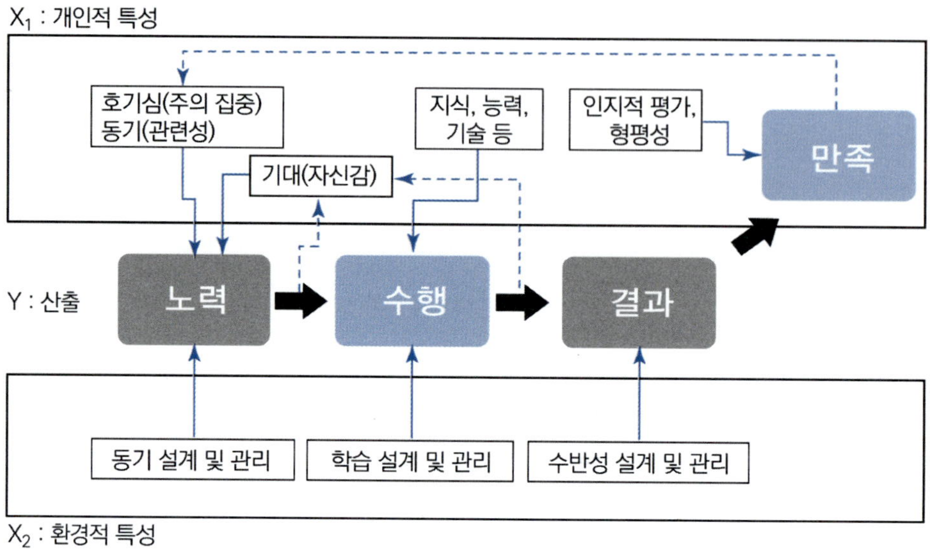

그림 5-5 켈러의 동기 및 수행 거시 모형(Macro Model of Motivation and Performance)

출처: Keller, J. M. (1979). Motivation and instructional design: A theoretical perspective. Keller, J. M. (1987b). Strategies for stimulating the motivation to learn. 수정인용.

4) 켈러의 ARCS이론의 제한점

학습동기 이론이 동기유발과 지속을 위해 네 가지 전략적 범주를 제시하지만 실제 학습자의 동기에 영향을 미치는 요인은 매우 다양하며 복잡하다. 어떤 학습자를 대상으로 동기 전략을 구사하느냐에 따라 같은 방식이 효과를 거둘 때도 있고 그렇지 못할 때도 있다.

학습동기 이론은 학습의 전반적이고 전체적인 부분에 있어서의 동기유발과 지속을 위한 전략이기 때문에 학습자 개개인의 특성을 고려하지 않고 있다는 점을 명시해야 한다. 즉, 학습자와 학습대상에 대한 선행적인 이해가 바탕이 되지 않으면 학습동기 이론은 그저 기술적인 부분에 지나지 않게 된다.

탐 구 문 제

1. 글레이저의 교수이론의 특징을 이야기해 봅시다.

2. 브루너의 교수이론과 가네의 교수이론을 비교해 봅시다.

3. 목표기반 시나리오의 특징을 이야기해 봅시다.

4. 켈러의 ARCS 이론의 가정을 이야기해 봅시다.

CHAPTER

06 평생교육자

학습개요

평생교육 실천 현장에서 활동하는 평생교육자의 역할과 자질은 다양하게 요구된다. 이들은 전통적 교육에서 교사가 담당했던 역할과는 여러 가지 측면에서는 다르다. 인생의 선배로서 자신들의 경험을 바탕으로 지식을 전달하는 교사와 다르게 평생교육자는 학습자가 요구하는 지식과 기능 및 정보를 수집하고 체계적으로 정리하여 적시에 제공해 주는 역할을 담당하는 학습촉진자, 정보제공자, 학습격려자, 상담 및 조언자의 역할을 통합적으로 수행하여야 한다.

학습목표

1. 평생교육자의 역할을 이해한다.
2. 평생교육자의 자질을 설명할 수 있다.
3. 평생교육사 제도에 대해 이해한다.
4. 평생교육자의 리더십을 설명할 수 있다.

1. 평생교육자의 역할

평생교육자의 역할과 자질은 다양하게 요구된다. 특히 평생교육자의 개인적 특성은 건강, 정력, 적응력, 주도력, 성실감, 낙관적 기질, 협동심이 타인보다 우수해야 한다. 그리고 평생교육자는 학습자들이 자신들의 필요와 목표를 만족시켜 나가기 위해서는 학습이 중요하다는 자각과 이러한 자각을 갖도록 학습자들을 자극할 필요가 있으며, 자기가 활동하고 있는 그 기관이나 단체의 소속 구성원으로서 그 기관이나 단체의 필요와 목표에 헌신할 소명감이 있어야 한다. 평생교육자의 역할은 학습자가 요구하는 지식과 기능 및 정보를 수집하여 체계적으로 정리하여 적시에 제공해 주는 역할을 담당하는 학습촉진자, 정보제공자, 학습격려자, 상담 및 조언자의 역할을 통합적으로 수행하여야 한다.

평생교육자의 역할은 성인들의 학습 전개 과정에 있어서 교수자 중심보다는 학습자 중심의 교육활동이 이루어질 수 있도록 학습 환경 및 분위기를 조성하여 그들의 학습목표에 도달할 수 있도록 도와주어야 한다. 또한 문제해결 과정에 있어서는 여러 가지 대안이나 유익한 정보 및 자료들을 제고해 줄 수 있어야 하며, 학습자들의 욕구나 필요를 충족시켜 주면서 그들에게 흥미 유발이나 지속적인 학습 참여 및 동기유발을 위하여 학습 상황에 따른 의미 있는 적절한 경험들을 제공해 주는 역할을 수행해야 할 것이다.

다음은 여러 학자들의 견해를 중심으로 평생교육자의 역할과 자질에 대해 살펴보고자 한다.

1) Brookfield의 견해

브룩필드(Brookfield, 1988)는 성인교육자의 역할을 교수 역할, 프로그램 개발 역할, 교수 및 인적 자원개발 역할, 지역사회 활동 역할 등 네 가지로 범주화하였다.

(1) 교수 역할

성인학습에서는 학습자의 자기주도적 학습을 강조하기 때문에 교수자가 아닌 안내자나 촉진자로만 생각하는 경향이 있다. 그러나 실제로 성인교육에서도 교수자의 역할이 필요하다. 브룩필드(1987)는 교사의 포괄적인 역할에서 교수 활동에 대한 몇 가지 대안적인 개념들로 구분하는데, 즉 예술가로서의 교사, 촉진자로서의 교사, 비판적 분석가로서의 교사의 역할이다. 예술가로서의 교사는 사람들과 특정 상황에 대해 창조적·즉흥적인 반응을 유도해낸다. 예술가로서의 개념에 있어서는 창의성, 혁신, 민감성 등의 특성이 중요하다(Lenz, 1982). 촉진자로서의 교사는 학습자를 존중하며, 학습자와의 관계에서 공감하고 지지하는 역할이다. 비판적 분석가로서의 교사는 학습자들의 잘못된 신념이나 사고, 행동 등에 대해 대안을 제시하고 합리적인 사고, 신념 및 행동을 할 수 있도록 안내하고 깨닫게 한다.

(2) 프로그램 개발 역할

성인학습지도자는 프로그램 개발자로서 프로그램의 기획, 요구분석, 목표 설정, 교육내용 선정, 인적·물적 자원 배분, 홍보 전략, 평가 등의 일련의 활동을 수행한다.

(3) 인적자원 개발 역할

인적자원 개발자의 역할은 세 가지로 구분된다. ① 수업, 커리큘럼 개발, 자료 개발, 방법 설계, ② 개인연수 관리, 지역사회 관계 개선, 예산 배정에 참여한 행정가, ③ 조직 형태를 변화시키고 다른 사람들이 학습하도록 자극하며, 유행되지 않거나 알려지지 않은 관점을 지지하는 데 참여한 자문가(consultant)가 되는 것이다.

(4) 지역사회 교육 역할

성인교육자들은 지역사회 교육의 역할에 대해 강조한다. 지역사회를 학습의 공간으로 간주하고 지역에 위치하고 있는 성인학습 기관들이 지역주민의 학습 욕구를 만족시키며, 학습에서 소외되었던 학습자들에 대한 문제를 지역사회에서 해결하고자 한다. 그리고 지역사회 발전을 위한 정책 수립과 지역 문제를 해결하는 데 지역주민들의 합의된 의견이 도출될 수 있도록 성인학습자의 역할이 중요하다.

2) Knowles의 견해

노울즈(Knowles, 1980)는 성인교육자의 역할을 학습의 촉진자, 프로그램 개발자, 행정가로 보았다.

(1) 학습 촉진자로서의 자질

가. 성인학습의 개념 및 이론 틀에 관한 능력

학습자로서 성인의 욕구, 흥미, 동기, 능력, 발달상의 특성에 관한 현대적 개념 및 연구결과를 기술하고 적용할 수 있는 능력, 다양한 학습이론을 이해하고 그것이 특정한 성인학습 상황에 관련성이 있는지를 평가하는 능력, 그리고 자기주도적 학습자들을 위해 촉진자나 자원 인사로서 교수자의 역할을 하는 것이다.

나. 학습경험의 설계 및 집행에 관한 능력

학습내용의 선정, 학습자들 간의 개인차를 고려한 다양한 목표를 달성하기 위한 학습경험의 설계, 학습자와의 상호 존중과 신뢰, 친밀감 형성, 학습활동을 계획·실행·평가하는 데 학습자를 적절히 참여시키는 능력 등이다.

다. 학습자들이 자기주도적이 되는 데 도움을 주는 것과 관련된 능력

학습자들의 자기주도적 학습이 이루어질 수 있도록 특정한 교육목적을 달성하기 위해서나 학습내용에 따라서 학습방법이나 기법 및 학습자료를 적절하게 선택하여 활용할 수 있는 능력이다. 그리고 학습자의 다양한 경험을 활용하고 학습에 효과적으로 참여하도록 하는 능력이다.

(2) 프로그램 개발자로서의 자질

프로그램을 기획하고 프로그램의 전 과정을 설계할 수 있는 능력이다. 고객이나 학습자를 기획 과정에 적절히 참여시키고 다양한 상황(직업교육, 문해교육, 기초기술교육, 연수교육 등)에서 학습자들의 욕구를 충족시키기 위한 다양한 프로그램을 개발할 수 있으며, 기관의 책무성 요건을 충족시키고 프로그램 평가를 분석하여 프로그램 개선을 할 수 있는 능력을 갖추는 것이다.

(3) 행정가로서의 자질

조직을 발전 및 유지를 시키기 위해 조직 형태나 운영 및 개선에 관한 이론과 연구 결과를 기술하고 적용하는 능력, 조직의 사명에 맞도록 정책을 입안하고 조직의 효율성을 평가하며 지속적인 발전을 유지시키는 능력, 직원에 대한 업무 수행을 평가하고 격려하는 능력, 프로그램의 실행자로서 예산된 범위 내에서 재정적인 계획을 세우고 홍보 전략을 적절하게 설계하여 활용하는 능력 등을 갖추고 있다.

2. 평생교육자의 자질

성인학습이 효과적으로 이루어지려면 성인학습지도자의 자질이 중요하다. 성인학습지도자는 학습의 문제에 관심을 가지고 지원해 주며, 유연성, 혁신성, 새로운 것을 시도해 보는 것, 가르치는 주제에 대한 열정과 철학, 성인 교수의 철학에 대한 분명한 이해가 있어야 한다. 효과적인 교수자는 기획, 의사소통, 돌봄과 안내, 평가, 주제, 개방적 학습공간의 형성 등의 기술을 가지고 있어야 한다(Cross, 1996). 박노열(1987)은 첫째, 인간적 자비심, 둘째, 지역사회 필요와 주민의 학습 욕구에 대한 민감성, 셋째, 누구와도 조화를 이룰 수 있는 융통성, 넷째, 사회교육에 대한 관심과 협조를 이끌어 낼 수 있는 정치력, 다섯째, 사회교육의 프로그램의 가치를 판단할 수 있는 철학, 여섯째, 당면 문제를 조직적으로 해결할 수 있는 문제해결 능력, 일곱째, 사회교육에 대한 전문지식 등을 그 자질로 보았다.

성인학습 지도자의 자질은 첫째, 건강하고 정력적이며, 적응력과 주도성을 갖추어야 하고 낙관적 성격과 협동심이 필요하다. 둘째, 학습자의 욕구를 빨리 파악해야 한다. 셋째, 집단과정을 민주적인 지도력을 갖고 잘 이끌어갈 수 있어야 한다. 넷째, 변화와 혁신을 촉진하는 발전지향적인 선도적 지도자이어야 한다. 다섯째, 교육에서나 기관 운영에서 인간관계를 원만하게 할 수 있는 자라야 한다. 여섯째, 성인학습에 대한 전문적 지식을 갖고 있어야 한다.

3. 평생교육사 제도

1982년 사회교육법이 제정·공포되고 1983년 사회교육법 시행령이 제정되면서 대학을 중심으로 사회교육 전문 요원을 양성하기 시작했다. 1999년 8월 평생교육법이 제정되면서 사회교육 전문 요원은 평생교육사로 그 명칭이 변경되어 양성되고 있다.

평생교육법에 의하면, 평생교육 현장의 효율성과 전문성을 강화하기 위하여 평생교육사 자격 제도가 규정되어 있다. 이는 실제 현장의 평생교육의 기획, 운영, 평가 등을 담당하는 전문 인력의 양성과 배치, 연수체제를 기반으로 한 국가 자격이다. 즉, 평생교육 직업현장에서 평생교육 담당자라는 특정 직무 수행 능력을 보장해 주고 있는 제도이다.

평생교육사 양성은 평생교육법 제24조(대학)나 제25조(양성기관)에 따라 이원화되어 평생교육 관련 과목을 일정학점 이상 이수한 자에게 평생교육사 자격을 부여하도록 되어 있다. 우선 대학 내의 양성과정은 최근 많은 대학과 대학원에서 전공학과를 개설하여 전문적으로 평생교육 전문가를 양성하려는 움직임이 있지만, 일반적으로 '교직과정'과 비슷한 성격으로 운영되고 있다.

평생교육사 양성과정은 평생교육법 제24조(평생교육사)에 보면 교육부 장관은 고등교육법 제2조의 규정에 의하여 학교(대학)에서 평생교육 관련 과목을 일정 학점 이상 이수하고 학위를 취득한 사람이나 학점인정 등에 관한 법률 제3조 제1항에 따라 평가인정을 받은 학습과정을 운영하는 교육훈련기관(학점은행기관)에서 교육부령으로 정하는 평생교육 관련 교과목을 일정 학점 이상 이수하고 학위를 취득한 사람, 대학을 졸업한 사람 또는 이와 같은 수준 이상의 학력이 있다고 인정되는 사람으로서 대학 또는 이와 같은 수준 이상의 학력이 있다고 인정되는 기관, 제25조에 따른 평생교육사 양성기관, 학점은행 기관에서 교육부령으로 정하는 평생교육 관련 교과목을 일정 학점 이상 이수한 사람, 그 밖에 대통령령으로 정하는 자격요건을 갖춘 사람 등에게 평생교육사 자격을 부여하는 제도이다. 따라서 평생교육사 자격을 취득하는 방법은 크게 대학, 대학원, 혹은 전문대학에서의 신규 인력의 양성과 학점은행 기관을 통한 학점 이수 등의 두 가지 방식으로 양성이 추진되고 있다.

평생교육의 양적 확대와 함께 평생교육을 담당하는 실무자들이 평생교육에 대한 아무런 인식이나 자격 없이 근무함으로써 발생하는 전문성의 문제와 양성기관의 부재로 인한 현직 종사자들을 위한 자격취득 통로문제를 제기하였다. 이러한 문제를 해결하기 위하여 대학의 평생교육과정과 함께 교육부 장관이 평생교육사의 양성 및 연수를 위하여 대통령령이 정하는 바에 따라 평생교육 단체 또는 평생교육시설을 평생교육사 양성기관으로 지정할 수 있다고 규정하고 있다.

평생교육법 시행령 제21조(평생교육사 양성 기관의 지정)에서 이를 구체화하여 ① 법 제30조 제2항에 따른 부설 평생교육원, ② 「공무원 인재개발법」에 따른 공무원 교육훈련기관, ③ 「교육공무원법」에 따른 연수기관, ④ 특별법 또는 정부 출현으로 설립된 연수 및 교육훈련 기관 등으로 그 대상을 다양화하고 있다.

교육부령이 정하는 평생교육 관련 과목들은 크게 필수과목과 선택과목으로 분류된다. 평생교육사 양성과목은 표 6-1과 같다.

표 6-1 평생교육사 양성 과목

<table>
<tr><th>과정</th><th>구분</th><th colspan="2">과목명</th></tr>
<tr><td rowspan="4">양성 과정</td><td rowspan="2">필수</td><td colspan="2">평생교육론, 평생교육방법론, 평생교육경영론, 평생교육프로그램개발론</td></tr>
<tr><td colspan="2">평생교육실습(4주 이상)</td></tr>
<tr><td rowspan="2">선택</td><td>실천 영역</td><td>아동교육론, 청소년교육론, 여성교육론, 노인교육론, 시민교육론, 문자해득교육론, 특수교육론, 성인학습 및 상담(1과목 이상 선택하여야 함)</td></tr>
<tr><td>방법 영역</td><td>교육사회학, 교육공학, 교육복지론, 지역사회교육론, 문화예술교육론, 인적자원개발론, 직업·진로설계, 원격(이러닝, 사이버)교육론, 기업교육론, 환경교육론, 교수설계, 교육조사방법론, 상담심리학(1과목 이상 선택하여야 함)</td></tr>
<tr><td colspan="4">비고
1. 양성과정의 과목 명칭이 동일하지 아니하더라도 교과의 내용이 동일하다는 국가평생교육진흥원장의 승인을 받은 경우 동일 과목으로 본다.
2. 필수과목은 평생교육 실습을 포함하여 15학점 이상을 이수하여야 한다.
3. 과목당 학점은 3학점으로 하고, 성적은 각 과목을 100점 만점으로 하여 평균 80점 이상이어야 하며, 평생교육 실습 과목은 「평생교육법」 제39조 제2항에 따라 문해교육 프로그램으로 지정받은 기관, 「평생교육법」 제19조부터 제21조까지의 규정에 해당하는 평생교육기관에서의 4주 이상(총 수업일수 20일 이상, 총 수업시간 160시간 이상)의 현장실습을 포함한 수업과정으로 구성한다.</td></tr>
</table>

※ 평생교육법 시행규칙 [별표 I]

평생교육법에 의하면, 교육부장관은 평생교육법 제24조 제1항에 언급하고 있는 사람에게 평생교육사 자격을 부여한다고 규정하고 있다. 평생교육사의 등급별 자격 요건은 2008년 개정에 의하여 기존의 평생교육사 자격 요건과 다소 변경이 있었다. 이러한 평생교육사의 등급별 자격 요건을 살펴보면 표 6-2와 같다.

표 6-2 평생교육사의 등급별 자격 요건(평생교육법 시행령 제16조 제2항 관련)

등급	자격기준
평생교육사 1급	평생교육사 2급 자격증을 취득한 후, 교육부장관이 정하는 평생교육과 관련된 업무(이하 "관련업무"라 한다)에 5년 이상 종사한 경력이 있는 자로서 진흥원이 운영하는 평생교육사 1급 승급과정을 이수한 자
평생교육사 2급	1. 「고등교육법」 제29조 및 제30조에 따른 대학원에서 교육부령으로 정하는 평생교육과 관련된 과목(이하 "관련과목"이라 한다) 중 필수과목을 15학점 이상 이수하고 석사 또는 박사학위를 취득한 자. 다만, 「고등교육법」 제2조에 따른 학교(이하 "대학"이라 한다)에서 필수과목을 이수한 경우에는 선택과목으로 필수과목 학점을 대체할 수 있다. 2. 대학 또는 이와 같은 수준 이상의 학력을 인정할 수 있는 기관, 「학점인정 등에 관한 법률」에 따라 평가인정을 받은 학습과정을 운영하는 교육훈련기관(이하 "학점은행기관"이라 한다)에서 관련과목을 30학점 이상 이수하고 학위를 취득한 자 3. 대학을 졸업한 자 또는 이와 같은 수준 이상의 학력이 있다고 인정되는 자로서 다음 각 목의 어느 하나에 해당하는 기관에서 관련과목을 30학점 이상 이수한 자 가. 대학 또는 이와 같은 수준 이상의 학력을 인정할 수 있는 기관 나. 법 제25조 제1항에 따른 평생교육사 양성기관(이하 "지정양성기관"이라 한다) 다. 학점은행기관 4. 평생교육사 3급 자격증을 보유하고 관련업무에 3년 이상 종사한 경력이 있는 자로서 진흥원이나 지정양성기관이 운영하는 평생교육사 2급 승급과정을 이수한 자

평생교육사 3급	1. 대학 또는 이와 같은 수준 이상의 학력을 인정할 수 있는 기관, 학점은행기관에서 관련과목을 21학점 이상 이수하고 학위를 취득한 자 2. 대학을 졸업한 자 또는 이와 같은 수준 이상의 학력이 있다고 인정되는 자로서 다음 각 목의 어느 하나에 해당하는 기관에서 관련과목을 21학점 이상 이수한 자 가. 대학 또는 이와 같은 수준 이상의 학력을 인정할 수 있는 기관 나. 지정양성기관 다. 학점은행기관 3. 관련업무에 2년 이상 종사한 경력이 있는 자로서 진흥원이나 지정양성기관이 운영하는 평생교육사 3급 양성과정을 이수한 자 4. 관련업무에 1년 이상 종사한 경력이 있는 공무원 및 「초·중등교육법」 제2조 제1호부터 제5호까지의 학교 또는 학력인정 평생교육시설의 교원으로서 진흥원이나 지정양성기관이 운영하는 평생교육사 3급 양성과정을 이수한 자

평생교육지도자가 수행하는 역할은 다중적이다. 따라서 평생교육 지도자는 학교의 역할수행자인 교원이나 특수 직종에 종사하는 전문가 이상으로 실천을 겸비한 전문지식을 갖추어야 한다. 평생교육이 21세기의 새로운 교육 패러다임, 새로운 교육 대안으로 인식되고 있는 현시점에서 평생교육은 학교교육과 더불어 평생교육체제를 구축하는 양대 축으로 받아들여지고 있다. 따라서 다중 역할수행자로서 그 역할을 다할 수 있는 평생교육자 양성은 시대적 교육 과제라 하지 않을 수 없다.

시대적으로 개인이나 국가에게 새로운 지식과 정보를 전달하고 전수받고 하여 급변하는 국제화·세계화 사회로 발돋움하기 위해서는 계속적인 평생교육 활동이 절실히 요청되고 있고, 학교교육만으로는 역부족인 현대인들의 삶의 질적 개선을 위하여, 국가는 날로 늘어가는 평생교육시설과 기관들이 영리추구에 몰두하지 않고 학습자의 교육 욕구를 충족시켜 줄 수 있는 교육기관으로 자리잡아갈 수 있도록, 평생교육사의 배치를 의무화하도록 하는 법적·제도적 장치를 보완해야 할 것이다. 또한 기존 배치되어 있는 평생교육사들에게도 정규학교 교사와 같은 신분보장과 사회·경제적 대우를 받을 수 있도록 해주어야 한다.

그리고 평생교육사들은 스스로의 전문성을 높이기 위한 계속적인 연수나 집회 및 학술활동에 참여하여 학습사회 건설을 주도하는 인물이 되어야 할 것이다.

많은 대기업들은 요즘 사내대학, 연수원, 수련원, 교육원 등을 자체 건립·운영하면서 사원들의 정신교육 및 기술교육, 정기교육을 실시하고 있다. 그러나 이러한 각 기업들의 설립 목적은 교육이 아니었으나 시대적 요청에 의하여 외적인 교육기관을 건립·운영하면서 평생교육 활동도 전개하고 있지만 정작 배치되어야 할 평생교육사를 제대로 고용하지 않고 사내 자체 고용자 가운데 일부를 선발·배치하여 교육을 전개하고 있기 때문에 실제로 사회교육 활동의 결과상 효과를 극대화하고 있지 못하다. 이러한 점들을 개선·보완하여, 기업체는 기업체의 목표를 성취하기 위한 방법으로, 개인은 개인의 교육 욕구를 성취하는 수단으로 기업체의 사회교육 활동을 개선하려면 평생교육을 위한 전문적 자격을 갖춘 평생교육사의 배치가 우선 이루어져야 하며, 전문 요원이 배치되어 그들이 정당한 대우와 신분보장을 받게 될 때 기업도 사회교육의 목표를 달성하고 평생교육의 이념을 충실히 실천하면서 학습사회 건설에 이바지하게 될 것이다.

4. 평생교육자의 리더십

평생학습을 지도할 때는 학습자의 특성에 적합한 학습지도가 이루어져야 하고, 성인학습을 지도하는 지도자는 그들의 특성을 고려해서 지도할 수 있는 능력, 즉 지도력(leadership)이 중요하다. 지난 50여 년간에 이루어진 교육리더십 관련 연구를 종합해 보면 행정적 기능으로서의 리더십에 집중되어 있다. 이는 곧 일반적으로 리더십이 가장 핵심적인 행정적 기능으로 간주되고 있다는 점을 시사한다.

지도력에 대한 연구는 각 분야에서 많이 이루어졌으나 여기서는 평생학습을 고려하여 지도할 수 있는 로저스(1969)의 촉진자론, 노울즈(1989)의 창조적 지도자론, Michigan 대학의 리더십 연구, 가영희 외(2006) 등이 제안한 리더십에 대해서 살펴보고자 한다.

1) Rogers의 촉진자론

인본주의 학습에서는 교육자는 조력자(helper), 촉진자(facilitator), 동반자(partner) 등의 역할을 수행하는 것으로 본다. 교수자는 학습자를 자유롭게 해주고 의미 있는 자기탐색을 할 수 있도록 도와줄 때 자신의 길을 발견할 수 있을 것이다. 자신에 대해 가장 잘 아는 학습자가 성장하는 자기 인식의 증진에 바탕을 두고, 자신의 잠재력을 실현하게 하는 성장을 촉진할 수 있을 것이다. 로저스(Rogers, 1969)가 제시한 상담 및 교육상황에서 촉진자의 특성은 다음과 같다.

① 촉진자는 수업을 시작하기 전에 먼저 분위기를 정돈한다.
② 자신에게 의미가 있는 목표를 실천하고자 하는 각 학습자의 갈망을 고려한다.
③ 학습자의 학습목표에 대한 목표의 다양성을 인정한다.
④ 가능한 다양한 학습자원을 쉽게 조직하여 이용하고자 노력한다.
⑤ 자기 자신을 학급 집단이 이용할 수 있는 융통성 있는 자원으로 간주한다.
⑥ 수업 집단의 표현에 따라 지적인 내용과 정서적인 태도를 모두 수용한다.
⑦ 수용적인 교실 분위기가 확립되도록 함으로써 학습 참여자, 집단 성원, 한 개인으로서 자신의 관점 표현이 가능하도록 한다.
⑧ 사고나 감정에 있어서 자기 자신과 집단의 그것을 공유하는 데 주도권을 가진다.
⑨ 학습 촉진자로서의 역할을 수행함에 있어서 지도자는 자신의 한계를 인정하고 학습자의 의견을 수용하도록 노력한다.

2) Knowles의 창조적 지도자론

노울즈(Knowles, 1989)는 지도자의 가장 높은 능력은 조직을 구성하고 있는 사람들의 에너지를 방출하도록 하여 상호이익이 되는 목표를 향해 나아가도록 하는 능력을 창조적 지도력(creative leadership)이라고 하고 그 특징을 다음과 같이 제시하였다.

① 창조적 지도자는 통제적 지도자가 만든 부정적인 가정을 배격하고 인간성에 대한 일련의 긍정적인 가정을 창조한다. 창조적 지도자는 사람들을 신뢰하고 그들에게 도전할 기회를 부여함과 동시에 그들에게 책임을 위임한다.

② 사람들은 자신이 의사결정을 하는 데 참여하고 있다고 생각하는 정도에 비례하여 자신의 결정에 책임감을 느낀다. 따라서 창조적 지도자는 프로그램 기획 과정, 욕구 분석, 목표 설정, 학습과정 설계, 결과 평가 등 일련의 단계에 사람들을 참여시킨다.

③ 창조적 지도자는 자기충족 예언의 위력을 믿고 그것을 활용한다. 그들은 사람들이 다른 사람들의 기대에 부응하는 경향이 있다고 믿기 때문에 학습과정에서 긍정적인 자기충족 예언을 활용한다.

④ 창조적 지도자는 개별성을 매우 가치롭게 여긴다. 그들은 개인의 독특한 개성, 관심, 재능, 목표에 기초하여 노력할 때 일에 대한 능률이 높다고 생각한다.

⑤ 창조적 지도자는 창의성을 자극하고 보상한다. 그들은 급변하는 세계에서 창의성은 개인이나 조직, 사회의 생존을 위한 기본적인 요소로 생각한다.

⑥ 창조적 지도자는 지속적인 변화 과정에 동참하며 의미 있는 변화에 익숙하다.

⑦ 창조적 지도자는 외적 동기보다 내적 동기를 중요시한다.

⑧ 창조적 지도자는 사람들이 자기주도적이 되는 것을 격려한다.

3) Michigan 대학교의 리더십 연구

1947년에 시작된 미시간 대학교의 조사연구소(Survey Research Center)의 리더십(leadership) 연구는 상호 관계가 있는 리더십 특성군을 찾아내어 그 효과성을 검토하는 방법으로 접근하였다. 연구 결과, 첫째, 지도자의 지원적 태도(leader support), 상호작용의 촉진(interaction facilitation), 목표 강조(goal emphasis), 과업 촉진(work facilitation)의 네 가지 요인의 리더 형태가 효과적인 집단 성과와 관련이 있음을 알아냈다(Bowers & Seashore, 1966).

지도자의 지원적 태도는 리더가 부하들에게 관심을 나타내는 행위이며, 상호작용의 촉진은 리더와 부하들 간, 그리고 부하들 상호 간에 상호작용을 통해서 갈등을 최소화하기 위해 나타내는 지도자의 형태이다. 지도자의 지원적 태도와 상호작용의 촉진은 갈등을 최소화하기 위해 나타내는 지도자의 형태이다. 목표 강조는 지도자가 부하들에게 과업을 달성하도록 동기를 부여할 때 지도자의 행동이고, 업무 촉진은 지도자가 부하들이 과업 수행을 잘 하도록 역할을 명료하게 하며 자원을 획득·배분하고 조직 갈등을 완화하는 지도자의 형태이다. 미시간 대학교의 연구에서는 과업 지향적 행동(task-oriented behavior), 관계 지향적 행동(relations-oriented behavior), 그리고 참여적 리더십(participative leadership)을 효과성과 관계해서 연구했다.

(1) 과업 지향적 행동

효과적인 지도자는 부하들과 인간관계를 손상시키지 않으면서도 업무를 계획하며 부하들의 활동을 조정하고 부하들에게 필요한 물자 및 기술적 협조를 하는 등 과업 지향적 행동에 충실하다. 그들은 부하들에게 높지만 현실적으로 수행 가능한 목표를 설정하도록 도와준다.

(2) 관계 지향적 행동

효과적인 지도자는 부하들에게 보다 배려적이고 지원적이며 협조적이다. 효과적인 리더십과 관계되는 관계 지향적 행동에는 부하들에게 신뢰감과 자신감을 보여주고, 우호적이고 배려적으로 행동하며, 부하들의 문제를 이해하려 하고, 부하에게 필요한 정보를 제공해 주며, 부하의 아이디어를 존중해 준다.

(3) 참여적 리더십

집단 회의를 잘 활용하면 부하들의 의사결정 참여를 촉진하고 의사소통의 원활을 기하며 상호 간의 협조를 증진시킬 수 있다. 그리고 회의에서 지도자의 역할은 토의를 이끌어 그 토론이 건설적·지원적이며 문제해결 지향적이 되도록 유도한다.

집단 회의를 강조하는 것은 의사결정 과정에 부하들이 참여함으로써 그들의 만족과 성과를 높여준다는 미시간 대학교 연구자들의 현장실험 연구들을 반영한 것이다(김창걸, 2003).

4) 바람직한 성인학습지도자의 리더십

가영희 외(2006)는 바람직한 성인학습지도자의 리더십을 다음과 같이 제시하였다.

(1) 관계 지향적 리더십

성인학습지도자는 학습자와의 상호 관계와 학습자들 간의 상호 관계를 중요시한다. 이 유형의 지도자는 학습자에게 친근하고 배려적이며, 지원적으로 상호 관계를 맺기 때문에 학습자의 학습에 대한 참여 동기와 자신감을 높여줄 수 있으며, 학습자들 상호 간에 존중하고 협조적이므로 효과적인 학습활동을 통해서 학업성취도를 높이는 데 도움이 된다.

(2) 민주적 리더십

이 유형의 지도자는 학습자를 존중하고 학습계획과 학습활동, 평가에서 학습자를 참여시키고 그들의 의견을 최대한 수용한다. 즉, 목표 설정과 의사결정에서 학습자들 집단의 역할을 강조하고 이들의 합의에 의해 의사결정을 할 수 있는 환경 조성을 하며, 지도자는 협력자이며 지원자의 역할을 강조한다.

(3) 공유비전적 리더십

이 유형의 지도자는 학습조직에서 미래에 대한 비전을 제시하고 학습자들을 공동 목표 설정과 달성에 동참시킴으로써 목표 달성에 전념하도록 한다. 지도자는 학습자와 공감적이고 학습자들의 협조와 협력을 촉진시켜서 비전의 실행에 동참하게 만들며, 권한과 정보를 공유함으로써 학습자의 능력을 최대로 발휘하도록 격려한다. 또한 지도자는 학습자들에게 제시한 자신의 비전과 일관되게 행동함으로써 비전을 지지하는 가치관을 학습자들에게 주입시킨다. 따라서 효과적인 지도자는 학습자들에게 높은 기대감을 보여주고 다양한 방법을 활용하여 성과와 보상을 연계시켜야 하며 학습자의 성취에 대해 인정과 격려를 해주어야 한다.

(4) 과업 지향적 리더십

이 유형의 지도자는 학습자의 체계적인 의사소통, 평가, 정보와 아이디어의 분석을 촉진해 주고 문제해결과 의사결정을 도와준다. 효과적인 지도자는 학습자들의 의견을 경청하고 구체적인 정보를 제공해 주며, 학습자들의 아이디어를 창출하도록 촉진한다. 그리고 학습자들의 의견을 명료화시키고 요약해 주는 과정을 통해서 목표, 정보 해석, 대안들의 평가, 결정에 대한 준비 등에 있어서 학습자들 간에 의견 일치를 검토하도록 도와준다.

(5) 셀프 리더십

셀프 리더십은 '스스로에게 영향을 미치는 과정이다.' 외부의 영향이 아니라 스스로에게 영향력을 행사하는 과정을 말한다. 진정으로 원하는 행복을 얻기 위해서는 자신을 스스로 리드(lead)할 수 있어야 한다. 셀프 리더십의 이론적 원천은 사회적 인지이론과 내재적 동기부여 이론이다. 사회적 인지이론 측면에서는 행동의 실천과 변화는 자신이 살고 있는 세상으로부터 영향을 받고 반대로 그것에 영향을 주기도 한다. 다른 사람과 상황을 관찰하고 상상력을 이용하여 학습하는 능력을 통해서 직면하는 과제를 경험하고 배울 수 있다. 내재적 동기이론의 측면에서는 좋아하는 활동을 하거나 과제를 수행하게 되면 '즐거움'이라는 내재적 보상을 받는다. 셀프 리더십의 전략으로는 성공적으로 일, 과제, 학습을 완수할 수 있도록 자신을 효과적으로 관리할 수 있고, 일, 과제, 학습 자체의 잠재적 내재적 보상(자아실현, 만족감, 성취감 등)을 높이기 위해 과제, 과업, 환경, 여건을 재설계해야 한다.

셀프 리더십을 통해서 다른 사람과 상황을 관찰하고 상상력을 이용하여 학습하는 능력을 통해 직면하는 과제를 경험하고 배울 수 있으며, 좋아하는 것을 하고 싶어 하는 동기를 스스로 부여하는 것이 중요하게 된다. 따라서 셀프 리더십의 지도자는 학습자들 스스로가 셀프 리더십으로 스스로 학습목표를 설정하고 행동전략을 세워서 실천하며 자기 보상과 자기 처벌 등을 통해서 스스로 평가할 수 있도록 도와주고 격려해야 한다.

탐 구 문 제

1. 평생교육자의 역할에 대해 논의해 봅시다.

2. 평생교육사 1급 과정에 승급하기 위한 조건에 대해 이야기해 봅시다.

3. 평생교육자에게 필요한 리더십에 대해 논의해 봅시다.

CHAPTER

07 평생교육의 교수-학습 설계

학습개요

교수(teaching)란 교수자가 교육적 의도를 가지고 하는 일체의 활동을 의미하고, 수업(instruction)이란 학습이 일어날 수 있도록 학습자의 내·외적 조건을 체계적으로 조정하는 과정을 뜻한다. 교수설계는 수업의 과정을 이해하고 개선하려는 데 그 목적을 두고 있다. 특히 학습자의 요구와 교수 목표를 분석하고, 이에 부합하는 요구와 교수 목표를 효과적·효율적으로 성취시킬 수 있도록 수업 관련 변인 및 요소들을 체계적으로 조직하고 운영하며 또한 적절한 교수방법을 처방해 주기 위한 교수 계획을 수립하는 과정이다. 교수 설계에서 고려해야 할 점은 첫째, 학습자 개개인의 학습이 활성화되도록 도와주는 일에 초점을 맞추어야 한다. 둘째, 단기 교수 계획과 장기 교수 계획을 각각 별도의 작업으로 수립해야 한다. 셋째, 체계적 교수 설계의 원리에 따라야 하며 체제적 접근에 의하여 행해져야 한다. 넷째, 인간 학습에 관한 기초지식을 쌓아야 한다. 따라서 이 장에서는 교수 설계를 위한 기초지식을 중심으로 살펴보도록 한다.

학습목표

1. 교육의 공학적 개념을 이해한다.
2. 교수 설계의 기본 원리를 이해한다.
3. 학습목표의 진술 방법을 이해한다.
4. 학습내용의 선정 및 조직을 할 수 있다.

교수자는 학습자들의 현재 조건과 그들이 처해 있는 환경조건 등을 감안하여 학습지도 계획을 수립하는 동시에 실제 지도 과정도 고려해야 한다. 따라서 교수자는 학습지도에 대한 올바른 이해를 하고 교수설계를 하여 이를 수행하려는 의욕과 치밀한 계획을 세워야 한다. 즉, 신중하고 세밀한 학습계획을 수립해야 학습효과를 기대할 수 있다. 학습지도 계획은 획일적이 아닌 융통성이 있어야 한다. 이와 같은 계획을 세우기 위해서는 성인학습자에 대해 잘 알고 그들의 욕구, 성별, 연령, 학력, 거주지, 선호하는 학습 스타일 등의 특성을 살펴서 적합한 지도 계획을 수립해야 하고, 그들이 살고 있는 사회의 요청이나 과제에 부합해야 한다. 따라서 교수자는 학습자들의 심리적, 사회적인 면을 고려하여 학습내용의 성격에 따라 역동성 있는 계획을 세워야 한다. 학습지도의 계획은 교육목표가 명확하게 나타나야 하기 때문에 교육목표를 달성하기 위한 구체적인 계획을 세워야 한다.

1. 교수와 교수 설계

교육의 하위 영역들은 교수·교육 과정·상담·교육 행정·교육 평가로 구성되어 있고, 교수는 교수 설계, 교수 개발, 교수 실행, 교수 관리, 교수 평가의 다섯 가지 하위 영역들로 구성되어 있다.

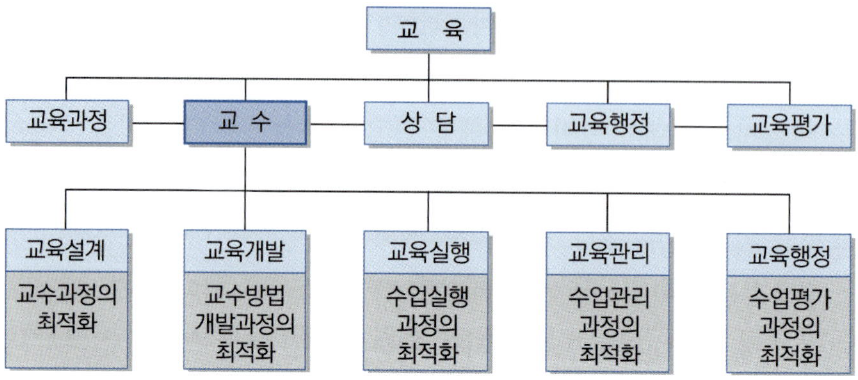

그림 7-1 교육의 하위 영역과 교수의 하위 영역

출처: 변영계 외(2005). 교육방법 및 교육공학.

(1) 교수 설계

교수 설계(instructional design)란 교육 실무자와 교수 개발자에 의해 수행되는 전문적인 활동으로서 특정 학습 내용이나 학습 집단에 대해 학습자의 지식과 기능면에서 기대되는 변화를 가져오기 위해 필요한 최적의 교수 방법이 무엇인지를 결정하고 학습을 위한 교수 계획표를 작성하는 것이다. 즉, 학습자 개개인에게 특정한 학습성과가 나타나게 하기 위하여 학습의 원리와 이론을 활용하여 수업의 과정을 체계적으로 계획하는 것이라 할 수 있다.

교수 설계 과정에서 교수 체제 설계, 학습자 특성, 메시지 디자인, 교수전략 등의 요소들을 고려해야 한다.

가. 교수 체제 설계

교수 체제 설계(Instructional System Design, ISD)는 교수설계를 위해 사용되는 여러 가지 모형 중에서 가장 기본적인 모형으로 ISD 모형이라고도 한다. 이 모형은 요구에 입각하여 투입(input)의 최소화와 성과(output)의 최대화를 모색하는 절차적 모형으로 분석, 설계, 개발, 실행, 평가의 단계로 구성되어 있으며, 평가의 결과는 모든 과정에 소급되어 적용되고 수정과 보완의 준거가 된다.

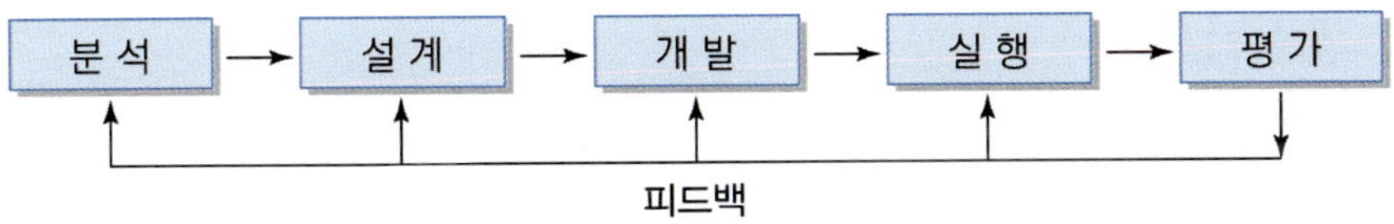

그림 7-2 ISD 일반 모형

출처: 변영계 외(2005). 교육방법 및 교육공학.

나. 학습자 특성

학습의 과정과 결과에 영향을 미치는 학습자의 특성(연령, 성별, 선수학습, 흥미, 경험 등)을 분석하기 위한 지침이나 증거 등이 포함된다.

다. 메시지 디자인

교수-학습을 위한 의사소통을 원활하게 하기 위한 메시지의 외적 형태(예: 시청각 디자인)와 지각, 인지, 기억 등이 연계된 제시방식에 대한 계획이다.

라. 교수 전략

교수 전략은 한 단위 수업에서의 활동을 선정하거나 일정한 묶음의 단위 수업들을 계열화하기 위해 구체적인 사항을 정하는 것이다. 여기서 계열화란 묶어진 단위 수업들의 학습내용을 어떤 순서로, 어떤 크기로 배치할 것인가를 결정하는 데 도움을 주는 전략으로 거시적 교수 전략이다. 반면에 한 단위 수업 내의 활동에 대한 전략은 미시적 교수 전략이다(변영계 외, 2005).

(2) 교수 개발

교수 개발(Instructional Development)은 선정된 교수 방법을 실제적으로 개발해 내는 기법을 이해하고 필요에 따라 그것을 개선하고 개발 기법들을 직접 적용하여 각종 교수-학습자료와 매체를 개발하는 데 목적이 있다.

(3) 교수 실행

교수 실행(Instructional Implementation)은 개발된 교수 방법과 자료 및 매체들을 실제로 활용하는 방법을 이해하고 개선하며 적용하는 데 목적이 있다.

(4) 교수 관리

교수 관리(Instructional management)는 교수 공학의 과정과 결과를 운영하고 조정하는 기능으로 기획·조직·조정 및 감독의 형태로 나타난다.

(5) 교수 평가

교수 평가(Instructional Evaluation)는 수업활동이 끝난 후 학습평가를 하는 것이다. 즉, 수업의 모든 활동들의 효과성, 효율성, 매력성, 안정성 등을 평가하기 위한 방법들을 이해·개선·적용하는 것이다(문제분석, 준거지향 측정, 형성평가, 총괄평가).

2. 교육공학

교육공학(educational technology)은 교육학의 한 분야로서, 교육현장을 개선하고 교육 효과를 높이는 방법을 설계, 개발, 평가하는 학문이다. 즉, 교육 활동에 필요한 인적·물적 요소를 합리적으로 계획하고 조직하여 교육의 효율을 높이는 방법을 연구하는 학문으로 인간의 행동에 관한 실증적·과학적 성과를 최대한 활용하는 것을 목적으로 한다.

하이니히(Heinich, 1989)는 교수공학이란 "수업과 학습이라는 실제적 과제를 해결하기 위하여 인간학습에 관한 과학적 지식을 적용하는 것이다."라고 정의하였고, 가네(Gagne, 1987)는 교육공학은 과학적 연구로부터 도출된 체계적 지식으로 보아야 하며, 수업에서 제시할 때 사용되는 기계나 자료, 예컨대 프로젝터, 필름, 화면, 컴퓨터 프로그램과 같은 것이 아니다.

1) 교육공학의 발달

교육공학의 발달과정을 1994년 미국교육공학협회(AECT)에서 제시한 시대적 변천에 따른 개념을 중심으로 제시하면 시각교육, 시청각교육, 시청각 교육통신, 교수공학, 교육공학으로 설명할 수 있다(조성일 외, 2004)[6].

(1) 시각교육(visual education)

교육공학의 초기형태로서 언어중심 교육방법에서 벗어나 구체적인 경험을 제시하려는 교육방법의 새로운 시도였다. 1900년대를 전후하여 미국은 다양한 형태의 시각적 매체를 공교육에 시도하였는데 1905년 뉴욕주가 최초로 시각수업과를 설치하여 각종 슬라이드를 학교로 보급하기 시작한 것이 시각교육의 본격적인 계기가 되었다. 이후 1920년대에 이르러 본격화되었고, 1921년 시각수업에 관한 정기간행물이 발간되며 새로운 연구가 이루어졌다.

시각교육은 눈으로 직접 볼 수 있는 사진, 그림, 모형, 표본 따위를 이용하는 교육으로 시각 자료를 제시하여 학습 효과를 촉진시킨다. 추상적인 개념을 구체화하기 위해 시각자료를 활용한다.

(2) 시청각교육

제2차 세계대전을 전후하여 시각교육은 청각자료를 통합할 수 있는 기술의

6) 조성일 · 김숙의 · 신재흡 · 최혜영 · 김희인(2004). 교육방법과 교육공학.

발전으로 '시청각 매체의 교육적으로 활용'이라는 전기를 맞이하게 되는데 이는 전쟁 중에 군사교육 현장에서 활발하게 활용되었던 교육용 영화필름이 시초였다. 시청각교육은 1945년부터 10년간 시청각 자료가 학습에 어떻게 영향을 미치는지에 대한 연구와 심층적인 프로그램이 개발되면서 성장하게 되었다.

시청각교육은 축음기, 녹음기, 영화, TV, 슬라이드, 만화 등의 시청각 교재와 교구를 활용하고 시각과 청각을 동시에 사용하여 교수내용을 전달함으로써 학습활동을 효과적으로 유도하기 위한 교육이다. 시청각교육은 강의만으로 이해하기 어려운 학습을 이해시켜야 하는 경우에 큰 효과를 거둘 수 있다.

(3) 시청각 교육통신

제2차 세계대전 이후, 교육, TV, 교수기계, 커뮤니케이션 장치 및 다중매체 제시기법이 등장하게 되었으며, 수업통제의 도구로서 컴퓨터에 대한 관심이 고조되기 시작되었을 뿐 아니라 매체는 물론 시청각적 제시방법에 관한 모든 요소를 고려하기 위하여 커뮤니케이션 이론에 많은 관심을 보이게 되었다. 이것이 1950년대 초기에 시청각통신으로 발전하게 되었고, 1953년 Audio Communication Review라는 간행물이 발간되면서부터 통신의 이론적 틀을 시청각 매체에 적용하려는 시도가 이루어졌다.

시청각교육에서의 자료는 학습자의 지적 경험을 확대시켜 주고, 강의실의 시간적·공간적 한계를 극복하게 해주며, 학습자가 실제 사회 환경과 관련을 맺고 학습하도록 도와주며 흥미와 의욕을 불러일으켜 학습동기를 촉진시키고, 다양한 학습경험을 가능하게 해준다. 시청각통신에서는 수업 상황과 관련되어 시청각통신 속에 포함되어야 할 필수적인 구성요소로서 메시지, 매체기기, 요원, 방법, 환경 등을 명시하였다.

(4) 교수공학

1960년대에 이르러서 시청각 교육통신은 행동과학이론, 체제이론과 교수개발이론이 도입됨으로써 새로운 교수공학의 개념을 형성하게 되었다. 1970년 시청각 교육국은 미국교육공학협회(Association for Educational Communication and Technology, AECT)로 개칭하고 교수공학의 개념을 다음과 같이 정의하였다.

교수공학은 인간학습과 통신이론에 기반을 두고 특정한 학습목표에 따라 교수-학습의 전 과정을 설계하고 실행하고 평가하는 체계적 방법이며 더 효과적인 수업을 끌어내기 위하여 인적 자원과 비인적 자원을 적절히 결합하여 사용하는 체계적 방법이다.

(5) 교육공학

1977년에 미국교육공학협회(AECT)는 교육공학의 정의에 대한 새로운 정의를 내리게 되었는데 이는 1970년에 시도한 교수공학의 정의가 너무 포괄적이며 복합적인 특성을 보여주는 것이어서 실제적인 교육공학의 특성을 설명하지 못하는 제한점을 극복하려는 노력에서 시도되었다.

미국교육공학협회(AECT)에서 내린 교육공학의 정의는 "교육공학이란 광범위한 학습자원을 규명, 개발, 조직, 활용하고 동시에 이러한 과정을 관리함으로써 인간학습을 용이하게 하는 것과 관련된 분야이다." 또한 교육공학은 학습자원에 대한 탐구와 학습자를 위한 자원의 공급, 수업체제의 개발과 그 과정의 관리 운영에 초점을 두고 특히 학습자의 요구분석과 수업과정에 있어서의 체제접근에 초점을 둔다.

2) 교육공학의 영역

교육공학의 패러다임은 시간의 흐름에 따라 전 시대의 부족한 점 또는 비판점을 개선해서 바뀌었으며 현재는 학습을 위한 과정과 자원의 설계, 개발, 활용, 관리 및 평가에 관한 이론과 실제이다(Sleels & Richey, 1994). 과정이란 투입(input), 활동(actions), 산출(output)을 포함한 하나의 계열이며, 교육공학에서는 설계과정과 전달과정에 관심을 가진다. 자원은 교수-학습 과정에 사용되는 자료, 요원, 예산, 시설을 모두 포함하는, 즉 학습을 능률적으로 수행하는 데 도움을 주는 모든 것을 의미한다. 또한 이론은 지식의 기반이라면 실제는 문제해결을 위해서 지식을 적용하는 것을 의미한다.

교육공학의 다섯 가지 영역은 설계, 개발, 활용, 관리 및 평가이다. 이 다섯 가지 영역은 각각의 영역이 독립적으로 존재하지만 동시에 타 영역으로부터 도움을 받는 상호보완적인 관계이다.

(1) 설계 영역

학습경험을 어떻게 안내할 것인가에 관한 미시적 활동과 전체 수업과정을 기획하는 거시적 활동을 포함한다.

가. 교수 체제 설계

효과적인 수업을 개발하기 위해 학습에 관한 과학적 이론과 수업에 관한 처방적 지식을 체계적으로 활용하려는 분야

나. 메시지 디자인

교수 장면에서 어떻게 메시지를 설계하는 것이 학습효과를 가져올 수 있는가에 관한 연구 영역

다. 교수 전략

학습이론에 기반한 체계적인 교수 방법에 관한 연구 영역

라. 학습자 특성

학습효과에 영향을 미치는 학습자의 일반적 특성에 관한 연구 영역

(2) 개발 영역

새로운 매체를 활용하여 교육 프로그램을 개발하는 연구 영역

① 인쇄공학 : 문자와 그림, 사진 등의 인쇄물을 효과적으로 활용하는 것

② 컴퓨터 공학 : 컴퓨터를 이용하여 각종 학습자료를 설계하고 제작하는 것

③ 시청각 공학 : 컴퓨터 이외의 다양한 기계들을 사용하여 시각과 청각적 자료 및 매체를 제작하여 활용하는 것(투사 매체와 자료, 비투사 매체와 자료, 시청각 매체와 자료)

④ 통합 공학 : 컴퓨터를 중심으로 여러 매체를 통합하여 데이터베이스화된 자료를 제작하거나 통신을 이용하여 전달하는 것

(3) 활용 영역

학습을 위해 절차나 자원을 사용하는 행위에 관한 연구 영역

가. 매체의 활용

학습을 위한 매체의 체계적 활용

나. 혁신의 보급

새로운 아이디어의 채택과 확산을 목적으로 계획적인 전략을 사용하는 의사소통의 과정

다. 실행과 제도화

새로운 교육공학을 특정의 조직 내에서 적절하게 사용하고 지원하는 것

라. 정책과 규제

교육공학의 보급과 사용에 영향을 미치는 사회 조직의 규칙과 행위

(4) 관리 영역

교육공학의 과정과 결과를 운영하고 조정하는 영역

가. 프로젝트 관리

교수설계와 개발 프로젝트를 계획, 감독, 조정하는 활동

나. 자원 관리

자원 지원체제와 서비스를 기획, 감독, 조정하는 업무

다. 전달체제 관리

교수 자료가 분배되고 전달되는 방식과 체제를 계획, 감독, 조정하는 활동

라. 정보 관리

학습자원을 제공하기 위해 정보의 저장, 전달, 처리를 계획, 감독, 조정하는 활동

(5) 평가 영역

교육공학적 과정 및 산물에 대해 가치판단을 하는 활동 영역

가. 문제분석

정보수집과 의사결정 전략을 사용하여 문제의 성질과 요소를 확인하는 활동

나. 준거 지향 측정

사전에 설정된 학습목표를 학습자가 어느 정도 달성하였는지를 평가하는 활동

다. 형성평가

교수자료나 수업의 개발과정 중에 지속적인 개선을 위해 정보를 수집하는 활동

라. 총괄평가

이미 개발된 교수 자료나 수업의 가치나 적절성을 측정하기 위한 정보수집 과정

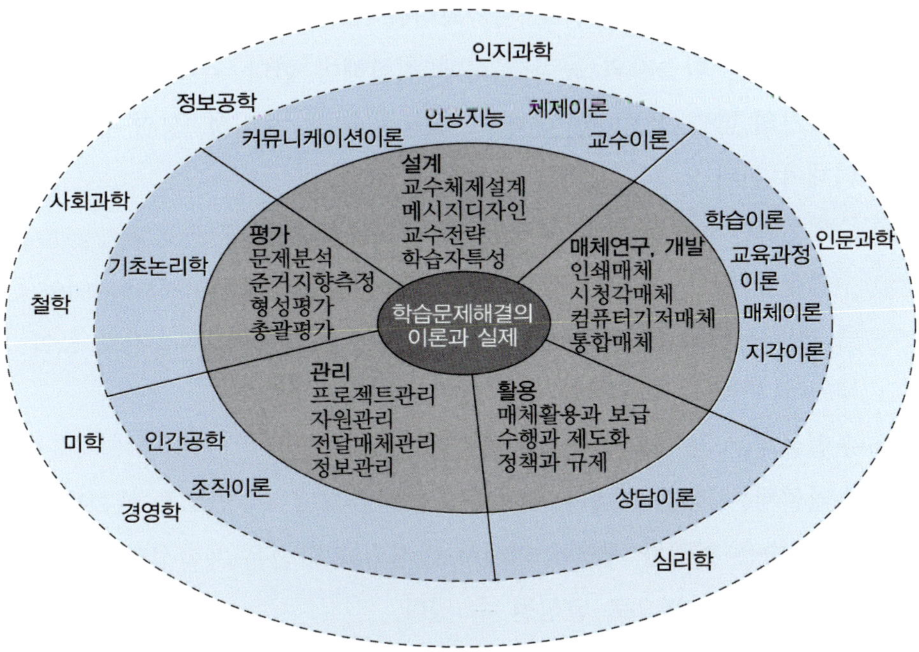

그림 7-3 교수공학 내부 영역들과의 관계

출처: Seels, B. B. & Richey, R. C. (1994). Instructional technology: The definition and domains of the field.

3. 교수 설계의 기본 원리

학습지도의 계획은 세밀하고 과학적이며, 융통성이 있어야 한다. 그러한 계획을 갖추기 위해서는 학습자에 대해 잘 파악하여 그들의 성장과 발달의 특징을 살펴서 학습자에게 맞는 지도 계획을 세워야 한다. 수업 설계에서는 수업절차에 관련된 모든 요소들이 잘 통합되어야 한다. 수업설계에 관련된 몇 가지 중심 원리를 살펴보면 다음과 같다(김봉수, 1982).

① 수업설계는 수업목표의 달성을 최대한 보장해야 한다.

② 수업설계는 학습자의 능력 특성에 적합해야 한다. 수업목표와 관련되는 학습자의 학습 적성, 흥미, 태도, 경험적 배경, 준비성, 성취 수준 등을 고려해야 한다.

③ 수업설계에서는 자료의 특성이 반영되어야 한다.

④ 수업설계에서는 특수한 장에서 전개되는 상황적 조건이 고려되어야 한다. 즉, 지역사회의 물리적·심리적 조건, 시설과 교구 및 학습자료 등이 고려되어야 한다.

⑤ 수업설계는 융통성이 있어야 한다.

⑥ 수업설계는 경험의 계속성과 계열성이 유지될 수 있도록 계획되어야 한다. 학습은 일정한 계열에 의해서 전개되고 학습은 계속성과 계열성이 유지되어야 효과적으로 달성될 수 있다.

4. 학습목표 진술 방법

학습목표(Instructional Objectives)란 특정한 수업을 통해 달성하고자 하는 학습자들의 성취 행동을 말한다. 학습목표는 수업 방향을 제시해 주고 수업내용의 선정과 조직, 성취도 평가의 기준을 제공해 준다. 학습자의 학습목표 인식은 학습효과를 높여주므로 명확한 학습목표의 진술이 필요하다. 평생교육 프로그램 개발을 하면서 학습목표를 설정할 때 반드시 고려해야 할 몇 가지 요소에 대해 여러 학자들은 지역사회 및 잠재적 학습자 관련 상황을 분석하고, 욕구 및 문제를 분석하여 학습목표를 구체화하기 위한 원천으로 다음의 세 가지를 제시한다 (차갑부, 2002).

첫째, 학습자이다. 프로그램 개발자는 학습자의 욕구와 흥미를 측정해야 하며, 학습자의 욕구와 상황분석에 학습목표가 기초하여 설정된다. 그다음에 학습목표는 잠재적 학습자가 가지고 있는 교육 욕구를 어떤 방법을 통해서 충족시킬 수 있는지를 파악한 후 설정된다. 따라서 학습자는 학습목표 설정에 중요한 원천이 된다.

둘째, 사회 변화이다. 사회 변화를 읽음으로써 프로그램 개발자는 잠재적 학습자들의 학습욕구에 대한 직접적인 사정 없이도 그들의 흥미와 욕구를 파악할 수 있다. 이런 사회 추세 분석을 통해 파악된 욕구는 실용적이고 현실적인 평생교육의 학습목표로 연결될 수 있다.

셋째, 교과영역이다. 구체적인 학습목표는 특정 학문 영역의 내용이나 교수자 자신으로부터 설정될 수 있다. 구체적으로 많이 연구되고 있는 주제를 학습목표로 설정했다면 그 원천은 교과영역이 된다.

1) 학습목표의 진술의 원칙과 방법

① 학습자의 행동으로 진술되어야 한다.
② 내용과 행동의 이원적 진술이 되어야 한다.
③ 구체적이고 행동적인 용어로 진술해야 한다.
④ 학습결과에 따라 기대되는 학습자의 행동으로 진술해야 한다.

⑤ 가능한 명시적 동사로 진술해야 한다.

⑥ 학습자에게서 관찰될 수 있는 행위 동사로 진술해야 한다.

⑦ 각 목표는 한 가지 학습결과를 포함하고 있어야 한다.

최근에 평생교육 프로그램 목적을 진술하는 기본 원칙은 미국의 확장 교육에서 주로 사용되는 'To-By-For'이다. 이 원칙은 학습자(고객)에게 어떤 종류의 프로그램을 제공하여 궁극적으로 이루고자 하는 구체적인 결과가 무엇인지를 명시하는 형태를 취하고 있다(김진화, 2005).

① To : to achieve specific objectives(프로그램을 통해 이루고자 하는 목표)

② By : providing programs(제시될 프로그램의 유형)

③ For : identified learner(프로그램의 참여자인 학습자)

한글의 언어적 체계에 근거한 프로그램 목적의 진술은 상황, 대상, 내용, 의도 등의 4개 요소를 포함시킨다.

① 상황 : 학습자가 처해 있는 상황이나 학습자의 현재의 상태를 명시한다.

② 대상 : 프로그램의 참여자를 제시한다.

③ 내용 : 참여자가 경험하게 될 프로그램의 포괄적인 내용을 명시한다.

④ 의도 : 프로그램에 참여한 학습자가 프로그램 종료 후 변화될 궁극적인 기대효과를 명시한다.

프로그램 목적 진술의 예

기술을 가지고 있지 못해 취업을 하지 못하는(상황)
노숙인들을 대상으로(대상)
적당한 기술 교육과 자립능력 함양 프로그램을 제공함으로써(내용)
기술을 습득하여 자신감을 갖고 취업에 시도하도록 한다(기대효과).

2) 수업목표에 사용되는 진술 동사

수업목표 진술에서 블룸(Bloom)의 구분에 따른 인지적·정의적·심리 운동적 영역에 메이거(Mager)가 제시한 수업목표 진술 동사들 중 대표적인 것들을 제시하면 다음과 같다.

(1) 지적 영역

① 지식 : 찾아내다, 정의하다, 열거하다, 확인하다, 재생하다, 가려내다

② 이해 : 기술하다, 설명하다, 시범을 보이다, 구별하다, 추론하다, 전환하다, 예측하다

③ 적용 : 관계 짓다, 예증하다, 발견하다, 예측하다, 풀다, 작성하다

④ 분석 : 세분하다, 조직화하다, 추론하다, 약술하다, 가려내다, 변별하다

⑤ 종합 : 분류하다, 구성하다, 고안하다, 설계하다, 조직하다, 계획하다, 설명하다

⑥ 평가 : 감정하다, 비교하다, 입증하다, 해석하다, 서술하다, 주장하다, 결론짓다

(2) 정의적 영역

선택하다, 조직하다, 참가하다, 반응하다, 감상하다, 완성하다

(3) 심동적(심리운동적) 영역

조립하다, 짓다, 측정하다, 연결하다, 설계하다, 던지다, 수영하다, 컴퓨터를 하다, 깨끗이 하다, 고정시키다, 만들다, 고치다, 꿰매다, 창작하다, 묶다, 칠하다, 스케치하다, 조정하다, 톱질하다, 못을 박다

5. 학습내용의 선정 및 조직

학습자들이 학습목표를 달성하기 위해서는 학습내용의 선정이 중요하다. 학습내용을 선정할 때는 학습자의 경험과 잠재적 학습자들의 참여 정도, 학습자의 실행 정도와 피드백을 포함해서 다음과 같은 기준에 의해 선정한다.

첫째, 학습의 내용이 사전 경험과 관련될 때 효과적인 학습이 가능하다.

둘째, 학습내용의 계획과 실행에 학습자 참여 정도를 포함한다.

셋째, 학습내용은 학습자가 실행 가능한 것으로 구성한다.

학습목표와 학습내용 선정이 결정되면 그에 따른 교수법과 교수 매체를 선택해야 한다. 평생학습은 연령, 직업, 학업 정도, 지역성 등 다양한 사람들을 대상으로 하므로 학습지도에서도 다양한 방법과 창의성이 요구되며, 학습자들의 학습동기를 유발해 적극적으로 학습활동에 참여하여 효과적인 학습결과를 유도할 수 있는 교수 매체를 선정하는 것이 필요하다.

1) 학습내용 선정의 원리

듀이(Dewey)는 경험의 교육적 의미를 강조한 대표적인 인물로서 학습경험이 일어나기 위해서는 세 가지의 조건이 충족되어야 한다고 보았다. 첫째, 행위자의 능동적인 행위, 둘째, 행위의 결과, 셋째, 능동적인 행위와 그 결과의 관계를 파악하는 사고 작용이다.

이영덕(1990)은 학습경험 선정의 원리를 다음과 같이 제시하였다.

① 교육목표의 일관성 : 교육목표는 교육내용 → 학습지도 → 교육평가로 일관되게 반영하여야 한다. 수업목표는 분명히 문제해결력이나 창의성이 강조되었으나 선정된 내용은 단편적인 지식의 표현에 그친다면 설정된 목표와의 일관성이 결여된 것이다.

② 지식의 참신성과 신뢰성 : 교육내용의 참신성과 신뢰성을 유지하기 위하여 전문가의 협조를 구해서 계속적인 보완작업을 한다. 과학의 발달에 따라 문명 발전의 속도가 빨라지면서 우리가 사용하는 지식의 팽창은 물론 기존 지식의 퇴화 속도도 빨라지고 있다. 따라서 변화하는 지식에 대해 교사와 학교가 능동적으로 대체하여 참신하고 신뢰성 있는 지식을 학생들에게 제시해야 한다.

③ 내용의 전이 가치 및 활용 범위 : 일반적인 기본 개념 및 원리와 같이 전이 가치가 큰 내용을 선정하여야 그 원리가 적용되는 교과 내용의 학습에 보다 효과적으로 활용될 수 있다.

④ 탐구정신 및 방법의 반영도 : 교육내용 선정에 있어서 탐구심과 문제해결 경험을 충분히 고려해야 한다. 기본 개념이나 원리를 학생의 발달 수준에 맞도록 변화시키는 것이 쉽지는 않으나, 이 활동경험이 보다 높은 수업의 질을 보장해 주는 것이기 때문에 교수자는 교육내용 선정에서 탐구심과 문제해결 경험을 충분히 고려하여야 한다.

⑤ 넓이와 깊이의 균형성 : 기본적·실제적 지식의 넓이와 균형을 적정수준에서 잡아 교육내용을 선정해야 한다. 기본 개념이나 원리를 깊이 이해하기 위해서는 그 개념이나 원리로 설명될 수 있는 소수의 선택된 자료를 깊이 있게 학습시켜야 하지만 특수 지식을 너무 많이 선택하게 되면 자칫 지식의 나열에 빠질 우려가 있다. 반대로 너무 폭넓은 일반적 지식에만 치우치면 교과의 깊이가 적어질 우려가 있다. 따라서 교수자는 교육내용에 따라 적절하게 균형을 잡아야 한다.

⑥ 다목표 달성도 : 교육내용 선정에 있어서 다목표의 동시적인 학습이 이루어지도록 해야 한다. 특수 교과를 가르칠 때는 일차적으로 지식의 숙달에 목표를 두지만, 이때 학습자는 지식의 숙달뿐만 아니라 비판적 사고력, 교과에 대한 흥미, 학습태도 등 여러 가지 행동특성을 형성하게 된다. 다목표 달성을 돕기 위해 교육내용 선정에서 고려되어야 할 요인으로서 내용의 풍부성, 독립적 사고를 촉진하는 질문이나 문제 제시, 다양한 학습활동

을 필요로 하는 여러 종류의 내용, 광범위한 자료, 학습자들의 지적 수준에 맞는 설명 방식 등이다.

⑦ 학습자에의 타당성 : 선정된 교육내용이 학습자의 필요, 흥미, 능력 등에 맞아야 한다. 학습자의 능력이나 흥미에 맞는 교육내용 선정은 학습자들의 흥미와 관심 범위 안에서 교육적 가치가 있는 내용을 선정하는 것과 학습자들이 학습해야 할 기본 개념이나 원리, 기능 등을 고려하여 학습자들의 수준에 맞도록 학습내용을 재구성하는 방법이다.

2) 교육내용의 조직

교육내용의 조직이란 선정된 교육내용에 대한 학습활동이 학습 현장에서 구체적으로 이루어질 수 있도록 조직하는 것이다. 교육내용의 조직을 배열이라고 표현하는데, 배열의 결정이란 선정된 교육내용을 학습자들에게 체계적으로 제시하기 위하여 순서대로 정하는 것을 말한다. 일반적 조직 원리는 계속성, 계열성, 통합성이다. 그리고 수평적 조직과 수직적 조직으로 구분하는데, 계속성과 계열성이 수직적 조직임에 반해서 통합성은 수평적 조직에 해당한다. 교과의 내용을 조직하는 데 있어서는 시간적인 관계와 공간적인 관계를 고려해야 한다. 그러나 이러한 세 가지의 조직 방식을 적용하기에 앞서서 필요한 것은 교과 내용 중에서 무엇이 계속적으로 반복, 심화, 통합되어야 할 중요한 요소인가를 찾아내는 일이다. 예를 들어 브루너의 경우에는 지식의 구조를 중심으로 조직할 것을 제안한다.

(1) 교육내용 조직의 원리

교육내용의 조직은 기하학의 역사적인 순서를 따르기보다는 오히려 학습의 기하학적 개념의 발달 순서를 따르는 것이 더 바람직하다. 조직의 원리는 계속성, 계열성, 통합성의 측면을 동시에 고려할 수 있다.

가. 계속성의 원리

교과 내용 중에서 중요한 원리나 개념 또는 기술 등에 완전히 익숙해지도록 연습하고 계속적으로 반복학습하여야 한다는 원리이다.

나. 계열성의 원리

선행학습 내용에 기초하여 다음의 교육내용이 전개되어 점차적으로 깊이와 넓이를 더해 가도록 조직하는 원리이다. 즉, 교육내용을 심화·확대되도록 나선형으로 하는 것이다. 이러한 계열성에 해당하는 것에는 브루너의 나선형 교육과정이 대표적이다.

브루너의 나선형 교육과정은 한 학문의 개념이나 원리 등이 그 지적 성격을 동일하게 유지하면서 학습자의 발달단계가 높아짐에 따라 점차 세련된 형태로 가르치도록 계획된 교육과정이다.

다. 통합성의 원리

한 교과 내에서 여러 내용들이나 각 교과들을 서로 수평적으로 관련짓는 것뿐만 아니라 교과에서 배운 내용을 자신의 주변에서 일어나는 일들과 관련짓도록 한다는 원리이다. 이것은 학습자들로 하여금 사물을 통합적으로 이해하도록 하고 학습내용과 행동 또는 생활을 통합시키도록 하는 데 목적이 있다.

라. 균형의 원리

여러 가지 교육내용들 사이에 균형이 유지되어야 한다는 원리이다. 교육내용들의 우열성의 차이는 있으나 지나친 편중은 교육의 목표 달성을 불가능하게 만들 수도 있으므로 교육내용들 간의 균형 있는 배분을 하는 것이 필요하다.

마. 다양성의 원리

학습자의 적성·흥미·요구 등이 충분히 반영될 수 있는 다양하고 융통성이 있는 교육내용이 조직되어야 한다는 원리이다.

6. 학습지도안

학습지도안은 교수-학습의 목표를 효과적으로 달성하기 위해 학습의 목표, 내용, 과정, 행동, 자료, 평가 등을 구체적이고 세밀하게 조직적으로 구안한 계획서이다. 교수자가 학습자들에게 가르쳐야 할 교육내용에 대해 연구하고 계획하여 학습지도를 한다면 효과적인 수업이 될 것이다. 따라서 교수자는 교육내용과 수업설계에 대해 지속적으로 연구해야 한다. 학습자들의 개인차가 있으므로 같은 교육내용이라도 학습자의 필요, 능력, 흥미 등을 고려하여 학습지도안을 작성해야 한다. 효율적인 학습지도를 하기 위해서는 획일적이지 않은 창의적이며 세밀한 계획을 하여 학습지도안을 작성하는 것이 중요하다.

1) 학습지도안의 구비조건

① 학습목표 달성의 결과에 대한 설명이 있어야 한다.
② 이미 학습한 것과 관련이 있어야 한다.
③ 학습과정, 교재, 활동의 선택이 조직되어 있어야 한다.
④ 학습지도의 진행 형태에 맞는 지도 기술이 제시되어야 한다.
⑤ 목표 달성의 성취 수준에 대한 적절한 평가 방법이 제시되어야 한다.

2) 학습지도안의 작성 요령

① 교과나 교재의 성질, 구체적인 학습 환경에 맞도록 작성해야 한다.
② 교수자의 창의성과 독창성을 발휘할 수 있어야 한다.
③ 학습지도 원리에 위배되지 않는다면 어떤 방법이라도 교육지도 계획안으

로 활용될 수 있다.

3) 학습지도안의 작성 방법

학습지도안에는 일정한 양식이 있을 수 없다. 앞에서 말한 학습지도안의 구비조건에 근거하여 지도안의 작성요령을 생각해 보기로 한다.

(1) 단원 계획

이것은 연간 계획에 기초한 한 단원의 전체 지도 계획안이다. 일정한 양식은 있지 않다 하더라도 필수적으로 담아야 할 요소를 중심으로 현장의 활용성, 즉 수업을 담당하고 있는 현장 교수자들의 작성상 편리, 단원전개의 유용도 등을 고려하여야 한다.

가. 단원명

단원명이란 지도해야 할 학습내용의 제목을 의미한다. 단원의 기재 방법은 일반적으로 세 가지가 있으나 어느 경우이든 단원명은 간단명료하면서 참신한 표현이라야 한다. 예를 들어보면 다음과 같다.

첫째, 제목 형식 : 〈예〉 달의 운동

둘째, 방법 형식 : TV의 원리를 알아보자.

셋째, 질문 형식 : 달의 모양은 어떻게 변하나?

나. 단원의 목표

목표이원분류법에 의하여 기입한다. 단원의 내용에 따라 한 단원에는 8~12개의 목표가 적당하다는 연구결과가 있다. 물론 단원의 목표는 단위시간의 학습목표보다 상위의 개념으로 진술되어야 한다.

다. 단원의 개관

단원의 핵심적인 내용, 전후 단원 간의 관련성, 학교 교육의 목표, 교과의 교육 목표와의 관련, 내용의 학문적인 구조, 학습해야 하는 이유 등을 고려하여 서술한다.

라. 지도상 유의점

단원의 범위와 정도, 학습자의 준비도, 전후 단원과의 관련성 등으로 보아 특히 주의해야 할 것과 문제점을 기입한다.

마. 단원의 차시계획

당해 단원을 이수할 계획된 총 시간을 산정하고, 매시간의 수업 흐름을 예상하여 그 요점을 적는다. 비고란에는 수업 장소, 준비물 등을 기록한다.

바. 평가 계획

한 단원의 교수-학습이 끝나면 반드시 평가가 있어야 한다. 단원목표에 따라 가르치고 배운 성과가 얼마나 일치하는가를 재어 보아야 한다. 별도의 시간을 할애하여 실시하는 경우는 극히 드물 것이기 때문에 그 평가 방법에는 지필, 질의응답, 토의, 발표, 작품 쓰기(만들기) 등이 있을 수 있다.

표 7-1 단원 교수-학습 계획

<table>
<tr><td>단원명</td><td colspan="2"></td><td>소요시간</td><td colspan="2"></td></tr>
<tr><td>단원의 목표</td><td colspan="5"></td></tr>
<tr><td>단원의 개관</td><td colspan="5"></td></tr>
<tr><td>지도상의
유의점
(또는 문제점)</td><td colspan="5"></td></tr>
<tr><td rowspan="3">단원의
차시 계획</td><td>차 시</td><td>주 제</td><td>핵심 내용</td><td>학습자료</td><td>비 고</td></tr>
<tr><td>/</td><td></td><td></td><td></td><td></td></tr>
<tr><td>/</td><td></td><td></td><td></td><td></td></tr>
<tr><td>평가 계획</td><td colspan="5"></td></tr>
</table>

(2) 본시 학습지도안

본시 학습지도안은 교수-학습의 시안으로서 단원 교수-학습계획의 차시별 계획안이다.

① 단원명 : 대단원과 소단원을 같이 기재한다.

② 대상 : 실시되는 반 밑에 ○표로 표시한다.

③ 차시 : 예컨대, 3차시 중의 제2차시라면 2/3라고 적는다.

④ 지도 일시 : ○월 ○일(○요일) ○교시로 표시한다.

⑤ 지도 장소 : 교육이 실시되는 장소를 기재한다.

⑥ 단원의 목표 : 학습목표는 행동의 최소 단위로서 그 시간 내에 달성이 가능한 목표를 기술한다.

⑦ 시발행동 : 학습자들의 신체적, 지적, 정의적 준비도와 학습태도, 학습양식 등을 간단히 적는다.

⑧ 학습자료 : 교수자의 자료와 학습자의 자료를 구분해서 적는다. 학습자료에는 교재명, 괘도, 슬라이드(Slide), 참고도서명 등 교수-학습 현장에서 사용하는 모든 자료가 포함된다.

⑨ 학습형태 : 학습의 과제를 합리적이고 동적으로 발전시키며 학습자의 활동을 최대한으로 보장하기 위한 형태의 선택과 적용, 즉 학습 조직이나 활동 형태를 말한다.

⑩ 학습활동 : 수업목표를 달성하기 위하여 교수자의 활동과 학습자 활동의 상황을 뜻하며, 교수자 활동은 발언의 조직으로서 그 예상을 간명하게 행동용어로 기술한다.

⑪ 시간 : 학습과정 각 분절의 중요성에 따라 소요시간을 감안하여 적절하게 정한다.

⑫ 수업과정 : 본시 수업의 시작부터 수업이 끝날 때까지의 과정으로 도입－전개－정리 및 평가의 순으로 기재한다.

가. 도입 단계

학습자가 학습목표를 명확히 인지하고 본시 학습목표와 관련된 선수학습요소 가운데 결손된 부분을 보충하여 학습동기를 유발하는 단계이다.

나. 전개 단계

본시에 학습할 내용을 전개한다. 각각의 학습 형태에 따라 그 전개 방식이 다르다.

가) 학습자 주도 학습

적어도 학습시간의 2/3는 학습자가 이야기하고 1/4은 학습자 간에 상호작용이 이루어져야 한다. 적어도 50% 이상의 학습시간은 학습자 주도의 아이디어에 따라 소요되고, 학습자 발표의 10%는 가치판단의 표현을 포함하고 있어야 한다. 학습자의 조사, 분석, 관찰, 실험, 실습하는 활동을 통하여 사고하고, 느끼고, 익혀가는 학습활동이 이루어져야 한다.

나) 전원학습

어렵게 가르치기는 쉬우나 쉽게 이해하도록 가르치기는 어렵다. 여기에 속진과 누진을 모두 만족시킬 수 있는 수업전략이 절실히 요청된다. 학습자 수준에 알맞은 발문, 학습시간, 자료 활용 등이 알맞게 제시되어야 하며, 요구 수준을 낮추고 자기가 하고 있는 일에 자신을 갖도록 한다.

다) 개별학습

학습자는 보다 많은 시간을 사고하고, 학습자료나 학습장을 직접 활용하며, 동시에 교수자와 개개 학습자 간 상호작용이 이루어질 때 학습은 성립되며 탐구와 발견의 기회는 주어지게 된다. 교수자의 지나친 간섭이 배제된 상태에서 학습 진도가 각기 다른 학습자가 이 자기 나름의 학습 진도와 학습방법에 의하여 학습할 수 있도록 기회와 장을 제공한다.

교수자는 수입 중 너무 많이 가르치려고 하거나 지나치게 어렵게 가르치지 말아야 하고 또한 진도를 적절하게 조절할 줄 알아야 한다. 너무 빠르게 진도를 나가려 하지 말고 학습자들이 기초부터 완전히 이해할 수 있도록 가르치려는 태도가 중요하며, 이를 위해서는 교재 연구를 철저히 해야 한다. 또한 학습자로 하여금 자신의 오류를 발견하게 하고 오류의 유형을 분류하여 그 까닭과 원인을 알게 함으로써 스스로 수정할 수 있는 태도를 기를 수 있도록 한다.

다. 정리 단계

본시에 학습한 내용의 주요 핵심 부분을 요약하고, 학습한 내용에 대한 이해와 습득한 정도를 확인하며 평가하는 단계이다.

본시에 학습한 내용과 경험에 의한 종합적인 평가 계획을 적는다. 평가 장면과 기회란에는 필답고사, 행동 관찰, 작품 분석 등의 평가방법과 아울러 본시에 평가를 실시할 것인지 또는 중간고사에 실시할 것인지 등을 적는다. 평가도구란에는 평가문항 등을 미리 작성해 둔다.

특히 유념해야 할 것은 우천(雨天) 시에 대비한 계획을 세워 두어야 한다는 점이다.

☆ 학습지도안의 실제

예시) 수지침 본시 학습지도안

<table>
<tr><td rowspan="2">주제</td><td rowspan="2">수지
요법의 입문</td><td>일 시</td><td colspan="3">20 . .</td></tr>
<tr><td>차 시</td><td colspan="3">1-3/60</td></tr>
<tr><td>학습
목표</td><td colspan="5">*수지요법의 질병원리와 건강기준을 알 수 있다.
*수지요법의 기초기능 조절을 알고 처방법을 익힐 수 있다.</td></tr>
<tr><td rowspan="2">학습
자료</td><td colspan="2">교수자</td><td colspan="3">학습자</td></tr>
<tr><td colspan="2">고려수지요법 책, 수지침 혈도, 건강기록부</td><td colspan="3">교재, 필기도구</td></tr>
<tr><td>단계</td><td>학습주제</td><td colspan="2">교수-학습활동</td><td>시간</td><td>자료 및
지도상의 유의점</td></tr>
<tr><td>기초
단계</td><td>준비

목표
제시</td><td colspan="2">*동기유발
-수지침에 대해 알고 있는 것 점검하기
*목표확인
♧수지요법의 질병원리와 건강기준을 알고, 수지요법의 기초기능 조절을 알고 처방법을 익힐 수 있다.</td><td>20분</td><td></td></tr>
<tr><td>실행
단계</td><td>탐색</td><td colspan="2">*수지요법의 질병원리와 건강기준
-손발이 따뜻해야 한다.
-복대동맥은 항상 미동이어야 한다.
-위기, 신기가 있어야 한다.
-복부에는 병적인 반응이 없어야 한다.
-척추에도 병적 현상이 없어야 한다.
-평인의 맥이 되어야 건강상태라고 본다.
*촌구맥과 부돌맥을 진단하는 자세
-머리로 흐르는 혈관의 조절은 위의 원리를 적용시켰을 때 셋째 손가락에서만 가능하다.
-E8과 12는 좌우 선택
-E8과 12의 위치 선정</td><td>130분</td><td>질병 부위를 확실히 인지하고 수지요법에 들어간다.</td></tr>
<tr><td>정리
단계</td><td>정리
차시예고</td><td colspan="2">*회원의 각각 건강기록부 작성 및 건강진단
*수지 요법의 일반 상식알기</td><td>30분</td><td>건강기록부</td></tr>
</table>

탐 구 문 제

1. 학습내용 선정의 원리에 대해 논의해 봅시다.

2. 교육내용 조직의 원리에 대해 논의해 봅시다.

3. 학습지도안의 구성방법에 대해 논의해 봅시다.

CHAPTER

08 개인중심 평생교육방법

학습개요

교육방법의 유형은 다양하다. 학자에 따라서도 교육방법 유형의 분류를 약간씩 다르게 하고 있다. 기본적으로 개인중심 교육방법과 집단중심 교육방법들이 있다. 크렌톤과 웨스톤(Cranton & Weston, 1989)은 교수자 중심법, 상호작용기법, 개별화 학습법, 경험 학습법으로 분류하였고, 자비스(Javis, 1991)는 설명식, 문답식, 촉진식 방법으로 분류하였으며, 조용하(1993)는 강의 및 강연, 토의법, 소집단 토의법, 프로젝트 및 실습조사법 등으로 분류하였다. 이 장에서는 개인중심 평생교육방법 중 도제식 교육방법, 멘토링, e-learning, 코칭 및 CAI 교육방법에 대해 살펴보고자 한다.

학습목표

1. 도제식 교육방법을 이해한다.
2. 멘토링을 이해한다.
3. e-learning을 이해한다.
4. 코칭을 이해한다.
5. CAI 교육방법을 이해한다.

1. 도제식 교육방법

도제(apprenticeship)라는 용어에는 '학습이나 지식의 습득은 반드시 체험을 통해서 이루어져야 한다.'라는 특성이 포함된다. 13세기 이후 산업혁명기까지의 가내수공업 사회에서 실시된 직업교육 제도로 10세가 지난 어릴 때부터 상업·공업·기술 등의 분야에서 뛰어난 장인(master)의 개인 집에 다니면서 도제가 되어 봉사하면서 학습하기 시작하였다. 그 교육내용은 직업관계는 물론 인격교육에까지 미친다. 매우 엄격한 통제적인 훈련을 비교적 장기간(5~7년)에 걸쳐 이수한 뒤 다시 일정한 작품제작에 합격해야 비로소 장인이 된다.

도제제도의 교육적 특징은 첫째, 교육자(도장인)와 도제와의 관계가 인격적 관계였다는 점, 둘째, 기술교육과 인간교육이 병행하여 이루어졌다는 점, 셋째, 장래의 지위를 보장하는 교육이었다는 점 등이다.

도제학습의 절차는 다음과 같다.

① 시연 단계(Modeling) : 특정 사회집단에서 필요한 실제 과제의 문제해결 전 과정을 전문가가 시범을 보이는 단계이다.

② 교수적 도움의 단계(Scaffolding) : 문제해결을 위한 인지적 틀을 제시하는 단계이다.

③ 교수적 도움의 중지 단계(Fading) : 학습자 스스로 문제를 해결하는 단계이다.

2. 멘토링

1) 멘토링의 개념

멘토링(mentoring)이란 말의 유래는 고대 그리스의 시인 호메로스의 작품으로 전해지는 대서사시 〈오디세이(Odysseus)〉에 나오는 오디세우스가 트로이로 전쟁을 나가기 위해서 자신과 가장 친한 친구 멘토(Mentor)에게 자신의 아들, 텔레마쿠스의 교육을 맡기게 된다.

오디세우스가 전쟁에서 돌아오기까지 무려 10여 년 동안 멘토는 왕자의 보호자, 친구, 선생, 조언자, 상담자, 때로는 아버지로서 필요한 상담과 충고를 하여 왕자가 왕국을 잘 이끌어 나갈 수 있도록 하였다. 이후로 멘토라는 이름은 지혜와 신뢰로 한 사람의 인생을 이끌어 주는 지도자의 의미로 사용되었다(Russell & Adams, 1997).

멘토(mento)는 회사나 업무에 대한 풍부한 경험과 전문지식을 가지고 있는 사람이 후배 또는 같은 조직의 구성원인 멘티(mentee)를 1:1로 전담하여 지도하고 조언하면서 실력과 잠재력을 개발·성장시키는 활동이다. 멘토링은 멘토와 멘티 간의 파트너십이므로 권리와 의무가 존재한다. 멘토는 역할 모델이며 멘티를 후원하고 보호하며, 교육하고 격려하며, 상담과 조언을 하고 정보제공을 한다. 멘티는 멘토를 존경하고 인정하며 정보제공, 아이디어 개발, 업무 분담의 역할을 한다.

2) 멘토링의 기능

멘토링의 기능에 대해 크람(Kram, 1983)은 경력 기능(후원, 노출 및 소개, 지도, 보호, 도전적인 업무부여)과 심리사회적 기능(역할 모형, 수용 및 확신, 상담, 우정)의 두 가지 차원으로 나누었다(표 8-1). 즉, 멘토가 후원, 소개, 지도, 보호 등의 경력 기능과 함께 역할 모델이 되어 상담과 친밀한 인간관계를 통해 심리사회적 기능을 수행한다고 보았다.

정희선(2001)은 크람의 연구 모형을 보완하여 경력 기능, 심리사회적 기능, 역할 모형 기능의 세 가지 차원으로 나누었다.

① 경력 기능 : 후원, 노출 및 소개, 지도, 보호, 도전적인 업무 부여

② 심리사회적 기능 : 역할 모형, 수용 및 지원, 상담, 우정

표 8-1 멘토링의 기능

경력 기능(career functions)	심리사회적 기능(psychosocial functions)
후원(sponsorship) 노출 및 소개(exposure and visibility) 지도(coaching) 보호(protection) 도전적인 업무부여(challenging assignment)	역할 모형(role model) 수용 및 지원(acceptance and confirmation) 상담(counseling) 우정(friendship)

출처: Kram, K. E. (1983; 정희선, 2001 여성관리자의 커리어개발과 멘토링에서 재인용).

또한 멘토의 기능에 관한 많은 연구 중에서 클라우스(Klauss, 1981)는 멘토가 수행하는 기능을 다섯 가지로 분류하였는데, 그 기능은 아래와 같다.

① 경력 전략에 관한 조언(career strategy advising)

② 개인발전 계획에 관한 상담(individual development plan counseling)

③ 후원 및 조정(sponsorship and mediation)

④ 피드백 제공(monitoring and giving feedback)

⑤ 역할 모형(role modeling)

멘토링을 통하여 멘토는 멘티와의 상호작용을 통해서 새로운 지식과 다양한 관점에 대한 이해와 수용이 가능하며, 자신의 리더십 역량을 발휘할 수 있고, 멘티는 멘토의 역할을 담당하는 관련 영역의 전문가를 통하여 보다 효율적으로

자신의 능력을 탐색하고 확장시켜 나갈 수 있다.

그런 의미에서 멘토링은 급변하는 사회경제적 맥락 속에서 처음 조직에 입문한 멘티가 실패하거나 좌절하지 않고 순조롭게 적응하면서 성공적으로 발전할 수 있도록 돕는 실용적 개별교수방식이라 할 수 있다(신용주, 2006).

3) 멘티의 학습 유형에 따른 멘토링 지원

멘토는 멘티의 학습 스타일에 따라 멘토링의 방법을 다르게 적용해야 한다. 톰린(Tomlin, 1995)은 학습자들이 학습활동을 전개하는 기본 틀은 주로 네 가지로 분류하고, 멘토는 멘티의 학습 유형을 고려하여 멘토링 관계를 진행할 필요가 있다고 보았다.

첫째, 다른 사람의 가르침이나 교재를 통하여 배우는 학습자

둘째, 자기 스스로를 가르치고 배우려는 시도를 통해 배우는 학습자

셋째, 다른 사람들과 서로 협동하면서 얻게 되는 가르침을 통해 배우는 학습자

넷째, 핵심 아이디어나 광범위한 이슈의 탐구를 통해 배우는 학습자

표 8-2 학습자 유형에 따른 멘토링 지원 유형

학습자 유형	멘토링의 유형
다른 사람의 가르침으로부터 배우는 학습자	① 계획을 세운다. ② 행위를 관찰하도록 안내한다. ③ 모델링과 모니터링을 촉진한다. ④ 모델링과 반성을 촉진한다.
스스로 가르침을 통해 배우는 학습자	① 계획 세우기를 돕는다. ② 교수 활동을 지원한다. ③ 모니터링과 피드백을 지원한다. ④ 분석과 반성을 촉진한다.
점진적인 상호협동을 통해 배우는 학습자	① 진보적인 공동 계획을 세운다. ② 함께 학습하는 팀으로서 교수한다. ③ 상호 모니터링을 한다. ④ 상호 분석과 반성한다.
핵심 아이디어와 광범위한 이슈의 탐구를 통해 배우는 학습자	① 학생, 동료, 학교 및 체제에 관한 직접적인 연구를 촉진한다. ② 교수에 대한 투입 요소들과 배경 이슈들에 대해 읽고 분석한다. ③ 이런 주제에 관한 조직적 토의 및 개별지도를 활성화한다.

출처: Tomlin, P. (1995). Understanding Mentoring.

4) 멘토링의 기대효과

멘토링의 기대효과는 대부분 멘토가 멘티에게 주는 이익에 관심이 집중되었지만 실은 멘티뿐만 아니라 멘토와 아울러 조직에게도 매우 유용하다. 슐츠(Schulz, 1995)가 제시한 내용을 정리하면 다음과 같다.

(1) 조직과 사회적 측면

① 의사소통, 생산성, 이직률, 작업환경, 자기평가, 사명감 등에서 긍정적인 결과를 가져온다.

② 공식적인 의사소통을 통해 얻지 못하는 정보를 얻는다.
③ 잠재력을 지닌 인재들을 발견하여 육성할 기회가 생긴다.
④ 세대 간 또는 문화 간의 네트워킹을 통한 이해 증진은 사회 발전을 돕는다.
④ 회사의 비전, 핵심가치 및 조직 문화를 강화하고 유지하는 데 기여할 수 있다.
⑤ 조직 입장에서 생산성 향상, 이직률 저하, 조직몰입을 증진시킬 수 있다.

(2) 멘토 측면

멘토링을 하는 과정에서 새로운 지식과 다양한 관점에 대한 이해와 학습이 가능하다. 멘토로 활동하면서 멘티로부터 새로운 지식과 기술을 배울 수 있고 젊은 세대의 가치관이나 관점에 대해 이해할 수 있는 계기가 된다.

① 동료나 선배 및 학교로부터 인정받을 수 있다. 멘토링은 공식적으로 선배나 전문가의 위치에서 본인의 재능을 인정받을 수 있는 계기가 된다.
② 멘티를 지도, 조언하면서 대인관계 기술이나 리더십 역량도 향상시키는 효과도 얻을 수 있다.
③ 학습과 업무 수행에 관해 멘티로부터 도움을 받을 수 있다. 멘토링과 관련된 업무 수행 시 윤리적인 범위 안에서 멘티는 멘토의 프로젝트 업무를 도울 수 있고, 완성되지 않은 채 남아 있는 일들을 진행할 수 있다.
④ 리더십 배양, 조직 안에서의 위상이 높아지고 멘티로부터 오는 긴장을 늦추지 않기 위한 노력을 한다.

(3) 멘티 측면

신입생이나 회사원이 학교생활이나 조직생활에 신속한 적응을 하는 데 도움을 줄 수 있다. 선배나 동료와의 관계 등과 같은 전반적인 조직생활이나 임무에 대해 항상 조언을 얻고 대응함으로써 자신감 있는 학교생활이나 조직생활이 가능하다. 또한, 멘토링은 멘티의 능력 개발을 가속화시켜 경력 개발 및 멘티의 시장가치를 높여줄 수 있다. 임무수행 과정에서 멘토와 직접적으로 상호작용하면서 관련 지식과 기술을 보다 빨리 습득하여 단기간에 학습 능력이나 업무 능력을 향상시킬 수 있다. 이를 통해, 학교에서 높은 성적을 취득할 수 있고, 조직에서 높은 성과를 발휘할 수 있으며, 진학, 장학, 승진 등의 이점을 누릴 수 있다.

표 8-3 멘토링의 기대효과

구분		기대효과
조직 차원		① 조직의 비전, 가치관 및 조직 결속력의 강화 ② 성장잠재력이 높은 핵심인재의 개발 ③ 구성원들의 학습과 자기계발 촉진 ④ 지식과 know-how의 이전을 통한 경쟁력 향상 ⑤ 신입 직원의 정착과 조직몰입을 이끎 ⑥ 조직에 새로운 활기와 유대를 형성
개인 차원	멘토	① 새로운 관점, 지식, 기술 및 추세의 이해 및 수용 가능 ② 자신이 축적해 온 지식 및 관점에 대한 비판적 성찰 가능 ③ 리더십 역량의 개발과 발휘 ④ 멘토링 기회가 멘토 자신의 삶에 새로운 활력소가 될 수 있음 ⑤ 멘티의 성공적 경력개발에 대한 자부심 향상 ⑥ 조직으로부터의 인정과 보상
	멘티	① 특정 분야에 대한 전문지식과 know-how 및 조직 내의 관례 등을 익힘 ② 중요한 정보 원천에 대한 접근성이 향상됨 ③ 업무 수행의 완성도가 향상됨 ④ 조직 내에서 인정받기가 상대적으로 용이함 ⑤ 안정된 조직 정착으로 자신감과 리더십이 향상됨 ⑥ 의사결정능력이 향상됨 ⑦ 멘토와의 분리를 통해 새로운 멘토로서의 역할수행 가능

출처: 최병권, 「멘토링 제도 어떻게 운영해야 하나」에서 신용주(2006)가 수정하여 구성.

① 멘토링을 통해 인생의 길을 안내받을 수 있다.

② 좀 더 쉽게 목표에 도달할 수 있도록 도움을 받을 수 있다.

③ 멘티의 문제를 해결해 줄 수 있다. 학업 문제, 진로 문제, 직장 생활에서의

갈등 등의 문제에 직면할 때 멘토링을 통해 장애물을 파악하고 먼저 인생을 살아간 멘토가 조언을 해줄 것이다.

④ 전문지식과 정보를 습득할 수 있다. 멘토로부터 지식, 노하우 및 정보를 얻을 수 있다.

⑤ 시행착오를 줄여준다. 멘토는 멘티에게 지름길을 제공하고 시행착오를 줄여 줄 수 있다.

⑥ 든든한 후원자를 얻게 된다.

3. e-learning

원격교육은 다양한 매체와 통신기술의 영향을 받으면서 변화하였고, 다양한 매체를 매개로 하여 교육을 실시하기 때문에 기술공학, 특히 통신기술과 함께 이루어졌다. 원격교육은 누구든지, 언제, 어디서나 원하는 교육을 받을 수 있는 학습 환경을 말한다. 원격교육에는 통신교육, 비디오 교육, 위성방송 교육, 우편 학습, 독립된 개별학습, e-learning 등이 있다. 원격교육 중에서 e-learning은 다음과 같다.

1) e-learning의 정의

e-learning이란 Electronic Learning의 약자로 전기적 신호를 매개로 강의를 제공하는 원격교육 방법을 말한다. 말 그대로 인터넷을 통해 배운다는 것이다. e-learning은 인터넷 또는 인트라넷을 통한 교육훈련 서비스의 설계, 구축 및 관리를 포함하는 개념으로 정의된다(최종연, 2001). 즉, e-learning이란 정보통신기술

을 이용한 교육을 말하며, 이는 기존의 교재나 강사 주도의 교육과 대비되는 컴퓨터 기반(Computer based Training, CBT), 웹 기반(Web-based) 등 가상 학습(Virtual Classroom)을 포함하는 개념이다. e-learning은 기존의 전통적인 교실 위주(c-learning)의 집합식(off-line)의 강사 주도 교육에서 멀티미디어와 정보통신기술을 이용한 기술 기반의 교육(on-Line)으로 변화되면서 새로운 교육방식으로 등장하게 되었다.

e-learning의 초기 형태는 컴퓨터를 활용한 프로그램학습 방식(Computer Assisted Instruction, CAI / CBT)에서 비디오나 오디오를 통한 원격교육의 형태로 등장하였고, 그 후 컴퓨터와 Network가 학습에 활용되면서부터 디지털화된 콘텐츠(인터넷, 인트라넷, 위성, 오디오, 비디오, 동영상, TV, CD-ROM)의 다양한 형태로 발전하였다. 초기의 컴퓨터 기반 교육은 주로 CD-ROM이 주도하여 다양한 멀티미디어 기술을 적용하여 자기학습 기회를 제공하였고 최근에는 인터넷의 활용이 극대화되면서 웹 기반의 교육 형태가 등장하여 e-learning의 무한한 성장환경을 조성하게 되었다.

2) e-learning의 특성

e-learning은 인터넷과 인트라넷을 기반으로 다양한 멀티미디어 정보기술을 활용하여 학습자가 원하는 시간과 장소의 사이버 공간에서 필요한 정보와 지식을 획득하는 학습방식으로 교수자와 학습자 간의 시간적·공간적 제약이 없이 이루어지는 학습활동을 통하여 수요자 중심의 학습 서비스가 제공되는 새로운 개념의 교육체제이다. e-learning은 ① 학습내용으로서의 정보를 즉각적으로 가능하게 통신망에 연결한다. ② 인터넷 기술을 사용하여 최종 학습자에게 전달된다. ③ 학습내용과 더불어 수행을 향상시키는 도구까지도 포함되는 기술 기반의 학습 형태이다.

첫째, 학습자에게 유용한 e-learning의 특성은 다음과 같다.

① 시간적·공간적 독립성, ② 교육비용 절감-전달 단가의 저렴, ③ 자기주도

적 학습방식, ④ 개별화·맞춤 서비스, ⑤ 전 세계적 접근 가능성, ⑥ 멀티미디어적, ⑦ 수준 높은 교육 콘텐츠, ⑧ 학습자에 대한 트래킹(tracking)이 가능한 네트워크, ⑨ 커뮤니티를 통한 상호학습, ⑩ 정교한 상호작용 기술사용 용이, ⑪ 모듈로 구성되어 학습자 요구에 적합한 최소 단위의 다양한 프로그램 제공 가능, ⑫ 웹에서 학습 모듈의 활용 용이, ⑬ 교육·훈련 콘텐츠의 전자상거래 확산

둘째, 교수자에게 유용한 e-learning의 특성은 다음과 같다.

① 최신 온라인 및 사이버 교육의 추세와 관련 이론의 발전을 신속하게 반영 가능, ② 커뮤니티 서비스나 동영상 쌍방향 교육 등 다양한 교육 방법의 제공 가능, ③ 유연성과 편의성이 뛰어남, ④ 교수–학습 과정의 개발과 유지 용이, ⑤ 학습자의 학습 정보 관리 용이

키간(Keegan, 1986)은 원격교육의 특성을 다섯 가지로 제시하였다.

① 학습과정이 일어나는 동안 교수자와 학습자는 반영구적으로 분리된다. 따라서 원격교육은 면대면(face-to-face) 교육과 구분된다.
② 교수자료의 개발 및 제공이나 학습자 지원 서비스의 제공에 있어서 기관 또는 조직의 영향을 받는다. 따라서 학습자의 사적 연구나 자기학습프로그램과는 차이가 있다.
③ 기술적 미디어를 이용한다. 교수자와 학습자를 연결시키고 교육내용을 전달하기 위해서 인쇄매체, 오디오, 비디오 및 컴퓨터를 사용한다.
④ 학습자가 처음에 시작할 때 도움을 받을 수 있도록 쌍방향적 의사소통을 제공한다.
⑤ 집단이 아닌 개인으로 학습에 참여할 수 있으므로 학습 집단의 구성이 의미가 없어진다.

3) e-learning의 장점과 단점

(1) e-learning의 장점

① 시간과 장소에 제한을 받지 않고 학습할 수 있다.

② 학습자의 자기주도적 학습능력과 창의력을 길러준다.

③ 개별학습이 가능하다.

④ 다양한 멀티미디어 자료를 활용할 수 있다.

⑤ 교육비용을 절감시킬 수 있다.

(2) e-learning의 단점

① 지속적인 학습동기 부여가 어렵다.

② 면대면 교육이 아니기 때문에 피드백이 어렵다.

③ 학습자와 콘텐츠 제공자 모두 특별한 시스템을 필요로 하여 초기 비용과 제작시간이 많이 걸린다.

④ 학습을 위해선 학습에 필요한 새로운 기술을 터득해야 하고, 이러한 기술이 없을 경우 학습의 효과성이 낮아질 수도 있다.

⑤ 학교교육과 교사에 대한 경시로 이어질 수 있다.

우리나라에서는 e-learning은 대학에서의 사이버 교육(cyber education)을 통한 전문 인력양성과 자격증 취득 및 사이버 대학을 확장하고 있고, 기업에서는 기업의 경쟁력을 강화하기 위한 목적으로 e-learning을 실시하여 구성원들에게 새로운 지식과 정보 및 기술을 제공하고 있으며, 실제로 e-learning 활용을 통하여 효과적인 학습지도와 기업에서는 조직의 생산성과 경쟁력을 향상시키고 있다.

4. 코칭

코칭(coaching)이란 발전하고자 하는 의지가 있는 개인이나 그룹이 가진 잠재능력을 최대한 개발하여 그들 스스로 사고하고 움직이는 주도적인 인재로 성장시키며, 현재 있는 지점에서 그들이 바라는 목표를 설정하고 전략적인 행동을 통하여 결과의 성취를 이루도록 인도해 주는 기술이자 행위를 말한다.

현재 사용되는 코치는 'kocs'(헝가리에서 유래)라는 '여러 사람을 태워 현재 있는 곳에서 목적지까지 데려다주는 마차'라는 어원에서 유래하였다. 1880년대에 와서 코치는 케임브리지에 있는 캠 강에서 대학생들에게 노 젓는 것을 개인 지도하는 사람을 가리키는 말로 스포츠 용어가 되었으며, 코치는 선수를 도와 성적을 향상시키는 것을 돕는 사람들로 알려지게 되었다.

학습 코칭이란 학생의 지능, 기초학습능력, 공부 방법, 학습습관, 집중력, 성격적 특성, 정서적 안정도, 자신감의 정도, 적성과 진로유형에 대한 상세한 정보를 파악하는 것이다. 학습 코칭 프로그램이란 아동·청소년의 학습 및 진로 문제를 심리학·교육학·경영학적 접근을 통해 해결하는 전문적인 교육 서비스이다. 학습에 있어서 가장 중요한 것은 자신에게 맞는 학습방법이나 전략을 배우고 활용하는 것이다. 객관적인 심리검사를 통한 과학적인 결과자료를 바탕으로 전문교사가 학생의 학습 및 진로 문제와 그 원인을 진단하고 개별적으로 맞춤 설계된 전문적인 학습치료 프로그램을 실시하여 학습의 효율성을 증진시키는 것이다.

1) 좋은 코치의 특성

첫째, 좋은 코치는 긍정적이고 열정적이며 상대방을 지지할 줄 알고 피코치를 신뢰한다. 둘째, 좋은 코치는 집중할 줄 알고 성취 지향적이며 충분한 지식을 갖추고 있고 정확한 관찰자이다. 또한 상대방을 존중할 줄 알고 인내심이 있으며 명확하게 말을 할 줄 알고 추진력이 있다.

표 8-4 효과적 코치가 가지고 있는 특징과 기술

공정함 (fairness)	사람들을 공정하게 대할 수 있는 능력은 주위 사람들로 하여금 충성과 신뢰를 이끌어낼 수 있는 자질이다. 우리는 엄격하지만 공정한 코치로부터 가장 많이 배운다.
일관성 (consistency)	변덕스럽거나 경박스러운 행동은 코치로서의 성공에 방해가 된다. 사람들은 당신이 피고용인 등에게뿐 아니라 당신 자신에 대해서도 일관된다는 것을 알고 싶어 한다.
융통성 (flexibility)	관리자는 옳은 방식으로 일을 하고 리더는 옳은 일을 한다는 속담이 있다. 옳은 방식으로 일을 한다는 것은 개인이나 상황에 적절한 코칭 방법을 결정하는 융통성을 가지고 있다는 것과 상통한다.
자원이 풍부함 (resourcefulness)	훌륭한 코치는 일을 처리하는 방법을 안다. 코칭에 도움이 되는 다양한 자원을 끌어올 수 있는 것이다. 만약 답을 모른다면 그는 누구에게서 또는 어디에서 도움을 얻을 수 있는지를 알고 있다.
공감 (empathy)	훌륭한 코치는 타인의 입장이 되어 볼 수 있다. 자신이 새로운 과제를 대했을 때 어떤 느낌이었는지를 잘 기억하고 있다.
참을성 (patience)	성공적인 코치는 참을성과 이해심을 보여준다. 행동 변화에는 시간이 걸리며 직무수행능력의 개선은 점진적으로 이루어진다는 것을 안다.
열정 (enthusiasm)	야구나 농구 경기의 사이드라인에 서 있는 코치들처럼 훌륭한 코치들은 모두가 열정적이다. 이들의 열정은 코치 대상에게 전염된다.
정직과 성실 (honesty & integrity)	효과적인 코치는 솔직하지만 수행 수준에 대한 높은 기준을 지니고 있다. 사람들은 그 코치가 옳기 때문에 따르는 것이다.
친절함 (friendliness)	성공적인 코치가 되려면 사람들을 끌어당기는 힘과 매력이 있어야 한다. 불친절한 태도는 사람들로 하여금 코치의 도움이나 코칭을 받지 않게 만든다.
타인에 대한 진실된 배려(genuine concern for others)	성공적인 코치는 사람들에게 진심으로 관심을 가지며, 그 관심을 실제로 일과 행동을 통해 보여준다.
자신에 대한 신뢰 (self-confidence)	타인에 대한 코칭을 성공적으로 수행하기 위해서는 스스로에 대한 신뢰가 있어야 한다. 즉, 자신이 하고 있는 일을 잘 알고 있으며, 그것이 다른 사람들에게 건강한 지도가 된다는 믿음이 있어야 한다.

출처: 신용주(2006). 평생교육의 이론과 방법.

2) 코칭의 목적

인간은 무한한 잠재력을 가지고 있고, 문제에 대한 해답은 그 사람이 가지고 있으며, 해답을 찾기 위해서는 파트너가 필요하다는 기본 전제하에서 더 많은 일을 효과적으로 하고 싶은 사람, 자기의 재능이나 능력을 더 높이고 싶은 사람, 더 행복하고 성공적으로 살고 싶은 사람들에게 강력한 동기를 부여하고, 스스로 문제를 발견하고 해결하며, 스스로 성공적이고 행복한 미래를 설계하여 행동하도록 돕는 것을 목적으로 하고 있다.

코칭의 유용성은 첫째, 자신의 잠재력과 가능성을 인식하고 성장할 수 있게 된다. 둘째, 자신을 둘러싼 자원에 대한 재인식 및 활용력이 증대되어 효과적으로 목표를 성취할 수 있다. 셋째, 코칭을 통해 문제해결 경험으로 자신감이 향상된다. 넷째, 개인의 문제해결능력 및 의사결정능력이 증대된다. 다섯째, 개인의 성장을 통한 조직의 성과 향상 효과를 볼 수 있다.

학습 코칭의 목적은 학생들에게 자신의 학습 스타일을 이해하게 함으로써 학습에 관한 자신의 장점과 단점을 이해하도록 한다. 학습을 준비하는 데 필요한 정의적 요인(자신감, 학습동기, 학습유능감, 환경조절력)을 이해하고 학습에 대한 성취의지와 욕구를 증진시키며, 학습 중에 필요한 전략적 요인(집중력, 시간관리, 기억력, 조직화전략)을 이해하고 자신에게 부족한 학습전략을 습득하게 한다. 또한 학습 후 필요한 학습 요인(시험전략, 시험불안조절력, 자부심)을 이해하고 구체적인 학습수행 향상에 기여할 수 있게 한다.

3) 코칭의 종류

코칭의 종류는 기능·상대·인원수에 따라 두 가지씩 나뉘어 있다. 기능에서는 멘탈(mental) 코칭과 스킬(skill) 코칭으로 나눌 수 있다. 스킬 코칭은 특히 영업계 사원에게 세일즈 스킬을 가르쳐 주는 사례가 많다. 상대에 따라 분류하면 사내 코칭(Business Coaching)과 전문 코칭(Professional Coaching)이 있다. 사내 코칭은 상사가 부하를 대상으로 하는 것이고 전문 코칭은 사외(社外) 사람을 대상으로 유료로 실시하는 것이다. 또 인원수에서는 1:1로 하는 퍼스널 코칭(Personal Coaching)과 두 명 이상에게 그룹의 목표 달성을 목적으로 하는 그룹 코칭(Group Coaching)으로 나눌 수 있다.

그 외에도 더 세부적인 영역으로 구체화되어 다양한 코칭이 존재한다(예: CEO 코칭, 가족 코칭, 커리어 코칭, 데이트 코칭, 학습 코칭, 라이프 코칭 등 코칭의 분야는 매우 다양하다).

표 8-5 코칭의 종류

<table>
<tr><th colspan="3">코칭의 종류</th><th>비고</th></tr>
<tr><td rowspan="2">기능</td><td>멘탈 코칭</td><td>일반 코칭</td><td rowspan="6">• 코치에는 비밀 준수 의무가 있다.
• 코칭 중에 얻어진 당사자의 개인적인 정보를 양해 없이 남에게 얘기해서는 안 된다.
• 이런 것은 사내(社內)에서의 상사(上司)와 부하의 관계에서도 필요하다.</td></tr>
<tr><td>스킬 코칭</td><td>영업계 사원의 세일즈 스킬 교육</td></tr>
<tr><td rowspan="2">상대</td><td>사내 코칭</td><td>상사가 부하에게</td></tr>
<tr><td>사외 코칭</td><td>사외 사람이 대상</td></tr>
<tr><td rowspan="2">인원</td><td>퍼스널 코칭</td><td>1:1</td></tr>
<tr><td>그룹 코칭</td><td>2명 이상</td></tr>
</table>

(1) 퍼스널 코칭(Personal Coaching)

개인의 다양한 관심사에 따른 1:1 개인 코칭서비스를 제공하는 것이다.

표 8-6 퍼스널 코칭 지도방법

단계	내용
1단계	면접 준비를 위한 과정
	-개인 코칭 강사와 상담 및 본인이 원하는 스킬 협의 -개인 이미지 분석 및 목소리, 비디오 촬영 분석 -성공 면접에 대한 준비 절차
2단계	리허설
	-자기표현력을 강화하기 위한 전략 -비디오 촬영을 통한 문제점 분석과 수정사항 -의사표현력을 강화하기 위한 전략 -문제점에 대한 수정사항과 과제 내용 하달 -순발력 있는 상황 대처 노하우 -각 개인의 맞춤법 내용에 따른 이론 및 실습 -연습해 온 부분에 대한 장단점 피드백
3단계	최종 리허설
	-준비해 온 과제에 대한 평가 및 분석 -비디오 촬영을 통한 잘못된 자세, 이미지, 논리적 내용 전달에 대한 평가 및 분석 -실제 면접 상황 연출에 의한 실전 강화 트레이닝 -비디오 촬영을 통한 문제점 분석과 수정사항 재점검 및 완료

(2) 라이프 코칭(Life Coaching)

삶에 있어서 일어나는 여러 가지 이슈들, 예를 들면 삶의 균형, 만족감 향상, 인간관계 개선, 인생의 의미와 목적의 발견 등에 초점을 맞추는 코칭이다. 라이프 코칭은 자신에게 중요한 것을 지키며 삶을 살도록 하는 것이다. 라이프 코칭은 첫째, 현 상황에 대한 진단과 분석을 하고 둘째, 삶의 통제력을 획득하고 셋째, 삶의 균형을 이루도록 하는 것이다. '지금 나는 어디에 있는가?', '나는 어디로 가고 있는가?', '내가 원하는 것은 무엇인가?', '나는 이 문제를 어떻게 해결할 것인가?', '내 이 혼란스럽고 힘겨운 삶을 어떻게 타개해 나갈 것인가?', '나는 직업적으로 어떤 길을 갈 것인가?' 등 모든 문제를 다룬다.

(3) 비즈니스 코칭(Business Coaching)

회사 운영, 리더십, 수익 개선 등 비즈니스 이슈에 주요 초점을 맞추는 코칭으로 기업 및 단체의 멤버들이 대상인 코칭 분야이다. 비즈니스 코칭은 해당 기업 내부의 직원으로서 소속되어 있는 코치가 서비스를 제공하는 내부 코칭(Internal Coaching)과 해당 기업 외부의 별도의 기관에 소속되거나 독립적으로 활동하는 전문 코치들이 코칭 서비스를 제공하는 외부 코칭(External Coaching)으로 분류할 수 있다.

(4) 커리어 코칭(Career Coaching)

다른 영역의 코칭과 구분되는 특징이 커리어(Career), 즉 일과 직장에 관한 코칭이다.

커리어 코칭의 주요 이슈는 다음과 같다.

가. 첫 직업 선택과 진로 선택에 관한 이슈

첫 직장은 장래 진로 방향에 매우 중요하다. 진로 선택을 위해서 자기진단, 경력목표 설정, 경력계획 수립, 실행의 단계를 철저히 밟아가는 것이 중요하다.

나. 이력서, 자기소개서 작성에 관한 이슈

직장에 입사 지원할 때 이력서와 자기소개서는 매우 중요하며, 입사지원양식이 있는 회사는 그 양식에 따르면 된다. 지원 회사마다 그 내용의 약 20%는 각각 달리하여 일대일 이력서를 작성하여 지원하는 원칙이다.

다. 면접에 관한 이슈

사원 채용 시 인재 변별을 서류만으로 하지 않고 면접에 더 비중을 두는 경향이 있다.

현대의 복잡한 기업 환경과 경영 환경은 새 시대에 맞는 창의적인 인재, 수익성을 창출할 인재를 찾기 위해 채용 시 면접의 비중이 높아지고 있으며, 면접방법도 다양하게 이루어지고 있다.

라. 연봉에 관한 이슈

직장인들이 얼마나 많은 연봉을 받을 수 있는지, 연봉 인상을 위한 경력개발 및 연봉 협상을 유리하게 이끌 수 있는 방법에 관해 관심이 집중되어 있다.

마. 이직에 관한 이슈

많은 직장인들은 직장 생활을 하다 보면 긍정적인 이유이든, 부정적인 이유이든 이직할 기회가 생기기도 하고 이직하는 것이 좋은지 여부, 이직의 구체적 방법, 이직을 위한 준비 사항 등에 관한 관심이 많으며, 이때 이직의 가장 적당한 시기를 선택하는 것은 매우 중요하다.

바. 경력관리 방법에 관한 이슈

경력이란 평생에 걸친 개인의 일에 관한 역사로 인생관리라고도 할 수 있다. 경력관리의 전략과 전술, 경력관리의 구체적 요령에 관한 관심과 이슈가 많이 존재한다.

사. 경력 업그레이드를 위한 이슈

직장인이 좀 더 자신의 경력을 업그레이드하기 위한 전략을 고민하게 되며, 진로 방향에 대해 생각하여 자격증 획득, 이직, 대학원 진학, 유학 등에 대해 고려하게 된다.

아. 업종 또는 직업 변경에 관한 이슈

업종과 직업 또는 직무를 변경하는 것은 경력관리의 전환적 이슈이다. 대학 전공과 관련된 직업에서 활동하다가 적성과 관심이 맞지 않아 변경할 수도 있고, 아무리 노력해도 지금 직업에서 승부를 보지 못하는 경우 무엇인가 획기적인 변화를 꿈꿀 수도 있다.

자. 직장 내 갈등해결에 관한 이슈

직장 생활을 하다 보면 본인의 적성과 능력과는 관계없이 직장 내 상사나 동료, 부하직원들과 겪는 업무적·심리적 갈등에 관한 문제가 의외로 많으며, 직장에서의 갈등으로 인해 이직이나 사직을 하는 경우도 많다.

4) 코칭의 절차

(1) GRROW(Goal Reality Recognition Options Will) 모델

가. Goal(코칭목표 정하기)

문제를 해결하면 어떤 상태에 도달할 것인지 상상하도록 질문한다.

나. Reality(현실 파악하기)

현실을 최대한 정확하게 파악하도록 질문한다.

다. Recognition(핵심필요 인식하기)

적용가능한 해결안을 다양하게 생각해 내도록 질문한다.

라. Options(대안 탐색하기)

솔루션 선택 기준을 통해, 최적의 솔루션과 만약을 대비한 대안을 결정하도록 질문한다.

마. Will(실천의지 확인하기)

언제, 어디서, 누구와, 어떻게 실행할 것인지 등 구체적인 실행계획을 만들도록 질문을 한다.

표 8-7 코칭의 절차

코칭의 절차	
1. 안락한 코칭 환경을 조성한다. ① 적절한 시간과 장소를 선택한다.	② 라포(rapport) 형성
2. 직무수행의 문제점을 기술한다. 속도, 업무량, 정확도, 철저함, 시간 정확성에서의 문제점 기술	
3. 피고용인의 자기평가를 권장한다. 코칭 시간 중 피고용인들로 하여금 자신을 표현하도록 하기 위해 적극적 경청기술	
4. 문제의 본질을 피고용인과 함께 파악한다. 코치와 피고용인이 함께 직무수행 문제의 본질 및 피고용인의 잘못된 점 찾기	
5. 대안이 되는 해결 방법을 모색한다. ① 피고용인의 참여를 권장한다. ③ 사고를 발달시킨다. ⑤ 개방식 질문을 한다. ⑦ 구체적 피드백을 준다.	 ② 감정을 수용한다. ④ 칭찬과 격려를 한다. ⑥ 부정적 반응을 하지 않는다.
6. 문제해결책 중 하나를 결정한다.	
7. 구체적 시행계획을 세운다.	
8. 피고용인의 개선상황을 모니터한 후 필요하면 추후 코칭을 제공한다.	

출처: 신용주(2006). 평생교육의 이론과 방법.

5) 코칭의 과정

(1) Check 단계 : 상대방 이해하기

직장 내에서 상사가 부하직원을 대상으로 코칭할 때는 피코치의 장래 비전, 근무실적, 태도, 업무능력(잠재능력 포함), 근무 사기, 대인관계, 회사 내 평판 등 조직 내 업무 관련 사항, 피코치의 성격, 기질, 성향, 특기, 취미, 장단점, 인생관, 삶의 가치, 신념, 철학, 관심사 등 업무 외적인 사항들까지 종합적으로 관찰하고 검토한다.

(2) Open 단계 : 대화의 장 열기

피코치가 안심하고 자기 심정을 터놓고 이야기하도록 만들려면 피코치의 입장에서 들어준다. 적극적 경청, 공감 수용, 친밀감과 신뢰감 형성, 협력적 대화 분위기 조성이 중요하다.

(3) Ask 단계 : 목표 및 문제 확인과 해결안 찾기

질문 단계에서는 추가적으로 효과적인 질문을 하여 피코치에 대한 목표와 문제를 확인하고 해결안을 찾을 수 있도록 최선의 노력을 해야 한다.

(4) Comment 단계 : 발전적 피드백 제공하기

코칭과정 중에 발견된 바람직하지 못한 언행이나 사고방식이 있다면 그에 대해 코치의 입장에서 피코치에게 진심 어린 피드백을 해야 한다.

(5) Help 단계 : 실행계획 구체화 도와주기

코치와 의견 일치를 이룬 피코치가 문제해결 방안에 대한 실행계획을 구체적으로 수립할 수 있도록 하는 것이다. 실행계획 수립, 실행지원 약속, 실행과정에서 지속적 관심과 지원을 한다.

6) 코칭 기법

(1) 점진적 이완기법

신체의 신경과 근육을 해소시키기 위해 신체 근육의 체계적 이완과 긴장을 동시에 하게 하는 방법이다. 즉, 긴장된 근육군을 가능한 한 최고도로 수축시킨 다음 서서히 이완시키는 기법으로, 수축부터 연습시키는 것은 근육긴장 상태의 현상과 느낌이 어떠한 것인가를 인식시키기 위한 것이다. 이러한 과정을 통해서 마음이 이완되게 된다.

훈련 방법은 근육의 이완훈련 과정 전체에 대한 지시문을 녹음한 테이프를 이용, 주의집중을 하면서 실시하는 방법과 다른 사람이 직접 지시하여 거기에 따라 행하는 방법, 그리고 훈련과정 전체에 대한 지시문을 묵상, 영상화시켜 줌으로써 본인 스스로 근육통제 훈련을 실시하는 방법이 있으나 이 경우는 훈련자의 확신 수준이 높은 경우에 효과가 있다.

(2) 자생훈련

이완기법의 하나로 마음을 향한 근육과 근육을 향한 마음, 즉 신체적·인지적 조건을 혼합 활용하여 접근해 가는 방법이다. 일련의 연습으로 구성된 이 기법은 두 개의 신체적 감각(따뜻함과 무거움)을 만들어내도록 고안되었다. 근본적으로 자율최면과 자기최면 기법이다. 점진적 이완훈련과 유사하나 자생훈련은 사지와 신체의 부위들이 어떻게 이완되었는가 하는 데 초점을 두기보다는 어떻게 느껴지는가에 초점을 맞춘 방법이다.

(3) 심상기법

심상기법은 어떠한 행동을 체계적이고 순서적으로 시연해 나가는 사고의 전 과정으로서 운동수행자로 하여금 신체적·정신적으로 시합에 준비 상태를 갖추게 하며, 불안을 해소시켜 운동의 전 과정, 혹은 세부동작에 주의집중력을 높여준다.

이 기법은 운동경기 상황의 심리적 압력으로부터 발생하는 불안을 해소시키기 위해 사용되는 기법으로 선수 자신이 수행할 기술의 성공적인 장면을 실제 장면과 같이 생생하게 머릿속으로 그려 보는 기법이다.

(4) 사고정지

부정적인 생각으로 인하여 불안이나 긴장이 높아질 경우 사고정지 기법을 사용할 수 있다. 사고정지란 부정적인 생각이 떠올랐을 때 의식적으로 "정지"라고 자신에게 말함으로써 부정적인 생각의 진행을 막는 것이다. 부정적인 생각을 정지시킨 다음에는 긍정적인 생각으로 이를 대체해야 사고정지의 효과가 커진다.

5. CAI 교육방법

컴퓨터 보조수업(Computer Assisted Instruction, CAI)은 프로그램화된 교재를 학생이 다루게 함으로써 컴퓨터가 직접 수업을 하도록 하는 기능을 하도록 한 것이다. 컴퓨터 활용수업의 목적은 해당 수업목표의 효과적 달성이다. 컴퓨터를 직접 수업 매체로 활용하여 지식, 태도, 기능의 교과 내용을 학습자에게 가르치는 수업방법이다. CAI 수업은 첫째, 교수-학습용 프로그램인 코스웨어를 통해 학습내용을 제시하고 학습과정을 상호작용으로 지도하고 통제하며 학습결과를 평가한다. 둘째, 학습자가 개개인에게 맞는 수준과 속도로 학습을 진행할 수 있도록 해주고, 학습자와 프로그램 간 상호작용의 기회를 충분히 제공하며, 학습진단과 처방을 내릴 수 있다.

1) CAI의 특성

컴퓨터 보조수업의 특성은 개별화 학습, 광범위한 여러 과목을 다양한 교수전략을 통해 학습하므로 교수자의 교육능력을 확대할 수 있으며, 학습자의 무한한 잠재력을 개발할 수 있다.

① 수업이 효과적으로 개별화될 수 있으며, 스스로 진도를 조절할 수 있다.

② 동기유발이 잘 되며, 비위협적인 학습 환경이 제공될 수 있다.
③ 학습동기가 증진될 수 있다(활동적인 학습이 가능).
④ 교육과정이 모듈로 제시될 수 있고, 위계적 순서로 조직화될 수 있다.
⑤ 교수자료들이 다감각적 형식으로 제시될 수 있다.
⑥ 주의집중력을 높일 수 있다.
⑦ 효과적인 훈련 및 연습이 제공될 수 있다.
⑧ 즉각적인 피드백과 강화가 비위협적으로 제공될 수 있다.
⑨ 교사가 아동의 학습 진단과 촉진하는 데 도움이 된다.
⑩ 학습자가 자신의 학습을 조절하게 할 수 있으므로 자기평가를 더 좋게 할 수 있다.
⑪ 학습자 간의 상호작용이 촉진될 수 있다.

2) CAI의 활용

① 수업의 대체물 : 수업 대체 또는 보충학습
② 학습의 참조물 : 백과사전 등
③ 교수를 제시하는 도구 : 빔프로젝터
④ 학습자의 학습도구로 활용 : 멀티미디어 전자사전
⑤ 학습자의 진단 및 평가도구
⑥ 창의적인 사고의 도구로 활용
⑦ 단순한 책에서 벗어나 종합적인 학습 가능
⑧ 기존의 방대한 참고자료를 기반으로 새로운 아이디어를 구성

3) CAI의 유형

(1) 반복연습형

반복연습형(Drill and Practice)은 개념이나 규칙의 예들을 반복 습득시키는 유형이다. 이 유형의 특성은 진단적, 평가적, 개별적, 난이도에 따른 학습이다. CAI 프로그램 중에 가장 많이 사용되는 방식으로 학생들이 이미 배운 내용을 익히고자 하는 목적으로 개발된 유형이다. 반복연습형의 활용은 이미 습득한 개념, 규칙, 절차 등의 사실적 정보 및 기본적인 용어를 빠르고 정확하게 숙달하는 데 활용된다(예: 영어 단어 외우기, 화학원소 외우기 등).

반복연습형의 구조는 도입, 문항 선택, 질문과 응답, 반응 판단과 피드백, 종료로 이루어진다.

① 도입 : 학습을 진행하는 데 필요한 기본적인 사항들에 대해 설명한다.

② 문항선택 : 학습자에게 제시되는 문항이 컴퓨터에 의해 선택되는 단계이다.

③ 질문과 응답 : 문항이 학습자에게 제시되고 학습자는 반응을 입력하게 된다.

④ 반응 판단과 피드백 : 입력된 학습자의 반응을 판단하여 적절한 피드백을 제공한다.

⑤ 피드백 : 피드백은 정답에 대해서는 짧게, 오답에 대해서는 구체적인 정보를 주는 것이 좋으며, 부정적 피드백보다 긍정적 피드백이 학습에 효과적이다.

(2) 개인교수형

개인교수형(Tutorial)은 내용설명에 따른 질문이 주어지고 학생이 답을 하면 그것을 분석하여 피드백하고 행로를 지시해 주는 유형이다. 이것은 교실에서 교사와 학생이 1 : 1 교수 상황에서의 수업을 하는 것과 동일하다. 학생에게 충분한 교수, 상세한 안내, 연습과 피드백 제공, 총괄평가를 목적으로 한 연습 기회, 학습내용의 파지를 위한 새로운 지식과 기존 지식을 연관시키는 전략을 제공한다. 개인교수형의 활용은 사실적 정보, 개념의 구별, 규칙, 규칙의 적용 등 다양한 학습유형을 가르치는 데 사용될 수 있다.

개인교수형의 구조는 도입, 정보 제시, 질문과 응답, 응답에 대한 판단, 피드백 및 종료 등으로 이루어진다.

① 도입 : 학습목표 제시, 학습안내 지침을 제공한다.

② 정보제시 : 학습내용을 구조화하여 제공한다.

③ 질문과 응답 : 학습내용에 대한 학습자의 이해 정도를 평가하고 학습자에게 연습기회를 부여하여 보충학습의 필요성을 지적하는 데 중요한 역할을 한다.

④ 반응판단과 피드백 : 학습자의 반응이 입력되면 그 응답을 판단하여 적절한 피드백을 제공한다.

(3) 모의실험형

모의실험형(Simulation)은 문제를 주고 학습자가 귀납적 방법에 의해 해결하도록 하는 발견학습법이다. 단순화·체계화된 모의 현실상황에서 학습자들이 컴퓨터와 상호작용을 통해서 문제를 해결하도록 하는 유형이다. 컴퓨터에 의해 시청각적 방법으로 실제와 유사한 가상적 상황을 학습자에게 제시한다. 모의실험형 활용은 실습비용이 너무 많이 든다거나 실생활에서 개념을 배우기가 곤란하거나 학습자에게 위험부담이 높을 경우에 사용한다(예 : 비행기 조종훈련, 자동차 운전연습 등).

모의실험형 구조는 도입, 시나리오(가상상황) 제시, 반응요구와 반응입력, 반응판단과 피드백, 종료로 이루어진다.

① 도입 : 학습목표와 학습안내 지침, 시나리오에 대한 개괄적인 그림을 보여준다.

② 시나리오 제시 : 시나리오가 현실성을 충분히 반영하였는지와 학습목표를

충실히 실행할 수 있는지의 여부를 고려하여야 한다.

③ 반응요구 : 학습자의 반응은 학습자의 연령과 흥미를 고려하여 키보드, 조이스틱, 마우스, 라이트펜, 음성 등 다양한 방법으로 입력될 수 있도록 개발될 수 있으며, 학습자의 실제 상황과 유사한 행동을 요구하는 것이 좋다.

④ 반응 판단과 피드백 : 학습자의 입력된 반응을 판단하여 피드백을 한다. 피드백은 실제 상황을 그대로 묘사한 자연적 피드백과 메시지만을 주는 인위적 피드백이 있다.

(4) 게임형

게임형(Game)은 교육목표를 가지고 오락적 요소, 규칙, 경쟁적 요소 등을 가미해 학습효과를 높이고자 설계된 프로그램 형태로 학습이 촉진되고 특정 기술 습득이 가능하다. 항상 목표가 제시되어 있고 학습자를 대표하는 물체가 이 목표를 달성하기 위해 정해진 규칙에 따라 경쟁적으로 도전한다. 동기유발과 학습을 강화시키기 위해 환상적·오락적 요소를 가진다. 게임형의 활용 영역은 사실적 개념, 원리, 절차, 종합, 문제해결능력, 태도 등 다양한 학습유형을 주제로 개발되었고 수업에 적절히 활용하면 효과적이다.

게임형의 구조는 도입, 시나리오 제시, 학습자 반응 요구, 반응 입력을 통한 상호작용, 종료 등으로 이루어진다.

① 도입 : 게임을 통해 도달해야 할 학습목표, 규칙, 진행 방법, 절차 및 벌칙 등의 정보 제시를 한다.

② 시나리오 제시 : 게임이 의도하고 있는 교육적 내용이 게임 요소와 결합되어 제시된다.

③ 반응 요구와 상호작용 : 학습자나 상대방의 반응이 상호작용한다.

④ 피드백 : 게임의 운영 후에는 승자가 결정되고 그에 따른 보상이나 피드백이 제공된다.

(5) 문제해결형

문제해결형(Problem Solving)은 학습자가 시행착오를 통하여 수업목표에 도달하는 것으로서 체계적인 사고 유형의 개발을 증진시켜 주고 문제해결력을 배양시킨다.

문제해결형 단계는 문제규명, 문제연구, 취사선택, 활동, 반추로 이루어진다.

① 문제규명 : 문제가 무엇일까 확인하고 가설을 세운다.

② 문제연구 : 가설을 검증하는 데 필요한 것이다.

③ 취사선택 : 근거 있는 가설을 선택하고 보완한다.

④ 활동 : 생각을 명확하게 표현한다.

⑤ 반추 : 성찰과 반추이다.

4) CAI의 장단점

(1) 장점

CAI의 장점은 자신의 학습 진도에 따라 수업이 가능하여 개별학습을 할 수 있고 기존의 교실수업에서 제공하지 못했던 학습 환경을 제공하며, 컴퓨터를 통한 프로그래밍 학습은 그 과정에서 요구되는 문제해결과 지속적인 오류 검증 및 수정의 작업을 통하여 고도의 사고능력을 신장시킬 수 있다.

① 교수-학습과정이 개별화된다.

② 흥미 있는 학습경험을 제공한다.

③ 상호작용적이다.

④ 교수자는 학습자에게 더 많은 시간을 할애한다.

⑤ 운영상 편리하며 비용효과(cost-effective)적이다.

(2) 단점

학습경험을 획일화할 가능성이 있고 일반적으로 학습자의 요구를 충족시키는 데 활용되지 못할 수 있으며, 학습 장소는 작업 장소보다 더 많은 하드웨어 필요량을 보유해야 한다는 단점이 있다.

① 하드웨어에 소요되는 비용이 높다.

② 우수한 코스웨어가 부족하다.

③ 코스웨어 개발에 전문적 지식, 노력, 시간, 경비가 많이 소요된다.

탐구문제

1. e-learning의 장점과 단점을 논의해 봅시다.

2. 멘토링과 코칭을 비교하여 장점과 단점을 논의해 봅시다.

3. CAI 교육 방법의 특징에 대해 알아봅시다.

CHAPTER

09 집단중심 평생교육방법

학습개요

집단중심 평생교육방법은 개인적인 학습에서 달성하기 어려운 학습이나 집단적인 방법으로 교육하는 것이 효율성을 기할 수 있을 경우에 평생교육을 원하는 다수의 교육적 욕구를 충족시키고, 삶의 현장에서 필요한 교양을 높이며, 집단 속에서의 공동체의식을 길러 집단의 과제를 해결하고 교양을 함양하며 조직체의 공동체적 의식을 길러 집단이 추구하는 목표를 실현하는 것이다. 이 장에서는 강의법, 토의법, 브레인스토밍 및 액션러닝에 대하여 살펴보고자 한다.

학습목표

1. 강의법을 이해한다.
2. 토의법을 이해한다.
3. 브레인스토밍을 이해한다.
4. 액션러닝을 이해한다.

1. 강의법

강의법(Lecture Method)은 가장 오래된 전통적인 교수방법으로, 주로 언어를 통한 설명과 해설을 통해 이루어진다. 이 방법은 고대 희랍 시대의 철학자들이 서로의 지식을 나누어 갖기 위해 사용해 온 이래 지금까지 수업과정에서 빈번히 사용되고 있다.

강의의 주된 목적은 청중들에게 분명한 사실, 개념, 지식, 아이디어 등에 관한 정보를 제공하는 데 있다(Cruickshank et al., 1995).

1) 강의법의 일반적 기술

① 교수자는 언어를 직관적이며 명확하게 사용해야 한다.
② 교수자는 학습자의 성장발달을 고려하여 언어를 선택해야 한다.
③ 교수자는 학습자의 반응을 수시로 확인하여 그에 따른 강의의 진도 및 정도를 조절해야 한다.
④ 교수자 자신의 음성이나 음색의 정도를 조절하고 가끔 유머를 사용하여 학습자가 권태를 느끼지 않도록 해야 한다.
⑤ 시청각 보조 자료를 사용하여 학습의 효과를 높여야 한다.

2) 강의법이 적합한 경우와 그렇지 못한 경우

(1) 적합한 경우

첫째, 기본적인 정보의 제공이다. 강의법은 지식의 전수를 주된 교육목적으로 삼을 때 실시하는 방법이므로 수업의 계열상에서 다음 단계의 학습에 필요한 기본적인 정보를 제공할 때 적합하다.

둘째, 교재에 없는 사실이나 이해하기 어려운 내용의 전달이다. 강의법의 장점 중 하나가 지식을 논리적이고 체계적으로 전달할 수 있다는 것이다. 따라서 학습자들이 가지고 있는 교재에 없는 사실이나 이해하기 어려운 내용을 전달할 때 유용하다.

셋째, 수업 전 단계에서의 방향 제시이다. 강의법은 전체 내용을 개괄하거나 요약하기 좋으므로 다른 방법을 통해 수업을 하기 전 단계에서 학습과제에 대한 전반적인 정보나 방향을 제시할 때 도움이 된다.

넷째, 특정한 성격의 학습자인 경우이다. 강의법은 모호함을 참지 못하는 학습자들, 내성적인 학습자들, 심리적으로 경직되어 있고 융통성이 없으며 근심 걱정이 많은 학습자들에게 매우 효과적이다.

(2) 적합하지 못한 경우

첫째, 지식의 습득 이외의 다른 수업목표가 더 강조될 때이다. 예를 들어 학습자들의 자발적인 참여를 통해 획득될 수 있는 사회성의 학습이 수업의 목표가 될 때는 강의법이 부적합하다.

둘째, 장기적인 파지가 필요한 과제에는 부적합하다.

셋째, 학습자의 지적 능력이 평균 또는 그 이하일 때이다. 강의법은 교수자의 설명 위주로 진행되므로 학습자가 오랫동안 집중하고 이를 체계적으로 받아들일 수 있어야 효과를 볼 수 있다. 따라서 이해력이 떨어지는 학습자의 경우 수업 자체를 쫓아가기가 어렵다.

3) 강의의 단계

(1) 준비 단계

① 강의에 사용할 매체를 선정한다.

② 학습과제, 수업목표, 학습자의 출발점 행동에 대해 충분히 이해한다.

(2) 도입 단계

① 교수자-학습자 간의 관계 설정 : 교수자의 자기소개, 학습자의 호명, 분위기를 부드럽게 하는 말, 강의 절차에 대한 언급 등을 통해 이러한 관계를 설정한다.

② 학습자의 주의집중 : 시청각 교구의 사용, 질문의 제시 등을 통해 학습자들의 주의를 집중시킨다.

③ 수업목표의 제시 : 수업의 목표를 명시적으로 제시하되, 가능하면 이를 위계적 관계로 밝혀 준다.

(3) 전개 단계

① 학습할 내용을 논리적으로 조직하여 제시한다.

② 내용을 예제 등을 통해 구체적으로 제시한다. 특히 용어나 이론은 명백하게 제시한다.

③ 학습자들의 주의를 끝까지 지속시킨다.

(4) 정리 단계

① 중요한 내용을 재생시켜 일반화할 수 있도록 돕는다.

② 전체적인 내용을 개괄해 준다.

③ 본 강의와 다음 강의를 관련시켜 준다.

4) 강의법 수업모형

설명식 수업모형을 바탕으로 강의식 수업모형을 제시하면 다음과 같다 (Andrew, 1984; Jacobsen, 1985).

제1단계는 학습문제 파악 단계로서 강의를 효과적으로 하기 위해 처음 약 3~5분 동안은 학습자들과 우호적 관계 형성이 중요하다. 이 단계에서는 수업목표를 제시하여 학습자가 스스로 학습계획을 설정하고 그 내용에 대한 동기가 유발되어 학습의 효율성을 높일 수 있다. 이때 수업목표 진술은 가급적 명시적으로 하는 것이 좋다(변영계, 1984).

제2단계는 학습문제를 해결하는 단계이다. 이 단계에서는 관련되는 개념, 법칙, 원리 등을 설명하며, 설명은 논리적으로 조직되어 제시되어야 한다. 또한 학습자들의 주의집중을 유도하기 위해 여러 가지 시청각 자료들을 활용할 수 있으며 교수자의 표정이나 자세, 제스처도 학습자의 주의집중을 유도하는 데 중요한 역할을 한다.

제3단계는 일반화 단계이다. 이 단계에서는 문제해결 과정을 통하여 획득된 개념이나 기능을 적용하고 연습한다. 교수자는 학습내용을 정리해 주고 예제를 제시하며 차시예고를 해준다. 강의식 수업절차는 표 9-1과 같다.

표 9-1 강의식 수업의 절차

단계	구체적 활동 내용
단계 1 학습문제 파악	① 학습자들과 우호적 관계 형성 ② 학습목표 제시 ③ 학습동기 유발 ④ 선수학습 확인 및 처치 ⑤ 선행조직자의 이용
단계 2 학습문제해결	① 학습할 개념, 원리, 법칙 등 학습내용 제시 및 설명 ② 필요한 학습자료와 매체의 체계적 제시 ③ 학습문제해결 ④ 지속적 주의집중하기
단계 3 일반화	① 문제해결 연습 및 여러 가지 예제의 적용 ② 통합 조정의 원리 이용 ③ 학습내용 강조 및 요점 정리 ④ 심화 및 확충 설명 ⑤ 차시 예고 및 과제 제시

출처: Andrews, J. D. W. (1984). Discovery and expository learning compared: Their effects on independent and dependent students.

5) 강의법의 장점과 단점

(1) 강의법의 장점

① 짧은 시간에 다량의 내용을 많은 사람들에게 체계적으로 전달할 수 있다.

② 교수자의 언어만으로 난해한 문제를 용이하게 설명할 수 있다.

③ 학습자의 감정 자극과 동기유발이 용이하다.

④ 교수자가 시간을 조절할 수 있어 학습 경제상 유리하다.

(2) 강의법의 단점

① 학습자의 수동적 역할로 인해 활동 기회를 제약한다.

② 교수자의 획일화된 수업 진행으로 개성과 능력이 무시되기 쉽다.

③ 지식 위주의 교육에 빠지기 쉽다.

④ 추상적인 개념 전달로 인해 학습능력이 낮은 학습자는 학습내용을 이해하기 곤란하다.

6) 발문

발문(跋文)이란 학습 요소의 내용과 방향을 제시하는 교수의 단서로 학습자의 사고를 유발해 새로운 탐색, 추구, 상상을 확대하고 사고나 행동을 안내하는 작용을 할 수 있도록 치밀하게 계획된 의도적 물음이라고 할 수 있다.

(1) 좋은 발문의 조건

① 발문의 핵심이 명확하고 간결한 발문

② 다양한 사고 활동이 기대되는 확산적 발문

③ 학습자의 능력과 지식 및 경험에 대응한 발문

④ 개인차를 고려한 발문

⑤ 학습과제 해결의 단서가 되는 발문
⑥ 바른 언어를 사용한 발문
⑦ 자연스럽고 허용적인 분위기에서 이루어지는 발문

(2) 학습활동 단계별 발문

가. 도입 단계

① 동기유발을 위한 발문
② 선행학습 확인을 위한 발문
③ 학습목표 인식을 위한 발문

나. 전개 단계

① 문제해결방법에 관한 발문
② 문제해결활동을 촉진하는 발문
③ 문제해결을 위한 비교·분석·판단이나 비판에 관한 발문

다. 정리 단계

① 문제해결에 대한 결론을 내릴 수 있는 발문
② 학습내용 정리에 대한 발문

2. 토의법

토의법(Discussion method)은 공동학습의 일종으로 학급 조직을 고정하지 않고 비형식적인 토의 집단으로 구성해서 자유로운 토론을 함으로써 문제해결에 협력하여 집단적 결론으로 이끌어 나가는 학습방법이다. 이 방법은 의사소통을

전제로 하기 때문에 토의에 참여하는 학습자와 수업자의 역할이 강조되며, 정보와 경험의 상호교환이 중요시된다. 따라서 토의에서 수업자의 역할은 상황에 따라 다양하게 나타나고, 집단의 크기와 구성원들의 특성에 따라 토의의 성격이 좌우될 수 있다.

토의법의 목적은 학습자의 참여를 유도하고, 문제를 비판적으로 분석하는 능력을 신장시키며 창의적 능력과 협동적 기술을 개발시키는 데 있다고 보았다 (Davis, 1981).

1) 토의법의 절차

토의법의 수업모형은 다음과 같다(한국교육개발원, 1990).

(1) 주제결정 단계

토의의 의의 및 목적을 확인한 후 이에 기초하여 토의주제를 결정한다. 토의주제는 학습자들의 흥미, 요구 및 능력 등을 고려하여 교수자가 선정하거나 학습자들과 협의하여 결정한다.

(2) 안내 단계

토의방식을 결정하고 토의집단을 구성한 후 각 참여자의 역할을 정한다. 토의의 구체적 절차를 설명하고 토의의 유형에 적절하게 토의집단 구성원들에게 좌석을 배치한다.

(3) 토의전개 단계

토의가 실제로 이루어지는 단계로 집단별로 토의 주제와 내용 및 절차 등을 협의하여 진행한다. 이때 각 토의자는 토의집단에서 자신의 역할이 무엇인지를 확인하고 토의주제에 관해 잠시 생각할 시간을 가진 후 사고를 정리하여 토의에 들어간다.

(4) 정리 단계

집단별로 토의내용을 요약하고 정리하여 발표한다. 각 토의집단의 발표 후 다시 전체 토의를 거쳐 종합적으로 결론을 제시한다. 토의를 마친 후 토의내용 및 전반적인 과정에 대해 반성하고 평가한다.

2) 토의법의 장점과 단점

(1) 토의법의 장점

① 타인의 의견 존중 및 협력하는 태도와 실천력을 기를 수 있어 민주시민의식을 함양할 수 있다.
② 스스로 사고하고 의사표현을 하는 능력을 함양할 수 있다.
③ 고등정신 기능을 기를 수 있다.

(2) 토의법의 단점

① 저학년이나 학습능력이 낮은 학습자 수업에서는 형식적인 토의가 되기 쉽다.
② 시간의 비경제성과 인원의 제한이 있다.
③ 어려운 사실과 개념을 다루기가 어렵다.

3) 토의법의 유형

(1) 원탁식 토의

원탁식 토의(Round Table Discussion)는 10명 정도의 참가 인원이 정해진 주제에 대해 상호 동등한 관계 속에서 자유롭게 의견을 교환하는 방식이다. 참여자들의 발언이 활발하게 이루어지고, 참여자 모두 토의에서 합의된 결과에 대한 책임을 똑같이 공유한다는 점에서 매우 민주적인 토의방법이지만 시간이 오래 걸리고 발언이 특정인에게만 편중될 우려가 있으므로 토의에 참여하지 못하는 사람이 있을 수 있다. 따라서 성공적인 토의가 이루어지려면 충분한 경험이 있는 사회자가 침묵하거나 소외되는 참여자에게도 발언할 수 있는 기회를 적절히 제공하고, 소모적 논쟁이나 논박으로 주제에서 벗어나지 않도록 해야 한다.

(2) 배심토의

배심토의(Panel Discussion)는 사회자의 진행에 의해 토의주제에 관한 지식과 경험이 풍부한 4~6명의 패널 구성원이 청중 앞에서 토의하는 방식이다. 토의주제에 대해 상반되는 견해를 가진 소수의 패널 구성원들은 발언 시간에 사회자의 적절한 통제를 받는다. 이 방법은 사회자의 능력에 따라 토의를 통해 많은 문제를 취급할 수 있고, 청중과 발표자 사이에 자발적인 의사교환이 가능하나 비공식적인 대화를 중심으로 이루어지므로 논리적이고 체계적인 정보의 제시가 어렵고, 대부분의 질문에 완벽한 응답을 기대하기 어렵다. 가능하면 예리한 사고력의 소유자로 즉석에서 명확하게 답변할 수 있는 발표자를 선정해야 하고, 사회자는 1인당 발표 시간을 2~3분을 소요하지 않는 범위 내에서 간결하게 의사를 발표하도록 통제해야 한다.

(3) 공개토의

공개토의(Forum Discussion)는 1~2명의 전문가가 주어진 시간 내에 공개연설을 한 뒤 그 내용을 중심으로 청중과 질의응답하는 형식으로 진행되는 방식이다. 포럼은 전문가와 학습자들 간에 질의응답을 자유롭게 함으로써 원활한 상호의사소통을 한다. 사회자가 연설자의 시간을 적절히 통제하고 청중의 질문을 유도해야 하며, 질의시간이나 발언 횟수를 적절히 조절해야 한다.

(4) 세미나

세미나(Seminar)는 토의주제에 대해 전문적인 지식을 갖고 있는 전문가나 연구가들이 참여하고, 참석자 전원이 자신의 의견을 발표할 기회를 갖는 것이 특징이다. 대체로 높은 권위의 전문가 간의 의견교환을 통해서 참여자들에게 토의주제에 대한 전문적 연수나 훈련의 기회를 제공하고자 할 때 자주 활용된다. 사회자와 발표자, 참가자들이 토의주제에 대한 전문적 지식과 정보를 소유하고 있기 때문에 전반적으로 매우 활발한 상호작용 속에서 토의가 진행된다.

(5) 워크숍

워크숍(Workshop)은 전문적인 기술 또는 아이디어를 시험적으로 실시하면서 검토하는 연구회 및 세미나이다. 참석자들 자신이 문제를 다루는 능력을 증진시키고 철저한 연구 및 토론을 통하여 어떤 주제에 관한 지식을 확장시키고자 공동으로 작업하기 위해 이루어진다. 기간은 보통 3일~3주 정도로 잡으며, 참가인원은 10~25명으로 제한한다. 이때 프로그램의 효과성을 높이기 위해서는 참가자가 시작 단계부터 마지막 단계까지 지속적인 출석이 보장되어야 한다.

(6) 콜로키

콜로키(Colloquy)는 몇 사람의 청중 대표가 먼저 문제를 제시하며, 배석한 몇 사람의 전문가 의견을 구하는 형식인데, 필요에 따라 청중도 참가해서 토론한다. 대담토론, 자유토론이라고도 하며, 일반적으로 6~8명의 참석자로 이루어지고 3~4명은 학습자 대표로, 또 다른 3~4명은 전문가나 자원 인사, 그리고 1명의 사회자로 구성된다. 일반 청중 학습자들의 참여가 허용되며, 토의시간은 학습자 집단과 전문가 집단 양측에 거의 동등하게 주어진다. 적극적이고 능동적인 학습 참여를 가능하게 함으로써 학습자의 흥미와 동기를 유발할 수 있으나 토론자들이 학습 기법의 특성과 구성원들의 역할을 잘 숙지하지 못할 경우 집단토의가 되어버릴 수 있다.

3. 브레인스토밍

오스본(Osborn, 1953)의 브레인스토밍 프로그램에서는 집단토의를 통해 창의적 아이디어를 산출하도록 훈련한다. 브레인스토밍이란 뇌(brain)에 폭풍(storm)을 일으킨다는 뜻으로, 어떤 구체적인 문제에 대한 해결 방안을 생각할 때, 비판이나 판단을 일단 중지하고 질을 고려함이 없이 머릿속에 떠오르는 대로 아이디어를 내게 하는 방법이다. 일정한 테마에 관하여 회의 형식을 채택하고, 구성원의 자유발언을 통한 아이디어의 제시를 요구하여 발상을 찾아내려는 방법이다.

1) 브레인스토밍의 원리

① 한 사람보다 다수인 쪽이 제기하는 아이디어가 많다.
② 아이디어 수가 많을수록 질적으로 우수한 아이디어가 나올 가능성이 크다.
③ 일반적으로 아이디어는 비판이 가해지지 않으면 많아진다.

2) 브레인스토밍의 기법(Osborn, 1953)

(1) 판단 보류의 원리(비판금지)

참여자들에게 '지연 판단의 원리'를 지시한다. 즉, 브레인스토밍이 끝날 때까지 비판적 코멘트는 하지 않도록 한다.

(2) 다양성의 원리(질보다 양)

참여자들에게 아이디어의 질에 구애됨이 없이 가능한 한 많은 아이디어를 생각해 내도록 권장한다.

(3) 독창성의 원리

참여자들이 세련되지는 않았더라도 색다른 아이디어를 산출해 내도록 자극한다.

(4) 결합의 원리(조합과 개선)

참여자들에게 브레인스토밍 중에 제시된 아이디어에 새로운 그 무엇을 첨가하도록 자극한다.

4. 액션러닝

1) 액션러닝의 개념

액션러닝(Action Learning)이란 교육훈련 참가자들이 소규모의 그룹을 구성하여, 경영상의 실제 문제(real problem)를 일정한 시간 내에 해결하게 하고, 문제의 해결 과정에 대한 성찰(reflection)을 통해 문제해결능력을 제고시키는 교육훈련 기법이다.

즉, 교육 참가자들이 소규모 집단을 구성하여 개인과 집단이 팀워크를 바탕으로 경영상의 실제 문제를 정해진 시점까지 해결하고, 문제해결 과정에 대한 성찰을 통해 학습하도록 지원하는 교육 방법이다. 이러한 액션러닝의 핵심 포인트는 조직 내 문제해결을 하는 데에 학습을 활용하는 것이며, 이러한 현장경험을 통해 개인과 조직의 학습능력을 향상시키는 실질적이고 행동 위주의 교육훈련 방법이다.

액션러닝이란, '일하면서 배우고, 배운 것은 꼭 실천에 옮긴다.'는 뜻으로 교육과정 중에 기업이 당면하고 있는 실제 문제를 직접 실행에 옮겨 성과를 도출

해냄으로써 기업에게는 성과를, 팀에게는 시너지를, 개인에게는 역량을 향상시켜 주는 '조직과 개인의 역량 극대화 프로그램'이다. 기존의 경영혁신 프로그램들이 이미 만들어진 케이스를 가지고 한정된 시간 안에 당면한 과제의 해결을 추구하는 데 반해, 액션러닝은 현재 회사에 실존하는 문제를 팀원들이 스스로 찾아 끝까지 해결해 나감으로써 참가자 모두의 역량 향상을 지향하기 때문에 참가자들의 진정한 몰입과 적극적 참여를 이끌어 낸다는 장점이 있다. 또한 기존의 기업교육 프로그램들이 업무와 동떨어진 교육과 그 교육의 결과로 수많은 보고서를 양산하도록 하는 방식이었다면, 액션러닝은 현업의 업무 속에서 직접 성과를 내도록 운영함으로써 기업의 실질적 생산성을 높이는 방식으로 프로세스화되어 있다.

2) 액션러닝의 특징

액션러닝의 개념적 프레임웍으로 학습 = 지식 + 질의 + 성찰 + 실행(Learning = Programmed Knowledge + Questioning + Reflection + Implementation: L= P + Q + R + I)을 들 수 있다. 이는 프로그램화된 지식의 토대 위에 현장에서의 실행과 이에 대한 질의 과정과 성찰 과정을 통해 진정한 학습이 이루어진다는 개념을 바탕으로 하고 있다. 따라서 액션러닝은 교육 프로그램에 참가한 학습자들이 실제적 문제를 바탕으로 한 끊임없는 질문, 성찰, 토론, 그리고 액션을 취함으로써 실제 현장기반의 실시간 학습을 경험할 수 있는 것이다.

Marquardt(2000)가 제안한 액션러닝의 주요 특징은 다음과 같다.

첫째, 액션러닝은 가상의 문제가 아닌 현장에서 발생하는 실제 문제를 다룬다.

둘째, 액션러닝은 학습한 내용을 바탕으로 구성원이 직면한 문제의 해결방안을 모색하는 과정에서 질의, 실행, 성찰을 거치며 학습이 일어난다.

셋째, 액션러닝은 학습 팀을 이룬 구성원의 자발성과 역량, 리더십을 이끌어

내는 학습자 중심의 교수학습방법이다.

넷째, 팀 활동을 기반으로 한 문제해결 과정을 통해 개인과 개인이 속한 조직 모두의 역량을 강화할 수 있는 학습형태이다.

3) 액션러닝의 구성 요건

마퀴트(Marquardt, 2000)는 액션러닝의 핵심 구성요소로서, 당면문제(실제문제)—그룹(학습팀)—질문과 성찰—실천의지—학습의지—촉진자 등 여섯 가지를 들고 있다.

(1) 실질적 문제 선정

액션러닝이 효과적으로 운영되기 위해서는 기업이 당면한 실질적이고 핵심적인 문제를 학습 프로그램의 대상으로 삼아야 한다. 실제 현장의 문제점을 중심으로 그 원인과 해결안을 고민하도록 하는 것이 필요하다.

(2) 조화로운 학습팀 구성

4~8명으로 구성된 학습팀을 구성(구성원 모두가 한 가지 과제를 담당)한다.

다양성과 중복성이 고려된 조화로운 팀 구성이 중요하며, 각자가 자신의 과제를 해결하는 과정에서 도움을 주고받을 수도 있다.

이때 구성원 간의 경험교환 과정이 필수적이다. 팀 구성원들 간에 경험이나 지식 면에서 동질성이 있으면 각자가 가진 지식이나 사고 면에서 공통성이 있으므로 지식의 교환이나 커뮤니케이션이 효과적으로 이루어질 수 있다.

그러나 너무 동질적일 경우에는 팀 구성원들이 하나의 사고 방향이 특정 방향으로 고정화되어 획일화될 가능성이 커지고 창의성이 발휘되기 어렵게 된다. 팀이 획일성에 빠지지 않고 다각적으로 사고하여 집단적 창의성을 발휘할 수 있게 하기 위해서는 팀 구성원들 간에 경험이나 지식의 다양성이 있어야 한다. 하지만 팀 구성원들 간에 사전 경력이나 경험이 지나치게 이질적이면 커뮤니케이션이 효과적으로 이루어질 수 없다. 따라서 어느 정도의 다양성과 중복성을 균형 있게 갖추어야 팀원들 간의 상호작용이 효과적으로 이루어지고 학습이 촉진될 수 있다.

(3) 질의와 반복적 성찰 과정

제기된 이슈를 반복적으로 성찰 과정을 통해 학습될 수 있도록 해야 한다. 대부분의 기존 학습이 일회성 이벤트로 머무는 경향이 있다. 하지만 액션러닝은 일회성 학습이 아닌 실제 다양한 문제를 해결해 나가는 과정에서 고민하고 문제해결능력을 키워 주는 과정이다. 따라서 반복적인 성찰 과정은 필수 요소 가운데 하나라 할 수 있다.

질문 제기, 대안 개발, 학습을 통한 문제해결 과정의 성찰 속에서 학습이 일어난다.

(4) 실행의지

문제 자체가 기업이 당면한 실제 문제이므로 액션러닝을 통해 얻어진 결과는 대부분 실행되는 경우가 많아 실행의지가 강하다.

(5) 학습의지 고취

학습자들이 학습에 대한 열정을 키울 수 있도록 동기를 부여하는 다양한 방식이 필요하다. 금전적·비금전적 보상 방식을 통해 이를 촉진할 수 있을 것이다. 실행의지가 높아 교육 참가자들의 학습동기가 높다.

(6) 촉진자

참가자들의 학습을 촉진하는 역할을 전담하는 촉진자(Set adviser)를 배정한다.

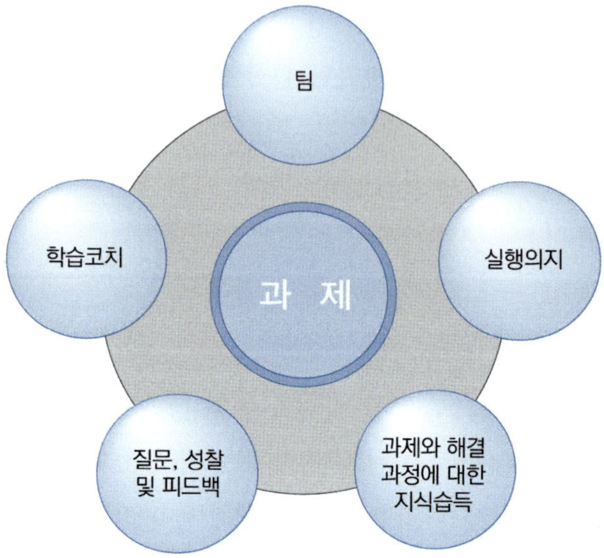

그림 9-1 액션러닝

출처: 마퀴트 지음. 봉현철 · 김종근 역(2000). 액션러닝.

4) 액션러닝 프로그램의 특징

구성원들의 역량개발이나 전문기술 확보를 위해서는 기존의 학습시스템에서는 충족시키기 어려운, 보다 체계적이고 실천적인 행동지향적 학습이 필요하다. 액션러닝 프로그램은 기존 학습시스템과 다음과 같은 차이점이 있다.

첫째, 기존의 학습시스템들은 이론 및 사례연구, 역할연기, 시뮬레이션 등 주로 강의 위주의 간접적 학습방식으로 구성되어 있었기 때문에 현장 단위에서 발생하는 근본적인 문제를 다루지 못한다는 한계를 가지고 있다. 하지만 액션러닝 프로그램은 기업이 당면하고 있는 핵심 현안 및 현장 중심의 이슈를 중심으로 문제를 선정하고 이를 해결할 수 있는 구체적인 대안을 실제 행동을 통해 제시한다는 면에서 기존 방법과 차이가 있다.

둘째, 액션러닝 프로그램은 태스크포스나 품질분임조 활동을 통해 이루어지는 기존의 현장 중심의 학습과도 다소 차이가 있다. 물론 이러한 팀 내에서도 현장 중심의 행동학습이 이루어지지만, 특정 문제나 과업의 현상 분석에만 초점을 두고 있다는 면에서 한계가 있다. 반면 액션러닝 프로그램은 문제의 근본적인 원인 파악은 물론 대응방안 모색, 그리고 변화로 인해 야기되는 전반적인 파급효과 등과 같이 기업 전반에 걸친 환경적·시스템적 측면까지도 학습의 대상으로 삼고 있다.

셋째, 기존의 학습시스템에서는 학습자가 제시한 결정사항이나 해결대안이 실제로 실행되는 경우가 드물다. 그러나 액션러닝 프로그램은 기업성과와 직결되는 사안들로 문제를 구성하기 때문에 프로그램을 통해 얻어진 결과는 거의 대부분 실행되는 경우가 많다. 즉, 액션러닝 참가자들의 학습동기를 높일 수 있다는 점에서 의의가 있는 것이다.

넷째, 기존의 학습이 구성원들의 업무와 관련하여 문제점을 파악하고 제품이나 생산과정을 개선하는 것에 머물렀다면, 액션러닝은 기술적으로 충분히 해결할 수 있는 문제가 아니라 익숙하지 않으면서도 도전적인 과제를 다룸으로써 보다 폭넓은 시야를 가질 수 있다는 장점이 있다.

이런 측면에서 볼 때 액션러닝 프로그램은 실제 업무에 도움이 되는 도전적 과제를 부여하고 학습주제 선정 및 실행상의 권한을 부여함으로써 도전적이고 핵심 기술을 보유한 인재를 육성하는 효과적인 학습 툴(learning tool)이라 하겠다.

표 9-2 액션러닝과 전통적인 교육 방법과의 비교

비교 요인	전통적인 교육 방법	액션러닝
패러다임	공급자 중심의 교수 (강사의 상대적 우월성)	수요자 중심의 학습 (학습활동의 중요성)
철학	문제 상황에 대한 전문적 지식을 가지고 있는 소수의 외부전문가	문제 상황에 직면하고 있는 내부 구성원 모두가 전문가
이론과 실천의 관계	이론과 실천의 분리	이론과 실천의 통합
교수-학습전략	주입식	참여식
적합한 영역	전문적 지식 및 기술의 집중적인 단기간의 훈련	일반적 경영관리 능력 개발
교육생의 역할	수동적 지식의 흡수자	적극적 참여자
강조점	현장과 관련성이 적은 전통적인 내용 중시	현장 중심의 비구조적 문제 또는 기회의 해결 및 발견
교육과 경영의 관계	교육을 위한 교육 교육전략 ≠ 경영전략	경영성과 기여도의 극대화 교육전략 = 경영전략

표 9-3 액션러닝과 유사 개념과의 비교(Marquardt, 1999: Rothwell, 1999)

개념	목적	학습방법	기타
태스크포스 (Taskforce)	-실제 상황에서의 특정과업·문제에 초점을 둠	-우연적 학습	-해결책을 실행할 권한이 상급자에게 있음
품질분임조 (Quality Circles)	-실제 상황에서의 품질향상과제·문제에 초점을 둠	-우연적 학습	-해결책을 실행할 권한이 상급자에게 있음
시뮬레이션 (Simulation)	-가상의 사례를 다룸	-의도적 학습	-해결책에 대한 결과 및 책임이 따르지 않음 -해결책의 타당성을 검증할 기회 없음
문제해결학습 (Problem-based Learning)	-실제 및 가상의 문제를 다룸	-의도적 학습	-해결책에 대한 결과 및 책임이 따르지 않음 -해결책의 타당성을 검증할 기회 없음

개념	목적	학습방법	기타
액션러닝 (Action Learning)	-실제 직면한 비즈니스 이슈의 발견과 이의 해결을 통한 환경적, 시스템적, 요소에 초점을 둠	-학습자 주도적 학습 -의도적 학습	-해결책의 실제적용을 통한 결과의 확인 및 이에 대한 성찰을 통해 학습이 이루어짐 -개인개발과 조직개발에 초점을 둠

출처: 유영만(1995). 지식경제시대의 학습조직.

5) 액션러닝의 절차

일반적인 액션러닝 프로그램 프로세스(Action Learning process)는 다음과 같다.

(1) 팀 구성과 과제 부여

4~8명으로 구성된 학습팀(Set)을 구성하고 그 팀에게 부서 또는 전사 차원에서 꼭 해결해야 할 중대하고 난해한 과제를 부여한다. 학습팀 구성원들에게 각기 다른 과제를 부여(Open-Group Program)하거나 학습팀 전체에게 하나의 과제(Single-Project Program)를 부여한다.

(2) 팀 미팅과 과제 해결대안 모색

정해진 기간 동안 여러 번의 미팅을 통해 해결대안을 모색하며, 이때 팀 효과성 증진을 위해 Learning Coach(Facilitator)가 팀 미팅에 참석한다. 코치와 함께 문제해결기법, 의사소통기법(communication skill), 프로젝트 경영(project management) 등 다양하고 강력한 기술들을 이용하여 과제에 대해 토론하고 성찰함으로써 해결대안 개발과 동시에 학습이 일어난다.

(3) 해결대안 실행과 평가

해결대안을 개발한 후에는 그 해결대안을 소속 부서장 또는 최고 경영층에 보고한 후 직접 실행하며, 그에 대한 평가는 참신성, 실현 가능성, 비용 절감 효과, 생산성 증대 효과(경영성과 향상 기여도) 등을 기준으로 평가한다.

이와 같은 액션러닝만의 독특한 팀 학습원리는 다른 프로그램에서는 해결할 수 없었던 조직과 개인의 역량 향상을 가능하게 하였으며, 그 결과 유럽과 미국 그리고 아시아에 있는 수많은 회사들이 도입해 활용하고 있다. 우리나라에서도 10여 년 전부터 많은 기업들이 실시하고 있다.

액션러닝의 절차는 다음과 같다.

첫째, 액션러닝을 위한 상황 파악

둘째, 액션러닝 팀 선정 및 조직

셋째, 팀 브리핑 및 제한 범위 설정

넷째, 팀의 상호작용 촉진

다섯째, 해결 방안 규명 및 검증 권한 부여

여섯째, 결과평가

일곱째, 향후 방향 설정

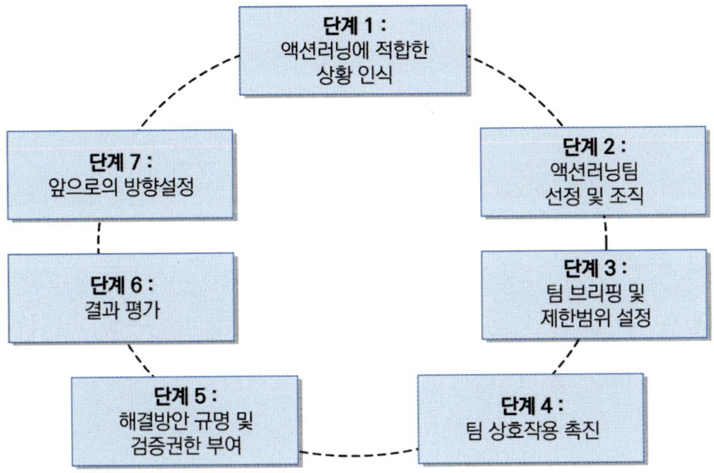

그림 9-2 액션러닝모델(Action Learning Model)

출처: Rothwell, W. (1999). The action learning guidebook: A real time strategy for problem solving, training design, and employee development.

6) 기대효과

액션러닝은 다음과 같은 기대효과를 가져올 수 있다.

첫째, 조직의 실제의 문제해결

둘째, 구성들 간의 성찰을 통한 유용한 피드백을 제공하여 팀워크 형성

셋째, 핵심인재 육성

넷째, 조직학습의 구축과 향상

다섯째, 전문적인 업무능력 개발

여섯째, 개인의 성장과 경력개발

액션러닝의 도입 효과 및 활용 사례

(1) 도입 효과

과거 해결할 수 없었던 문제해결, 학습조직 구축, 팀 구성, 리더십 개발, 개인적 성장과 경력개발 등의 효과를 거둘 수 있다.

(2) 구체적 사례

① 삼성전자 : Group장 양성을 위해 활용

② 태평양 : 핵심리더 양성을 위해 Action Learning 프로그램 도입(1998년 이래 매년 실시)

③ GE : 리더십 혁신과 Global Leader 양성을 위해 Action Learning 활용

④ 내셔널 세미컨덕터 : 액션러닝 팀을 활성화하여 조직이 직면한 실제 문제해결을 통한 생산성 향상

⑤ Volvo : 액션러닝 과제인 폴란드 공장의 유통시스템 개선을 통해 생산시간 단축, 7백만 달러의 수익 향상

☆ 성공 포인트

(1) 조화로운 팀 구성

다양성 등을 고려한 조화로운 팀을 구성하여야 한다.

(2) 조직 차원의 지원

최고 경영층의 적극적인 관심과 지원이 필요하다.

(3) 적절한 문제 선택

조직의 성과와 직결된 중요한 문제인가 등이 고려되어야 한다.

(4) 충분한 시간 배분

액션러닝의 질을 높이기 위해서 문제해결, 경험 교환, 성찰을 위한 충분한 시간 확보가 필요하다.

PFG사의 단계별 액션러닝 프로그램

PFG(Principal Financial Group)사는 미국 아이오와 주 디모인에 위치한 금융서비스 회사이다. 1990년대 들어 사업 규모가 확장되면서 CEO인 데이브 듀러리와 경영진들은 조직 내 원활한 정보공유와 긴밀한 상호협력을 통한 학습이 쉽게 이루어지지 않는다는 문제를 발견하게 되었다. 급변하는 금융 산업환경에 대처하고 날로 심해지는 경쟁상황에서 회사의 지속적 성공을 보장받기 위해선 이러한 문제를 해결할 수 있는 새로운 시도가 필요했다.

이에 회사는 개인적 차원에서의 경력개발과 성장필요 충족, 조직차원에서의 전략적 이슈 해결 및 향후 회사를 이끌 미래 리더의 육성을 도모하기 위해 액션러닝 팀을 활용하게 된다. PFG 액션러닝 팀의 세부 운영방식은 팀 구성에서부터 최종 보고에 이르기까지 다섯 단계로 구분해 볼 수 있다.

(1) 1단계 : 팀 구성

PFG사는 먼저 1단계에서 최고경영자와 상위 관리자들로 구성된 그룹관리위원회(Corporate Management Committee)에서 액션러닝 팀을 구성했다. 경영진은 액션러닝 팀의 지원역할을 담당하며 기업이 직면하고 있는 도전적 과제를 팀에 부여하는 역할을 한다. 팀은 운영 원칙을 스스로 정립하고 이를 위원회에 승인받는다. 경영진과 팀 구성원들은 첫 번째 팀 미팅에 참여해 명확한 팀 미션을 세우게 된다. 첫 번째 미팅이 있을 때마다 CEO 데이브 듀러리는 "우리의 미션은 액션러닝 팀을 통해 여러분과 우리 회사의 성장을 함께 이루는 데 있습니다."라고 강조했다고 한다.

(2) 2단계 : 학습코치의 지원

2단계에서 각 팀은 내·외부 학습 전문가를 배정받는다. 배정된 학습코치는 팀 운영 계획에서부터 프로세스까지 효율적 운영을 책임진다. 팀이 모든 운영 원칙과 실행을 자율적으로 하지만 전문가로부터의 코칭은 실행착오에서 오는 실패 비용을 절감하는 효과를 가져올 수 있다고 한다.

(3) 3단계 : 3~6개월의 수행기간 부여

2단계로 실제 액션러닝 프로젝트의 전반적인 윤곽이 수립되고 나면 3단계로는 실행에 옮기게 된다. 즉, 3단계는 실제 프로젝트를 실행하는 단계로 액션러닝 팀은 주어진 프로젝트를 완수하기 위해 통상 3~6개월이라는 충분한 기간을 부여받고 전격적인 액션러닝 활동에 돌입하게 된다. 여기에서도 2단계에서 배정받은 학습코치는 중요한 역할을 담당한다. 팀 미팅의 내용, 기간 및 시기는 팀 구성원과 학습코치가 서로 합의해 자율적으로 결정하게 되어 있다.

(4) 4단계 : 중간 및 최종 보고

4단계에서 팀은 그동안 수행해 온 프로젝트의 결과물을 위원회에 발표하고 부족한 부분을 추가적으로 업데이트하는 시간을 갖는다. 프로젝트 수행 기간 동안 부족했던 문제해결의 솔루션에 대해 경영층의 조언을 받아 남은 기간 동안의 프로젝트 수행계획과 최종 보고서를 작성한다.

(5) 5단계 : 실행 여부 검토

5단계에서 최종 보고서는 그룹 관리 위원회에 제출되고 이를 바탕으로 경영진은 향후 실행 여부를 검토하게 된다.

PFG사 단계별 액션러닝 프로그램 기대효과

PFG사에서 운영되고 있는 액션러닝 팀의 위상은 상당히 높은 편이다. 그 이유는 이론과 실제 적용 사이의 괴리를 연결시킬 수 있어 조직 내 학습의 견인차 역할을 하기 때문이라고 한다. 우선 액션러닝 프로그램은 조직 내 우수 인재들이 함께 일하면서 조직이 당면한 현실적 문제를 파악하고 서로의 아이디어와 지식을 공유할 수 있는 기회를 주고 있다. 또한 다양한 부서에서 차출된 우수 인재들이 인적 네트워크를 형성할 수 있을 뿐만 아니라 문제해결 과정을 통해 개인 역량을 증진시킬 수 있었다. 또한 최고경영자와 경영진의 관심과 지지는 액션러닝 팀의 효과를 배가시키는 데 큰 기여를 했다.

탐 구 문 제

1. 강의법과 토의법의 장단점을 비교 논의해 봅시다.

2. 브레인스토밍의 진행 기법을 이야기해 봅시다.

3. 액션러닝의 특징을 이야기하고, 장단점을 논의해 봅시다.

CHAPTER

10 경험중심 평생교육방법

학습개요

경험중심 평생교육방법은 주로 학습자 체험중심의 학습으로 이론학습을 직접 실행해 봄으로써 학습의 효율성을 높일 수 있다. 경험중심 학습은 학습자의 학습동기를 유발하고, 학습을 생활화, 사회화하도록 하며, 학습자의 문제해결학습을 통하여 생활 경험에 바탕을 둔 주체적인 학습활동이다. 이 장에서는 게임학습, 역할연기, 현장실습, 현장견학, OJT 및 감수성 훈련에 대하여 살펴보고자 한다.

학습목표

1. 게임학습을 이해한다.
2. 역할연기를 이해한다.
3. 현장실습을 이해한다.
4. 현장견학을 이해한다.
5. OJT를 이해한다.
6. 감수성 훈련을 이해한다.

1. 게임학습

1) 정의

게임학습(Game Learning)은 체험학습의 한 형태로 모의적 상황을 만들어 놓고 그 상황을 체험함으로써 학습의 계기를 만들어 주고자 하는 것이다. 이는 모의적 상황에서 개인 또는 집단의 사고, 행동, 태도 등을 비롯하여 결론이나 결과에 이르는 전 과정을, 그리고 결론이나 결과를 분석하여 해결책을 모색해 나가는 상호학습방법이다(김종표 · 이복희, 2010).

또 게임학습은 게임의 속성을 이용한 학습방법이라고 할 수 있다. 게임학습은 학습자가 흥미로운 환경을 제공받고, 그 안에서 정해진 규칙에 따라 열심히 노력하면 목적에 달성할 수 있는 경쟁적이고 도전적인 요소를 첨가한 학습 환경을 의미한다(이화여자대학교 교육공학과, 1997, 재인용).

흥미로운 환경을 제공하므로 놀이라는 생각이 지배적인데, 재미를 강조하면서 목적한 학습내용을 습득하게 하는 것으로 재미를 강조하면서 목적한 학습내용을 습득하게 하는 것이다. 장소에 따라, 인원에 따라, 대상에 따라, 목적에 따라, 기술에 따라 다양한 방법을 활용할 수가 있다.

2) 게임 과정

교육 프로그램의 도입 부분, 하나의 과정이 끝나고 다음 과정으로 들어가기 전, 교육 프로그램의 전 과정이 끝날 때 등 게임의 사용 시기를 미리 정하여야 한다.

① 학습자가 흥미를 잃지 않을 정도로만 미리 알려주고 예행연습을 하도록 하며, 게임 시 발생할 수 있는 문제점을 미리 주지시킨다.

② 학습자에게 학습목표 달성 시점에서 즉각적인 피드백을 받을 수 있도록 조치하고, 학습목표를 달성할 수 있도록 설계되어야 한다.
③ 게임에 참여하는 학습자들이 한 가지 역할을 두 명 이상이 돌아가면서 하도록 배려해야 한다.
④ 교수자는 게임의 과정에 너무 많은 조언을 피하면서도 지속적인 관심을 가진다.
⑤ 게임은 학습자들의 흥미가 절정에 달할 때 종료하는 것이 좋다.
⑥ 반드시 결과 및 게임 자체에 대한 토론으로 학습을 정리해야 한다.

3) 게임학습의 장단점

(1) 장점

① 참여자들에게 흥미를 유발해 참여를 높일 수 있고, 현실감을 준다.
② 학습자 간의 경쟁심을 유발해 학습의욕을 높일 수 있다.
③ 학습 속도가 빨라 참여자의 순발력을 개발할 수 있다.
④ 학습자가 게임에 열중하고 흥미를 느끼면 자연스러운 학습이 가능하다.
⑤ 체험적 방법으로 참여자들에게 현실감을 주고 협동심 증진에 유용하며 동료 간의 상호학습이 가능하다.

(2) 단점

① 자칫 학습자에게 과도한 경쟁을 유발할 위험이 있다.
② 지나치게 흥미만을 강조하여 학습목표를 잃을 수 있다.
③ 설계가 잘못되어 학습목표와 부합되지 않을 경우 학습에 대한 흥미를 잃을 수 있고 학습시간이 많이 걸린다.
④ 학습내용이 정확하게 전달되지 않을 수 있다.

⑤ 우수한 트레이너가 있어야 하며, 반드시 피드백이 있어야 한다.

4) 게임을 통한 교육 방법의 종류

게임을 통한 교육 방법은 여러 가지 종류가 있으며, 어떠한 게임 훈련이 가능한지, 같은 게임이라도 중심 되는 소재나 게임의 사용방법, 피드백의 진행 방법에 따라 전혀 다른 게임이 될 수 있으므로 게임을 일괄적으로 분류하기는 쉽지 않다. 그러나 현재 사용되고 있는 게임을 통한 교육 방법은 다음과 같다.

(1) 도입을 위한 게임

처음 만나는 사람들로 구성된 집단은 처음에는 아무래도 딱딱한 분위기에 휩싸인다. 이러한 딱딱한 분위기를 누그러뜨리고 서로가 약간이라도 알고 지내는 계기를 마련하고자 하는 동시에 앞으로 바람직한 학습 태세를 갖추게 하고, 학습의 전체 방향을 제시하는 것으로서 2인 대화, 참가자 서로 바꾸어 소개하기 등이 있다.

(2) 커뮤니케이션에 관해 학습하는 게임

커뮤니케이션(communication) 활동에 있어서의 문제점(예를 들어, 우리들의 말에는 한계가 있다는 것, 의미를 해석하고 받아들이는 데 오해나 착오가 일어나는 이유, 또한 커뮤니케이션의 왜곡은 어떻게 발생하는가, 그리고 바람직한 경청의 기법, 전달방법 등)을 학습하기 위한 것, 대표적인 것으로는 '전달 게임', '일방통행과 쌍방통행' 등의 게임이 많이 사용되고 있다.

(3) 그룹 멤버로서의 역할, 리더십에 대해 학습하는 게임

집단 내에서 필요하고 바람직한 구성원(group member) 역할이나 기능에는 어떠한 것이 있는지, 또한 자신은 어떠한 역할 행동을 취하고자 하는 경향이 있는지, 그것은 어떠한 리더십(leadership) 양상이 되어 나타나는지 등에 관해 깨닫거나 학습하기 위한 것이 있다. 여기에 관한 대표적인 것으로는 「그리드 이론에 의한 리더십의 분석」 등이 있다.

(4) 경쟁, 협력, 의견 일치 등에 관해 학습하는 게임

집단 내에서 구성원 상호 간에 경쟁이 일어나면 어떠한 결과를 가져다주는가, 어떠한 경쟁이 바람직하고, 어떠한 경쟁이 문제가 되는지, 또한 집단 구성원 간에 협력하고 의견 일치를 보기 위해서는 무엇이 중요한지, 그 결과는 어떠한 것인지에 관해 학습하는 것이다. 여기에 관한 게임으로는 '협력 게임', 합의를 얻는 집단토의의 '달에서 조난당했을 때 어떻게 할 것인가(NASA Game)' 등이 유명하다.

5) 게임을 통한 교육방법의 실제

(1) 빙고게임

가. 학습목표

교육의 마무리를 게임을 통해 효과적으로 실현한다.

나. 학습개요

- ❐ 대상인원 : 10~50명
- ❐ 진행인원 : 교수자 1명 이상
- ❐ 소요시간 : 30분
- ❐ 장　　소 : 실내 강당
- ❐ 준 비 물 : 칠판, A4 용지(개인별)
- ❐ 주요 학습내용
  - 교육의 마무리 단계로서 교육 중에 나온 시사점 있는 단어들을 연상하면서 단어들을 만들어낸다.
  - 교육 관련 단어 하나하나의 의미를 설명한다.

❒ 유의사항

- 상품권이나 간단한 상품을 준비하여 빙고가 이루어졌을 때 선물로 주되 너무 유희적으로만 흐르지 않도록 빙고 단어의 의미를 잘 설명하도록 한다.

❒ 기대효과

- 게임을 통해 교육이 이루어질 수 있어 교육적 효과가 크다.
- 마무리 단계로서 교육내용에 대한 복습적인 효과가 크다.

다. 학습내용

남녀노소 누구나가 즐길 수 있는 놀이가 빙고게임이다. 게임에 참여한 각자가 가로, 세로 25개의 칸에 낱말(단어)을 쓰고 사회자가 불러주는 단어를 하나씩 체크해 가는데, 진행자(사회자)가 단어를 불러주기에 앞서 일러준 라인(가로, 세로, 대각선 등)에 맞게 먼저 체크한 사람이 이기는 게임이다.

빙고 판에 쓸 수 있는 낱말은 모임의 성격에 맞게 정하면 된다. 초등학생들의 경우에는 산 이름, 강 이름, 우리나라의 도시명, 세계의 수도명, 꽃 이름, 동물 이름으로 해서 교과와 관련한 상식을 익힐 수 있으며, 특정 주제를 내건 워크숍이라면 주제에 맞는 단어를 선택하면 된다.

빙고게임에서 참가자들의 동기유발을 위해 이긴 사람들에게 약간의 상품을 주면 활력 있게 프로그램을 진행시킬 수 있다.

가) 도입(10분)

A4 용지 나누어주기 : 가로, 세로 25개의 칸이 그려진 종이와 필기도구를 참가자들에게 한 장씩 나누어준다.

나) 전개(80분)

❒ 강사가 인권과 관련된 25~30개의 단어를 칠판에 적고 참가자들은 자기의 빙고 판(25개의 칸)에 낱말을 적는다(한 칸에 한 단어만 쓴다. 참가자가 똑같은 방식으로 적으

면 승자가 여러 명 나올 수 있으므로 가능하면 다른 사람과 다르게 적는 것이 좋다는 것을 알려준다).

❐ 강사는 인권과 관련된 단어를 칠판에 적을 때 참가자들에 그 뜻을 설명해 주거나(예: 약자 - 인권의 감수성 중에 약자 중심의 사고와 저항 등은 인권의 개념 중에 핵심적인 부분 이죠) 교육생들이 그 낱말을 알고 있는지 물어본다(예: 연대권이 무슨 말이죠?)

❐ 강사가 낱말을 하나하나 불러주면 참가자들은 자기의 빙고 판에 있는 25 개의 칸에 그 낱말이 있는지 살펴보고 체크하는데 연속된 가로 5개, 세로 5개, 대각선 5개 등으로 체크된 사람은 "왔다, 인권세상"을 외치며 빙고 판을 들고 강사 앞으로 뛰어나온다. 동시에 여러 명이 빙고를 외치게 되면 빨리 뛰어나온 사람이 우승하게 된다.

다) 정리

❐ 빙고 판에 불러줄 단어는 모임의 성격과 시기, 교육 참가자들의 특성에 맞게 잘 선택해야 한다. 교육 참가자들이 고등학생인지, 대학생인지에 성인인지에 따라 다르게 선택해야 한다.

❐ 강사는 낱말을 불러주기에 앞서 규칙을 말하고 칠판에 있는 빙고 판에 직접 선을 그어준다.

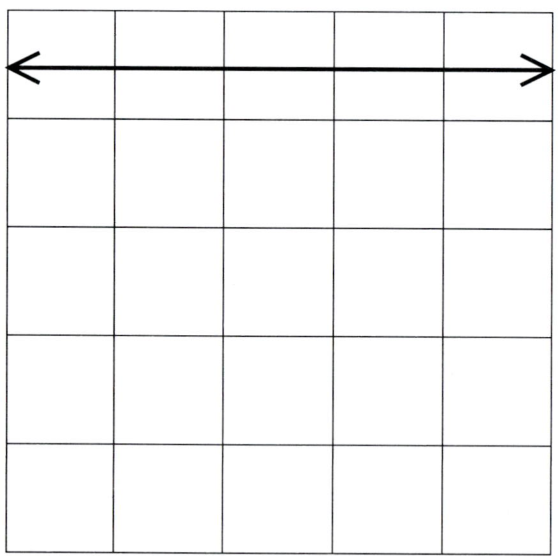

(2) 인류최후의 생존자

가. 학습목표 및 효과

① 극단적인 상황하에서 집단상담 과정을 통하여 참여자들의 인생관과 가치관의 차이점을 파악하고, 그 공통점을 탐색하여 현명한 해결책을 수립하는 경험을 한다.

② 집단에서 서로 다른 개인의 견해와 의견의 일치를 위해서 효과적인 의사소통의 방법을 스스로 발견한다.

③ 참여자 개인의 고착 내지는 획일화된 기존 사고방식과 가치관을 재검토하고 스스로 수정할 수 있는 동기를 부여한다.

나. 준비물

필기도구, '인류 최후의 생존자' 유인물

다. 진행 방법

① 유인물을 돌아가며 읽고 신중한 마음으로 개인 순위와 간단한 이유를 기록한다.

② 적절한 방법으로 조를 편성한다(1개 조 4명 내외).

③ 각 소집단에서는 조장을 정하고 그의 효율적인 진행으로 충분한 논의를 가지며 일치된 집단 순위를 정한다.

④ 전체 모임에서 각 소집단의 토의 진행과정에서 나타난 특징, 갈등 및 집단 순위를 발표한다.

⑤ 전체 느낌 나누기

라. 참고사항

① 사전에 집단상담에서 도움 되는 요소(의사소통 기법)를 간단히 나누는 것이 좋다.

② 개인이 선택한 자료를 중심으로 충분한 심난 협의가 이루어져야 한다.

③ 특정 개인이 집단상담을 주도하거나 주관하는 일은 없도록 한다.

④ 다른 이의 견해를 경청하고 수용과 설득을 적극적으로 하되 쉽게 동조하거나 지나친 고집은 벗어나야 한다.

⑤ 활동의 진전에 따라 대집단 순위를 정할 수도 있다.

⑥ 순위를 정하는 대신 생존하지 못할 3명을 선정하는 것으로 프로그램을 운영할 수 있다.

인류 최후의 생존자

누구도 원치 않은 제3차 세계대전이 꼭 한 사람의 부주의로 인해 발발하였다. 온 세계가 방사능과 화염에 싸여 이 지구상의 인류는 종말을 맞이하게 되었다. 초토화된 지구의 환경 속에서도 꼭 10사람의 생명이 건재하여 숨을 쉬고 있다. 그런데 지구의 지하 깊숙한 연구실에는 일찍이 지구 최후의 이 날을 대비하여 연구를 거듭해 왔던 한 과학자가 7명이 들어가 살 수 있는 캡슐을 만들었다. 그래서 생존자 10명 중에서 7명이 최후까지 살아남을 수 있게 되었다. 그러면 어떤 사람이 제외되어야 하는가? 당신이 살아남아야 할 사람 순위(①, ②, ③, ……)와 생존하지 못할 사람 순위(①, ②, ③, ……)를 결정하시오.

번호	생존자들	개인 순위	집단 순위	이유
1	변호사			
2	변호사의 아내(임신 중)			
3	교양학부의 여대생			
4	축구 선수			
5	학식이 풍부한 여배우			
6	동남아시아에서 유학 온 의대생			
7	유명한 소설가			
8	생화학자			
9	70세의 목사			
10	무장한 경찰			

2. 역할연기

역할연기(Role Playing)는 어떤 역할을 설정하고 그 역할을 시연해 보며, 그 과정에서 일어났던 문제점을 파악하거나, 평가하고 그리고 다른 행동을 취해 봄으로써 보다 바람직한 역할행동을 신장해 나가고자 실시하는 교육훈련 방법이다. 특히 조직에서의 역할을 재조명하고자 할 때나 판매기법을 향상시킬 목적으로 자주 사용되는 교육방법이다.

역할이란 다른 사람과의 관계에서 감정, 말, 행동의 일정한 형태로 나타나는 독특하고 습관화된 행동양식이다(Chesler & Fox, 1966). 역할활동은 인간관계의 문제에 대하여 자발적으로 연기해 보고 다른 연기자의 행동과 관찰자의 토의내용을 중심으로 역할연기를 분석해 보는 새로운 수업 기법이다(Levit, 1955).

역할놀이의 목적은 참여자와 관찰자가 실제적인 문제 상황에 참여하여 문제를 해결하고 이해하도록 하는 것이다. 예를 들면, 모의재판이나 모의주주총회 등을 실제 상황의 재현과 같은 상황으로 재현하여 밝히는 것이다. 역할활동의 경험은 학습자들의 관찰력, 영향력, 동정심, 의사결정능력을 기르는 데 도움이 된다. 역할활동은 개인적 가치와 행동의 분석, 대인관계 문제해결을 위한 전략, 타인에 대한 감정 이입의 전개와 같은 일을 돕기 위해 고안되었다.

1) 역할연기의 특성

역할연기는 실제적인 상황에서 집단 성원의 역할대행을 효율화하기 위하여 가상적인 상황을 설정해 놓고 짤막한 인간관계의 장면을 연출한 기법으로써 연기자는 2명 이상으로 구성된다. 역할극은 다른 교육기법보다 학습자의 적극적인 참여를 요구하고, 집단 구성원 간의 친근감을 증대시킬 수 있다. 또한 역할극을 위한 토의를 운영하는 데 있어서 융통성이 있고 연습이 가능하며 연습 자체가 교육 효과를 내기도 한다. 역할연기는 다른 교육방법에 비해 준비하는 시간이 많이 필요하므로 충분한 시간적 여유가 없이 시도하지 않아야 하며 목표 달성을 위한 하나의 방법으로서가 아니라 결론을 내리는 도구로만 쓰인다면 비효과적인 방법이 될 수도 있고, 답이 정해진 문제상황에서는 별 의미가 없는 도구이다.

2) 역할연기의 목적

간접 체험을 통하여 학습자의 태도, 기술, 행동 변화 및 향상을 할 수 있다. 역할연기를 통하여 반복되는 체험을 통하여 비현실적인 상황에서 현실적인 체험을 하게 되며, 상황 대응 능력을 개발하고 체득할 수 있다. 또한 실제 상황을 설정하여 경험하게 함으로써 자신감을 가지도록 한다.

3) 역할연기 과정

역할연기는 사용하고자 하는 교수자에 의해 먼저 요구되는 문제가 규정되고 그 문제를 구체적인 항목으로 만들어 그에 따른 상황을 설정하고 배역을 정한다. 배역에 대한 역할 설명을 한 후 연기를 하면 문제 항목의 상황에서 극을 중단시키고 학습자들로 하여금 분석과 토의를 하는 과정으로 진행된다.

(1) 문제 규정

역할극에서 해야 할 내용을 일정하게 한정시키는 것으로 역할극에 참여하는 사람은 자신이 해야 할 내용이 무엇인가에 대하여 분명히 알고 있어야만 자신의 역할을 제대로 수행할 수 있다.

(2) 문제 항목

학교에서 빚어지는 사건이라면 선생님, 또래 친구, 주위의 기대와 자신의 욕구와의 마찰, 이성 친구, 충동을 자제 못 해서 순간적으로 일어난 상황, 용돈, 외박, 가출의 항목으로 설정될 수 있을 것이다.

(3) 상황 설정

역할연기자와 일반 참여자들이 역할연기에서 이루어지는 내용이 어떤 목적으로 진행되고 있음을 알 수 있게 구성하는 과정을 의미한다.

(4) 배역 설정

역할연기에 참여할 사람을 결정하는 것으로 배역은 교수자가 선정하는 경우가 많지만 역할연기에 참여한 학습자들이 스스로 결정할 수도 있다.

(5) 역할 설명

역할연기자에게 자기의 역할이 무엇인가를 확인시키기 위하여 브리핑하는 것으로 역할연기자들이 각자의 임무를 알아두기 위해서 상황에 따라 공개 또는 비공개로 시행할 수 있다. 역할극의 목적에 따라 교수자가 역할연기자들로 하여금 무슨 말을 해야 하고 어떤 동작을 해야 한다는 구체적인 역할 설명이 되어서는 안 되며, 역할수행도 미리 연습해서는 안 된다.

(6) 역할연기

짜인 계획대로 역할연기를 실천에 옮기는 과정으로 참여자, 관중들에게는 각 연기자의 역할이 무엇인지를 모르게 하는 것이 좋다.

(7) 연기 중단

연기자의 역할을 일정한 조건에 맞추어 끊어 버리는 과정으로 그 집단이 상황과 방향을 분석하기에 충분하다고 여겨지면 연기는 중단되어야 하며, 연기자가 매우 어려운 곤경에 처하게 되었거나 부적절한 배역이나 역할 설명으로 난처하게 되었을 때에도 중단시켜야 한다.

(8) 분석과 토론

역할연기의 최종 단계는 연기를 분석하는 토론 과정이다. 토론은 역할연기자에 대한 내용보다 나타난 사실이나 원칙에 초점이 맞추어져야 한다. 교수자 혹은 지도자는 역할연기 중에서 토론 중에 제시된 사실과 문제를 해결하는 데 필요한 결론들을 종합화할 책임이 있다. 분석과 토론이 소집단별로 이루어지는 경우 발표 시 유의점으로 첫째, 준비에서 발표까지의 과정에서 느꼈던 점, 발표 후의 좋았던 점, 어렵거나 아쉬웠던 점, 깨달은 점 등을 이야기하게 한다. 둘째, 다른 집단이 발표하는 것을 보고 격려하고 싶은 점, 아쉬운 점, 느낀 점 등을 발표하게 하고, 셋째, 역할극과 상호작용을 통해 느꼈던 점을 일상생활과 연관을 지어서 발표하게 한다. 마지막으로 학습자들이 깨달았던 점과 결심했던 점들을 자신의 생활에 적용하여 실천할 수 있는 구체적인 계획을 발표에 포함시켜 역할극의 효과를 극대화할 수 있다.

4) 역할연기 시 주의할 점

역할연기 교육에서 문제가 될 수 있는 점으로 어색한 상황이 정도를 벗어나 장난으로 흐를 수도 있다는 점이다. 시간의 부족으로 상호 이해가 부족할 때에는 그만큼 교육적 가치가 감소된다고 할 수 있다.

따라서 역할연기를 지도하는 강사는 단순히 진행을 보는 것이 아니라 해당 분야의 베테랑으로서 상황 설정이나 역할연기의 주요 포인트가 무엇인지를 알고 있어야 한다는 점이다. 이 점만 확실하다면 역할연기의 효과가 상당히 크다고 할 수 있다. 실제로 역할을 담당한 사람들은 다른 사람의 입장이 되어 봄으로써 다른 사람들이 겪는 갈등이 어떠한 것인지를 어느 정도 이해할 수 있게 된다.

5) 역할연기의 장점과 단점

(1) 장점

① 자유로운 놀이와 토의 방법이다.
② 학습자들의 적극적 참여와 개입이다.
③ 경제적 부담이 적어 활용하기가 용이하다.
④ 학습과제가 정의적 영역일 때 효과적이다.

(2) 단점

① 현실 그대로 재현하기가 힘들다.
② 역할극을 통해 얻어진 태도 변화는 오래 지속되기 어렵다.
③ 학습자의 능력 수준과 참여 의욕에 따라 성패가 좌우된다.
④ 시간이 많이 소모된다.

이 수업모형을 적절히 적용하게 되면, 학습자들은 다음과 같은 것을 배우게 된다. 첫째, 자신의 견해를 자유로이 피력하고 다른 사람의 견해에 주의를 기울이게 된다. 둘째, 문제해결을 위하여 다양한 방법을 제안 또는 탐구한다. 셋째, 역할놀이 활동에 열성적으로 임하게 된다. 넷째, 역할놀이 장면에서 보고 들은 바를 기술하고 해석하고 평가하고 또 자신의 생활과 관련을 지어본다. 교수자가 학습자들에게 통찰력, 영향력, 의사결정능력, 상담기술, 문제해결능력, 의사소통기술 등을 길러주고자 할 때에 역할놀이 수업모형은 효과적인 학습방법이 될 수 있다(Bank et al., 1981).

이 수업모형을 성공적으로 활용하기 위하여 교수자는 다음과 같은 것을 할 수 있어야만 한다. 첫째, 적절한 역할놀이 장면을 제시하거나 선정하는 일을 돕는다. 둘째, 학습자들이 당황하지 않고 '마치 ……인 것처럼' 행동하도록 하는 지원적인 분위기를 조성한다. 셋째, 자발성과 학습을 장려하는 역할놀이 장면을 꾸민다. 넷째, 학습자들이 서로를 효과적으로 관찰하고 경험하며 그들이 보고 들은 바를 예리하게 해석할 수 있도록 하기 위하여 관찰과 경청기술을 가르친다.

3. 현장실습

1) 정의

현장실습(field placement)이란 학습자들이 어떤 기능이나 기술을 의식적인 노력을 하지 않아도 자동적으로 어느 수준까지는 숙달할 수 있도록 하고, 일에 대한 올바른 태도와 습관을 갖도록 하기 위해 계속적이고 반복적으로 실행하는 정신적·육체적인 학습활동이다.

평생교육실습(life long education placement)이란 평생교육사들이 대학 또는 학점은행제에서 학점을 이수한 후에 배운 전문적인 지식이나 이론을 평생교육현장에 적용해 보는 과정이다. 그러나 단지 교육 이론을 현장에 적용해 보는데 그치는 것이 아니라 현장에 적용해 보는 과정에서 생기는 여러 가지 문제점을 발견하고 이를 시정하여 전문적인 평생교육사로서의 자질을 다듬어 가는 데 교육실습의 의의가 있다.

2) 목적

학교에서 배운 이론을 현장실습을 통해서 실천기술을 적용하는 기회를 갖고, 실천적 지식과 기술을 개발하며, 이 분야의 전문가로서 역량을 개발하는 것이다.

예를 들면, 교육실습의 목적은 교원양성기관에 재학하고 있는 교생들이 학교에서 배워 온 교육이론을 현장에 적용하여 이를 연구, 심화시켜 교육기술을 연마하고 체득하며, 교육자로서 자신을 올바로 이해하고 전문적인 자질을 함양시키는 데 있다. 즉, 교육과정 계획자, 학습지도자, 교육목적에 대한 평가자, 학급경영자, 생활지도자로서의 경험을 하고, 교직원들과 학생들과의 좋은 인간관계를 수립하는 경험을 하게 되며, 교직자로서의 품성과 자질을 함양한다.

평생교육실습의 목적은 평생교육 현장에 바로 투입되어 전문성을 발휘할 수 있는 평생교육 전문가를 육성하는 것이다. 즉, 평생교육사가 갖추어야 할 실천적 지식과 기술을 개발하며, 이 분야의 전문가로서 역량을 개발하는 것이다. 첫째, 양성기관에서 배운 이론을 평생교육 실습현장에 반성적으로 적용하고 실천하는 능력을 기른다. 둘째, 평생교육사로서 필요한 전문적 능력(지식, 태도, 기술 등) 및 올바른 태도와 자질을 함양한다. 셋째, 평생교육사로서의 적성과 자질이 갖추어졌는지 스스로 평가하고 검증하는 과정을 갖는다. 넷째, 현장실습을 통해 자신의 직업적 적성을 확인하고 구체적인 경력개발 계획을 세울 수 있는 기회를 갖는다.

3) 실습과정

준비과정과 교수자의 시범, 학습자에 의한 관찰과 모방과 반복을 통해 실습이 평가되는 과정을 거친다.

① 교수자가 실습방법을 사용할 때는 학습자의 능력에 맞도록 기능을 분석하

고, 그것을 기초로 하여 학습자에게 올바른 시범을 보여주어야 한다.

② 시범이 끝난 후 교수자는 학습자의 첫 반응을 이끌어 주어야 하고, 목표한 기능이 습득될 수 있도록 적절한 연습을 시키고 경과를 모니터하면서 부적합한 부분을 교정시켜야 한다.

4) 실습의 형태

(1) 업무교육

① 학습자들이 표준 직무 조건 상태에서 일을 수행한다.

② 보수를 받으며 학점으로 인정한다.

(2) 인턴십

인턴십(internship)은 학생들이 기업에서 일정 기간 동안 기업 활동에 관해 체험하는 제도이다. 2004년부터 실시된 우리나라 회사의 인턴십 프로그램은 공개채용 방식으로 선발되며, 이 프로그램을 거쳐야 신입사원으로 입사할 수 있다.

인턴십 참가자는 프로그램을 통해서 학교에서 배운 지식을 다른 문화 속에서 적용하고 발전시키며, 전문적인 지식을 얻는 색다른 경험을 하고 커다란 도전을 받게 된다. 뿐만 아니라 그 도전을 통하여 새로운 문화에 대한 깊은 이해를 얻게 된다.

학생들이 자신의 전공분야 및 비전공 분야에서 인턴으로 경력을 쌓고, 자신의 능력을 개발할 수 있다.

① 전문대학이나 4년제 대학에서 전문직, 혹은 준 전문직에 관한 교육에 적용된다.

② 이미 학교에서 배운 지식이나 기술을 적용해 보도록 하는 데 목적이 있다.

③ 인턴십을 제공하는 기관의 전문가에 의해 지휘 감독을 받는다.

④ 일정한 수당을 받는다.

(3) 산학협동교육

산학협동교육(School-Industry Partnership education)이란 산업계와 학계 간에 협동으로 이루어지는 직업준비교육이다. 일반적으로는 학계와 산업계 사이의 교육 및 연구의 협력활동을 모두 포괄해 정의하고 있다. '직업교육훈련촉진법'에서는 산학협동의 개념을 직업교육훈련기관과 산업체(산업체 단체 및 연구기관 등을 포함)가 산업인력의 양성과 산업기술의 개발을 위해 첫째, 인력·시설·설비와 직업교육훈련 정보의 공동 활용 및 협동연구, 둘째, 특약에 의한 학과 또는 직업교육훈련과정의 설치, 셋째, 직업교육훈련의 위탁 실시 등에 관해 서로 협력하는 활동으로 규정하고 있다.

산학협동교육은 ① 실습자들의 진로목표에 근거하며, 작업장소는 실내수업을 위한 직업적인 실험실이 된다. ② 보수와 학점을 인정 받는다. ③ 철저한 학교의 지도 감독이 따른다.

산학협동의 목적은 다음과 같다.

① 산학협동의 프로그램을 제공하여 산업기술 교육의 중요성을 인식시키고 관련 있는 분야에 흥미와 자신감을 함양하도록 한다.

② 미래 정보화시대에 부응하는 산학협동 교육협의체를 활성화하여 지역사회와 유대를 강화하고, 학생들에게 현장체험 학습을 통한 실질적인 교육이 이루어질 수 있도록 한다.

③ 관련이 있는 전문적인 기술자격증 취득과 자질을 갖춰 전문가적인 직업수행 능력을 키우며 올바른 진로의식을 함양하도록 한다.

④ 졸업생들의 추수지도 및 졸업생과 재학생 만남의 장을 마련하여 유익한 정보 교류를 통하여 보다 나은 직업을 탐색할 수 있는 기회를 제공한다.

(4) 실습의 장단점

가. 장점

① 일상생활의 지식을 경험으로부터 습득할 수 있게 해준다.

② 이론학습을 보강할 수 있다.

③ 이론과 지식 측면의 학습을 강화시키는 효과가 있다.

④ 학습자의 자발성, 창조성을 존중한다.

나. 단점

① 학습자의 수준 범위를 뛰어넘을 수 없다.

② 시간, 인력, 교재 및 자료 등의 측면에서 상당히 높은 활용을 필요로 하는 경우가 많다.

③ 내용의 계통화에 어려움이 있다.

④ 준비하는 데 많은 시간을 필요로 한다.

⑤ 분명한 목표 제시가 없는 경우 학습자들이 그냥 하라는 대로 따라 하기만 하는 무의미한 모방이 될 위험이 있다.

4. 현장견학

1) 정의

현장견학(field trips)은 강의실 수업을 떠나서 특별한 목적으로 일정한 장소를 방문하여 새로운 학습 분위기와 학습대상을 보고, 느끼고, 관찰하고 경험한 후에 배우고 경험한 후에 확인하는 행동을 현장견학이라 한다. 다시 강의실로 돌아와 견학 내용을 토의·분석하여 봄으로써 학습효과를 높이고자 하는 방법이다(기영화, 2008).

2) 견학의 절차

견학의 절차는 견학을 위하여 사전 준비와 계획하기, 견학의 실시와 견학 후 평가로 이루어진다.

(1) 견학의 사전 준비

견학의 절차는 견학을 위하여 학습할 내용 목록과 기록 방법을 준비하는 것이다.

(2) 견학의 계획

현장견학 목적, 학습자의 계획 참여, 견학지 선정, 견학지 책임자와의 협조, 견학 시간을 계획한다.

(3) 견학의 실시

견학의 목적을 소개하여 학습자가 현장견학에 필요한 내용을 교수자로부터 사전에 충분히 익히게 되는 과정을 말한다.

(4) 견학 후 평가

현장견학 결과의 검토는 방문했던 곳의 개괄적인 점검을 통하여 학습자들에게 현장 활동을 상기시키고, 질문과 알아낸 답을 검토하고, 주요 사건과 발견된 사항들을 기록하고 재고하도록 하여 주요 관심거리들을 찾아내 토의 정리한다. 교수자는 견학의 전 과정을 사전에 치밀하게 준비하고, 사전에 견학 지침서를 작성하여 학습자들에게 배부하며, 견학 이후 정리하는 시간을 반드시 갖도록 한다.

3) 견학의 장단점

(1) 장점

① 직접 경험의 기회를 통해서 자기주도적으로 살아 있는 학습을 가능케 한다.

② 교수자, 학습자, 동료학습자와 관찰함으로써 정확한 관찰과 이해 및 해석이 가능하고 현장에서 즉각적인 피드백이 제공된다.

③ 실제적인 경험을 통해서 문제의식이 제고되고 이해의 폭이 넓어질 수 있다.

④ 다소 오락적·유희적 성격을 가지기 때문에 진행과정에서 학습자 상호 간의 친근감을 높여 준다.

⑤ 학습자의 흥미와 관찰력을 자극하고, 행함으로써 배우는 기회를 가지도록 하며 배운 그대로 이용할 수 있다.

(2) 단점

① 사전에 충분한 계획이 수립되지 않을 경우 오락 여행으로 그칠 우려가 있다.

② 학습이 특정 견학 대상이나 장소에 절대적으로 의존할 경향이 있다.

③ 육체적 장애로 여행이 자유롭지 못한 사람에게는 부담이 될 수 있다.

④ 사고의 위험성이 항상 존재할 수 있다.

⑤ 사전에 철저히 준비되지 못하면 교육적 효과를 얻기 어렵다.

5. OJT(직장 내 교육)

1) 정의

OJT(On the Job Training)란 직장에서 부하나 일의 상황에 맞추어 상사가 부하를 개별적으로 지도하는 것으로 직장 내 교육이라고 한다. 직장을 벗어나서 일반적, 추상적, 획일적으로 실시하는 집합교육에 반해 직장 내에서 상사가 부하와 1 : 1이 되어 작업지식이나 기능, 작업태도 등에서 면대면(Man to Man)의 형식으로 실시하는 교육이다. OJT는 개인의 능력수준에 맞춘 교육실무와 밀착된 교육이다. 그리고 계획적·단계적으로 실시할 수 있는 교육으로 지식이나 기능의 전달·승계의 의미를 갖고 있다.

OJT와 코칭을 구분하면 코칭은 수직적인 관계인 반면에, OJT는 조금 더 수평적으로 실시되는 경우가 많다. 그러나 둘 모두 실제 업무를 통한 상황에서 현장감 있는 학습이 실행되고 있는 점은 같다. OJT는 부하의 특성과 필요에 따라 개인지도가 가능할 때 필요하며, 장기간에 걸쳐 이루어질 수 있다.

☆ Off-JT(현장 외 교육)

Off-JT(Off-the-Job Training)는 OJT와 반대되며, 작업현장을 떠나서 실시하는 모든 교육훈련으로 현장 외 교육이라고 한다. 산업훈련 및 직업훈련에 있어서 산업체 실무현장 이외의 시설, 즉 훈련전용 시설 또는 학교 등의 교육훈련 시설에서 이루어지는 훈련으로 현장훈련에 반대되는 개념이다. 산업훈련 및 직업훈련에 있어서 훈련 초기 단계의 기초훈련은 일반적으로 현장 외 훈련, 즉 형식화된 학교식 훈련방법으로 실시되고 후반기 훈련은 산업체 내에서의 현장훈련으로 실시되는 것이 통례이다.

2) OJT의 목적과 효과

OJT의 기본적인 목적은 두 가지가 있다. 일의 성과(업적)를 높이는 '사람 키우기'라는 것과 부하 한 사람 한 사람의 '인간적인 성장을 도와주는' 것이다.

첫째, 일의 성과(업적)를 높이는 사람 키우기

부하 한 사람 한 사람의 능력을 높이고 그것을 충분히 발휘시켜 업적을 향상하게 하는 것이다. '부하의 능력은 올랐지만 업적은 전혀 오르지 않는다.'는 것은 무엇을 의미하는가? 지식은 풍부하지만 일을 시키면 못한다는 사람을 자주 보게 된다. 업적을 쌓기 위해서는 지식만이 아니라 일을 수행하는 여러 가지 기능이라든가 바람직한 태도, 문제점을 해결해 가는 문제해결능력이 요구된다.

둘째, 부하의 인간적 성장 지원

부하 한 사람 한 사람의 인간적인 성장을 지원하는 것이다. 인간이 모이면 '10인 10색'이라고 하듯이 각각의 개성이 달라 그 특성도 다르다. 그중에는 자기중심적이어서 직장의 분위기에 적응하지 못하고 팀워크를 저해하는 사람도 있다. 또한 자신의 경험을 고집해서 타인의 의견이나 새로운 변화를 받아들이지 않는 사람 등 여러 사람이 있다. 이러한 부하에게도 활력 있는 직장생활이 가능하도록 모두가 협력해서 일을 진행해 간다든가 변화를 받아들여 이것에 적응해 가는 태도를 익히는 등 인간적인 성장을 격려하고 지원해 가는 것도 OJT의 중요한 목적이다.

OJT의 효과는 다음과 같다. 첫째, 업적수행능력을 개선한다. 둘째, 부하의 업적을 향상시킨다. 셋째, 부하의 근무의욕을 높인다. 넷째, 부하의 자주성과 창의성을 활성화시킨다. 다섯째, 부서의 목표를 달성한다. 여섯째, 기업의 존립과 발전을 추구하게 된다.

3) OJT의 필요성

① 일의 내용이나 방식이 급격히 변화되어 지금까지의 지식이나 경험만으로는 불충분하다.
② 노동의 질이나 기술혁신이 급격하게 진행되어서 분석·판단·창조라는 지적 능력이 보다 강하게 요구되어 이러한 능력의 향상이 필요하다.
③ 소수 정예화가 추진되어, 전 구성원 한 사람 한 사람이 보다 고도한 또는 다양한 일을 이뤄 나갈 수 있는 능력이 요청된다.
④ 종래의 교육이 주력했던 집합연수나 자기계발만으로는 업적으로 직결되는 인재 육성이 불충분하다.
⑤ 관리자 자신에게 있어서나, 조직의 업적 향상을 하기 위해서나 구성원의 육성은 중요하다.

이상에서 보았듯이 OJT의 필요성은 오늘날 조직에도 또한 관리자에게도 피할 수 없게 되었다. 게다가 OJT를 받아들이는 부하도 이런 시대 속에서 자기의 능력 향상이 절실히 필요하게 되었다. 이러한 의미에서 위로부터의 일방적인 강요가 아니라 부하, 관리자, 경영자가 삼위일체가 되어 OJT를 추진할 필요성이 있다고 할 수 있다(김종표, 2006: 261-264).

4) OJT의 추진 단계

(1) 1단계 : 업무능력 요건 정리

직무별 직무분석을 통해 작성된 직무설계서를 근간으로 각 직무를 수행하기 위해 필요한 업무능력이 정확히 파악되어야 한다. 업무능력 요건을 파악하는 자료는 방침, 생산계획 등 제 계획, 규칙 규정, 직무명세서, 목표 기술서, 직무 배분표, 일의 기준 등이 있다.

(2) 2단계 : 직원의 보유능력 파악

업무능력 요건을 기준으로 직원이 현재 보유하고 있는 지식, 기술, 태도 수준을 파악한다. 뿐만 아니라 부하의 현재 처한 상황, 교우관계, 흥미, 취미, 적성, 성격, 욕구 등 폭넓게 이해한다.

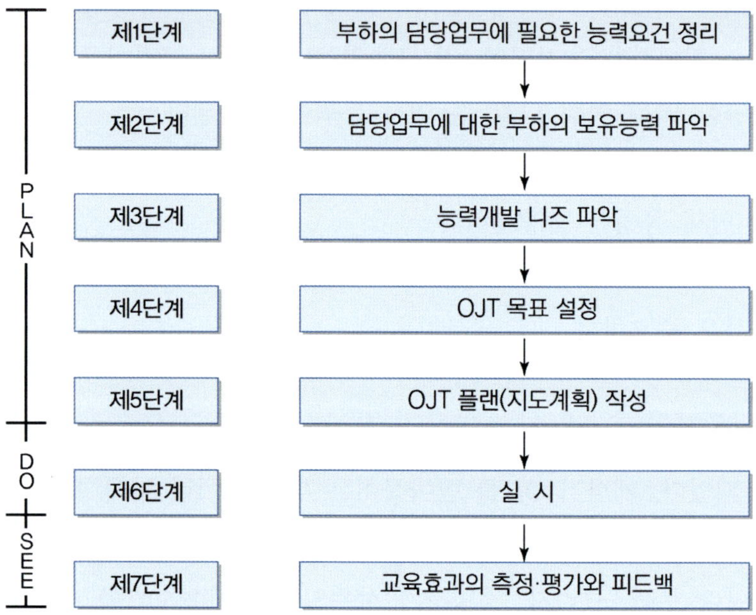

그림 10-1 OJT 추진의 기본 단계

출처: 김종표 · 이복희(2010). 평생교육방법론.

(3) 3단계 : OJT 요구 파악

업무 수행에 필요한 능력에서 현재 보유하고 있는 능력의 차이를 분석하여 OJT 요구를 파악한다. 학습자에게 다른 직무를 더 담당시키거나 보다 의사결정의 폭이 큰일을 맡기려고 할 때 어떤 능력 육성이 요구되는가를 파악하여 미리 대비할 수 있기 때문이다.

(4) 4단계 : OJT 목표 설정

OJT 책임자와 학습자가 상호 협의하여 구체적이며 도달 가능한 목표를 설정한다. 목표 설정은 그 직무를 수행하는 데 분명히 인과관계가 있는 부족한 능력을 설정한다. 누구에게나 어떤 능력을 언제까지 어느 수준까지 개발할 것인지를 분명히 목표로 제시해야 한다.

(5) 5단계 : OJT 지도계획서 작성

OJT 지도계획서에는 지도자, 개발대상 능력, 기한, 지도장소, 목표수준, 지도방법 등을 포함하여 작성한다. 이 계획안을 수립할 때는 누가, 언제, 어디서, 어떤 방법이나 수단을 사용하여 가르치는가 또는 그 결과를 어떻게 평가할 것인가를 구체적으로 미리 결정하는 것이다.

(6) 6단계 : OJT 실시

교육담당 부서에서 개발한 OJT 지도서를 기준으로 학습자에게 가장 적합한 방법을 선정하여 지도를 실시한다. 계획이 아무리 훌륭하여도 실제로 행해지지 않으면 소용이 없다. OJT 추진 효과를 높이기 위하여 수시로 추진 상황을 체크하고 문제가 있을 시 그 문제를 해결하기 위한 노력과 각오를 새롭게 해야 한다.

(7) 7단계 : 평가

다음의 OJT를 위해 실시·결과를 분석하고 사후 지원 요소를 파악한다. 실시 결과에 대하여 교육의 효과를 판정하고 여기에서 인지된 사항을 다음 목표의 설정에 반영하도록 한다.

5) OJT의 방법

OJT의 방법은 여러 가지가 있으나 상사나 선배가 1 : 1(Man to Man)로 후배를 교육을 하는 훈련과 전체가 논의를 하면서 직무수행 방법을 강구하면서 집단적으로 학습하는 훈련이 있는데, OJT의 대표적인 실행 방법으로는 4단계 지도법, 멘토링, 코칭이 있다.

(1) 4단계 지도법

첫 번째, 학습할 준비를 시킨다. 두 번째, 훈련생에게 일을 하는 것을 보여준다. 세 번째, 훈련생으로 하여금 일을 하게 한다. 네 번째, 훈련생이 스스로 할 수 있도록 한다.

(2) 멘토링

멘토링(mentoring)이란 풍부한 경험과 지혜를 겸비한 신뢰할 수 있는 사람이 1 : 1로 지도와 조언을 하는 것이다. 멘토링은 기업체 등에서 우수한 경력과 풍부한 경험을 가진 선배 직장인이 후배나 신입사원의 업무 능력의 향상이나 적응을 돕기 위해 활용하고 있다. 교육에서도 우수한 능력을 소유한 선배 교사가 후배 교사, 대학에서 교사 교육을 받고 있는 학생(예비교사)들을 돕는 것에 활용될 수 있다.

(3) 코칭

코칭(coaching)은 업무 목표의 달성을 위해 업무 리더, 혹은 전문가가 조직구성원에게 그들이 맡은 일을 더 효과적으로 하도록 도움을 주는 직접적인 절차이다. 학습자 스스로가 책임감을 갖고, 동기유발이 될 수 있도록 해야 하며, 학습자의 사전 지식에 바탕을 두어 개별 지도하는 것이 효과적이다. 특히 코치가 학습자를 밀접한 관계에서 지도할 때 효과적이며, 문제를 스스로 자각하고 개선하도록 하는 것이 더욱 좋다.

6) OJT의 장단점

(1) 장점

① 부하의 능력 정도, 교육 필요에 맞추어 상황에 상응한 지도를 할 수 있다.
② 반복해서 집중지도를 할 수 있다.
③ 교육자는 학습내용을 그 자리에서 곧 실행할 수 있다.
④ 결과에 대한 평가가 용이하다.
⑤ 추수교육(follow-up)이 용이하다.
⑥ 자기계발의 기회가 되며 교재가 풍부하다.

(2) 단점

① 상사나 선배 등의 지도자 의식이 희박하다.
② 지도 의욕이 약하거나 오래 지속되지 않는다.
③ 교육에 대한 계획성이 없다.
④ 지도자의 지도가 미숙해서 지도자로 적당하지 않은 사람이 있다.
⑤ 현장에서 끝내는 경향이 있다.
⑥ 부문 간의 실시 정도가 불균등하게 된다.

6. 감수성 훈련

1) 감수성 훈련의 개요

감수성 훈련(感受性 訓練, Sensitivity Training)이란 자유로운 분위기가 형성된 모임을 통하여 타인이 자기를 보는 것처럼 자기를 봄으로써 스스로를 이해하여 행동을 바꾸려고 노력하도록 하는 훈련과정이다. 감수성 훈련은 경험과 체험을 토대로 해서 배우는 방법을 배우는 학습과정을 말한다. 즉, 지도자와 참가자들이 한자리에서 감정, 반응, 지각, 행동을 포함한 서로의 경험과 체험을 발표하고 토론하는 동안 얻어지는 인간관계를 통한 산 배움의 학습과정을 말한다.

감수성 훈련은 처음에 실험실 훈련(Laboratory Training)이라고 불렸는데, 1947년 NTL(National Training Laboratories for Group Development) 창설 후 NTL의 훈련 기법으로 널리 보급되면서 '감수성 훈련' 또는 '소집단 훈련(T-Group Training)'으로 불리게 되었다. 우리나라에서도 교육계, 산업계, 종교계 등에서 활발하게 이용되고 있다.

2) 감수성 훈련의 의의

급변하는 시대에서 살고 있는 현대인은 물질적인 면에서는 과거 어느 때보다도 풍족해졌지만, 정신적인 면과 감성적인 면에 있어서는 그 어느 때보다도 둔감하게 되었고 이기주의, 배타주의 등 불신 의식이 팽배하게 되었다. 특히 최근 들어 우리나라는 심한 노사분규의 진통을 겪고 난 후 비로소 경영 목표나 조직 목표, 성취 목표에 변화가 나타나고 있다. 회사 발전을 위해서 종업원들의 교육훈련에 역점을 두고 있는 것이다. 조직개발을 위한 교육훈련 방법은 여러 가지가 있겠지만 세계적으로 가장 많이 훈련되고 있고 공인받고 있는 훈련은 감수성 훈련이다. 감수성 훈련은 T-그룹(T-group)이라고 하는 소집단 내의 체험을 바탕으로 하여 사회적 감수성을 학습하는 방법인데, 개인의 심리적 효과를 노리는 경우와 집단이나 조직의 운영 또는 변혁을 위한 지도성을 목표로 하는 경우 등이 있다.

3) 감수성 훈련의 특징

지도자가 지식적인 전수, 설명, 교훈 등으로 집단원을 교육하지 않으며, 지식보다는 생각을, 생각보다는 느낌을 소중하게 다루고 표현하도록 장려한다. 또한 과거보다는 지금-여기(here and now)에 초점과 주의를 기울이고, 집단원 상호 간의 반응에 대해 판단과 평가적 발언을 자제하고 존중과 공감, 수용의 자세를 유지해 나간다. 이렇게 하여 감수성 훈련에 참가한 집단원들은 처음에 다소 어색함과 주저함을 보이다가 조금씩 집단지도자를 따라 개방을 시도하고 반응을 드러내는 용기를 보인다. 이들은 안전감과 자유감이 증대됨에 따라 심리적 방어로부터 해방으로, 다시 바람직한 정서의 재수립 과정으로 이어지는 하나의 단기적 집단 체험과정을 거치게 된다. 그러므로 이런 제대로 된 감수성 훈련 과정을 위해서는 고도의 물리적 환경과 시간이 절대적으로 필요하며, 집단원들의 심리 내적인 요구와 집단지도자의 전문자적 지도력이 잘 발휘되어 조화롭게 상호작용할 수 있는 분위기가 조성되어야 한다. 개인의 심리적 문제해결 방식이며 인간관계 교육으로서 감수성 훈련은 매우 다양하게 실시되고 있으며, 일상적인 집단활동을 통한 훈련이 될 수 있다. 기초적인 원리와 방법은 다음과 같다. 첫째, 참가자는 이질적인 성향을 지닌 10~15명 정도의 소집단이 형성되어야 효과적이다. 둘째, 미리 주제와 계획이 꽉 짜이지 않은 상태에서 지리적·심리적으로 차단된 환경에서 2~3주간 집중적인 훈련이 진행된다. 셋째, 참여자들의 자유롭고 기탄없는 감정 표현을 유발할 수 있도록 전문적인 기술을 지닌 지도자가 있어야 한다.

감수성 훈련 학습의 구조적 특징은 다음과 같다.

첫째, 소집단 체험활동이다. 소집단 안에서 역동적으로 '1 : 1' 또는 '1 : 다수'의 상호작용을 하는 가운데 서로가 서로에게 조언자·상담자·시범자가 된다. 이 과정에서 각자는 다른 사람들과 어떤 형태로 관계를 맺는가를 관찰하고, 행동을 탐색할 수 있다.

둘째, 집단의 크기는 독립된 공간에서 돕는 이 1명, 교육생 8~12명이 가장 효과적이고 일반적이나 50명 이상 중·대집단일 경우 돕는 이 2명이 지도한다.

셋째, 집단성원은 참여자의 연령, 성별, 학력, 직업, 친숙도 등에 관계없이 집단을 자유롭게 구성할 수 있다.

4) 감수성 훈련의 목표

감수성 훈련활동은 자기의 발견과 타인의 이해를 기본으로 바람직한 인간관계 개선과 행동의 변용을 그 목표로 하고 있다. 즉, 자신의 생각, 느낌, 관점, 행동 등의 특징에 대해 눈뜨게 하고, 다른 사람들이 모든 점에서 자기와 같지 않은 독자적 존재임을 알게 하며 자기와 타인과의 관계, 의사소통의 현상, 집단의 형성과 발전 등에 관심을 갖게 한다.

첫째, 자아성찰을 통한 올바른 인생관과 가치관 정립

둘째, 인생 목표 확인과 잠재능력 계발

셋째, 전인적인 '참 나'를 재점검하고 사고와 태도를 기함

넷째, 21세기 변화와 혁신에 대한 적응 능력 배양

5) 감수성 훈련의 기대효과

감수성 훈련활동의 일반적인 기대효과는 자기성장 면에서 남의 말을 경청하고 자신의 감정을 있는 그대로 솔직하게 표현하며, 타인의 감정을 이해하는 데 민감해짐으로써 의사소통능력과 사회적 적응력이 신장된다는 점이다. 또한 무조건적인 존중과 공감, 수용의 안전하고 신뢰로운 집단 풍토 안에서 자신의 긍정점을 발견하게 되고, 자신감을 갖게 되어 자기 안에 내재된 잠재능력과 자기실현의 가능성을 믿게 된다. 타인 이해의 면에 있어서는 인간이 모두 독자적이고 개성적 존재임을 알게 되고 남을 존중하고 수용하는 자세가 길러지며 바람

직한 인간관계와 공동체 의식에 눈뜨게 된다. 다양한 부류의 다양한 성격을 가진 사람들이 직위, 성별, 학벌, 지역 등 차이를 극복하고 수평적인 동등한 인격적 만남을 가질 때 수련의 효과는 증진된다.

첫째, 자아발견 및 성장이다. 자신의 생각, 느낌, 행동 등의 특성에 대하여 새롭게 통찰하여 왜곡되어 있거나 잠재되어 있는 자신을 새롭게 발견, 수용·개선·발전시킨다.

둘째, 타인 이해와 수용이다. 자기의 고정된 가치관이나 관념에서 벗어나 타인들이 나와 다른 독자적인 존재임을 이해한다.

셋째, 인간관계의 개선이다. 지금－여기(here and now)에 존재하는 그대로의 존재를 상호 인정하고 수용하며 공감함으로 인간관계가 개선된다.

넷째, 리더십의 향상이다. 자존감이 향상되어 자아실현의 의욕이 증진되고 책임감이 강해짐으로 삶의 현장에서 생산적으로 기능하게 되며, 인간 중심의 리더십을 발휘한다.

다섯째, 조직의 활성화이다. 공동체 의식의 증진으로 조직에서 일체감과 멤버십이 성장하여 분위기가 활성화되고 근무의욕이 증진된다.

6) 감수성 훈련의 기법

① 피드백 : 귀환반응이라고 하며 T-그룹의 필수적 요인이다.

② 해빙 : 개인이 갖고 있던 신념체계가 해체하는 과정을 말한다. 개인이 자신에 대하여, 타인과의 관계에 대해 품었던 많은 가정들을 재검토하도록 도와주어야 한다. 집단이 안전한 피난처로 경험되는 과정에서 새로운 신념을 영접하고 새로운 행동을 보복의 두려움이 없이 실험해 보는 것이 가능하다.

③ 관찰자적 참여 : 집단원들은 집단에 감정적으로 참여하고 동시에 자신과 집단을 객관적으로 관찰할 수 있어야 한다. T-그룹의 집단원들이 인지적

평가를 정서적 경험과 할 때 가장 효과적이다.

④ 인지적 보조 : 흔히 '조하리 창'을 사용한다. 즉, T-그룹의 목표는 피드백을 통하여 맹점 영역(자신은 모르고 남은 아는 부분)을 줄이고, 자기개방을 통하여 비밀 영역(나는 알고 남은 모르는 부분)을 줄여서 공적 영역(자신과 남도 아는 부분)의 크기를 크게 하는 것이다.

7) 감수성 훈련 집단의 분류

(1) 개방성에 의한 분류

가. 개방집단

개방집단은 집단에의 참여를 특수성원에 국한시킨 것이 아니라 매주 혹은 정해진 시간마다 항상 열리며 필요하면 누구나 참여할 수 있는 허용적 집단이다. 주로 정신병원이나 교도소 등과 같이 구성원이 자주 바뀔 수 있고 유동성이 많은 곳에서 주로 사용하는 집단 형태이다.

나. 폐쇄집단

폐쇄집단은 필요에 의해 모인 구성원들이 가능한 문명으로부터 멀리 떨어진 특정한 장소에서 일정한 구성원들에 의해서만 운영되는 집단이다.

(2) 구조성에 의한 구분

가. 구조적 집단

집단 목적에 따라 구조화된 프로그램을 가지고 순서적으로 진행되는 집단이다. 우리나라에서는 주로 심성 훈련, 잠재력 계발 훈련, 자기표현 훈련 등이 이에 속한다.

나. 비구조적 집단

전통적 T-그룹으로부터 발달되어 온 이 집단 형태는 매시간(회기, 마당)마다 어떤 구조화된 프로그램을 사용하는 것이 아니라 지금－여기(here and now)에서 바로 그 순간에 느낀 자신의 느낌을 이야기 나누면서(피드백하면서) 자기발견과 타인 이해, 개인의 긍정적 잠재력 발달 등의 목적으로 운영되는 집단이다.

8) 감수성 훈련의 실제

구분	내용
나는 누구인가?	자기 자신에 대한 소개와 자기를 나타내기 위하여 스스로 글을 쓰게 한다. '나는 누구이다'라고 10개의 답을 쓰게 해도 좋다. 진정한 자기를 발견하는 데 의의가 있다.
별칭 짓기	자기의 별명이나 또는 불리고 싶은 이름을 각자 크게 써서 가슴에 달게 한다. 스스로 소개하고 소개가 끝난 후 느낌을 서로 말한다.
몸 풀기 운동	서로 어깨와 허리를 가볍게 안마해 준다. 두 사람이 서로 등을 대고 앉았다 일어섰다 해보고 느낌을 말하게 한다.
손과 이마 마주 대고 눈감기	두 사람이 서로 손을 마주 잡고 이마를 서로 맞대고 아무 말도 없이 오랫동안 있는다. 그 후 느낌을 말하도록 한다.
거울 놀이	두 사람이 마주 앉아 한 사람은 실체가 되고, 다른 사람은 거울이 되어 따라 해 보도록 한다. 또는 말을 되풀이하도록 하면 따라서 한다는 사실이 어려움을 알게 된다.
그림 그리기	두 사람이 마주 앉아서 한 사람은 화가가 되고 다른 한 사람은 모델이 된다. 화가는 상대방의 눈을 쳐다보고 바로 앞에서 손가락으로 상대방의 얼굴을 그린다. 빨리 그리는 사람은 상대에 큰 관심이 없는 편이고, 천천히 그리는 사람은 상대에게 큰 관심이 있는 편이다.
타인 신뢰도	한 사람씩 눈을 가리고 여러 사람이 둘러싼 가운데에 세우고 뒤로 넘어지게 한 다음 넘어진 사람을 옆 사람에게 주어 돌리도록 한다. 얼마나 맡기느냐를 알아볼 수 있다.

구분	내용
신경질 없애기	사람 벽을 뚫고 지나가기, 사람 벽은 서로 몸을 바짝 대고 타인이 통과하지 못하게 막는다.
자연과 대화	돌이나 나무, 풀, 꽃, 물과 대화를 하게 한다.
소개하기	2명씩 서로 자기를 소개하고서 나중에 서로 상대방이 되어 소개한다. 30분 정도 이야기하게 한다. 잘 듣는 훈련과 의사전달의 훈련을 쌓게 되며 자신을 발견케 된다. 메모지는 없애야 한다.
장님 게임	2명 중 하나가 눈을 가리고 한 사람의 인도를 받으면서 돌, 풀, 물소리 등을 듣고 만지게 한다. 평탄한 길보다는 험난한 길 등을 인도해 주고 말없이 인도하도록 한다.
장례식	두 줄로 서서 한 사람을 눈을 가리고 옮겨가서 오도록 한다. 또 높이 들었다 천천히 내린다.
자신의 조사 쓰기	자신의 살아온 길과 앞으로의 삶을 재발견하게 된다.
리듬 맞추기	음악에 맞추어 눈을 가리고 무엇이든지 행동하도록 한다. 인생은 리듬이다. 리듬에 맞추어 무엇인가 되어 보는 것이다.
발 씻기기	2인 1조로 서로 발을 씻겨준다(가능하면 덜 친한 사람끼리 씻기도록 한다).
눈 감고 만지기	일정한 장소 안에서 서로 눈을 가리고, 부딪치고, 만지고, 냄새 등을 맡도록 한다.
기쁜 일, 슬픈 일 나누기	자기의 생애 중에서 가장 슬픈 일을 말하고 가장 기뻤던 일을 서로 말하도록 하여 공감을 갖도록 한다.
사랑의 편지 전달	한 사람이 석 장 또는 다섯 장씩 카드를 주어 회원 중 아무나 이름을 쓰고 그 사람의 장점과 단점을 쓰도록 한 다음 모두 거두어서 해당자에게 나누어 주도록 하고 그것을 읽어 보도록 한다.
소감문 쓰기	모든 프로그램이 끝나면 지금까지의 모든 느낌을 적고 발표하게 한 다음 서로 개선하고 서로 얼싸안고 합창을 한다.
입장 바꾸기	회사에서 중역과 사원이, 또한 클럽에서 임원과 회원이 서로의 직책을 바꾸어 행동을 한다. 이때 서로의 입장을 이해하도록 노력한다.
촉감의 토론	방안의 불을 꺼서 어둡게 만든다. 혹은 야외에서는 밤에 행한다. 전혀 보이지 않는 물체를 손으로 만져본다. 나무라도 좋고 타인의 손이라도 좋다. 보이지 않는 상태에서 느낌을 서로 토론한다.

집단훈련 유형

(1) T-그룹(Training Group)

1940년대 레빈(K. Lewin) 등에 의하여 NTL(National Training Laboratories)을 중심으로 발달된 집단적 창조력 개발 기법이다. 감수성 훈련(Sensitivity Training), 인카운터 그룹(Encounter Group), 게슈탈트 그룹(Gestalt Group) 등 주로 '체험학습'을 통해서 자기 자신을 좀 더 깊이 이해하고 수용하는 태도를 기르며 대인관계의 능력을 기르고, 집단 속에서의 실제체험을 통해 자기 자신을 성숙시키거나 조직 내의 갈등이나 불만을 처리함으로써 조직력을 강화하는 훈련이다.

(2) 감수성 훈련(ST: Sensitivity Training)

1946년부터 자유토의 방법을 사용하여 여러 차례의 실험을 거쳐 행동개선법(실험실훈련: Laboratory Training)을 개발하였는데, 1947년 NTL(National Training Laboratories for Group Development) 창설 후 NTL의 훈련기법으로 널리 보급되면서 '감수성 훈련' 또는 '소집단 훈련(T-Group Training)'으로 불리게 되었다. ST는 미시간대학 설문조사연구소에서 개발한 설문조사 피드백(Survey Research and Feedback) 방법과 함께 실천연구(Action Research)로 발전하여 조직개발의 확산에 크게 기여하였다.

(3) 인카운터 그룹(Encounter Group)

인카운터(Encounter)란 「만남, 마음과 마음의 교류」이며, 인카운터 그룹(Encounter Group)이란 일반적으로 10명 정도의 소인원이 집중적으로 그룹 체험을 하는 집단을 말한다. 인카운터 그룹은 지시적으로 운영되는 것에서부터 비지시적인 것까지 다양하고 그룹 카운슬링(Group Counseling)이나 ST(감수성 훈련)의 T-그룹(Training Group) 등 그룹 체험 학습의 총칭으로 사용되고 있다.

인카운터 그룹은 1960년대 후반에 미국의 심리학자 칼 로저스(Carl Rogers)가 내담자 중심의 상담요법에서 집중적인 그룹 체험 방법을 생각해 내 발전해 왔다.

인카운터 그룹방식은 구상적 그룹(리더 하에서 과제가 미리 결정되고 진행되는 것)과 비구상적 그룹(과제를 준비하지 않고 퍼실리테이터와 함께 참가 멤버가 내면적인 상호교류를 해 나가는 것)으로 크게 나눌 수 있다.

인카운터 그룹에는 ST의 T-그룹처럼 타인과의 상호작용에서 인간 이해나 대인관계 기법을 체험적으로 배우는 것과, 이것과는 별개로 참가한 멤버 각자의 성장에 비중을 두고 진행되는 것이 있다. 1970년 이후 일본에서도 교육, 복지분야 등에서 다양한 인카운터 그룹의 시도가 이루어지고 있다.

(4) 피쉬볼 훈련(Fish Bowl Training)

금붕어 어항 방식훈련. 교육생들이 서로 모여 앉아 이야기하는 것을 관찰하는 것이 마치 금붕어 어항을 들여다보는 모습과 닮았다고 해서 붙여진 이름이다. 연수자를 두 그룹으로 나누어 한쪽을 실험자로 하여 가운데에 동그랗게 자리해서 앉히고 다른 한 그룹은 관찰자로 해서 그 바깥쪽으로 삥 둘러앉힌다. 관찰자는 사전에 주어진 주제나 체크포인트에 따라서 안쪽의 실험자가 행하는 그룹 활동(사전에 주제를 주어 이야기를 하게 하는 것)을 관찰해서 그 결과를 실험자에게 피드백한다. 이것을 20분 정도씩 교대해서 반복하고 행동의 변용과 그룹의 상황 등을 파악하는 항목을 학습한다.

(5) 집단상담 기법

가. 나의 인생 이야기

가) 학습목표

❒ 나 아닌 다른 사람의 결정에 대한 비판적 존중감을 갖도록 한다.

❒ 자신의 가치관을 점검하고 정리하도록 한다.

나) 학습개요

❒ 대상인원 : 10~25명 ❒ 진행인원 : 강사 1명 이상

❒ 소요시간 : 50분 ❒ 장 소 : 실내 강당

❒ 준 비 물 : 인생 이야기 설문지, 네 가지 색 색종이(참가자 수만큼), 필기도구

❒ 주요 학습내용

-인생 이야기 설문의 내용을 자신만의 판단으로 작성하도록 한다.

-자신의 선택을 모두와 공유하는 시간을 갖도록 한다.

-공유 후 자신의 생각이 어떻게 확고해졌는지, 혹은 어떻게 바뀌었는지 이야기해 본다.

❒ 유의사항

-지루해지지 않도록 설문에 대해 때로는 경쟁적 토론을, 때로는 축소해도 좋다.

-개인의 판단을 옳고 그름으로 판단하지 않도록 유의한다.

-상대에 대한 판단에 대해 비판적 공격의 대상으로 삼지 않도록 유의한다.

-몇몇 사람들에게 편중되지 않도록 유의하여 발표토록 한다.

-자신의 가치관을 이야기하는 것에 초점을 맞추는 것이 자연스러운 분위기를 연출할 수 있으며, 교육적 효과를 극대화할 수 있다.

❒ 기대효과

-서로 모르는 사람들과의 만남에서 보다 친숙해질 수 있다.

-다른 의견에 대해 '틀림'이 아닌 '다름'의 중요성을 느낄 수 있다.

-참여자들의 다양한 가치관을 확인하고 서로의 차이를 자연스럽게 익힐 수 있다.

다) 학습내용

① 도입 – 설문지 나누어 주기(10분)

- 인생 이야기 설문지와 색 카드(파랑, 빨강, 노랑, 초록)를 나누어 준다.
- 인생 이야기 설문을 작성하게 한다.

② 전개–의견 나누기(30분)

- 각자의 의견을 나누면서 확정된 결정이기보다 의견을 나누면서 수정을 하도록 유도한다.
- 각 문항에 대해 자신의 결정을 표현할 때 나누어 준 카드(파랑, 빨강, 노랑, 초록)로 의사를 다른 사람들도 볼 수 있도록 높이 들어 나타내도록 유도한다.
- 각 문항마다 카드를 보고 개인들의 판단을 발표하도록 한다.
- 특히 함께 이야기하고 싶은 분야나 문제가 있다면 그 문항에 대해서는 조금 심도 있게 진행하도록 한다.

③ 정리–평가의 시간 갖기(10분)

- 설문이 끝난 후 자신의 의견이 바뀐 문항이 있는지, 있다면 어떠한 것이 어떻게 바뀌었는지 듣는 시간을 갖는다.
- 위 발표에 대해 서로를 존중하고 수용하는 것이 개인의 발전에 중요한 밑거름임을 피드백 해준다.
- 번개 기법(20초 이내)을 통해 자신의 평가느낌을 나누도록 한다.

나. 인생 곡선

가) 학습목표

❒ 현재까지의 자신의 생을 되돌아보고 자기반성의 기회를 가져본다.

❒ 나 아닌 다른 사람의 가치관을 공유하고 일체감을 갖도록 한다.

❒ 자신의 삶에 대한 구체적인 전망을 세우고 더욱 힘차게 살겠다는 결단을 갖도록 한다.

나) 학습개요

❒ 대상인원 : 10~25명　　❒ 진행인원 : 강사 1명 이상

❒ 소요시간 : 40분 ❒ 장　　소 : 실내 강당

❒ 준 비 물 : 인생 곡선표, 필기도구

다) 학습내용

- 인생 곡선표의 마지막을 자신의 현재 나이로 적는다(예: 현재 25세이면 끝부분에 25라고 적는다).
- 인생 곡선표의 아랫부분은 인생에서 힘들었던 일을, 윗부분은 재미있었고 성공적이었던 일을 적어 넣고 곡선으로 이어서 그래프로 만들도록 한다. 또한 각각의 힘들었고, 성공적이었던 경험들의 장점이나 인상 깊었던 사건 등은 간단하게 적어 넣도록 한다.
- 현재의 시점까지 다 그린 사람은 현재의 나이에서 자신이 죽었다고 가정하고 이러한 삶을 살았을 때 자신의 비문은 어떨 것인지 생각해 보고 자신의 비문을 적어본다.
- 모든 순서가 끝났으면 참가자들은 돌아가면서 자신의 인생 곡선과 비문을 발표하고 서로의 느낌과 소감, 그리고 새로운 결심을 나눈다.

➲ 참가자를 위한 인생 곡선표

출생 (　　)살

탐구문제

1. 역할연기의 탄생 배경을 이야기하고 어떠한 주제를 논의할 때 적용할 수 있는지를 논의해 봅시다.

2. 현장실습과 현장견학을 진행할 때 교육자가 준비할 사항을 논의해 봅시다.

3. OJT를 실시하기 위한 준비사항을 이야기해 봅시다.

4. 감수성 훈련의 사례를 조사하고 실행해 봅시다.

5. 게임학습법의 장단점을 논의해 봅시다.

CHAPTER

11 평생교육방법과 교수학습매체

학습개요

최근 급격한 기술의 발전에 힘입어 다양한 매체들이 평생교육의 교육방법을 보다 다양하고 풍부하게 하고 있다. 라틴어에서 무엇과 무엇의 '사이(between)'라는 의미를 가진 '매체(media)'는 작게는 하나의 장치에서부터 크게는 체제의 전체 형태를 이르기까지 의미의 범주가 다양하고, 또한 콘텐츠를 담는 하드웨어 매체와 콘텐츠를 비롯한 소프트웨어 매체로 나누기도 한다. 매체는 의사소통 과정에서 송신자와 수신자 사이에 정보를 전달하는 모든 채널로서 보다 넓은 개념 범주로 바라볼 필요가 있다.

교수학습 과정에서도 교육내용을 효과적으로 전달하기 위하여 매체가 활용되고 있고, 이를 '교수학습매체'라고 한다. 성인학습자를 대상으로 한 초창기 인쇄매체 중심의 평생교육부터 디지털 교재를 활용하는 현재의 평생교육에 이르기까지 교수학습매체는 항상 평생학습에서 교수자와 학습자를 잇는 중요한 매개 수단일 뿐만 아니라, 그것 자체로서 의사소통의 수단이자 원천이다. 앞으로도 새로운 교수학습매체가 개발되어 널리 확산되게 되고, 이들 매체를 평생학습에서도 활용하게 된다면 평생학습의 형태는 또 다른 모습을 띠게 될 것이다.

본 장은 교수학습매체에 관한 내용을 여섯 가지 부분으로 나누어 간략하게 제시하고 있다. 구체적으로 의사소통 과정으로서의 교수학습 과정, 의사소통 모델(커뮤니케이션 모델), 교수학습매체의 개념과 기능, 교수학습매체의 효과, 교수학습매체의 분류와 선정, 그리고 효과적인 매체 활용을 위한 매체교양교육 들이다. 교수학습매체는 교수학습 과정이라는 의사소통의 과정에서 활용되므로, 이 글의 앞부분은 의사소통에 관한 기본적인 개념들을 다루고 있다. 뒷부분은 평생학습에서 적용되는 교수학습매체에 관한 내용을 중심으로 제시하였고, 특히 디지털 시대에 있어서 필요한 매체교양교육을 디지털리터러시를 중심으로 하여 제시하였다. 전체적으로, 평생교수학습 과정에서 교수학습매체를 보다 효율적이고 효과적으로 활용할 수 있는 기초적인 지식에 초점을 두고 있다.

학습목표

1. 의사소통 과정으로서의 교수학습 과정을 설명할 수 있다.
2. 의사소통과 관련한 커뮤니케이션 모델을 제시하고 설명할 수 있다.
3. 교수학습매체의 개념, 기능, 효과를 설명할 수 있다.
4. 교수학습매체의 선정을 ASSURE 모델을 중심으로 적용할 수 있다.
5. 효과적인 매체 활용을 위한 매체교양교육이 무엇인지 알고 이를 적용할 수 있다.

1. 의사소통으로서의 교수학습 과정

커뮤니케이션(의사소통)에 대한 관심은 고대부터 있어 왔지만, 20세기 초반 정보통신기술의 발달과 함께 다양한 학문 분야에서 이론적 탐구를 본격화하였다. 의사소통의 가장 핵심적인 요소로는 생각한 것을 전하려고 하는 전달자(송자, 제공자), 그 전달자의 생각을 실어서 전하는 매개체로서의 메시지, 메시지를 받아들이는 수신자(수용자) 세 가지이다. 전달자는 한 사람 또는 그룹일 수도 있고, 수신자도 한 사람 또는 집단 및 조직일 수 있다. 메시지는 언어의 형태일 수도 있고, 그림일 수도 있고, 글씨나 제스처, 손짓일 수도 있다. 메시지는 여러 가지 전달통로를 거쳐 수신자에게 진해진다. 수신자는 메시지를 여러 감각기관을 이용하여 자신이 원하는 대로 택하는 방법에 따라 해독하며, 해독된 메시지는 수신자의 경험에 비추어 자신의 지식을 바탕으로 의미를 부여하고 이해하며 자신의 이해를 상대방인 송신자에게 피드백하게 된다. 즉, 커뮤니케이션이란 송신자, 전달내용, 채널, 수신자, 환경, 송환 등의 구성요소를 사용하여 상호작용을 하면서 필요한 내용을 주고받으면서 전달된 내용을 해석하고 이해하는 과정이라고 할 수 있다.

의사소통의 과정에는 일반적으로 다음의 일곱 가지 요소가 있다. 첫째, 지식, 감정, 의지 등의 정신 내용을 표현 또는 전달할 의도를 가지고 있는 개인 또는 집합체인 전달자, 둘째, 정신 내용을 일정한 기호로 전환시키는 메커니즘(또는 전환 작업에 종사하는 개인 또는 집단)인 기호화, 셋째, 개체 간에 전달되는 표상기호인 메시지, 넷째, 메시지의 전달매체인 채널, 다섯째, 메시지 전달의 대상자로 그 의미 내용에 대해 반응을 보이는 개인 또는 집단인 수신자, 여섯째, 수신자에게 도달된 메시지 기호로부터 정신내용을 복원시키는 메커니즘(또는 복원작업에 종사하는 개인 또는 집단)인 기호 해독, 일곱째, 수용자가 메시지의 내용을 이해하고 반응을 보이는 현상인 피드백의 요소로 이루어진다(김정영, 2001: 189).

의사소통의 단계는 who(정보원, 전달자), what(정보·명령·보고), in what channel or

how(매개체 경로, 전달 방법), with what effect(반응 효과) 5W가 있으며, 효과적인 의사소통이 되기 위해서는 다음의 원칙이 지켜져야 한다(김정영, 2001).

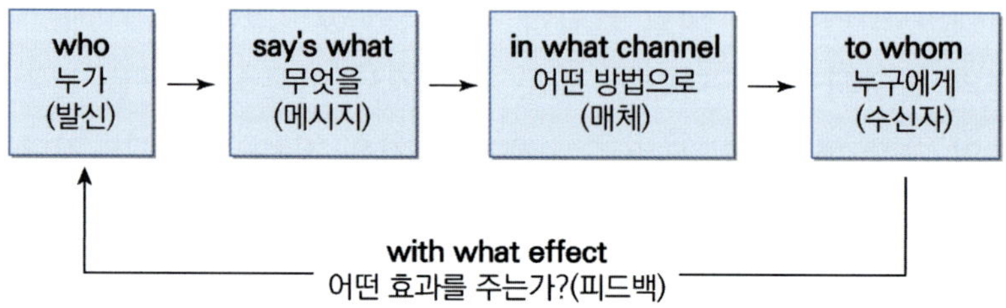

그림 11-1 의사소통의 단계

출처: 김정영(2001). 학교조직구성원의 의사소통 실태분석.

① 명료성 : 정보구조가 체제화되어 있어야 하며, 체제화한 정보 내용이 각각 관련성을 가지고 계속되어 있어야 하고, 언어나 표현 방법이 알기 쉽고 이해할 수 있는 것이어야 한다.

② 적량성 : 분량이 적당해야 하며 단위시간 및 대상 내용, 환경에 따라서 상이할 수 있다.

③ 일관성 : 내용이 서로 모순되어서는 안 되며 목표와 내용이 일치해야 한다.

④ 적시성 : 의사소통 상황과 대상자의 신체적 수용도 등을 고려하여 적시에 행해져야 한다.

⑤ 분포성 : 의사소통 양자 간에 정보와 내용이 정확하게 전해질 적용 범위를 말한다.

⑥ 적응성과 통일성 : 적응성은 의사소통의 융통성과 개별성, 합치성을 의미한다. 통일성은 각각 전체로서 통일된 정책을 표현하는 것을 의미한다.

⑦ 관심과 수용 : 상대방의 의사소통에 대한 반응 정도와 태도를 말한다. 관심과 수용에 따라 능률성 여부가 결정된다.

교수학습 과정 역시 교육과정(교육내용)을 중심으로 교수자와 학습자, 학습자와 학습자, 학습자와 매체 등의 상호작용 과정으로서 의사소통의 과정이며, 효과적인 의사소통을 하기 위해서는 기본적인 의사소통 원칙이 지켜져야 한다.

2. 의사소통 모델(커뮤니케이션 모델)

1) 벌로의 모델

의사소통의 과정과 구성요소를 설명하고자 하는 많은 모델들이 있다. 그중에 벌로(Berlo, 1960)는 의사소통의 체제를 송신자, 전달 내용, 채널, 수신자, 환경, 피드백 등의 구성요소들의 상호작용으로 보았다. 벌로는 의사소통을 송신자로부터 수신자 사이에 필요한 내용을 주고받으면서 전달된 내용을 해석하고 이해하는 상호작용 관계로 설명하였다.

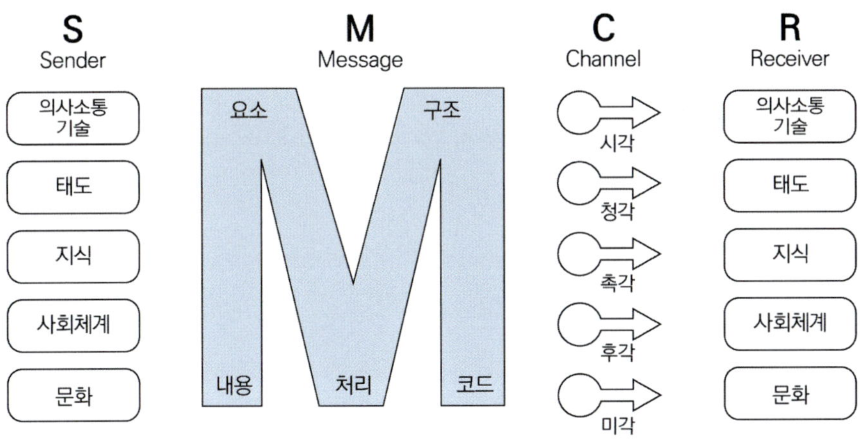

그림 11-2 벌로의 의사소통 모델

출처: Berlo, D. K. (1960). The process of communication.

벌로의 모형을 보면, 첫째, 송신자와 수신자는 각자 자신의 의사소통 기술, 태도, 지식, 사회체계, 문화양식, 태도에 따라 정보를 주고받으므로 송신자와 수신자가 공유하는 부분이 많을수록 의사소통이 잘 된다. 둘째, 메시지의 내용은 메시지의 주제인데, 예를 들면, 운동 경기 중 양궁 경기이다. 요소는 양궁 경기의 규칙에 해당된다. 코드는 양궁 경기에서의 언어적·비언어적 표현으로, 언어적 표현방식은 양궁 경기를 규칙으로 설명하는 것이 해당되고, 비언어적 코드는 심판의 '몸짓 사인'으로 표현하는 것이다. 구조는 내용의 조직 순서로서 양궁을 설명할 때 흔히 접하게 되는 규칙부터 시작하여 세부적인 규칙으로 나아가는 구조이다. 처리는 내용의 표현 장르로써, 양궁 설명을 설명문으로 할지, 양궁 경기를 보면서 대화 상황의 대본으로 할지 정하는 것이다. 셋째, 채널은 감각으로서 인간이 가지는 시각, 청각, 촉각, 미각, 후각 등 오감이다.

벌로의 의사소통 모형은 교육학적인 접근에서 교사와 학생 간 상호작용의 중요성을 보여주고 있으며, 상호작용 과정에서 사용되는 교육 방법과 매체 활용은 인간의 다섯 가지 감각기능을 통합적으로 사용해야 함을 제시하고 있다.

2) 로저스(Rogers)와 킨케이드(Kincaid) 의미수렴 모델

로저스와 킨케이드(Rogers & Kincaid, 1981)는 반복적인 정보교환을 통한 송신자와 수신자 사이의 의미수렴을 강조하고 정보를 통하여 인간 상호 간의 네트워크가 형성되는 구조에 관심을 두었다.

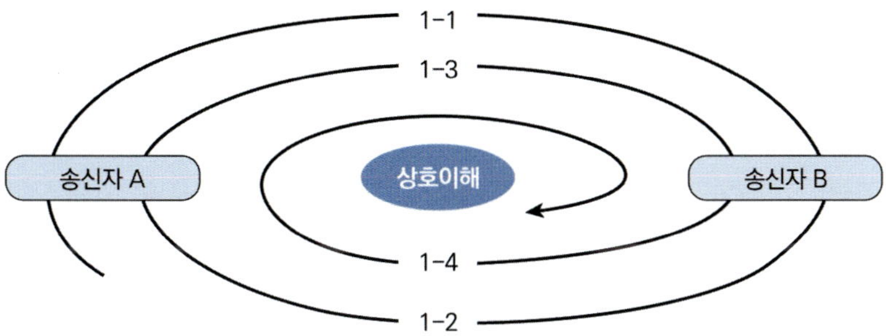

그림 11-3 로저스와 킨케이드의 의미수렴 모델

출처: Rogers & Kincaid(1981). Communication Networks.

의사소통을 통한 정보의 공유 과정은 송신자 A가 자신의 사상과 의견을 전달하면(그림의 1-1) 송신자 B가 이에 대한 반응으로 의사 표현을 하게 되며(그림의 1-2), 서로가 수렴하는 상호 이해가 일어날 때까지 상호작용을 반복하는 것(그림의 1-3, 1-4)으로 설명하고 있다. 의미수렴 모형은 교육학적 접근에 있어서 효과적인 정보 교환을 위해서 수업과정에서의 첨단 ICT 활용을 통한 다양한 디지털 매체의 설계, 개발, 적용 등에 대한 시사점을 제공한다.

전통적으로 대인 의사소통 영역에서는 대면적(face-to face) 의사소통, 우편, 전화 등과 같은 매체가 사용되어 왔으나, 최근에는 정보통신, 팩시밀리, 이동통신, 인터넷, SNS 등으로 확대가 되었다. 또한, 정보통신공학 기술을 활용한 원격교육, 원격회의, 원격근무 등과 같은 시간과 공간의 한계를 극복하고 즉시적인 의사소통을 가능하게 해주는 대화형 테크놀로지(conversational technology)는 상호작용성(interactivity), 비동시성(asynchronicity), 탈대중성(demassification) 등의 기능을 가지고 있으므로, 의사소통 과정에서의 의미수렴은 더욱 중요한 문제가 되고 있다.

3) 의사소통 과정의 요소와 잡음

(1) 의사소통 과정의 요소

의사소통(커뮤니케이션) 과정을 구성하는 요소를 보면 다음과 같다.

첫째, 송신자, 즉 전달자(communicator)이다. 전달자는 아이디어나 정보를 제공하는 등의 의사전달을 하는 사람이다. 전달자의 전달 의도와 내용이 커뮤니케이션의 시발점이 된다.

둘째, 부호화(encoding)이다. 부호화 과정에서는 전달자의 의도를 반영할 수 있는 적절한 매개(상징) 수단이 필요하다. 상징 체계에는 말이나 문자와 같은 언어적 상징과 얼굴 표정, 눈빛, 말의 속도, 음의 고저장단, 자세, 몸짓(제스처)과 같은 비언어적 상징이 있다.

셋째, 메시지(message)이다. 메시지는 전달자가 수신자에게 전하려는 내용으로 전달자가 전달하고자 하는 내용을 부호화한 결과이다. 메시지가 명확할수록 커뮤니케이션의 효과가 높아진다. 일반적으로, 대인 커뮤니케이션에서의 메시지는 상황이나 사건에 대한 관찰된 사실(fact), 이 사실에 대한 자신의 생각과 감정(느낌), 그리고 전달자의 상대방에 대한 요구사항(욕구)의 네 가지 요소로 이루어진다. 반면, 비즈니스 커뮤니케이션은 과제의 확인에서 출발하는데, 메시지는 과제와 이에 대한 답변으로 이루어진다. 답변은 결론과 근거, 방법의 세 가지로 구성된다.

넷째, 매체(channel)이다. 매체는 메시지가 어떤 경로를 거쳐 수신자에게 전달되느냐 하는 커뮤니케이션의 경로이다. 직접적 경로(direct channel)는 직접 대화, 면담, 회의 등이 있고, 간접적 경로(indirect channel)는 메신저나 카카오톡(Kakao Talk), 트위터, 페이스북, 라인 등과 같은 각종 소셜미디어(social media), e메일, 전자결재, 전자게시판, 화상회의, 전화, 스마트폰, 편지, 메모 등이 있다. 매체를 선정할 때는 정보를 취급하거나 메시지에 포함된 의미를 전달하는 매체의 능력 및 유용성 등을 고려해야 한다. 채널을 평가할 때 사용하는 요인으로는 속도, 정확성, 피드백, 선택성, 적절성, 비용, 책무성, 수용성 등 다양한 요인이 있으나, 일반적으로는 채널이 친숙할수록 메시지를 더 풍부하게 지각할 수 있다.

다섯째, 해석(decoding)이다. 해석은 전달자의 메시지를 수신자가 해석하는 것이다. 전달자의 메시지가 수신자에 의해서 정확하게 해석되고, 그 의미가 전달자의 의도대로 받아지면 효과적인 커뮤니케이션이 된다.

여섯째, 수신자(receiver)이다. 수신자는 메시지와 연관된 자신의 역량이나 과거 경험, 가치관, 신념 등의 준거 체계에 따라 전달자의 메시지를 해석하고 수용한다.

일곱째, 피드백(feedback)이다. 피드백은 전달 내용에 대한 수신자의 반응으로 수신자의 의견 제시나 행동을 말한다. 대인 커뮤니케이션이든 비즈니스 커뮤니케이션이든 전달자의 메시지에 수신자가 무반응(피드백의 결핍)하거나, 회신에 많은 시간이 소요된다면 커뮤니케이션의 효과는 낮아지고, 관계는 악화될 가능성이 크다. 즉각적인 피드백은 전달자와 수신자의 관계 유지와 강화에 중요한 요소이다.

(2) 의사소통 과정의 잡음

모든 의사소통 과정에는 '원활한 커뮤니케이션을 방해하는 요소로써 의사소통의 충실성을 떨어뜨리는' 잡음(noise)이 존재한다. 잡음에는 물리적 잡음과 인지·심리적 잡음, 그리고 기타 잡음이 있다.

가. 물리적 잡음

의사소통의 각 단계마다 물리적 잡음이 존재하는데, 대표적인 물리적 잡음으로는 전달자와 수신자 간의 정보 격차, 생략, 누락, 과중, 타이밍, 환경, 분위기 등이다.

① 정보격차는 새로운 정보기술에 접근하고 이용할 수 있는 능력을 보유한 자와 그렇지 못한 자 사이의 간격으로서, 정보격차로 인해 경제적·사회적 격차가 심화되고, 소득 격차를 심화시킬 수 있다. 특히, 교육복지 대상인

소득계층, 탈북민, 결혼여성이주자, 노인세대 등의 정보격차는 소득수준의 격차를 넘어서서 삶의 질과 사회적응에 어려움을 준다.

② 생략과 누락은 수신자가 정확한 판단을 하기 위해 필요로 하는 모든 정보를 전달자가 제대로 전달하지 못할 때 발생한다. 이의 원인으로는 전달자의 전달 능력이나 지식의 부족, 그리고 매체의 불완전성 등이다.

③ 과중은 전달하려는 정보나 메시지가 너무 많아서 소통이 원활하게 이루어지지 않는 것이다.

④ 타이밍(timing)은 적시성이다. 적시성은 커뮤니케이션에서 매우 중요하다. 누가 먼저 정확한 정보를 얻는가가 조직의 성패를 좌우할 수도 있다.

⑤ 환경과 분위기는 의사소통하기에 적절하고 집중할 수 있는 조용하고 편안한 분위기의 물리적 장소이다.

나. 인지적 · 심리적 잡음

인지·심리적 잡음으로는 왜곡, 불신, 무관심, 평가·조언 성향, 심리적 거리감, 그리고 감정 상태 등이 있다.

① 왜곡(distortion)은 개인의 경험이나 동기 등에 의해 형성된 가치관·선입견·고정관념·편견 등에 따라 전달자의 메시지가 의도와 다르게 해석되는 것이다. 왜곡은 의사소통의 질을 떨어뜨리게 되는데, 정보가 여러 단계에 걸쳐서 이동될수록 가능성은 커진다.

② 불신(distrust)은 전달자와 수신자 간의 신뢰 문제이다. 전달자가 명확한 메시지를 보내고 수신자는 그 내용을 그대로 믿고 받아들여서 솔직하게 피드백할 수 있어야 잡음 요소를 줄일 수 있다.

③ 무관심(indifference)은 수신자가 전달자의 전달 내용에 대해 관심이 없는 것을 말한다. 무관심으로 인해 대화에 집중하지 못할 때 의사소통이 어려워지므로, 언어적·비언어적 소통 모두에 관심을 가질 필요가 있다.

④ 평가, 조언 성향이다. 공감과 수용능력의 부족으로 갈등을 유발할 수 있으므로, 상대방의 생각과 감정을 수용하고 이해하는 것이 필요하다.

⑤ 심리적 거리감이다. 권위적 조직일수록 구성원 간의 관계에서 심리적 거리감이 멀게 느껴진다. 교수자와 학습자 사이의 심리적 거리감이 멀수록 의사소통 과정에서 잡음이 더 많이 발생할 수 있다.

⑥ 감정 상태이다. 감정이 격해지면 이성적인 합리적 활동이 지장을 받게 되므로, 가능한 한 합리적인 의사소통이 일어나도록 노력해야 한다.

다. 기타 잡음

물리적인 잡음과 인지적·심리적 잡음 외에도 다른 잡음 요인들도 있다. 그중에는 여러 가지 해석이 가능한 단어나 문구를 사용했을 경우 왜곡이 일어날 수 있는 어의상의 문제, 전문 용어나 어려운 용어의 사용으로 야기되는 잡음, 지위상의 차이에서 오는 잡음, 정보의 신뢰도 수준에서의 잡음 등이 있다.

의사소통에서 잡음을 줄이기 위해서 커뮤니케이션의 목적을 정확하게 하고, 커뮤니케이션의 시점과 방법을 적절하게 사용하며, 수신자를 이해해야 하며, 전달기술 및 청취기술을 향상시킬 필요가 있다.

3. 교수학습매체의 개념

매체는 라틴어에서 유래된 용어로서 무엇과 무엇의 '사이'라는 의미를 가진다. 전통적인 관점에서 교수매체는 교육목적을 달성하기 위하여 활용되는 인쇄자료, 라디오, 텔레비전, 필름, 컴퓨터, 인터넷, 위성통신 등의 물리적 장치들이 교수학습 과정에서 효과적인 교육내용 전달을 위한 보조 자료로 활용되는 것이라는 좁은 의미로 이해되어 왔다. 그러나 최근의 정보통신공학 기술의 발전과 적용은 매체에 대한 전통적인 시각에서 벗어나, 교수자와 학습자, 학습자와 학습자, 학습자와 교육내용 사이에서 사용되는 모든 수단이라고 인식하게 되면서 넓은 의미의 개념으로 확대되고 있다.

매체를 보다 심층적으로 이해하기 위해서는 매체가 지닌 기술적 특성, 상징 체제, 처리능력에 따른 매체 분석이 필요하다. 첫째, 매체의 기술적 특성은 매체가 갖는 물리적 속성으로서 라디오, 텔레비전 등과 같이 서로를 구분시키는 매체의 표면적인 특성을 의미한다. 둘째, 매체의 상징 체제는 인쇄된 문자, 그림, 수, 음악, 지도 등과 같은 정보를 전달하기 위하여 이용되는 상징 표현을 뜻한다. 셋째, 매체의 처리능력은 상징 체제를 특정한 방식으로 조작하는 매체의 능력으로 구체적으로 정보를 저장, 인출, 조직, 변형시키는 것들을 포함한다 (Kozma, 1994).

매체가 교수학습 목적으로 교육내용을 전달하기 위하여 사용될 때 이를 교수학습매체라고 한다. 즉, 교수학습매체는 교수자와 학습자 간, 학습자와 학습자 간, 학습내용과 학습자 간의 의사소통을 촉진시켜 학습자의 학습을 촉진하고자 하는 것이다. 따라서 '교수학습매체는 교육목표가 효과적·효율적·매력적으로 달성되도록 교수자와 학습자, 학습자와 학습자, 학습자와 교육내용 사이의 상호작용을 통해서 학습에 필요한 의사소통이 발생하도록 도와주는 다양한 형태의 매개수단 또는 여러 가지 체제를 의미하는 것'으로서 작게는 하나의 장치에서부터, 크게는 교육 체제의 전체 형태를 가지는 것과 같이 다양하다. 이와 같이 넓은 의미의 교수학습매체 개념은 코즈마(Kozma, 1994)가 제안하는 매체의 세 가지 특성과 함께, 시청각 장치와 자료를 포함하여 교육에 관련되는 사람, 교육내용, 학습 환경, 교육시설 등을 포함하는 종합적인 개념으로 확대하여 인식할 필요가 있다.

4. 교수학습매체의 기능 및 효과

교수·학습매체가 가지고 있는 일반적인 교육적 기능은 매체의 속성과 종류에 관계없이 정보전달 기능, 학습경험구성 기능, 교수 기능, 매개적 보조 기능 등 네 가지로 볼 수 있다. 첫째, 정보전달 기능은 정보를 보다 신속하고 정확하게 대량으로 전달하는 기능이다. 예를 들어, 교과서, EBS 영상 자료, TED 등이 여기에 해당된다고 할 것이다. 둘째, 학습경험의 구성 기능은 특정 기술이나 기능을 습득시키는 것으로 피아노, 컴퓨터, 카메라 등을 사용할 때 필요한 기술이나 기능을 습득할 수 있는 것과 같다. 셋째, 교수 기능은 학습자들의 인지적 사고활동을 촉진할 수 있는 교수자 역할을 매체가 수행하는 것으로, 영화, 온라인 강의, 컴퓨터를 기반으로 제공되는 다양한 프로그램들이 이러한 기능을 수행한다. 넷째, 매개적 보조 기능은 수업 시간에 주의집중을 하고 흥미를 유발하도록 하기 위해서 사진, 그림 등을 비롯한 다양한 수업보조 자료들을 사용하는 것이 해당된다. 종합하면, 교수매체는 학습자의 주의집중과 동기유발에 도움을 주어서 학습의 효과를 증진하고, 수업을 효율적으로 운영할 수 있게 지원한다. 또한, 학습자의 이해를 돕기 위한 다양하고 풍부한 정보 채널을 제공할 뿐만 아니라, 새로운 형태의 교수학습 전략을 구현할 수 있게 하는 기능을 가진다.

교수매체의 교육적 기능을 충분히 활용하기 위해서는 수업을 시작하기 전에 미리 언제 어떻게 어떤 방법으로 활용하고 평가는 어떻게 할 것인지 매체 활용에 관한 설계, 개발, 실행, 관리, 평가에 관한 것들을 미리 계획해야 한다. 교수학습매체의 교육적 효과는 다음과 같이 요약할 수 있다.

첫째, 학습자를 동기유발할 수 있다. 학습에 있어서 학습자의 동기(motive)는 매우 중요하다. 교수학습매체를 활용한 다양한 자료 제공이나 교수학습방법은 명료한 전달 내용, 특수효과 사용을 통한 역동적인 수업 진행 등으로 학습자에게 학습의 즐거움을 제공함으로써 동기를 유발한다. 또한, 학습동기 유발은 교수·학습 과정의 매력성을 높일 수 있다.

둘째, 대리 경험 및 적절한 상호작용은 학습경험을 유의미하게 만들고, 교수·학습 과정의 효율성을 높일 수 있다. 교사의 추상적인 설명 위주의 수업보다 매체를 활용하는 수업은 학습자의 다양한 감각기관을 자극할 수 있으며, 구체적이고 다양한 형태의 정보를 빠른 시간에 전달할 수 있으므로 교수학습목표에 도달하는 데 필요한 시간이 감소되어 효율성이 높아진다.

셋째, 학습 장소 선정을 융통적으로 할 수 있게 함으로써 개별학습이 가능하다. 이것은 교수매체가 가지는 보완적 기능으로, 교수자나 학습자가 각자에게 적합한 시간에 필요한 장소에서 교수학습활동이 가능하도록 도와준다. 첨단매체의 활용은 가상공간에서 원격교육을 가능하게 한다.

넷째, 수업내용과 수행 기술에 대한 직접적인 설명과 예시가 가능하다. 내용 전달과 수행 기술에 대한 직접적인 설명과 예시를 적절한 매체를 사용하여 할 수 있으므로, 수업 시간을 단축하여 많은 양의 정보를 짧은 시간에 학습자에게 전달할 수 있다. 이와 같은 기능은 교수학습에 필요한 시간을 효율적으로 사용할 수 있다.

다섯째, 교수학습 과정에서 교수자와 학습자의 역할에 대한 긍정적인 태도를 형성하도록 돕는다. 적절한 매체를 활용함으로써 충실한 학습준비가 이루어지고, 이는 교수자의 수업활동 부담을 줄여주게 된다. 교수자는 남는 시간을 보다 중요한 수업활동에 사용할 수 있게 되고, 개별 처치가 필요하거나 부연 설명이 필요한 학습자들에게 보다 많은 시간을 할애할 수 있게 된다. 학습자는 학습동기 유발을 통한 긍정적인 태도 형성과 감성 계발, 학습자 자신의 수행과 행동에 대한 자기분석 기회를 제공할 수 있다.

여섯째, 매체 활용은 수업의 질을 향상하는 데 도움이 된다. 표준화된 교수매체를 이용하는 수업은 교수자들의 개인차에 따른 수업의 양과 질적 수준의 차이를 줄일 수 있다. 또한, 학습자에게 적절한 학습활동과 사후 학습을 가능하게 하는 매체 통합 학습은, 학습자들로 하여금 기대되는 수준까지 학습이 가능하도록 하여 교수학습의 효과성을 향상시킬 수 있다. 교수매체를 통하여 학습내용이 적절하게 제시되면 학습내용의 파지를 높이고 재생과 전이를 돕는 효과도 기대할 수 있다.

5. 교수학습매체의 분류와 선정

1) 교수학습매체의 분류

교수학습 과정에서 교수학습매체는 의사소통의 수단으로 활용되기 때문에 교육 방법과는 다르다. 교수매체의 활용은 교육목표, 교육내용, 교수자, 학습자, 교육 환경 등 다양한 변인들에 의해 영향을 받게 되며, 교수매체의 종류와 활용 방법도 매우 다양하다. 매체 분류는 1920년대 미국의 교육에서 시청각교육이 적용된 시점부터 시작하여 최근의 정보통신공학 매체에 이르기까지 다양한 관점과 기준에서 교수매체를 분류하였다.

교수매체는 ① 구체성과 추상성에 따른 분류, ② 상징 체제인 감각기관에 다른 분류, ③ 빛의 투사 여부에 따른 분류, ④ 세대별 구분에 따른 분류, ⑤ 상호작용에 따른 분류, ⑥ 사용하는 학습 집단에 따른 분류, ⑦ 수업환경에 따른 분류, ⑧ 전자장치 사용에 따른 분류, ⑨ 제시되는 자료 성질에 따른 분류 등 다양한 기준이 적용되고 있다. 미국의 교육공학 발전과정에서 나타난 매체의 분류는 호반, 호반과 지스맨, 데일의 전통적 분류에서 시작하여 20세기 중·후반에 진행된 인간학습을 위한 분류, 교육방법의 교육공학적 접근과 관련된 게라크와 일리의 물리적 특성에 따른 분류, 로미조프스키의 감각 통로와 교사의 통제 정도에 따른 매체분류, 스말디노, 러셀, 하인리크, 몰렌다의 교수학습에서 일반적으로 사용되는 여섯 가지의 기본적인 유형 분류 등이 있다.

	감각채널				
	청각	청각/시각		시각	촉각/감각운동
[교사가 제시하는 매체] 기능인으로서의 교사(학생과 직접 연결) (내용 제시를 통제함)	교사의 목소리 ↓ 전화 원격회의 언어학습 어학실습 등 ↑	비디오(세부적인 것을 확대하거나 청취하는 데 사용)	교사의 목소리 또는 미리 녹음된 실황방송 + 시각매체 중의 하나	칠판 융판 자석판 실물 그림 차트 사진	실제 장비/실제 대상물을 교사가 안내·통제 그리고/혹은 그림/또는 동작하는 모형 실물 크기 모형
기술인으로서의 교사 (준비하거나 선택함) (내용 제시를 계획함)	교사가 준비한 녹화물	비디오(비디오테이프를 녹음 재생하는 데 사용)		모형 견본 책 필름/슬라이드 OHP용 TP 필름 스트립 8mm 주문 제작된 영화 16mm 영화 개념 필름(loops)	
	청각 프로그램	시청각 프로그램		개인용 교수(PI) 자료 컴퓨터 보조수업(CAI) 자료	피드백을 제공하는 훈련장치 시뮬레이터 적응적 교수 기계
[매체 스스로 제시] 관리자로서의 교사(선택하고 계획함) (실행함)	카세트테이프 테이프 레코드 콤팩트디스크 라디오 방송	슬라이드/테이프 유성영화 비디오디스크 상호작용 비디오 공중파 TV CD-i		도서관 무성영화 비디오 자료(text) 데이터베이스 CD-ROM	

그림 11-4 로미조프스키의 감각통로와 교사의 통제 정도에 따른 매체 분류

표 11-1 주요 교수학습매체의 분류방식 비교

비교 \ 학자	Hoban, Hoban & Zisman (1937)	Dale(1946)	Gerlach & Ely (1980)	Romiszowski (1988)	Smaldino, Russell, Heinich & Molenda(2005)
특징	• 사실성의 정도에 따른 분류: 구체적인 것에서 추상적인 것으로 제시	• '경험의 원추': 구체성과 추상성의 정도에 따른 분류	• 매체가 가지고 있는 물리적 특성에 따른 분류	• 감각통로와 교사의 통제수준에 따른 분류	• 교수·학습에서 사용되는 여섯 가지 기본유형 분류
분류방식	• 전체 장면 • 실물 • 모형 • 필름 • 입체도 • 슬라이드 • 그림 및 사진 • 지도 • 도형 및 도표 • 언어	• 직접적, 목적적 경험 • 구성된 경험 모형, 실물 표본 • 극화된 경험 • 시범 • 견학 • 전시 • 텔레비전 • 영화 • 녹음, 라디오, 사진 • 시각 기호 • 언어 기호	• 정적 사진, 그림 • 녹음 • 동화상 • 텔레비전 • 실물, 모의실험 및 모형 • 프로그램수업 및 컴퓨터 보조 수업	• 감각통로를 청각, 시청각, 촉각/운동감각으로 구분하고 교사가 매체를 통제하는 정도인 기능인, 기술자, 관리자로서의 역할의 행렬표에 따라서 다양한 매체 분류	• 문자와 숫자로 구성되는 전달 내용 • 오디오 • 시각자료 • 동영상 자료 • 조작물 • 사람 및 인적 요원

Smaldino, Russell, Heinich & Molenda(2005)의 교수매체의 여섯 가지 기본유형을 보면 표 11-2와 같다.

표 11-2 Smaldino, Russell, Heinich & Molenda의 교수매체 분류

분류	종류, 예
글자와 숫자로 구성되는 전달 내용	-글자와 숫자로 구성되는 문자 -책, 포스터, 칠판, 컴퓨터 화면 등의 표현이 가능함
오디오	-음성, 음악, 기계적 소리, 잡음 등이 포함됨 -녹음이나 현장의 생생한 실제 소리
시각 자료	-포스터에 제시된 다이어그램, 칠판의 그림 -사진, 책에 제시된 그래픽, 민화

분류	종류, 예
동영상 자료	-녹화물, 동영상에 나타나는 것과 같은 동적 움직임 -실물과 무형은 매체보다는 학습자료로 간주함
조작물	-3차원이며 학습자에 의해 조작될 수 있는 매체 -모의실험용 장치
사람 및 인적 요원	-교사, 학습자, 내용 전문가 등이 포함됨 -학습에서 인적 요원은 중요함 -학습자는 교사, 동료 학습자, 다른 사람으로부터 학습이 가능함

교수매체에 대한 초기 연구자인 호반과 데일 등은 교수매체를 학습자의 학습 경험인 '추상성과 구체성'의 차원에서 시각매체와 시각에 청각적인 요소가 첨가된 시청각매체로 분류한 후, 교수학습자료는 구체성이 높을수록 수업에서 생생한 학습경험을 제공하고, 학습내용을 구체적으로 제시함으로써 추상적인 내용의 학습을 보다 용이하게 하며, 사실을 현실감 있게 제시하는 효과가 있다고 하였다. 그러나 매체의 발달에 따라 최근에는 쌍방향 디지털 교수매체가 보편적으로 활용되면서 수업매체의 속성에 따른 새로운 분류 방식이 필요한 시점이다.

2) 교수학습매체의 선정과 활용

(1) 매체의 선정 기준

교수학습이 진행되는 상황에서 학습효과의 극대화를 위하여 적절한 교수매체의 선택과 활용은 필수적이다. '경험의 원추'를 제시하면서 매체 활용 연구의 체계적인 접근을 시작한 데일(Dale, 1969)은 교수매체 선정의 기준을 다음과 같이 제시하였다.

- 전달하고자 하는 아이디어의 표현 정도
- 학습내용 전달에 도움을 주는 정도

- 학습자의 연령, 지능, 경험 등의 개인적 특성에 적합한 정도
- 매체의 물리적 조건의 만족 정도
- 효과적인 사용을 간략하게 제공하는 안내서의 존재
- 학생의 사고력과 비판적 능력 배양에 도움이 되는 정도
- 매체이용에 요구되는 시간, 비용, 노력에 상응하는 가치의 여부

이 밖에도 라이저와 가네(Reiser & Gagné, 1983)는 교수설계에서 교수설계자, 교사, 매체전문가, 훈련담당자 등을 포함하는 수업설계팀은 수업매체 선정에서 고려하여야 할 요소로서 ① 학습자, 학습목표, 수업사태, ② 물리적 속성, ③ 수업장면, ④ 비용과 활용성을 고려한 네 가지의 요소를 밝히고 있다. 모리스는 교구 선정 시 고려해야 할 사항으로 ① 유용성, ② 조작의 용이성, ③ 성능의 신뢰성, ④ 외관, ⑤ 안전성, ⑥ 호환성, ⑦ 견고성, ⑧ 수선의 용이성, ⑨ 용이성, ⑩ 평판, ⑪ 가격, ⑫ 보증, ⑬ 서비스, ⑭ 낙후성, ⑮ 다목적성, ⑯ 소프트웨어 구입의 용이성, ⑰ 요구 등의 요인을 제시하였다. 박성익과 동료 학자들(2006)은 교수매체 선정 시 고려해야 할 요소로 ① 교사 특성을 포함한 학습자 특성, ② 수업상황, ③ 학습목표와 내용, ④ 매체의 물리적 속성과 기능, ⑤ 수업장소와 시설, ⑥ 실용적 요인의 여섯 가지를 제시하고 있다.

교육목표나 교수목표를 위해 선정된 학습내용을 학습자들이 보다 쉽게 이해하고, 주의집중이 되며, 동기유발 및 유지가 될 수 있기 위해서는 교수매체의 선택과 활용이 중요하다. 따라서, 교수매체의 선정과 활용에 관한 결정은 교수설계의 전체 과정에서 이루어져야 하며, 다양한 상황을 고려한 종합적인 기준과 요소를 고려하여야 한다. 적절한 교수매체 선정에 영향을 미치는 필수적 요인인 ① 학습내용, ② 수업에 참여하는 교수자, 학습자 및 매체전문가 등의 인적 요소, ③ 수업에서 사용될 매체 자체의 속성 관점으로 나누어 고려해야 할 내용들을 정리하면 표 11-3과 같다.

표 11-3 교수매체 선정의 기준

관점과 고려사항		평가사항
학습 내용	학습목표와의 적절성	매체에서 제시되는 내용과 학습목표와의 일치 정도는?
	내용의 신빙성	매체의 제작과 관련된 내용 신빙성과 최신성의 정도는?
	학습동기 유발 요소	매체사용에서 학습동기 유발의 가능성은?
	내용의 논리적 전개와 균형	내용의 논리적 전개와 균형의 정도는?
인적 요소	학습자 특성	학습자의 일반적 특성과 학습 집단의 크기는?
	교수자 특성	교수자의 매체에 대한 태도나 사용 능력의 정도는?
	매체전문가 특성	수업에서 매체전문가의 활용 가능성은?
매체의 속성	학습내용에 요구된 처치 정도	구체적 실물에서 추상적 상징 체제 표현의 적절성은?
	회화 표현의 정도	실물, 사진 또는 그래픽을 이용한 표현의 적절성은?
	제시 방법의 적절성 정도	제시에서 투사장치 사용의 필요성은?
	색상 요인	사용되는 색상이 흑백·천연색의 정도는?
	기술적인 질의 정도	매체가 가지고 있는 화질, 녹음, 음악, 색상의 정도는?
	가격의 적정성	매체의 구입 또는 복사 관련 비용·효과는?
기타	기타 사항(1)	수업과 관련된 선정에 추가되어야 하는 평가요소(1)는?
	기타 사항(2)	수업과 관련된 선정에 추가되어야 하는 평가요소(2)는?

(2) 매체 선정과 활용을 위한 ASSURE 모형

교수매체 활용은 어떻게 교수학습활동을 할 것인가 하는 교수설계 단계에서부터 시작한다. Smaldino, Russell, Heinich & Molenda(2005)는 학교 교실수업에서 효과적인 매체 활용을 위한 교수설계 모형, 즉 ASSURE 모형을 제시하였다.

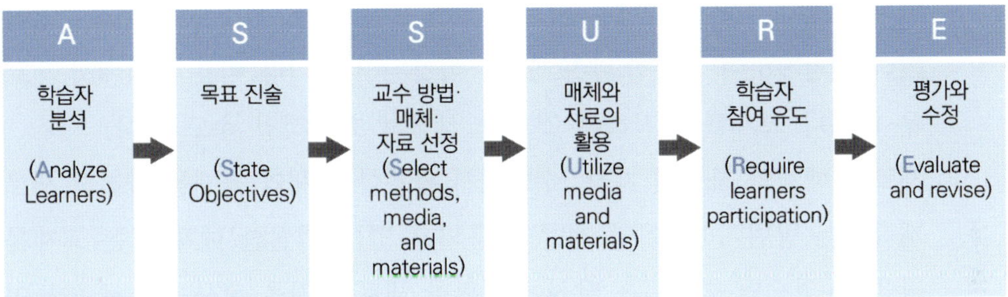

그림 11-5 ASSURE 모형

ASSURE 모형의 단계는 다음과 같다.

첫째, 학습자 분석 단계이다. 이 단계에서는 학습자의 연령, 학년, 사회경제·문화적 요인, 학습자의 출발점 능력, 학습자의 학습양식-학습자의 지각적 선호화 감정, 정보처리 습관, 동기 요소, 심리적 요소 등-을 분석한다.

둘째, 목표 진술 단계이다. 목표는 학습의 결과 나타나는 학습자의 행동을 ABCD규칙-학습 대상자(Audience), 행동(Behavior), 학습의 조건(Condition), 평가 수준(Degree)-에 근거하여 자세하게 진술한다. 모든 목표는 학습자의 능력에 적절해야 한다.

셋째, 교수방법, 매체, 자료의 선정 단계이다. 적절한 교육방법과 공학적 기법, 매체 유형을 선택한다. 교수매체와 자료의 선정 방법에는 기존 매체와 자료의 활용, 기존 매체와 자료의 수정·보완, 새로운 매체와 자료의 제작과 같은 세 가지 방법이 있다.

① 기존 매체와 자료의 활용 : 수업 상황에서 사용할 매체는 이미 만들어진

기존의 자료 중에서 적합한 것을 골라서 사용하는 것이 최선의 방법이다. 수업에서 사용 가능성이 있는 여러 자료 가운데 특정 매체를 선택해야 할 때에는 학습자 특성, 학습목표의 성격, 교수방법 및 학습 상황에서의 시설, 환경 등의 요소를 고려하여 결정한다.

② 기존 매체와 자료의 수정·보완 : 이미 만들어진 자료가 학습내용과 관련하여 적절하지 못할 때에는 이들 자료의 녹음 내용, 설명자료 등을 수정하거나 재편집하여 사용할 수도 있다. 이것은 시간이나 비용 관점에서 새로운 매체나 교재를 제작하는 것보다 상당히 효율적일 수도 있다.

③ 새로운 매체와 자료의 제작 : 수업에서 활용할 매체와 교재를 완전히 새로 제작하는 방법이다. 이미 개발·활용되고 있는 적절한 매체 또는 교재를 찾을 수 없으면 학습목표 달성에 적합한 새로운 것을 교사 스스로 만들어야 한다. 이 경우에는 학습자가 성취해야 할 학습목표, 학습자의 특성, 제작에 필요한 비용, 개발을 위한 기술의 정도, 개발 장비와 시설의 확보, 교재 제작과 관련된 시간문제 등의 여러 가지 요소를 고려하여 새로운 매체와 자료 제작을 결정하여야 한다.

넷째, 매체와 자료의 선정 단계이다. 수업활동을 위한 자료를 사전 검토하고 필요한 매체와 학습자료를 준비한다. 적당한 조명과 환기, 편안한 의자, 분위기 조절 등 학습자가 매체와 자료를 활용하기에 알맞은 시설을 준비한다. 교수매체의 효과적인 제시는 사전 시사로부터 시작된다. 제시할 자료를 지정된 장소에서 미리 사용해 봄으로써 학생들의 수준과 목표에의 적합성과 자료 상태의 적절성을 조사할 수 있다. 다음으로 매체 활용에서 어떤 순서로 제시할 것인가를 정하고 예행연습을 한다. 수업의 목적과 진행 단계에 맞추어 자료와 매체 활용의 순서를 결정하며, 실제로 교수학습이 이루어지는 수업환경을 정비한다. 다음으로 학습자를 사전 준비시킨다. 학습자의 주의를 집중시키기 위하여 제시할 내용의 소개, 학습할 주제와의 관련성, 사용할 교수매체에 대한 정보나 특수용어에 대하여 미리 설명함으로써 학습동기를 유발한다. 마지막으로 교수자료를 제시한다. 교수매체를 제시할 때, 교수자는 다양한 발표기법을 적절하게 사용한다.

다섯째, 학습자 참여 유도 단계이다. 학습은 교수자가 학습내용을 일방적으로 전달하는 것으로 이루어지는 것이 아니라, 학습자가 학습과정에 능동적으로 참여할 때 효과적인 '교육적 의사소통'이 가능해진다. 학습자들이 적극적으로 사고 활동을 할 수 있도록 유도하고 실제 행동을 요구한다. 피드백을 미리 설계하고 학습자가 스스로 목표를 구성하고 연습할 수 있도록 하는 것이 필요하다.

여섯째, 평가와 수정 단계이다. 평가는 전반적인 수업과정에 대한 평가, 학습자의 목표 성취 정도, 교육 방법과 매체 활용의 유용성 정도, 학습자료 사용의 적절성 등 전체적인 수업의 영향과 효과를 평가한다. 처음에 의도한 것과 실행된 것 사이의 불일치 원인을 발견하면, 교수자는 다음 수업을 위하여 교수계획을 수정하고 보완한다.

결국, 교수학습매체의 선정 및 활용은 갑자기 이루어지는 것이 아니라 전체적인 교수설계의 과정 속에서 통합적이고 체제적으로 이루어져야 한다.

6. 효과적인 매체 활용을 위한 매체교양 교육

최근 교육에 활용되고 있는 많은 교수매체들은 컴퓨터를 중심으로 정보·통신기술이 결합된 매체들이 활용되고 있다. 특히, 코로나19(COVID-19)로 인해 기존의 면대면 집합교육 형태가 온라인이나 원격교육 형태로 전환되면서 디지털 매체의 적극적인 활용이 가속화되고 있다. 4차 산업혁명으로 일컬어지는 지능정보사회에서 적절한 매체 활용을 통한 교육 기회의 확대는 교육민주화와 평생교육 실현의 기회를 확대하고 있다.

컴퓨터, 인터넷 및 스마트 환경에서 등장한 매우 다양한 기능과 기술 및 콘텐츠, 그리고 매체 간 연동 콘텐츠 등의 확산은 단순히 매체 중심의 리터러시 접근으로는 이해와 습득 및 활용 등에 한계가 있기 때문에, 리터러시에 대한 새로운 관점과 시도가 필요한 시점이다. 즉, 단순히 기술적 활용능력 이외에, 이를 '사회와 일상에 적용시키는 능력'으로서 리터러시 능력을 강조한다. 따라서 이들 능력들은 미디어 자체의 기술에 국한된 것이 아니라, 바로 콘텐츠에 중점을 두고 있다.

유럽 시청자 권익 위원회(European Association for Viewers Interests: EAVI, 2009)는 유럽위원회를 통해서 미디어 리터러시 연구를 수행하고, 그 결과로 회원국들의 미디어 리터러시 수준에 대한 평가 틀을 마련하였다. EAVI는 미디어 리터러시를 '정보 형태와 무관하게 다양한 미디어가 제공하는 메시지를 해석·분석·처리하고 맥락화한 정보를 획득, 흡수, 맥락화할 수 있는 개인의 능력'이라고 정의하였다(EAVI, 2009: 22). 즉, 미디어 리터러시는 단순히 매체 그 자체에 접속할 수 있는 능력뿐만 아니라 이들 매체를 통하여 습득되는 정보를 분석하고 평가하며, 이들 결과에 기초하여 자신의 의견이나 사고를 다른 사람에게 표현함으로써 영향을 미칠 수 있는 능력으로서, 정보를 형성하는 구조나 기술보다는 메시지 자체를 평가하고 분석, 생산할 수 있는 능력이다(홍유진, 김양은, 2013).

표 11-4 미디어 변화에 따른 미디어 리터러시의 개념

주요 미디어환경	시대별 리터러시	사회적 환경	미디어 리터러시 개념 특징
인쇄물, 신문	언어 리터러시	농업경제시대 (Cultural Economy)	-인쇄술, 활자 발명 -글을 읽고 쓰는 능력 -문자 텍스트에 대한 리터러시 능력 요구
영화, 텔레비전	시각 리터러시 텔레비전 시청 기술	산업경제시대 (Industrial Economy)	-영상언어의 등장 -미디어 리터러시 개념의 본격적 등장
컴퓨터, 인터넷	컴퓨터 리터러시 네트워크 리터러시	지식경제시대 (Knowledge Economy)	-컴퓨터와 관련된 다양한 리터러시 개념 등장 -이용자 개념의 등장 -디지털 격차를 둘러싼 점

주요 미디어환경	시대별 리터러시	사회적 환경	미디어 리터러시 개념 특징
			근성 강화 개념이 리터러시에 도입
소셜미디어	소셜미디어 리터러시	퀀텀경제시대 (Quantum Economy)	-인공지능으로 이루어지는 사회구조 -다중지능시대 -교육, 지식 개념의 변화 -콘텐츠 활용능력으로서 비트 리터러시, 커뮤니케이션 능력으로서 버추얼 커뮤니티 리터러시 등의 새로운 개념 등장

출처: 홍유진, 김양은(2013). 미디어 리터러시(Literacy) 국내외 동향 및 정책방향.

미디어 리터러시 교육의 필요성을 네 가지 측면에서 살펴보면 다음과 같다(이성흠 외, 2017).

첫째, 사회적 측면이다. 이는 다양한 매체의 정보 전달 과정을 이해하는 것이다. 매체에 관한 학습을 통하여 직접 본 것과 들은 것, 느낀 것을 서술하고, 정보가 기호화되는 방식, 정보 해석에서 개입된 이념, 매체의 한계에 대한 인식 등의 교육은 매체에 관한 보다 비판적인 사고를 촉진시킬 수 있다.

둘째, 문화적 측면이다. 매체는 '문화적 요소를 담는 그릇'으로서 문화를 대중화할 수 있고, 각종 문화를 표현하고 유지하며, 새로운 문화를 창출하는 기능을 하고 있다. 미디어 리터러시 교육을 통하여 의사소통능력을 개발하는 것은 특정 사회의 문화적·사회적 수준을 측정하고, 정보와 기술 습득에 있어서 보다 비판적·능동적으로 대응하게 할 수 있다.

셋째, 교육적 측면이다. 매체를 통한 정보와 지적 기술, 기능, 태도, 가치관 등을 습득하는 과정에서 보다 비판적이고 능동적인 수용능력을 신장시키며 사고와 종합적인 표현능력을 길러 줄 수 있다. 매체가 갖는 역기능적인 폐해에도 불구하고 존속할 수 있었던 이유 가운데 하나는 매체의 교육적 기능이 큰 역할을 했다. 매체의 교육적 기능을 원활히 수행하는 데는 매체 속성에 대한 이해와 성인과 아동의 심리적 요인에 대한 지식이 필요하다.

넷째, 개인적 측면이다. 정보·통신기술의 활용은 평생교육의 방향 제시와 확대를 가져올 수 있다. 다양한 대중매체와 매체융합을 통하여 자신이 필요로 하는 정보를 탐색, 분석, 가공하여 문제해결에 활용할 수 있으며 새로운 정보를 창출할 수 있다.

디지털 교육 환경으로의 빠른 전환은 개인의 매체 활용 능력을 요구한다. 매체는 개인의 심리적, 사회적, 문화적 조건에 따라서 인간의 환경을 다양하게 변화시킨다. 매체는 생활환경의 영향에 의하여 공통적인 상징 체제를 강화하고, 풍부하게 하고, 재해석하여 집단 속의 개인이 평형을 이루게 하고, 고정관념의 형성에 영향을 미치기 때문이다. 따라서, 미디어 리터러시 교육은 오늘날의 미디어 시대를 살아가는 인간에게 필요한 것이며, 새로운 미디어 기술의 등장에 따라 변화하는 미디어 리터러시의 지향점은 새로운 시대를 살아가기 위한 표현 및 소통 능력으로서의 인간 능력 완성에 있다고 할 것이다.

탐 구 문 제

1. 의사소통 과정의 교수학습 과정을 논의해 봅시다.

2. 의사소통 관련 커뮤니케이션 모델을 제시하고 설명해 봅시다.

3. 교수학습매체의 기능과 효과를 논의해 봅시다.

4. 효과적인 매체 활용에 대해 논의해 봅시다.

CHAPTER

12 평생교육방법과 원격교육

학습개요

평생교육은 인간 개개인의 전 생애에 걸친 학습을 추구하는 계속교육 활동이라는 이념을 가지고 있다. 이를 위해서는 교육 시기의 확대, 교육 공간의 확대, 교육 형식의 확장이 뒤따라야 한다. 원격교육은 교수자와 학습자가 분리된 평생교육적 환경 차원에서 볼 때, 교육 공간의 확장과 교육 시기의 확대를 가져올 뿐만 아니라 교육 형식을 확장하는 결과도 초래한다. 최근의 정보통신기술공학 발달은 이전에는 가능하지 않았던 실시간/비실시간 원격학습뿐만 아니라 동시적/비동시적 원격학습도 가능하게 하여 언제 어디서나 누구나 융통적이고 자율적으로 학습을 할 수 있는 시대를 열고 있다.

한편, 원격교육은 교수자와 학습자가 공간적으로 떨어져 있다는 점에서 전통적인 면대면 교수학습 과정과는 다른 특징을 지니고 있고, 이러한 특징들은 평생교육방법으로서의 원격교육에서 반드시 고려해야 할 요소이다. 원격교육이 구성하는 구조와 대화의 개념을 비롯하여, 원격교육의 교수학습 과정에서 학습자와 교육 내용, 서비스 등 수업활동을 위한 제반 요소들이 모두 테크놀로지 위에서 구현되어야 한다. 또한, 학습자가 수업활동에서 교수자, 학습내용, 다른 동료 학습자들과 하는 상호작용성과 함께, 컴퓨터와 인터넷처럼 테크놀로지에서 제공하는 기계적인 상호작용성까지 고려하여 원격교육을 설계할 수 있어야 한다.

본 장은 평생교육의 방법인 원격교육에 대한 내용을 다섯 가지 부분으로 나누어 간략하게 제시하고 있다. 구체적으로, 평생교육의 이념에서 본 원격교육, 원격교육의 개념과 정의, 원격교육의 발달 과정, 원격교육을 구성하고 있는 주요 개념, 그리고 원격교육의 대표적인 설계 모형들이다. 원격교육은 교수학습매체의 발달과 함께 교수학습전략과 학습활동 지원시스템, 교수 활동 지원 시스템 등이 지속적으로 변화하고 있다. 따라서, 원격교육의 겉모습만 좇아가기보다는 원격교육에 대한 이론적 기저와 설계에 대한 기본적인 지식이 뒷받침된다면, 평생교육 현장에서 원격교육의 실천을 보다 효과적이면서도 효율적으로 실천할 수 있을 것이다. 본 장은 전체적으로 평생교육과 평생학습방법으로서의 원격교육을 보다 쉽게 이해할 수 있도록 기초적인 지식에 초점을 두고 있다.

학습목표

1. 평생교육과 원격교육의 관계를 평생교육의 이념과 영향 관계 측면에서 설명할 수 있다.
2. 원격교육의 개념과 정의를 설명할 수 있다.
3. 평생교육에서의 원격교육 발달을 이해하고, 미래의 발달 경향을 예측할 수 있다.
4. 원격교육의 구성 개념들을 평생교육과 평생학습 관점에서 이해한다.
5. 평생교육에서 원격교육을 활용하고자 할 때 원격교육의 설계 모델을 적용할 수 있다.

1. 평생교육과 원격교육

1) 평생교육의 이념과 원격교육

우리나라의 '평생교육법'(2000)은 평생교육을 '학교의 정규 교육 과정을 제외한 학력보완교육, 성인문자해독교육, 직업능력향상교육, 인문교양교육, 문화예술교육, 시민참여교육 등을 포함하는 모든 형태의 조직적인 교육 활동'이라고 정의하고 있다. 이는 평생교육을 '개인의 생애 발달 과정 전 단계에 걸쳐서 참여하게 되는 교육과 학습의 총체'로 개념화하는 것이다. 즉, 평생교육은 인간 개개인의 삶의 질적 개선과 인격의 교양 및 개인이 추구하는 삶을 만들어 주기 위한 계속교육 활동의 이념을 가지게 된다.

평생교육의 개념이 가지는 의미는 다음의 세 가지 축을 기본으로 한다. 첫째, 교육 시기의 확대로서 언제나 교육 경험을 접할 수 있는 사회체제이다. 즉, 교육 기회가 결정되어서 그 기회를 놓치면 다시 돌아올 수 없는 것이 아닌, 개인의 삶에서 교육 기회가 자유롭게 접근 가능한 사회체제이다. 둘째, 교육 공간의 확대로서 교육이 이루어지는 공간은 가정, 지역사회, 일터 등과 같은 물리적 공간을 넘어 빠르게 발전하는 테크놀로지를 이용하여 가상의 공간으로까지 확대된다. 셋째, 교육 형식의 확장으로서 기존의 교육 개념을 시간적·공간적 측면 모두에서 확장함에 따라 평생교육 역시 자연스럽게 교육이 확대된다. 이처럼 평생교육은 융통적이고, 민주적이며, 학교교육 체제의 단점을 보완하며, 변화에 적응할 수 있는 능력과 혁신의 기회를 제공하고, 학습자의 자발성을 기초로, 학습자의 삶의 질 향상과 자아실현 추구라는 특성을 갖는다.

한편, 4차 산업혁명 시대에서 빠르게 변화하고 발전하는 정보통신기술공학은 다양한 교육 활동을 학습자들에게 지원할 수 있는 교육 체제와 교육 방법의 변화를 가져왔다. 평생교육 분야 역시 기술공학적인 발달을 활용한 학습지원 시스템과 학습자 맞춤의 평생교육방법들이 더욱 확대되고 있다. 특히, 지난 2년

동안 전 세계적인 코로나19(COVID-19) 팬데믹 현상은 모든 교육기관의 문을 닫게 하였고, 교육 방법을 면대면에서 원격교육으로 전환시켰다. 이 와중에서 평생교육 현장 역시 면대면 교육이 아닌 기존의 원격교육을 비롯한 새로운 매체를 이용한 교육방법으로 전환되었다.

원격교육(Distance Education)은 이미 오래전부터 평생교육의 교육방법으로 활용되어 온 교육방법의 한 형태이다. 원격교육은 1972년 미국 버지니아주 워렌턴에서 개최된 국제통신교육협의회(International Council for Corresponence Education, ICCE)에서 공식적인 용어로 소개가 된 이래, 최근의 정보통신공학의 급속한 발달로 테크놀로지에 기반을 둔 보다 개방적이고 혁신적인 교육 형태로 변화하고 있다. Coldway(1988)는 교육에 대한 접근방법을 시간과 장소라는 두 가지 변인에 의해 네 가지의 접근 방법으로 나누었는데(표 12-1), 그는 전통적인 면대면 교육과 원격교육은 시간과 공간이라는 두 가지 차원에서 특성을 달리하고 있다고 하였다(표 12-2).

표 12-1 시간과 장소에 따른 교육의 접근 방법

구분	같은 시간	다른 시간
같은 장소	전통적인 교육	학습센터와 같이 특정한 장소에서 이루어지는 개별학습 또는 분반수업
다른 장소	실시간 형태의 원격교육	비실시간 형태의 원격교육

표 12-2 전통적인 면대면 교육과 원격교육의 특성

내용	전통적인 면대면 교육	원격교육
시공간적 측면	교수자와 학습자가 시공간적으로 함께 있음	교수자와 학습자가 시공간적으로 분리되어 있음
학습자 특성	대체로 동질적, 같은 지역에 거주 대체로 학부모에게 의존	대체로 이질적, 분산된 지역에 거주 직장 생활을 하거나 성인인 경우가 많음

내용	전통적인 면대면 교육	원격교육
교수 방법	면대면 수업	교수매체를 통한 교육
상호작용	직접적인 상호작용	보고서, 매체를 매개로 한 상호작용 학습자 지원 체제를 통한 상호작용
교수 개발	개별 교수자에 의존	전문가 집단에 의한 교수설계와 교수개발
수업 형태	교수자에 의존한 집단교육	교수매체에 의존한 개별학습
행정 조직	교수자들이 행정업무의 일부 담당	학생지원, 코스 개발 등 강력한 행정조직 필요

위의 표 12-1과 표 12-2에서 보듯이, 원격교육이 가지는 특성은 전통적인 면대면 교육과는 여러 가지 측면에서 차이를 보이고 있다. 이러한 차이는 원격교육이 전통적인 면대면 교육에 접근하기 어려운 대상들에게 교육의 기회를 제공하며 교육을 보편화하는 데 크게 기여하는 원동력이 되었다. 즉, 원격교육은 기존 교육제도에서 교육의 기회를 갖지 못했던 사람들이 다양한 교육 프로그램에 접근할 수 있게 하였으며, 학습자가 학습시간과 장소 선정, 학습 속도를 자신의 상황에 맞도록 조정할 수 있게 하는 등 학습에 대한 통제력을 확대시켰다. 원격교육은 평생교육의 이념을 가장 잘 구현할 수 있는 교육방법 중의 하나라고 할 수 있다.

2) 원격교육에 있어서 평생교육의 영향

원격교육의 성장에 영향을 미친 요인으로는 기술공학적인 발달 외에도 다양한 요인들이 있다(Mehrotra et al., 2001).

첫째, 경력 향상을 위한 고등교육에 대한 요구의 증가이다. 대부분의 직장 환경과 업무가 복잡해지면서 사회 변화를 이해하고 사람들과 경쟁하고 직업이나 전문성에서 더 앞서 나가기 위해서 고등교육에 대한 요구가 증가하고 있다. 직장에서도 매년 새로운 자격증을 취득하도록 요구하는 수준이 늘어나면서, 교육 장소로 이동해야 하는 구속에서 벗어나 자유로운 원격교육으로 진행되는 고등교육은 직장인들에게 매력적이다.

둘째, 학습자들이 보다 융통적인 스케줄을 요구하고 있다. 전일제 직장을 가지고 있거나 아르바이트 등으로 학비를 벌기 위해 일해야 하는 학습자, 혹은 전통적인 학교 스케줄에 맞추기 어려운 학습자들에게 있어서 원격교육 방법은 보다 융통적인 스케줄을 제공할 수 있다.

셋째, 물질적인 풍요와 수명의 증가는 개인의 삶의 질에 대한 관심을 높이게 되고, 이는 개인의 건강과 복지, 취미와 같은 개인적 성장과 관련한 코스에 대한 요구를 증가시켰다. 개인용 컴퓨터 값의 하락과 인터넷 연결에의 접근성 증가는 고등교육기관에 접근하기 어려운 지역에 사는 학습자들에게 이러한 기회를 제공할 수 있도록 하였다.

넷째, 평생학습에 대한 젊은 사람들 및 사회의 태도 변화이다. 과거의 고등교육은 좋은 직장과 많은 급여를 받기 위한 통로로 인식되었으나, 최근엔 고등교육을 나이를 초월한 계속적인 지적 활동과 성장으로 인식하는 태도로 변화하였다. 원격교육은 교육기관으로 가야 하는 통학의 부담 없이 집에서 지적인 생활을 할 수 있게 만든다.

다섯째, 학위보다는 능력을 우선하는 경향이 증가하고 있다. 원격교육은 넓은 지역에 걸쳐서 학습자들을 모으는 잠재력을 가지고 있으며, 학습자들의 세부적인 요구에 맞춘 수업이 가능하여 학습자들이 원하는 능력을 개발하는 데 적합한 방법이다. 또한, 훈련코스는 전자적으로 학습자의 직장에 전달된다.

여섯째, 교육 패러다임이 학습자 중심으로 변화하고 있다. 21세기의 교육 패러다임은 학습자 중심 교육이고, 정보통신기술을 활용하는 평생교육은 전통적인 교실수업보다 학습자의 선택을 보다 확대하고 있다.

일곱째, 다양한 학습유형의 학습자들에 대한 인식이 증가하고 있다. 학습자들은 서로 다른 능력과 관심을 가지고 있으므로, 교육의 효과를 최대화하기 위해서는 이에 부합하는 교수학습 환경과 교육 방법을 제공해야 한다. 원격교육은 전통적인 학습유형을 가진 학습자들은 물론이고, 장애를 가진 학습자들에게도 융통적인 방법을 적용할 수 있다.

여덟째, 수업에 참여하는 학습자들의 다양성이다. 학습자들이 지닌 문화적 다양성, 개인적 기질의 다양성 등이 전통적인 수업보다 원격교육에 더 적합할 수 있다. 예를 들어, 글에 의한 의사소통에 더 의존하는 웹 기반 토론그룹이나 채팅을 이용하는 원격수업방법에서 전통적인 수업과는 다르게 보다 적극적인 참여자가 되는 학습자들이 있다.

원격교육은 기존의 교육과 학습에 대한 인식을 변화시켜 일반 대중들의 원격교육에 대한 태도를 변화시켰으며, 고등교육의 기회를 확대하고 성인들에게 계속교육과 재교육을 제공하여 평생학습사회의 실현에 크게 기여하였다. 진미석과 손유미(2007)는 국내외 환경 변화에 따라 우리 사회가 기존의 '대학진학형 학습사회'에서 '평생직업형 학습사회'로 변화해야 하고 이에 따라 학습곡선도 '평생직업형 학습곡선'이 되어야 한다고 주장하였다. 평생직업형 학습사회에서는 생애 전반에 걸친 학습이 요구되며, 학습의 선택권은 학습자에게 있고, 산업의 수요와 연계하여 학습이 이루어지고, 성인기의 인적자원개발과 직무능력 향상에 대한 선제적인 투자가 이루어져야 하는 패러다임으로 변화한다고 하였다.

평생직업형 학습사회에서의 학습곡선은 대학진학형 학습곡선과는 다르게 나타난다. 즉, 유아교육 참여율은 높아지고, 초·중등 단계의 학습량은 줄어들며, 고등교육 단계에 보다 많은 투자와 높은 성과를 가져오게 되며, 직업세계의 학습이 양적, 질적으로 제고되도록 해야 한다고 주장하였다. 이 시스템은 다양한 전문 분야의 고급 인재 양성과 근로자의 직업능력 향상을 요구하는 경제에 부응하는 것이며, 개개인의 측면에서도 청소년기뿐만 아니라 전 생애 단계에서 개인적인 삶의 질을 제고할 수 있다고 하였다. 이들이 평생직업형 학습곡선 체제로 나아가기 위한 요구로 제안한 3A(Any place, Any time, Any adults) 평생학습 지원 체제는 원격교육방법으로 가장 잘 실현될 수 있다.

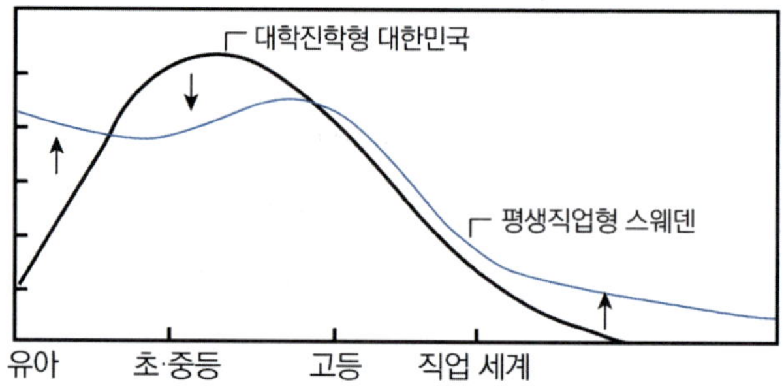

그림 12-1 평생직업형 학습곡선

출처: 진미석, 손유미(2007). 21세기 국가전략, 학습곡선의 혁명.

2. 원격교육의 정의

원격교육을 정의하는 것은 원격(distance)이란 용어가 갖는 지리적 거리, 시간적 거리, 지적인 거리감 등 다수의 의미를 갖기 때문에 쉬운 일이 아니다(Simonson, et al., 2003). 키간(1996)은 여러 학자들의 원격교육 정의를 비교 분석한 후, 보다 포괄적인 원격교육의 정의를 구성하는 다섯 가지 요소를 다음과 같이 제안하였다.

첫째, 원격교육은 '대부분의 학습과정을 통하여 학습자와 교수자가 반영구적으로 분리'되어 있다. 이것은 원격교육의 가장 기본적인 특징을 지적한 것으로 기존의 여러 학자들의 정의에서도 나타나고 있다.

둘째, 원격교육은 '학습자료를 계획하고 준비하며, 학생들을 지원하는 서비스를 제공함에 있어서 교육적 조직의 영향력을 제공'한다. 이는 원격교육이 개인적으로 하는 학습이나 스스로 하는 학습과 구분되는 특징이다.

셋째, 교수-학습 과정에 인쇄매체, 오디오, 비디오, 컴퓨터 등의 교수매체들을 사용한다. 면대면 교육에서도 교과서나 비디오 등 교수매체가 사용되기는 하나,

이때 교수매체는 기본적으로 교수자에 의해 교육내용을 전달하는 용도로 사용하는 반면, 원격교육에서는 교수매체를 통하여 교육내용이 전달되고 교수자와 대화 역시 교수매체를 통하여 이루어진다.

넷째, 원격교육에서는 면대면 교육에서 교수매체를 사용하는 방식과는 달리 쌍방향 의사소통의 기회를 제공하고 학습자들이 교수자와 상호작용 수단으로 매체를 활용한다. 원격교육에서는 오랫동안 교수자와 학습자 간의 쌍방향 의사소통을 강조하여 왔으며, 인쇄매체나 방송 등이 제공할 수 없는 상호작용의 기회를 우편제도나 전화, 팩스, 컴퓨터 통신 등을 이용하여 제공한다.

다섯째, 대부분의 학습과정에서 학습 집단이 반영구적으로 존재하지 않는다. 원격교육에서는 학생들이 가끔 모임을 갖기는 하나 대개 집단으로 학습하지 않고 개별적으로 학습한다. 학생들이 모임을 갖는 방식은 면대면일 수도 있고 전자매체를 통한 것일 수도 있으며, 특히 기술공학이 발전하면서 각종 텔레컨퍼런싱이나 컴퓨터 통신망을 통하여 학생들이 협동적으로 과제를 수행하고, 토론하며, 나아가 취미 모임 등도 가질 수 있다(조은순·염명숙·김현진, 2018).

한편, Schlosser & Simonson(2009: 1)는 원격교육의 특성을 아래의 그림처럼 네 가지로 설명하고 있다.

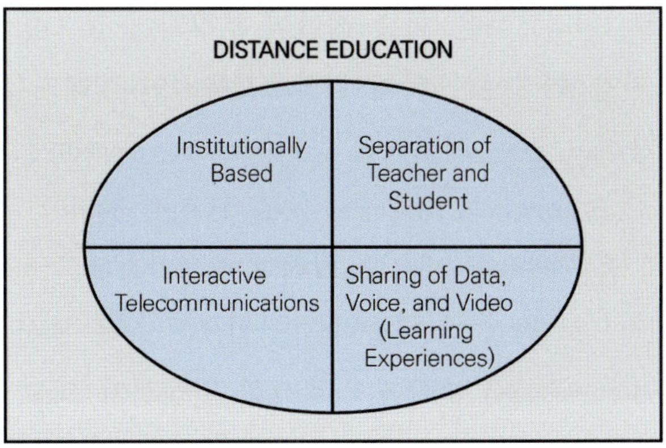

그림 12-2 원격교육의 특성

출처: Schlosser & Simonson(2009). Distance education(3rd).

첫째, 원격교육은 제도적 기반(institutionally-based)을 둔다. 원격교육은 기관을 통해 이루어진다. 즉, 혼자 하는 자습(self-study)이나, 비교육적 기관에서 발생하는 학습은 제외된다. 이때 기관에서는 전통적인 면대면 교실수업을 제공할 수도 있고, 하지 않을 수도 있다. 기관을 통해 학력이 인증되는 제도가 있다.

둘째, 원격교육에서 지리적 분리(geographic separation)는 필연적이다. 이는 교수자와 학습자의 시간과 공간의 분리를 수반한다. 분리된 환경으로 다양한 문화, 사회, 배경을 지닌 학습자들이 함께 교육받을 수 있다는 장점을 잘 활용하는 것이 원격교육에서 중요하다.

셋째, 분리된 교수자와 학습자는 상호작용적 정보통신(interactive telecommunications)을 통해 연결된다. 연결의 매개는 이메일, 우편, 전화, SNS 등 다양한 형태를 포함하며 의사소통 시스템이 정교화되고 발달될수록 물리적 접근성의 한계를 넘는다.

넷째, 텍스트, 비디오, 오디오, 이미지 데이터 등 교수-학습자료의 공유(sharing of data, voice, video)가 이루어진다. 원격교육은 교수자, 학습자, 교수-학습자료와 상호작용하며 이를 통한 학습경험이 창출된다.

Schlosser & Simonson(2009)의 원격교육에 대한 정의는 원격교육이 제도적인 기반을 두고 있다는 점을 제외하고는 Keegan(1996) 정의와 거의 비슷함을 알 수 있다. 결론적으로, 원격교육은 '학습 집단이 분리되어 있으며, 학습자, 자원, 그리고 교수자들 간을 연결하기 위해서 상호작용적인 텔레커뮤니케이션(전자적 통신) 시스템을 사용하고 있는 제도적인 근거(institution-based)에 기반하고 있는 교육(formal education) (Schlosser & Simonson, 2009: 1)'으로 정의할 수 있다. 원격교육은 학습자들에게 접근 가능한 새로운 기회와 평생학습을 위한 기회를 제공하기 때문에, 전 세계적으로 점점 더 대중화되고 있으며 교육 통신과 공학(educational communication and technology) 분야에서 주요한 관심사가 되고 있다.

3. 원격교육의 발달

원격교육의 발달과정은 교수매체의 발달과 깊은 관계를 가진다. 원격교육이 초창기 학교교육에 편입되지 못하는 성인들을 대상으로 시작하였기 때문에, 원격교육은 교수자와 학습자를 매개하는 매체가 반드시 필요하였고, 매체의 발달은 원격교육의 발달에도 영향을 미치게 되었다. 원격교육의 발달은 학자에 따라 서로 다르게 구분하기도 하지만, 매체 발달을 중심으로 보면 다음과 같이 구분할 수 있다.

1) 1세대 : 우편 통신을 이용한 원격교육

1세대 우편 통신을 이용한 원격교육은 1833년 스웨덴의 작문교육에서 시작되었다(조은순·염명숙·김현진, 2018). 이후 보다 조직적이고 확장된 통신교육프로그램들이 스웨덴, 영국, 미국 등에서 발달하였다. 1세대의 대표적인 매체는 인쇄 교재와 코스 안내서이며, 이러한 교재들은 전문가들에 의해 설계되고 개발되었다. 학습자들은 시공간적으로 교수자와 떨어져 독립적이고 자율적인 학습을 하므로, 부재중인 교수자와의 대화적 접근을 반영하는 코스 안내서를 통해서 '안내된 교훈적 상호작용'이 일어나도록 하였다.

1세대 원격교육은 행동주의에 기반을 두었다. 교재는 복잡한 개념을 쉽게 이해할 수 있도록 하위 요소로 분석되었고, 교수자와 학습자들은 우편을 통한 비동시적인 상호작용을 통해서 학습자의 학습에 강화를 제공하였다(Garrison & Anderson, 2003).

1세대 원격교육은 성인을 중심으로 실용적인 기술교육이나 어학 등을 교육하는 보완교육으로 시작하였다. 이후, 공교육기관에서 학습할 수 없는 아동들을 위한 학교교육의 대안으로 서비스 영역을 확대함으로써 공교육의 기회를 확대하는 데 기여하였다. 이 시기의 원격교육은 학습자가 스스로 학습 속도를 선택하는 자유로운 형태와 매주 학습할 내용을 학사 일정에 따라 제공하는 고정된 형태 두 가지 접근 방식이 있었다.

2) 2세대 : 대중매체를 이용한 원격교육

2세대 원격교육은 대중매체, 방송매체가 새로운 공학적 기술로 인식되고, 인지주의 학습이론이 점차 허용되던 1960년대 이후 발전하였다(Garrison & Anderson, 2003). 대중매체의 발달로 오디오나 비디오 매체를 제작하여 대량의 정보를 다수의 학습자들에게 제공할 수 있게 되었으나, 교재 제작에 따른 기간과 비용은 더 많아지게 되었다. 이에 제작비용 등의 상쇄를 위해서 대규모 학습자들을 대상으로 코스 프로그램을 판매하려고 시도하였고, 이는 원격교육의 성장에 기여하는 효과가 있었다. 또한, 인지주의 학습이론에 따른 역할 모델, 선행조직자 이론 등이 적용되면서 교육 방법의 다양화를 가져왔다.

2세대 원격교육은 인쇄 교재의 사용과 함께 라디오, 텔레비전, 전화 등의 매체를 복합적으로 사용하면서 각 매체의 장점들을 살리는 교재를 제작할 수 있게 되었으며, 라디오, 텔레비전 등은 1960년대 이후 원격교육에 본격적으로 이용되었다. 1969년 영국의 개방대학(open university) 설립은 대중전파매체를 이용한 원격고등교육의 발전을 초래하여 세계 각 나라는 방송학교, 개방학습센터, 방송대학, 개방대학 등의 이름으로 원격교육기관을 설립하게 되었다. 이 시기의 원격교육은 산업화 시대의 대중교육을 이끌었으나 여전히 공급자 위주의 원격교육에 머물렀다.

3) 3세대 : 정보통신공학(컴퓨터) 이용한 원격교육

3세대 원격교육은 다양한 원격통신기술에 의해 제공되는 비동시적인 상호작용과 동시적인 상호작용을 이용하였다. 컴퓨터가 제공하는 멀티미디어, CD-ROM, 컴퓨터 보조수업(Computer assistant instruction) 등이 원격교육에 적용되었으며, 그 범위는 더욱 광범위해졌다. 영국의 개방대학은 1980년대부터 컴퓨터 매개통신 등을 활용하여 쌍방향 원격교육을 시도했으며 개별화된 학습자 지원 서비스를 강화하였다. 원격교육이 주로 기존 대학의 확장 프로그램 형태로 제공되었던 미국, 캐나다에서도 1990년대부터 원격영상강의 체제를 이용한 원격교육을 제공하였고 학습자는 컴퓨터의 입력 및 출력 장치를 활용하여 시각자료, 청각자료, 동영상 자료, 문자자료 등 멀티미디어 자료를 활용하여 보다 구체적이고 흥미로운 학습을 할 수 있으며, CD-ROM 등을 이용하여 개별 학습자의 속도에 맞는 반복적인 학습이 가능해졌을 뿐만 아니라, 컴퓨터를 통해서 개별 학습을 지원할 수도 있게 되었다.

3세대 원격교육은 컴퓨터 매개통신, 쌍방향 케이블 텔레비전, 통신위성, 각종 원격통신체제 등을 활용하여 원격교육에서 상호작용을 실현할 수 있도록 하여 원격교육에서 부족한 면대면의 상호작용을 보완할 수 있었으나, 한편으로는 개별학습을 강조함으로써 학습자의 고립 가능성이 높아지는 측면도 있었다.

4) 4세대의 원격교육

4세대 원격교육은 학자들 간에 세대 구분에 있어서 일치하지 않는 측면들이 있다. 보통, 4세대 원격교육은 컴퓨터의 정보 검색, 컴퓨터 매개 통신의 상호작용 능력, 자바와 같은 컴퓨터 보조 프로그램을 통해 국부적으로 처리되는 정보처리능력 등 네트워크의 세 가지 주요 특성을 가진 원격교육이며 통상 인터넷을 활용하는 원격교육이다(Garrison & Anderson, 2003). 4세대 원격교육은 네트워크 기반의 학습공간에서 컴퓨터의 향상된 특성(비동시성)을 기반으로 한 원활한 상호작용, 수요자(학습자) 중심의 교육, 커뮤니티 등을 통한 공동체 학습 등을 실현할 수 있다.

4세대 원격교육은 1990년대 중반 이후 원격교육 분야에서 e-러닝의 성장을 이끌었으며, 노트북과 개인용 휴대폰의 보급은 모바일 기반의 원격교육 발전을 이끌었다. 학자에 따라 모바일 기반의 원격교육을 5세대로 따로 구분하기도 하나, 네트워크 기반의 원격교육이라는 점에서는 4세대와 특징이 같다. 2000년대 중반 이후 노트북과 개인용 휴대폰의 확대 보급에 따라 휴대 단말기 기반 기술을 적용한 원격교육서비스가 제공되어 언제 어디서나 학습이 가능한 U-러닝(U-learning/Ubiquitous learning)이 적용되고 있다.

5) 5세대 이후의 원격교육

5세대 원격교육은 웹에 인공지능을 부여하고, 웹에 어의에 관한 의미를 구축하여 사람이나 사람이 아닌 자율적인 대행자(autonomous agents)가 웹 검색, 웹 항해, 처리를 할 수 있게 하는 세대이다(조은순 · 염명숙 · 김현진, 2018). Taylor(2001)는 '지능적이고 융통적인 학습모델'을 5세대의 원격모델로 제시했으며, Garrison & Anderson(2003)은 '지능'의 사례를 발견하지 못했으나 테일러가 제안한 5세대는 원격교육시스템의 다른 요소들을 교수 내용의 전달 시스템에 통합하는 것이 관심사가 될 것이라고 했다.

2010년 이후 정보통신공학의 비약적인 발전에 따라 빅데이터 분석을 통한 학습 분석이 활성화되고 적응형 개인 맞춤 학습이 실현되고 있다. 인공지능(artificial intelligence)을 이용한 로봇, 드론, 3D 프린트, 가상현실(virtual reality), 증강현실(augmented reality), 혼합현실(mixed reality), 메타버스(metaverse) 등이 교육에 적용되면서 5세대의 원격교육에서는 개별 학습자에게 보다 적응적이고 실감적인 내용으로 구성된 코스 프로그램을 구현하는 것이 보편화하게 될 것이다.

4. 원격교육의 구성 개념

원격교육은 전통적인 면대면 교육과는 다른 중요한 세 가지 구성요소가 있다. Moore(1997)는 구조(structure), 대화(dialogue), 자율(autonomy)이라는 세 가지 요소를 원격교육의 주요 구성요소로 밝히고 있다. 원격교육 현장에서 전통적인 실천방법을 적용하려는 경향성이 있기 때문에, 원격교육이 갖는 이들 구성요소들을 구체적으로 살펴볼 필요가 있다.

1) 구조

원격교육에서의 구조(structure)란 개별 학습자의 필요에 맞게 교육 프로그램이 조직화된 정도를 말한다. 1970년대와 1980년대 교육공학의 영향 아래 원격교육의 코스들이 여러 전문가들로 구성된 팀에 의하여 협동적으로 작업되고 개발됨으로써 합리적 계획, 체제적 개발, 경험적 검증, 그리고 계속적인 평가 과정을 통해서 구조화되었고, 이는 원격교육의 운영과 관련한 많은 요소들에도 코스 개발과 관련한 전문가들이 책임을 지게 되었다. 즉, 구조화가 높다는 것은 학습자가 교수자 없이 독립적으로 학습할 수 있는 콘텐츠가 충분히 잘 조직화되어 있다는 것을 의미한다. 다시 말하면, 교수학습체제, 내용, 활동 등이 사전에 치밀하게 계획되어 교수자의 의도대로 학습이 이루어질 수 있도록 설계되어 있는 상태(이혜정 외, 2010)로서, 매체는 학습자의 학습을 이끌어 주고 통제하고 평가해 줌으로써 전통적인 교수학습을 대신하게 된다. 결국, 구조화가 높으면 학습자와 교수자 간에 필요한 대화는 구조화된 교재에 대부분 포함되어 줄어들게 되고, 반면 코스의 구조화가 약하면 자연히 교수자를 비롯한 원격교육기관과의 대화가 많아지게 된다.

구조는 학습자의 학습을 정교하게 이끌어 주는 측면도 있지만, 세분화된 교육목적을 우선하기 때문에 범주화할 수 없거나, 조작적 정의로 표현이 어렵거나, 표준화된 시험으로 평가하기 어려운 내용들을 소홀히 하는 경향이 있으며, 학습자의 참여, 성찰, 메타인지, 의사소통 등의 학습을 경시하게 되면서 지나치게 교수자 중심적으로 된다. '대화(dialogue)'의 개념이 중요하기는 하나, 원격교육의 구조 개념은 1970년대와 80년대에 원격 고등교육을 보편화시키는 데 꼭 필요한 요소였다고 할 수 있다.

최근에는 웹 기반 교육이 보편화되고 실시간, 비실시간 온라인 상호작용이 활발하게 되면서 원격교육의 환경이 Moore가 처음 '구조'와 '대화'의 개념을 제시했을 때와는 크게 변화하였다. 현재의 교수학습 패러다임인 구성주의 학습이론은 지식의 구성을 내용, 과제, 프로젝트의 협상 과정을 통해서 일어나며, 토론, 협동 프로젝트와 자원 중심의 교과과정이나 문제해결 교과과정의 설계를 통해서 정교화된다(Garrison & Anderson, 2003)고 보기 때문에, 교수학습 과정은 학습자 중심으로 변화하고 있고 학습활동 역시 비구조화된 문제 제공 등을 통해서 학습자의 능동적인 학습활동을 유도하고 있다. 그러나 아직도 많은 원격교육이 구조화된 틀을 일정 부분 가지고 운영되는 것이 보편적이다.

2) 대화

대화는 원격교육의 교수자와 학습 사이의 직·간접적인 상호작용, 즉 말, 행동, 아이디어, 또는 다른 상호작용으로 이루어지는 실제 대화를 의미한다. 대인간 상호작용을 중시하는 연구자들은(이혜정, 2004; Morris, Mitchell, & Bell, 1999) 원격교육의 교재가 잘 구조화되어 있다 하더라도 사람과 사람 간의 상호작용 부재를 극복하는 데에는 한계가 있다고 지적하면서, 활발한 상호작용을 통해서만 원격교육이 면대면 교육만큼 효과를 얻을 수 있다고 주장한다(이혜정 외, 2010). Moore(1997) 역시 원격교육의 첫 번째 구성요소로서 대화를 제시할 만큼 원격교육에서 대화가 중요하다고 하였다. 원격교육에서의 대화는 코스 상담, 학습센터에서의 튜터와의 대화, 학생자치 학습동아리, 출석수업 등의 형태로 나타난다.

(1) 코스 상담

코스 상담은 원격 프로그램에 들어오기 전부터 졸업까지 지속적인 상담을 합의된 장소에서, 혹은 전화나 전자매체, 문서 등으로 이루어진다. 코스 상담의 주요 내용은 등록 안내, 코스의 내용, 직업 안내, 시험 준비, 중도탈락 위험에 대한 상담, 재정 문제, 학습자의 개인적이고 사회적인 요구와 관련한 것들이다. 코스 상담은 원격교육을 수강하는 학생들에게 계속성, 심리적인 안정감, 실재감을 주어서 필요한 도움과 정보를 얻고 해결할 수 있다는 점에서 원격교육의 중도 탈락을 방지하는 데 기여할 수 있다.

(2) 튜터와의 대화

튜터는 교수자와 학습자의 중간 매개자로서 학습자의 학습과정을 안내, 지원하고 문제해결능력을 향상시키는 교수자의 보조자, 학습자의 지원자(이동주 · 임철일 · 임정훈, 2019)로서, 자기주도적인 학습을 해야 하는 원격교육 학습자들에게 있어서 학습활동을 지원해 주고 어려움을 해결하는 데 도움을 주는 역할을 한다. 즉, 원격교육 환경은 면대면 교육과 달리 교수자-학습자, 학습자 간 감성적 교류와 인간적 상호작용이 풍부하게 이루어지기 어렵기 때문에 튜터가 온라인과 오프라인을 통해서 개인화된 학습 지원을 제공할 때 학습자는 교수자의 존재감을 느끼고 학습 실재감이 높아질 수 있다. 튜터와의 대화는 개별적으로 할 수도 있고 집단으로 만날 수도 있다. 튜터들은 가끔 정규 수업을 담당하거나 보충 강의를 하기도 하며 세미나나 토론에서 사회를 보기도 한다.

(3) 학생자치 학습동아리

원격교육기관의 학생들은 자발적으로 교수학습에 관한 문제를 토론하고, 공동으로 문제를 해결하고, 상호 간의 경험을 교환하기 위하여 학습동아리(study circles)를 구성하여 운영하도록 지도받기도 한다. 학습동아리는 튜터와의 공식적인 대화를 할 수도 있고, 세미나에서 부족한 내용 등을 보충할 수도 있으며, 학습자의 문제를 얘기함으로써 서로 다른 각도에서 볼 수 있도록 도움을 줄 수 있다. 온라인 원격교육이 대중화됨에 따라 학습자들 간의 대화, 교수자와 학습자 간의 대화, 튜터와 학습자 간의 대화는 더 활성화되고 있다.

(4) 출석 수업

원격 프로그램이 수강 시작부터 수료까지 온전히 원격으로만 이루어지는 경우가 많기는 하지만, 교육기관이나 내용에 따라서 출석 수업을 하기도 한다. 특히, 원격 대학의 경우는 세미나, 여름학교, 기숙학교, 면대면 교육 등의 이름으로 출석 수업이 이루어지기도 한다. 출석 수업은 원격 대학의 학습자들이 다른 학습자들과 접촉하면서 캠퍼스 생활을 경험하고 짧은 기간이나마 전통적인 대학생이 된 기분을 느끼게 해주기 때문에 좋은 경험을 제공해 줄 수 있다. 다만, 출석 수업이 전통적인 강의 형태의 일방적인 지식 전달로 남용되지 않고, 토론, 공동 문제해결, 질문 제기, 성찰, 지식의 응용 등을 위한 시간이 되도록 주의할 필요가 있다.

3) 자율

자율(autonomy)은 학습자의 자기결정을 의미한다(Moore, 1997). 자율적으로 학습하는 학습자는 자신의 뜻에 따라 자신의 학습을 결정할 수 있다. 특히, 성인 학습자는 학습과정과 결과에서 스스로 느끼는 만족감과 성취가 주요 학습동기로 작용하며, 학습에 관한 의사결정과 통제 그리고 자율성을 가지고 싶어 한다(Knowles, 1978).

원격교육에서의 자율학습 모형들은 인본주의 심리학을 기반으로 하여, 교수자의 역할을 상담자, 안내자, 촉진자로 본다. 교수자는 학습자의 새로운 학습과제를 위해 학습 환경을 조성하고, 자율학습 분위기를 유도하고, 공감과 이해심이 있는 분위기 속에서 학생들을 존중해야 한다. 학습자들은 정보의 원천에 관심을 갖고 그것을 활용하며, 지식과 정보를 평가하고, 이들 지식과 정보가 자신이 의도하고 있는 학습에 유용하고 필요한 것인지 판단할 수 있는 능력을 개발해야 한다.

원격교육에서의 자율학습 모형으로는 프로젝트학습, 계약학습, 독학 등이 있다.

(1) 프로젝트학습 모형

존 듀이와 킬 패트릭은 학습자들이 문제를 스스로 탐구하는 과정, 즉 프로젝트를 수행하는 과정에서 사고하는 방법을 믿을 수 있다고 보고, 실용주의 관점에서 학습자들에게 더 많은 독립성과 책임감을 부여하는 체계적 행위와 학습을 연결시켰다. 프로젝트학습 모형에서 학습자들은 주어진 과제의 틀 안에서 직접 주제를 선정하고, 문제해결과 학습을 위한 전략을 계획하고, 자신의 학습결과를 평가하고, 프로젝트의 수행결과에 대한 책임을 진다.

원격교육 프로그램에 따라 프로젝트학습 모형을 적용하는 것에는 큰 편차가 있다. 작은 탐구 프로젝트를 시작하면서 교재 안에서 탐색을 권장하거나 발견학습을 위한 문제해결 과제를 주고, 점차 큰 규모의 프로젝트로 진행할 수 있다. 프로젝트학습은 최근 구성주의적 접근에 따라 다양한 방식으로 응용되고 적용 범위를 넓히고 있다.

(2) 계약학습 모형

계약학습 모형은 원격교육의 관점에서 보면 이상적인 모형이라고 할 수 있다. 학생들은 학습계약을 통해 자신의 학습시간, 장소, 기간, 교육 내용, 교육 목표, 작업 방식, 평가 형태를 결정한다. 이 모형은 학습자들에게 학습할 프로그램명부터 목표, 내용, 방법, 매체, 평가 기준에 이르기까지 폭넓은 자율성이 부여되므로, 학생은 교육 과정 운영상의 결정권을 완전히 행사하게 되고 그들의 학습은 개별화된다. 최종적으로 학습계약이 기준에 적합한지의 여부와 학습자의 학습결과에 의해 이수결과를 결정하게 된다. 계약학습을 위해서 학습계약서를 작성할 수 있다.

표 12-3 학습계약 예시

학습계약서	
이름	정○○
날짜	2022년 3월 2일
학습 주제	곡 창작
학습 목표	주어진 가사를 활용한 곡을 창작할 수 있다.
목표 선정 이유	주어진 가사는 곡을 만들기에 적합한 운율과 심상을 떠올리게 하는 스토리를 가지고 있으므로, 가사와 가락을 이어서 곡을 만들 수 있기 때문이다.
학습 순서	1. 음악 창작 밴드에 가입한다. 2. 오선지에 음표를 만들어 넣어 만든다. 3. 컴퓨터 프로그램을 이용하여 여러 형태의 곡을 만들고 이를 저장한다. 4. 유튜브와 블로그에 탑재한다. 5. 탑재한 곡을 본 친구들과 사람들이 댓글을 단다.
사용할 프로그램	Digital Audio Workstation, 작곡(미디) 프로그램
도움을 줄 사람/자료	음악 동아리 멤버, 다양한 노래들과 창작 관련 참고자료들

5. 원격교육의 설계 모형

원격교육은 교수자와 학습자가 분리된 상태에서 테크놀로지를 비롯한 매체를 통해 진행되므로 기획부터 평가에 이르기까지 전 과정을 아우르는 세밀한 교수설계가 필요하다. 초기 많은 사례들에서 인터넷 수업의 학습결과가 좋지 않았던 원인으로 기존의 교실수업과 유사하게 했던 부실한 교수설계였다(Shank, 2002)는 지적은, 원격교육의 설계는 원격학습의 특성을 고려하여 세밀하고도 종합적으로 이루어져야 함을 알 수 있게 하였다.

원격교육을 위한 교수설계 모형으로는 일반적인 ADDIE(Analysis, Design, Development, Implementation, Evaluation) 모형, Lee & Owens(2000)의 인터넷 교육설계 모형, Driscoll(1998)의 테크놀로지 결정에 따른 설계 모델 등이 대표적이다. Lee & Owens(2000)는 대부분의 교육과정 모델에서 광범위하게 사용되는 ADDIE 모형을 원격교육용 설계로 전환하여 제시하였으며, 그 내용은 다음과 같다.

표 12-4 Lee & Owens 설계 모델의 단계별 내용

항목	세부 항목	구체적인 내용
분석 (analyze)	요구분석 (needs analysis)	-교육을 통해 이루고자 하는 목표점 확인 및 현재 수준과의 차이점 추출
	초기 전체분석 (front-end analysis)	-설계 단계에 가기 전 교육 결과와 관련된 모든 데이터를 미리 분석해 봄으로써 인터넷 교육 개발과 시간을 절약하고자 함 -분석 내용 : 학습자, 테크놀로지, 업무 및 과제, 학습내용(지식, 기술 등) 조직 및 환경적 조건, 학습 전달 매체, 현존 학습자료, 비용(ROI: 투자수익률) 분석
설계 (design)	스케줄(schedule)	-인터넷 교육과정 개발에 관한 전반적인 시간 계획
	프로젝트팀 (project team)	-개발과정에 참여하는 모든 인력의 역할 및 책임 영역
	매체의 특성 (media specifications)	-인터넷으로 전달되는 학습내용의 표현 방법에 관한 인터페이스 디자인(여백, 아이콘, 배치 등), 텍스트 구성(문법, 글씨체 및 크기), 상호작용 및 피드백, 오디오 및 비디오, 그래픽, 애니메이션 효과 등

항목	세부 항목	구체적인 내용
	내용구조 (content structure)	-학습내용의 그룹핑, 계열화 링크, 내비게이션, 상호작용 평가 방법 등에 관한 사항
	전반적인 검토 (configuration control and review cycles)	-개발 직전의 단계로서, 설계된 모든 요소에 대한 전반적인 검토 작업을 통하여 설계상의 오류, 중복, 낭비 요소 추출
개발·제작 (develop)	사전제작 (preproduction)	-플로 차트 상의 링크된 화면들을 맵핑, 화면별 개발 요소 확인, 멀티미디어 요소들의 통합 작업 확인
	제작(production)	-멀티미디어 각 요소별 개발, 통합작업, 화면 제작
	사후제작 (post production)	-기술적인 문제점, 오류, 로딩 속도 등의 시운전 및 수정
운영 (implement)	전달(delivery)	-실제 학습 운영
평가 (evaluate)	조직적 평가분석 (organizational needs)	-투자 수익률, 수행능력 향상 등에 관한 평가
	개별적 평가분석 (individual needs)	-개인별, 전문 능력, 지식 향상에 관한 평가

Lee & Owens(2000)의 설계 모델은 기존의 ADDIE 모형을 그대로 이용하면서 원격교육에 필요한 중요 요소를 첨가하여 쉽게 이해할 수 있도록 제시한 장점이 있는 반면, 원격교육에서 학습자들의 적극적인 학습활동 및 학습활동을 전개하기 위해서 필요한 요소들을 크게 부각하지 못했다는 점이 단점으로 지적되고 있다.

원격교육에서 사용될 테크놀로지에 대한 고려를 중요하게 고려한 Driscoll (1998)은 원격교육의 설계 시 테크놀로지에 대한 기본적인 테두리가 정해진 다음에 구체적인 내용 설계로 나아가야 함을 강조하였다. 그는 인터넷 중심의 원격교육 형태를 네 가지로 나누었다. 첫째, 원격교육 수업에서 보편적으로 활용되고 있는 인터넷 혹은 컴퓨터(CD-ROM 포함)를 활용하는 개별 학습자 대상의 웹/컴퓨터 기반 훈련(web/computer-based training), 둘째, 문제해결이나 프로젝트 위주의 학습 등 적시 교육(just in time)에 잘 맞는 웹/전자 수행지원시스템(web/electronic performance support system), 셋째, 원격 학습자들 간에 토론이나 사례분석 등 비실시간 그룹 활동에 적합한 웹/가상 비실시간 수업(web/virtual asynchronous classroom), 넷째, 실시간 인터넷으로 문제해결이나 그룹 과제 활동 등의 협동학습에 적합한 웹/가상 실시간 수업(web/virtual synchronous classroom)이다.

드리스콜의 설계 모델은 다음과 같다.

표 12-5 Driscoll의 설계 모델 단계별 내용

항목	내용
학습자 요구 분석 (assessing learner needs)	-인터넷 교육의 필요성, 학습 목적, 학습자, 환경 분석, 인터넷 교육 개발팀 인력 구성
기술적 형태의 선정 (selecting the most appropriate Web-based training method)	-학습유형의 결정(인지적, 정의적, 태도 영역) -인터넷 교육 형태 결정(W/CBT, WEPSS, W/VAC-비실시간 수업, W/VSC-실시간 수업
설계 (design lessons)	-교수자 역할 : 인터넷의 교수적 기능 + 퍼실리테이터의 기능 -학습자 역할 : 학습관리, 연습훈련, 학습활동 참여, 커뮤니케이션 -상호작용 : 학습내용 및 활동에 맞는 상호작용 선정
기초 작업 제작 (creating blueprints)	-학습내용 구성 : 교수-학습 전략, 내비게이션, 학습자원, 수업 관리 -플로 차트 개발 : 내비게이션 맵보다 구체화된 내용 제시 -스크립트 제작 : 학습 구조의 분류, 적절한 매체 선택 -스토리보드 제작 : 전체 흐름의 시각화, 내용의 계열화
평가 (evaluating programs)	-내용 전문가 평가 : 내용의 정확도 -프로토타입 : 하나의 샘플 단원에 대한 오류 검사 -알파테스트 : 소수의 학습자 집단을 통한 프로그램 평가 -베타테스트 : 실제 수업 환경에서의 프로그램 평가

드리스콜은 설계 단계에서 교수자의 역할과 학습자의 역할로 나누어서 구체적으로 설계하는 것이 필요하다고 하였다. 즉, 교수자는 인터넷의 하이퍼미디어 기능, 상호작용 기능 등 다양한 기능을 교수에 응용할 수 있도록 하는 교수자의

촉진자(퍼실리테이션) 기능을 설계해야 하고, 학습자는 인터넷의 다양한 기능 활용을 통해서 위에서 제시한 네 가지의 교육 형태에 맞추어서 수업에 적극 참여할 수 있도록 설계되어야 한다고 하였다.

탐 구 문 제

1. 평생교육과 원격교육의 관계를 논의해 봅시다.

2. 원격교육의 구성 개념들을 평생교육과 평생학습 관점에서 논의해 봅시다.

3. Lee & Owens 설계 모델과 Driscoll의 설계 모델 단계별 내용을 비교해 봅시다.

CHAPTER

13 평생교육방법과 이러닝

학습개요

평생교육현장에서 전자매체를 이용한 원격학습은 꾸준히 활용되어 왔다. 초연결과 창의 융합을 특징으로 하는 4차 산업혁명시대에서 전 생애에 걸친 평생학습의 필요성과 중요성은 더욱 커지게 되고, 2000년대 이후 가상소셜학습공동체(virtual social learning communities)와 개인용 테크놀로지(personnel technologies), 실감형 콘텐츠(realistic contents) 등을 비롯한 학습용 테크놀로지들의 기술적인 파워와 사용의 용이성, 그리고 디지털 세대로 일컬어지는 MZ 세대들의 디지털 학습 콘텐츠의 수용력은 한층 높아졌다. 이러한 와중에 발생한 COVID-19 팬데믹 현상은 기존의 이러닝(e-learning) 학습을 더욱 활성화시켰을 뿐만 아니라 새로운 학습 환경을 이러닝에 구축함으로써 더 다양하고 실감적인 평생학습을 가능하게 하고 있다. 최근의 평생교육방법들 중 이러닝이 보편화되고 있는 시점에서 이러닝에 대한 보다 명확한 배경지식과 활용 현황 등을 이해하고 안다는 것은 중요하다. 이론적 지식을 토대로 하여 실제 평생교육현장에 이러닝을 적용할 때, 평생교육프로그램이 보다 효과적이고 효율적이 될 수 있는 동시에 확장성도 가질 수 있기 때문이다.

본 장은 이러닝에 관한 내용을 여덟 가지 부분으로 나누어 간략하게 제시하고 있다. 구체적으로 이러닝의 개념, 이러닝의 장점과 단점, 이러닝 교수학습전략, 이러닝 교수학습방법, 이러닝을 이용한 문제해결학습(e-PBL), 이러닝을 이용한 토론학습, 이러닝에서의 콘텐츠 상호작용과 이러닝 운영 유형, 그리고 이러닝과 실감형 콘텐츠들이다. 앞의 4개 부분이 평생학습에서 이러닝 방법을 적용하고자 할 때 꼭 알고 있어야 할 개념 지식에 관한 것이라면, 뒤의 4개 부분은 현재 이러닝에서 적용되고 있는 교수학습방법에 관한 사례들과 앞으로의 발전 방향에 대해 간략하게 언급하고 있다. 전체적으로, 평생학습에서의 이러닝 활용과 적용을 좀 더 구체적으로 제시하고자 하는 점에 초점을 두었다.

학습목표

1. 이러닝의 개념 및 장·단점을 설명할 수 있다.
2. 이러닝의 교수학습전략을 설명할 수 있다.
3. 이러닝의 교수학습방법을 이해하고 이를 자신의 학습에 적용할 수 있다.
4. e-PBL과 e-토론학습이 무엇인지 알고 이를 자신의 학습에서 활용할 수 있다.
5. 이러닝의 콘텐츠 유형과 운영 유형을 이해한다.
6. 이러닝에서 활용되는 실감형 콘텐츠들을 이해한다.

1. 이러닝의 개념

이러닝(e-learning)이란 전자적 수단, 정보통신 및 전파 방송 기술을 활용하여 이루어지는 학습을 말하는 것으로, electronic의 'e'와 learning이 합쳐진 합성어이다. Rosenberg(2001)는 이러닝의 개념에 첫째, 면대면 학습에서 경험하지 못한 학습자 중심활동을 지원한다는 의미로써 학습경험의 확장(experience), 둘째, 직장인, 주부 등 기존의 교육시스템에서 소외되었던 학습자들에게 학습기회를 제공하고 학습의 선택권을 확대하며 학습시간을 연장한다는 의미로써 학습기회의 확장(extension), 셋째, 교실 외에 인터넷이 연결된 장소이면 어디든지 학습공간이 될 수 있다는 의미로서 학습공간의 확대(expansion)라는 의미가 있다고 하였다.

표 13-1 이러닝의 정의

학자(출처)	이러닝의 정의
한국u러닝연합회 (2015)	전자적 수단, 정보통신 및 전파, 방송기술을 활용하여 이루어지는 학습
호턴 (Horton, 2001)	교육경험을 제공하기 위해 인터넷과 디지털 기술을 이용하는 것
로젠버그 (Rosenberg, 2001)	지식과 성과를 향상시키는 다양한 종류의 해결책을 전달하기 위한 목적으로 인터넷 기술을 이용하는 것
칸 (Khan, 1997)	하이퍼미디어 기반의 웹의 특성과 자원을 활용하는 교수 프로그램

그동안 온라인 학습, 웹기반 학습, 원격학습, 이러닝이라는 용어들이 서로 다르면서도 비슷한 의미로 사용되고 있었고, 원격교육 역시 학습양식별(modalities)로 컴퓨터 기반 교수인지 멀티미디어 학습인지, 지리적으로 원격학습인지 면대면 학습인지, 시간별로 동시적인지 비동시적인지 여부를 구분하였지만, 현재는

이들 용어들이 이러닝으로 통합되어 가는 추세이다. 특히, 2000년대 이후 가상 소셜학습공동체(virtual social learning communities)와 개인용 테크놀로지(personnel technologies), 실감형 콘텐츠(realistic contents) 등을 비롯한 학습용 테크놀로지들의 기술적인 파워와 사용의 용이성 등 빠르게 변화하는 테크놀로지의 속도는 이러한 구별을 의미 없게 만들고 있다.

표 13-2 이러닝의 유사 개념

구분	내용
ICT 활용교육	정보통신기술을 학습 및 일상생활 속 문제해결에 적극적으로 활용할 수 있도록 지원하는 교육, 초·중등 교육에서 사용함
온라인 교육	오프라인에서 이루어지는 교육과 대비되는 개념으로서의 교육
사이버교육 (가상교육)	현실공간과 대비되는 개념으로 사이버공간에서 이루어지는 교육
웹기반 교육	웹의 특성과 웹이 제공하는 자료들을 활용하여 전개하는 하이퍼미디어 기반의 교육
원격교육	교수자와 학습자가 물리적·시간적으로 분리된 상태로 이루어지는 교육

오늘날의 학습자들은 시·공간에 구애받지 않고 특정 강좌 내에서 동시적·비동시적으로 상호작용할 수 있으며, 서로 간에 학습관리시스템(Learning Management System, LMS)상에서 상호작용할 수 있게 됨에 따라 학습 환경은 더욱 유연하고 학습자 중심이 되고 있다. 온라인에서의 교수와 학습은 잘 설계된 학습경험들로 구성되어 있는 강좌나 훈련 세미나처럼 형식적이고 의도적으로 일어날 수도 있고, 소셜네트워크처럼 비형식적이거나 심지어는 비교육적인 컴퓨터 게임과 같이 완전히 우연적으로도 일어날 수 있다. 사람들은 인터넷에 연결된 컴퓨터들을 통해 정보를 공유할 수 있는 공간인 웹(월드와이드웹: world wide web) 환경에서 온라인상의 다양한 정보에 접속하고 그 정보를 공유한다. 웹 서비스의 기술적 진화는 정보 연결과 사회적 연결에 영향을 주게 되며, 교수학습의 형태 역시 영향을 받을 수밖에 없다.

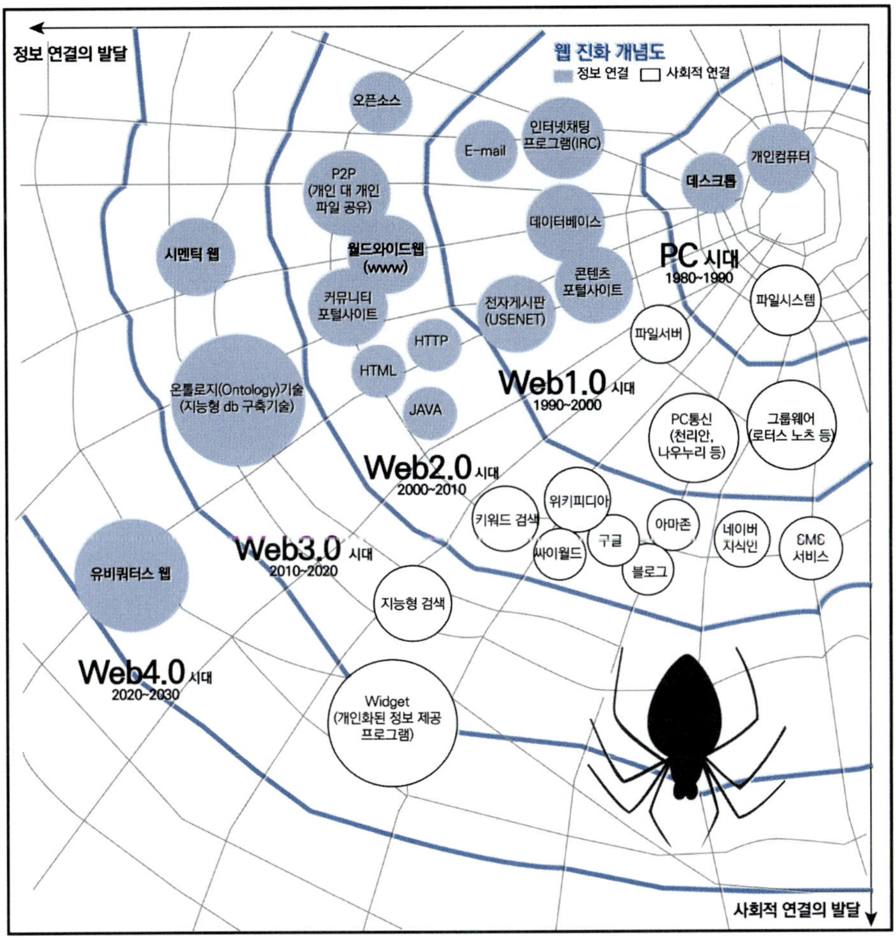

그림 13-1 웹(web) 진화 개념도

출처: 한상범. WEB 3.0 & Smart Learning ICT Trend. From http://slidesplayer.org.

전파매체를 이용하는 이러닝은 전통적인 면대면 학교교육과 달리 학습자가 자율성과 주도성을 가지는 학습경험을 제공하며, 직업과 성별, 나이에 관계없이 모든 계층에게 교육의 형평성과 학습 선택권을 보장하며, 인터넷이 가능한 곳이면 어떤 장소에서든 학습을 할 수 있는 확대된 학습공간의 특징을 지니고 있다. 현재 웹 서비스는 지능형 검색이 가능한 Web 3.0 시대에서 개인의 학습상황과 요구에 대응하는 맞춤형의 이러닝을 가능하게 하고 있다.

2. 이러닝의 장점과 단점

오늘날 이러닝은 학습자의 자율성과 주도성을 강화하면서 성인학습자를 비롯한 대부분의 학습자들에게 확대되면서 평생학습의 강력한 도구가 되고 있다. 다른 교육 방법과 마찬가지로 이러닝 역시 이 방법이 가지는 장점 및 단점이 있다(이영주, 2021: 43-45).

이러닝의 장점은 접근의 용이성, 개별학습의 가능성, 적시 교육, 비용 효과적, 상호작용성 강화 등으로 요약할 수 있다.

첫째, 접근의 용이성이다. 이러닝은 인터넷 연결만 된다면 언제 어디서나 학습이 가능하다. 시·공간의 제약 극복은 학습자들에게 이동 시간과 비용을 절약할 수 있게 한다. 접근의 용이성은 학습자의 수와 범위를 넓힐 수 있어서 이러닝 서비스 기관 측면에서는 수익성을 높일 수 있는 기회가 된다.

둘째, 개별 학습(self-faced)이 가능하다. 학습자는 자신의 속도대로 학습할 수 있다. 중간에 멈추었다가 다음에 이어서 학습할 수도 있고, 이해가 어려운 부분은 반복 시청할 수도 있다. 즉, 면대면 수업과 비교할 때, 개인의 학습 속도 조절에 대한 개인의 통제권이 더 크다.

셋째, 적시(just-in-time) 교육이 가능하다. 온라인 연수나 훈련은 업무를 하면서 즉각적인 교육이 가능하므로, 면대면 훈련에서는 직무를 수행할 수 없는 기회비용까지 고려하면 기업이나 기관의 입장에서 볼 때는 효율성 측면에서 이러닝이 훨씬 매력적이다.

넷째, 비용효과적이다. 이러닝은 교육활동을 위한 공간이나 교재교구를 구비해야 하는 인력이나 비용을 절감할 수 있다.

다섯째, 상호작용이 가능하다. 최근의 이러닝은 동시적, 비동시적, 실시간, 비실시간 상호작용이 가능하다. 이는 보다 다양한 형태의 상호작용을 가능하게 하고, 상호작용을 더 잘 일어나게 만드는 환경을 구축할 수 있게 한다.

반면, 이러닝의 단점은 초기 투자비용의 부담, 테크놀로지 활용 제한점, 콘텐츠 품질, 학습자 변인, 정서적 교감 부족 등이 있다.

첫째, 초기 투자비용이 많다. 이러닝을 위해서는 컴퓨터, 인터넷 네트워크, 콘텐츠 제작, 플랫폼 구축 및 운영 등 초기 시스템 구축에 많은 비용이 든다.

둘째, 테크놀로지의 활용에 따른 문제점이다. 콘텐츠 개발이나 플랫폼 운영에 사용되는 소프트웨어, 하드웨어의 호환 문제, 기술 변화에 따른 사용자의 미디어 리터러시 부족 등은 이러닝 활용에 단점으로 작용한다.

셋째, 콘텐츠 품질 확보를 위한 노력이다. 이러닝 콘텐츠는 한번 개발되면 반복 사용할 수 있고, 많은 학습자들에게 동시적으로 제공할 수 있는 이점이 있지만, 동시에 학습자들의 집중도를 유지하고 고립감을 극복하기 위해서는 콘텐츠 설계 시 전문적인 교수설계 및 교수설계 전략을 반영하여야 한다. 또한, 콘텐츠 질 관리 향상을 위한 노력이 필요하다.

넷째, 다양한 학습자 변인을 고려해야 한다. 이러닝 학습자는 지역, 연령, 성별, 사회경제·문화적 배경이 다르므로 이러한 차이를 고려해야 한다.

다섯째, 인간적 접촉, 정서적 교감을 보완하는 전략이 필요하다. 이러닝 환경에서의 의사소통은 컴퓨터 매체를 통해서 일어나므로 면대면 교육에 비해서 제한적일 수밖에 없다. 인간적 접촉과 정서적 교감을 나누기 위한 다양한 노력이 필요하다. 또한, 학습자가 이탈하는 것을 보완하는 운영전략이 필요하다.

3. 이러닝 교수학습 전략

이러닝의 교수학습 전략으로는 면대면 교수학습방법과 달리 학습자의 자기주도 학습을 바탕으로 매체의 역할을 극대화하고자 하는 전략을 활용하며, 다음과 같은 방법들이 있다.

1) 자기주도 학습(self-directed learning, SDL) 전략

이러닝 학습은 시간과 공간의 자율성이 보장되고 학습의 내용과 방법에 대한 자기주도권이 확보된다는 점에서 자기주도 학습전략은 평생교육이 강조되는 학습자들에게 주요한 학습전략이다. 학습자들이 자기주도 학습을 제대로 실천하기 위해서는 교수자, 학습자, 운영 및 행정 담당자들의 협조와 지원이 필요하다. 특히, 학습자들에게 제시되는 학습내용과 방법이 학습자가 그것을 따라가면 학습이 이루어질 수 있도록 구조화가 잘 되어 있어야 한다. 자기주도 학습을 긍정적으로 유도하기 위한 요소들은 다음과 같다.

표 13-3 이러닝에서의 자기주도 학습 요소

요소	내용
문제해결 중심의 학습과제	-학습자에게 맞는 주제 선정 -학습활동에서 학습자의 흥미와 관심을 반영시킨 문제 제시
학습과정에 초점	-'어떻게 학습했는가'에 초점 -학습자의 학습계획서 작성(학습내용, 과제해결 방법, 자료의 소스, 학습의 실천 단계 및 진행과정, 과제 종결 시기 등 포함) -학습 성찰지 작성(본인의 학습활동에 대한 수정과 계획)
상호작용	-인터넷의 상호작용 기능을 최대한 활용 -이메일, 토론방, 대화방, 게시판, Zoom 미팅 등 활용 -소그룹 토론방, 학습동호회 구성, 과제 해결에 참조할 수 있는 관련 자료 제시
컴퓨터 기본소양 습득	-학습자의 컴퓨터 기본 활용 능력, 상호작용을 위한 기능 습득 -인터넷 윤리(네티켓), 정보 윤리, 지적재산권 등 기본 지침 습득

이러닝은 외부적 통제성이 약하기 때문에 쉽게 나태해지기 쉽고, 스스로 시간 관리가 어려운 측면이 있다. 특히, 일과 학습을 병행할 경우, 인위적인 학습시간을 확보하는 데도 어려움이 있다(나일주·한안나, 2002). 이처럼, 자기주도 학습 능력의 부족과 시간 관리의 실패는 학습자가 과제나 학습을 미루는 학습지연 행동으로 이어지게 되며, 학습지연 행동은 학업을 중도에 그만두게 하거나 학업성

취도에 부정적인 영향을 끼치게 된다(신명희·박승호·서은희, 2005; 이영주, 2021 재인용).

이러한 점 등을 고려하여, 지멘스와 유르키우(Siemens & Yurkiw, 2003)는 이러닝을 시작할 때 스스로의 학습계획을 세워 보기를 권고하고 있다. 이러닝 학습을 계획할 때 체크할 사항을 보면 다음과 같다.

표 13-4 이러닝 계획 시 체크할 사항

구분	내용
시간	언제 이러닝을 학습할 것인가? -요일, 날짜, 주중/주말, 오전/야간 등
장소	어디서 이러닝을 학습할 것인가? -집, 회사 등
학습시간	일주일에 몇 시간을 이러닝에 사용할 것인가?
우선순위 과제	내 생활에서 이러닝과 충돌되는 우선순위 과제는 무엇인가? 충돌되었을 때 나는 어떻게 처리하고 해결할 것인가?
연결	이러닝 교수자, 동료학습자들과 어떻게 연락할 것인가?
평가	이러닝 학습을 잘하고 있는지 본인의 학습계획을 언제 평가할 것인가?

2) 상호작용 전략

교수학습 과정에서의 상호작용은 학습자의 주도적인 참여와 의미 있는 학습을 실현시키고자 하는 것이다. 특히, 이러닝은 물리적 공간의 분리로 인해 상호작용이 제한적이며, 학습자는 외로움, 불안감 등 심리적 고립감을 느끼기 쉽다. 이러닝에서의 상호작용은 학습자가 수업을 받을 때 느끼는 심리적, 물리적인 고립감을 해소할 수 있는 방법이면서 동시에 '어딘가에 존재하고 있다는 느낌 또는 자각'을 의미하는 실재감(presence)을 높이는 전략이다. 상호작용 유형은 학습자와 교수자 간, 학습자와 학습내용 간, 학습자 간, 학습자와 학습자의 인지구조 간 상호작용으로 나누어 볼 수 있다.

표 13-5 이러닝에서의 상호작용 유형

상호작용 유형	내용/방법
학습자와 교수자	-수업 중 다양한 상호작용으로 수업의 이해도를 높이고 능동적인 수업태도를 가지게 하기 위한 것임 -공개/비공개의 이메일, 게시판, 토론방 등 질의·응답 메뉴 활성화 -자주 질문하는 내용에 대한 FAQ 작성(학습활동 안내, 과제 진행 및 학습활동, 평가 등) -질문에 대한 정확하고 즉각적인 피드백 -튜터나 코디네이터 활용을 통한 상호작용 -정보 제공 소스 등 외부 전문가와의 연결 라인 설정
학습자와 학습내용	-학습자의 학습동기와 자신감 제공을 통해 학습자의 능동적인 학습활동 참여를 이끌기 위한 것임 -학습자료 중 관련 내용에 대한 링크 설정(너무 많은 링크는 방향감각 상실이나 시스템 문제 발생 여지) -학습자료의 분량 및 수준 조절(과다한 멀티미디어 자료는 로딩 속도 문제 발생 여지) -학습동기 저하를 막기 위해 다양한 멀티미디어 활용으로 자료들 간의 연계, 힌트 제공, 재미있는 학습활동 제공 -학습내용과 관련된 전문 분야별 사이트 제공
학습자와 학습자	-이러닝 수업에서 학습자들이 '고립감'을 느끼지 않도록 하고 학습의 폭을 넓히게 하기 위한 것임 -학습자가 이메일, 메신저 커뮤니케이션 채널을 확보하도록 함 -협동학습, 프로젝트학습 등 학습자 참여 중심의 학습전략 계획 -자유게시판, 그룹 게시판 등 학습자들만의 대화가 가능한 기회 제공 -학습자 커뮤니티 상호작용 활동 기회 제공
학습자와 학습자 인지구조	-인터넷 활용 시 테크놀로지를 인지구조적인 측면에서 활용하기 -하이퍼링크의 효과적인 구성, 정보의 전송시간을 고려한 학습자료 제작, 효율적인 인터페이스 설계 등

3) 학습동기 전략

동기는 모든 교수학습의 근간이며 원동력으로 주의, 근심, 피드백, 강화 등과 밀접한 관련이 있다. 이러닝 과정에서 학습 초기 학습자들의 높은 학습동기가 학습이 진행됨에 따라 감소되기 쉽기 때문에 학습동기를 지속화할 수 있는 전략과 활동이 중요하다.

이러닝 학습자는 외부적인 통제성이 없기 때문에 쉽게 나태해지며(신호영, 2019), 일과 학습을 병행할 경우 인위적으로 학습을 위한 시간을 확보하는 데 어려움이 있는 등(나일주·한안나, 2002) 학업 지연과 시간 관리의 어려움이 있다. 또한, 오프라인보다 학습의 집중력이 저하되어 쉽게 피로해진다. Keller(1987)는 학습자에게 학습동기를 유발하는 학습 환경을 설계하는 방법으로 학습자들에게 주의집중(attention), 관련성(relevance), 자신감(confidence), 만족감(satisfaction)을 주는 전략을 제시했는데, 이를 이러닝에 적용시켜 보면 다음과 같은 전략이 있다(염명숙·조은순, 2010).

표 13-6 이러닝에서의 학습동기 전략

요소	내용
주의집중	-학습자의 흥미와 호기심을 유발하는 것으로 학습경험에 대한 자극과 재미 측면을 고려함 -매력적인 화면 디자인, 시청각 자료 제공, 과제에 도움을 주기 위한 멀티미디어 요소 사용, 교수학습설계에 상호작용 구축
관련성	-학습의 필요와 학습경험의 가치를 높여주도록 함 -학습내용이 학습자의 관심 부분에 어떻게 관련되는지 제시, 실제 상황의 시나리오를 가진 교육 과정, 학습자의 학습 스타일에 적합하도록 설계
자신감	-학습자가 학습과정을 잘 통제함으로써 학습과정을 성공으로 이끌어 내기 위함 -내적·외적 보상을 통한 성취 강화, 성공에 대한 기대감을 가질 수 있도록 학습자가 달성 가능한 목표 수준 설정, 동료 학습자들과의 원활한 의사소통
만족감	-학습경험에 대해 만족하고 계속적으로 학습하려는 욕구를 가지도록 함 -인터넷 환경에 적절한 과제 개발, 학습자들 간의 협동 촉신

4) 이러닝 준비도

이러닝은 교수자와 학습자가 물리적으로 분리되어 있고, 컴퓨터 매체를 매개로 가상의 공간에서 학습이 이루어지기 때문에 실재감이 떨어진다. 따라서, 학습자가 이러닝 학습을 성공적으로 수행하기 위해서는 이러닝 학습에 대한 준비가 필요하다. 왓킨스, 리, 그리고 트리너(Watkins, Leigh, & Triner, 2004)는 이러닝 학습자가 이러닝을 성공적으로 수행하기 위해 어느 정도 준비가 되어 있는지를 체크할 수 있는 '이러닝 학습준비도 측정 도구'를 개발하였다. 이들은 준비도 영역을 테크놀로지 접근성, 온라인 스킬과 관계형성노력, 학습동기, 온라인 비디오/오디오 자료 활용능력, 온라인 토론 능력, 이러닝 성공 요소 등 여섯 가지 영역으로 나누고 각 영역에 해당하는 5점 리커트 척도의 문항 27개를 제시하였다.

한편, 지멘스와 유르키우(Siemens & Yurkiw, 2003)는 이러닝을 시작할 때 스스로의 학습계획을 세우는 것이 중요하다고 하면서, 학습준비도 체크 문항을 개발하여 제시하였다. 각 문항별로 '예'로 대답한 문항에 1점씩 부여하여 총 18점 만점으로 구성되며, 획득한 점수에 따라 학습자의 이러닝 학습준비도를 세 단계로 나누어 제시하였다.

표 13-7 지멘스와 유르키우(2003)의 이러닝 학습준비도 문항

번호	문항 내용	점수
1	당신은 새로운 기술을 배울 때 스스로 동기유발이 되는 편인가요?	예 = 1
2	당신은 스스로 자기관리를 잘하는 사람인가요?	예 = 1
3	당신은 스스로 목표를 설정하나요?	예 = 1
4	당신은 과제나 시험공부를 완료해야 할 때 미루지 않는 편인가요?	예 = 1
5	당신은 채팅이나 메신저 프로그램을 사용하는 데 익숙한가요?	예 = 1
6	당신은 이메일을 사용하는 데 익숙한가요?	예 = 1
7	당신은 토론 수업에 잘 참여하나요?	예 = 1

번호	문항 내용	점수
8	일상적인 코스에서, 과제나 시험을 '벼락치기' 한 적이 없나요?	예 = 1
9	당신은 동료 학습자들과 경험을 공유하는 활동으로 학습하나요?	예 = 1
10	교수자가 모든 답변을 제공하는 전문가가 되어야 한다는 생각에 반대하나요?	예 = 1
11	당신은 혼자서 독립적으로 공부하는 것(일하는 것)을 좋아하나요?	예 = 1
12	당신은 인터넷을 검색하고 새로운 정보를 탐구하는 활동을 즐겨 하나요?	예 = 1
13	당신은 시험 일시나 과제물 마감일을 교수자가 알려주지 않아도 스스로 챙기는 편인가요?	예 = 1
14	당신은 자신의 학습 속도에 따라 스스로 학습하는 것을 즐기나요?	예 = 1
15	당신은 스스로 문제를 해결하는 것을 좋아하나요?	예 = 1
16	당신은 팀 과제 활동에 참여하는 것을 좋아하나요?	예 = 1
17	당신은 새로운 지식과 기술을 배우는 것을 좋아하고, 온라인으로 수업이 진행되는 것에 흥미와 기대가 있나요?	예 = 1
18	당신은 온라인 수업이 효과적인 학습방법이라고 생각하나요?	예 = 1

〈자가진단 결과의 점수 및 해석〉

점수 합계	설명
1~6점	온라인 학습은 당신의 기술과 학습 접근법으로는 적합하지 않을 수 있습니다. 그러나 당신이 좋은 학생이 될 수 없다는 의미는 아닙니다. 즉, 당신이 수업에서 요청하는 사항들을 정시에 완료하도록 집중하고 전념해야 한다는 의미입니다.
7~13점	당신은 온라인 학습 환경에서 잘해야 합니다. 동기부여, 조직력, 기획력은 온라인 학습에 성공하기 위한 가장 중요한 요소입니다. 수업자료를 잘 따라오고 과제 제출 일정을 잘 지킨다면 이러닝을 성공적으로 마칠 수 있습니다.
14~18점	당신은 매우 의욕적이고, 이러닝에서 성공하는 데 필요한 기술을 보유하고 있습니다. 당신은 온라인 학습을 통해 조직 및 계획 능력을 잘 활용할 수 있습니다. 온라인 학습을 잘 즐기시기 바랍니다.

출처: 이영주(2021). 뉴노멀시대의 이러닝과 원격교육. p. 74-75를 재구성.

4. 이러닝 교수학습 방법

전 세계를 휩쓴 COVID-19로 학교들이 일제히 문을 닫고 대신 원격수업, 즉 온라인 수업을 실시하였다. 우리나라도 2020년부터 온라인 수업을 실시하였는데, 우리나라의 교육부가 밝힌 "코로나19 감염병 대응을 위한 원격수업(교육부는 이러닝 수업이라는 용어 대신에 '원격수업'이라는 용어를 공식적으로 사용한다)"의 유형은 실시간 쌍방향 수업, 콘텐츠 활용 중심 수업, 과제 수행 중심 수업의 세 가지로 나누어진다(박상훈 외, 2020).

① 실시간 쌍방향 수업은 컴퓨터를 비롯한 디지털 기기와 플랫폼 기술의 발달로 즉각적인 피드백이 가능하고 오프라인과 같은 실재감과 생동감이 있어서 교수자와 학습자들이 선호하는 방법이다. 반면, 수업에 참석하지 못하는 학생에 대한 대체학습이 필요하고, 디지털 기기에 익숙하지 못할 경우 수업 진행에 어려움이 있다.

② 콘텐츠 활용 중심 수업은 시간과 공간의 제약 없이 자유롭게 학습과 피드백인 가능하다는 장점이 있다. 반면, 온라인 학습을 위해 학습자들의 회원가입 및 승인 절차 안내, 학습자들의 강의 수강 여부 확인 및 출결 방법에 대한 명확한 기준 제시, 상호 활동 계획 및 체계적인 학습 관리가 필요하다는 단점이 있다.

③ 과제 수행 중심 수업은 학습자들의 수행활동과 참여를 통해 이루어진다는 장점이 있는 반면, 교과별 성취기준에 따른 적절한 과제 출제가 어렵고, 과제를 수행하고 제출하는 방법에 대한 체계적인 안내와 평가에 대한 명확한 기준이 필요하다.

초창기의 원격수업에서는 출석 여부가 큰 난제였으므로, 교육부는 각 수업의 유형에서 사용할 수 있는 세부적인 출석 인정 기준을 밝히기도 하였다. 코로나19로 시작된 전면적인 원격수업은 초기에 시스템의 불안정, 콘텐츠의 빈약, 교수자와 학습자의 수업 유형에 익숙지 않은 현상 등 어려움이 발생하였으나, 이후 시스템의 고도화를 통하여 실시간 쌍방향 수업이 전면적으로 시행되면서 정착 수준에 도달하였다.

표 13-8 원격수업의 유형별 운영

구분	운영 형태
① 실시간 쌍방향 수업	-실시간 원격교육 기반(플랫폼)을 토대로 교사·학생 간 화상 수업을 하며, 실시간 토론 및 소통 등 즉각적 피드백
② 콘텐츠 활용 중심 수업	-(강의형) 학생은 지정된 녹화 강의나 학습 콘텐츠로 학습하고, 교사는 학습 진행도 확인 및 피드백 -(강의+활동형) 학습 콘텐츠 시청 후 댓글, 답글 등으로 원격 토론
③ 과제 수행 중심 수업	-교사는 교과별 성취기준에 따라 학생이 자기주도적 학습내용을 확인할 수 있도록 온라인으로 과제 제시 및 피드백
④ 기타	-교육청, 학교 여건에 따라 별도로 정할 수 있음

출처: 교육부(2020). 체계적인 원격수업을 위한 운영 기준안 마련.

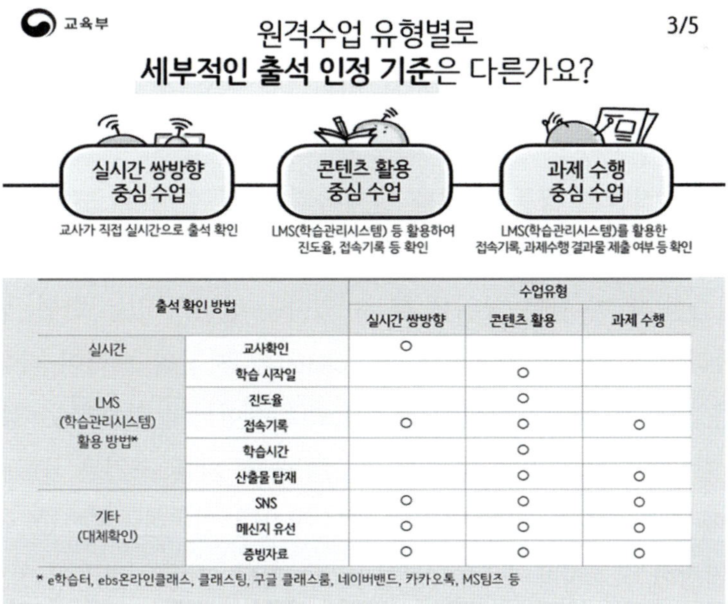

출석 확인 방법		수업유형		
		실시간 쌍방향	콘텐츠 활용	과제 수행
실시간	교사확인	○		
LMS (학습관리시스템) 활용 방법*	학습 시작일		○	
	진도율		○	
	접속기록	○	○	○
	학습시간		○	
	산출물 탑재		○	○
기타 (대체확인)	SNS	○	○	○
	메신지 유선	○	○	○
	증빙자료	○	○	○

* e학습터, ebs온라인클래스, 클래스팅, 구글 클래스룸, 네이버밴드, 카카오톡, MS팀즈 등

출처: https://www.korea.kr/news/visualNewsView.do?newsId=148871299

5. 이러닝을 이용한 협동학습: e-PBL(문제기반학습)

1) 협동학습으로서의 PBL

협동학습은 학습능력이 각기 다른 학생들이 동일한 학습목표를 향하여 소집단 내에서 함께 활동하는 수업방법(변영계, 2020; Slavin, 1987)으로서, 원리는 다음과 같다.

첫째, 긍정적 상호의존성이다. 개별 학습자나 소집단의 이익이 상호 긍정적인 상관관계가 있음을 말하는 것이다.

둘째, 동시적 상호작용성이다. 소집단 구성원이 학습과제 해결에 필요한 도움을 요청하면 집단 내 다른 구성원들이 이를 도와서 문제해결에 활용하는 것을 의미한다. 어려운 과제나 여러 명의 의견을 모을 필요가 있는 주제에 효과적이다.

셋째, 개별 책무성이다. 소집단 구성원은 각자의 학습뿐만 아니라 다른 구성원의 활동 결과가 영향을 미치기 때문에 서로를 격려하고 도와야 한다. 각자의 수행이 다른 구성원의 성공에 영향을 미친다는 것을 인식하는 것이 개별 책무성의 시발점이다.

협동학습의 집단은 공동 목표를 달성하기 위해 함께 학습하고, 학습과제에 대해 토론하고 서로 이해하도록 도움을 줄 수 있고, 개별적으로 학습할 때보다 팀으로 학습할 때 더 높은 성취를 할 수 있다는 장점이 있는 반면, 팀원의 노력에 편승하려는 '무임승차 효과(free-rider effect)'와 자신의 노력이 다른 학습자에게 돌아갈 것을 우려하여 학습에 능동적으로 참여하지 않으려는 '봉효과(sucker effect)'와 같은 단점이 있다. 따라서, 협동학습의 기본 조건은 ① 구성원 간에 학습과제에 대한 내용과 접근 방법에 대한 공유가 있어야 하고, ② 소집단 구성원 간에 밀접한 상호작용이 있어야 하며, ③ 집단 간에도 협력이 필요하며, ④ 구성원 개인의 신뢰성과 책임감이 있어야 한다.

이러닝에서의 협동학습은 학습자는 물리적으로 분리되어 있으므로 컴퓨터 매체와 SNS, Zoom 화상회의, Webex 화상회의, 구글 미팅룸, 구글 Docs 등 다양한 도구를 활용하여 진행할 수 있다. 특히, 21세기의 학습은 학습자 중심의 보다 실제적이고 맥락적인 학습내용으로 구성된 학습 환경을 지향하고 있고, 높은 자기주도성과 학습동기를 가지는 학습자가 많은 이러닝에서 협동학습을 진행하는 것이 더 적절할 수 있다.

소집단 협동학습의 한 종류인 문제기반학습(problem based learning)은 학습자들에게 실제적인 문제를 제시하고, 그 제시된 문제를 해결하기 위해 학습자들 상호 간에 공동으로 문제해결 방안을 강구하고, 개별학습과 협동학습을 통해 공통의 해결안을 마련하는 일련의 과정에서 학습이 이루어지게 되는 학습방법이다(최정임·장경원, 2015). PBL의 목표는 다음과 같다.

표 13-9 PBL의 교육 목표

요소	내용
지식	-통합된 지식 기반의 획득 -문제 상황에서 제시된 단서들을 중심으로 구조화된 지식 기반의 획득 -실제 맥락에서 사용되는 문제해결과정과 얽혀진 지식 기반의 획득
기술	-전문가로서의 효과적이고 효율적인 문제해결과정의 개발 -효과적인 자기주도 학습기술의 개발 -효과적인 팀 기술의 개발(의사소통, 대인관계 기술 향상)
태도	-문제에 직면했을 때의 적극적 태도, 자신감 -민주 시민 의식에 기초한 책임감

2) PBL 과정

PBL은 보통, 팀 구성 및 팀 그라운드(Team Ground: 팀 구성원 간 자기소개 및 팀 활동의 규칙 정하기)를 하는 초기 활동, 문제 제시 및 문제에의 접근, 문제에서 요구하는 학습내용 추론, 자기주도 학습, 문제해결을 위한 새로운 지식의 적용 및 문제해결계획에 대한 반추, 문제해결안 작성, 문제의 해결안 발표, 종합 정리(mini-lecture)의 과정을 거치게 된다.

표 13-10 PBL의 과정

<table>
<tr><th colspan="4">수업 전개</th></tr>
<tr><td colspan="4">1. 수업 소개
2. 수업 분위기 조성(교·강사의 역할 소개)</td></tr>
<tr><th colspan="4">문제 제시</th></tr>
<tr><td colspan="4">1. 문제 제시
2. 문제에 대한 주인(소유)의식을 느끼도록 한다(학생들이 문제를 내재화하도록).
3. 마지막에 제출할 과제물에 대한 소개를 한다.
4. 그룹 내 각각의 역할을 분담시킨다.</td></tr>
<tr><th>생각(가정틀)</th><th>사실</th><th>학습과제</th><th>실천 계획</th></tr>
<tr><td>주어진 문제에 대한 학생들의 생각을 기록: 원인과 결과, 가능한 해결안 등</td><td>개인 혹은 그룹 학습을 통해 제시된 가정을 뒷받침할 지식과 정보를 종합한다.</td><td>주어진 과제를 해결하기 위해 학생들 자신이 더 알아야 하거나 이해해야 할 사항을 기록</td><td>주어진 과제를 해결하기 위해 취해야 할 구체적인 실천 계획</td></tr>
<tr><td colspan="4">5. 주어진 문제의 해결안에 대하여 깊이 사고한다.</td></tr>
<tr><th>생각(가정틀)</th><th>사실</th><th>학습과제</th><th>실천 계획</th></tr>
<tr><td>확대/집중시킨다.</td><td>종합/재종합한다.</td><td>규명과 정당화한다.</td><td>계획을 공식화한다.</td></tr>
<tr><td colspan="4">6. 가능할 만한 해결안에 대한 생각을 정비한다(비록 학습해야 할 것이 많이 남아 있는 상태지만)
7. 학습과제를 규명하고 분담한다.
8. 학습자료를 선정, 선택한다.
9. 다음번 토론 시간을 결정한다.</td></tr>
<tr><th colspan="4">문제 후속 단계</th></tr>
<tr><td colspan="4">1. 활용된 학습자료를 종합하고 그에 대한 의견 교환을 한다.
2. 주어진 문제에 대하여 다시 새롭게 접근을 시도한다.</td></tr>
</table>

생각(가정들)	사실	학습과제	실천 계획
수정한다.	새로 얻은 지식을 활용하여 재종합한다.	(만일 필요하다면) 새로운 과제 규명과 분담을 한다.	앞서 세웠던 실천 안에 대한 재설계
결과물 제시 및 발표			
1. 결과물을 제시하고 발표한다.			
문제 결론과 해결 이후			
1. 배운 지식의 추상화(일반화)와 정리 작업(정의, 도표, 목록, 개념, 일반화, 원칙들을 만들어 본다) 2. 자기 평가 • 문제해결과정에 대한 논리적 사고 • 적합한 학습자료를 선정하여 필요한 지식과 정보를 얻어냈는가? • 주어진 과제를 잘 수행함으로써 그룹원들에게 협조적이었는가? • 문제해결을 통해 새로운 지식 습득이 이루어졌는가? 혹은 심화 학습되었는가?			

출처: 대학교육협의회 대학교원 연수자료(2015)를 수정.

3) e-PBL 운영

이러닝 환경에서 Webex를 이용한 실시간 수업으로 이루어진 e-PBL 사례를 제시하면 다음과 같다.

① 기본적인 수업 운영 : 출석은 실시간 수업으로 체크한다. 비대면과 동일하게 출석을 체크하고 녹화할 수 있다. 온라인에서 일반적인 이론 강의와 함께 팀 활동 공간을 제공한다. 온라인 시험관리 및 결과에 대한 피드백을 한다.

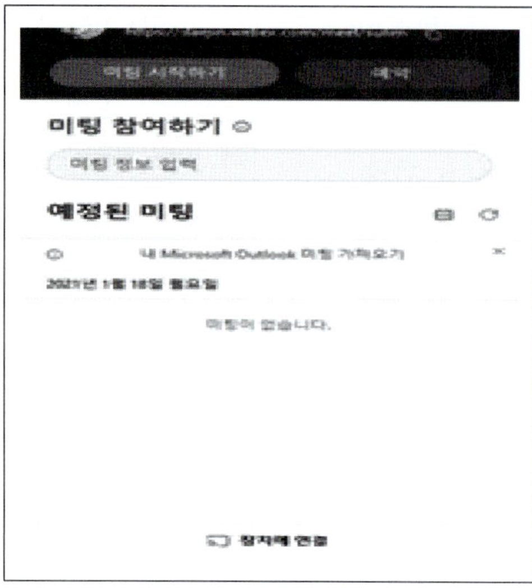

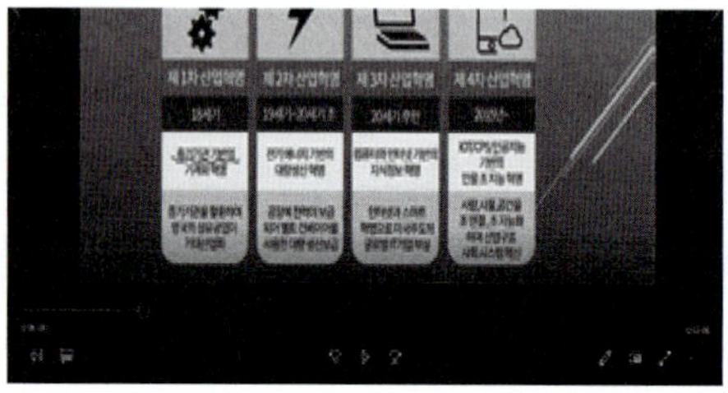

출처: 2021년 대진대학교 온라인 PBL 수업.

② 팀 구성 및 팀 그라운드 룰 활동 : 수강생을 대상으로 교수자가 이질적인 소집단을 구성한 후, 팀 규칙을 정하도록 한다.

〈팀 구성 및 그라운드 룰 결과물 예시〉

출처: 이경희(2021). 대진대학교 선진교수법 보고서.

③ 문제 제시 및 문제 인식 : PBL 문제를 이러닝 게시판이나 과제란에 파일로 탑재한다. PBL 문제와 함께 소집단의 문제 인식 및 활동계획서를 작성하도록 〈그룹 활동지〉 양식을 탑재한다. 소집단은 그룹 활동지 작성을 위한

모임을 실시간, 비실시간으로 진행한 후 이러닝 과제란이나 게시판에 탑재한다. 교수자는 탑재된 그룹 활동지에 대한 피드백을 신속하게 실시한다.

〈그룹 활동지 및 교수자의 피드백 예시〉

그룹명	1조 라온
PBL 문제	PBL 문제 인식 나는 올해 처음 발령을 받아서 이제 교직경력 2년 차인 과학 교사이다. 내가 재직하는 학교는 중소도시에 소재하고 있으며, 학생들 대부분은 인근 아파트 단지에 거주하고 있고, 형제자매는 없는 경우가 50%, 형제자매가 있더라도 자신을 포함하여 두 명 이내인 경우가 40% 이상으로 대부분 핵가족으로 구성되어 있다. 내가 담당하는 교과목은 중학교 1학년과 3학년의 과학으로서 이론 수업과 실험 수업을 맡고 있다. 우리 학교는 '인성교육' 지정학교로서 교과 수업에서 학생들의 바른 인성 함양 요소가 교수학습 과정에도 포함되어야 한다. 내가 근무하는 학교에는 총 3명의 과학 교사가 있으며, 우리들은 '교사학습공동체'를 조직하여 수업지도와 학생지도에 대한 아이디어와 기획안 작업을 함께 하고 있다. ① 과학 교과의 1학년 내용 중 '여러 가지 힘' 혹은 3학년 내용 중 '운동에너지' 단원을 선택해서 교실 수업과 실험실 수업을 연계하는 90분 교수학습계획안을 작성하고자 한다. ② 계획안에는 학생들의 SNS 활동이 포함되어야 하며 자기효능감을 높일 수 있는 요소와 바른 인성을 함양할 수 있는 요소들이 수업전략에 포함되어야 한다. ③ 계획안을 '교사학습공동체'와 함께 작업하고자 한다. → 어떤 학년을 대상으로 어떤 기획안을 만들 수 있을 것인지 고민하고 설계해 보자.
생각 (Ideas)	의문과 궁금점 및 생각 - 청소년들의 폭력성 문제는 꼭 SNS만이 영향을 미칠까? - 환경적인 요인으로 인한 청소년 폭력성의 예는 어떤 것이 있을까? - 요즘 학생들이 좋아하는 SNS 종류는 무엇일까? - 요즘 SNS에서 유행하는 콘텐츠는 어떤 것일까? - 여러 가지 힘을 이해하기 위한 실험은 어떤 것이 있으며, 어떤 매체를 활용할까? - SNS를 올바르게 활용하는 방법을 어떻게 알려줄까? - 자기효능감이란 무엇일까? - 자기효능감을 높이려면 어떻게 해야 할까? - 핵가족의 특성은 무엇일까? - 과학교과의 중등교육과정은 어떤 요소들이 있을까? 인성교육 지정학교의 기준은 무엇이며 조건은 뭘까?

이 란은 문제를 읽고 이 문제에서 무엇을 해결해야 할 것인가에 대한 핵심 인식을 중심으로 한 기술이 아래 부분에 제시되어야 합니다. 예를 들어, 학습대상자 및 단원을 정해야 한다. 2시간 이상이다. 눈 활동이 포함되어야 한다. 인성을 함양하도록 교수학습활동이 기획되어야 한다. 등입니다. 현재의 문제 인식은 잘 하고 있습니나만, 학습 내상자에 대한 분석이 빠져 있습니다.

자기효능감, 인성 등과 관련하여 반두라의 사회학습이론에 대한 조 구성원들의 공부도 필요하지 않을까요?

생각 (Ideas)	- 인성 함양 요소에는 어떤 것들이 있을까? - 학생들에게 필요한 인성교육은 어떤 것이 있으며 어떻게 적용할까? - 90분 수업은 집중력이 짧은 중학생들에게 긴 수업 시간인데 학생들의 집중을 계속 유도하려면 어떻게 해야 할까? - 과학 교과 1학년 내용인 '여러 가지 힘'과 3학년 내용인 '운동과 에너지' 단원은 어떤 내용들로 구성되어 있으며, 두 학년 중 어떤 것을 선택해야 더 효율적인 교수설계를 할 수 있을까? - 90분 수업이면 블록타임제로 하는 것일까? - SNS 활동은 어떤 방식으로 이끌어 낼 것이며 어떠한 요소를 포함해야 자기효능감, 바른 인성을 함양하는 창의적인 설계를 할 수 있을까? - 과학 과목에 포함할 수 있는 SNS 활동은 무엇이 있을까? - 학생들이 친숙하게 사용할 수 있는 SNS는 무엇이 있을까? - 다른 교사들과 어떻게 함께 작업을 해야 하는 것일까? - 반두라 사회학습이론으로 설계된 교수학습계획안을 통해 학생들이 얻을 수 있는 것은 무엇인가? (장점 및 단점) 아이디어 제안 - 중학교 1학년과 3학년 학습자의 특징과 특성을 분석해야 할 것 같다. - 중등 과학교과의 교실 수업은 어떤 방식으로 해야 하는지, 실험실 수업은 어떻게 구성해야 하는지 실사례를 통해 알아봐야 할 것 같다. - SNS 활동은 청소년으로 하여금 간접 폭력에 대해 둔감화를 시키는 경향이 있는데 그런 예는 무엇이 있는지 알아보아야 할 것이다. - 수업 대상에 따라 어떻게 기획안의 차별화를 주어야 하는지 생각해 봐야 한다. - 형제, 자매가 없는 학생이 50%라니까 존중, 배려 등의 인성함양 교육이 필요하다고 생각한다. - 중3 실험은 가속도 실험이 가장 쉬울 것 같다. 어느 정도 머리가 자란 아이들이라 약간 어렵지만 누구나 교과서 위주로 공부하면 해결할 법한 실험을 주면 될 듯하다. - 실험실 수업은 조별로 하는 대신 조원이 많이 있으면 안 될 것 같으며, 실험을 성공했을 때 자신들이 해냈다는 성취감을 가지게 하면 좋을 것 같다. 또한 실험 중간에는 교사가 학생들 스스로 할 수 있게 하거나 최소한의 도움만 주면 좋을 것 같다. >>> 자기효능감 상승 - 과학수업이다 보니 교실수업보다는 실험실 수업이 더 비중 있어야 할 것 같다. - 학생들이 자신의 SNS에 수업 결과를 올리고 같은 반 학생들이 서로서로 칭찬해 주는 댓글을 적는다. >> 인성함양을 키울 수 있다. - 수업이 끝난 후에는 피드백을 주면 좋을 것 같다.
	(학습자) 청소년기의 신체는 성인과 거의 같은 수준으로 성장하지만, 뇌는 덜 발달한 상태이다. 청소년들은 이성을 조절할 수 있는 전두엽이 늦게 발달한다.

사실 (Facts)	때문에 청소년들에게는 정도가 심한 충동성, 공격성 등의 행동이 나타날 수 있다. 전두엽이 덜 발달한 모든 청소년들이 폭행행위를 저지르지는 않기 때문에 청소년들의 폭행행위에는 신체적인 요인 외에도 환경적인 요인이 영향을 끼친다는 의미가 된다. 학생들은 자신의 SNS에 자신의 결과물이 뿌듯하면 그 결과물을 올리는 경향이 있다. 그 요인 중 하나에는 소셜미디어네트워크(SNS)의 발달이 있다. 중학교 1학년 학생과 중학교 3학년 학생은 모두 사춘기에 접어든 학생으로 자신의 생각에 되게 예민하며 주변 환경에 쉽게 영향을 받는다. (교과 내용) 힘 세 가지를 직접 느끼고 이해할 수 있도록 물건을 활용해서 실험을 진행할 수 있다. 운동과 에너지에서 역학적 에너지=위치에너지+운동에너지, 뉴턴의 운동 법칙 중 제일 법칙은 관성의 법칙, 제이 법칙은 힘과 가속도의 법칙, 제삼 법칙은 작용 반작용 법칙이다. 학생들은 인성 중에서도 배려에 대한 교육이 가장 필요하다. 중학생의 집중시간은 길지 않기 때문에 이론은 짧게 하고 다양한 실험과 매체를 활용한 수업을 해야 한다. 학교의 과학 교사 3명이 함께 교사학습공동체를 조직하여 교수학습계획안을 짜서 수업을 지도해야 한다. (SNS 활동) SNS 등 인터넷 매체는 청소년에게 간접 폭력을 둔감하게 하는 경향이 있다. 요즘 학생들이 많이 사용하는 SNS는 페이스북, 인스타그램, 카카오톡, 유튜브 등이 있으며, 모두 게시물에 대한 연령 제한을 엄격하게 하지 않는다. 폭력적이고 잔인한 게임이나 영상, 프로그램을 보면서 나중에 자신도 모르게 비슷한 상황에서 폭력적 언행을 하게 된다. ->> 폭력적 콘텐츠에 노출되다 보면 공격성이 내면화될 수 있다는 것이다. 교육을 통해서 해결하도록 노력해야 한다. (자기효능감 및 인성 함양 요소) 자기효능감은 자신을 믿는 내면적 힘이다. 자기효능감은 반두라가 1977년 창안한 심리학 용어로, 자신이 어떤 일을 성공적으로 수행할 수 있는 능력이 있다고 믿는 마음이다. 수업을 통해 수업내용을 완전히 이해하고 적용할 수 있을 때 자기효능감을 느낄 수 있다. 반두라의 사회학습이론은 '모방학습'을 통해서 이루어진다. 요즘 국·영·수를 가르치는 학원에서도 '자기효능감'을 내세우는 곳이 많다. = 그만큼 자기효능감이 중요하다.

현재 알고 있는 내용들을 학습자, 교과내용, SNS 활동, 자기효능감 및 인성 함양 요소를 중심으로 잘 제시하고 있습니다. 이 네 가지는 모두 핵심 키워드이니까요. 그런데, 알고 있는 사실에 반두라의 사회학습이론도 있지 않을까요?

학습과제 (Learning Issues)	(학습자 분석) - 대상 학습자에 대해 분석한다. : 학생 대부분이 핵가족으로 구성되어 있기 때문에 핵가족은 무엇이며, 어떠한 성격을 가지고 있고 특징은 무엇인지 알아본다. : 중학교 1학년과 3학년의 특성과 특징을 분석하여 교수설계에 참고할 수 있도록 한다. (교과 내용 분석) - 중학교 3학년의 과학 교과 내용인 '운동과 에너지'의 교육과정을 알아본다. - '운동과 에너지' 단원 관련 내용 및 자료 조사 및 결정한다. - 알아본 내용을 토대로 교실 수업과 실험실 수업을 어떻게 구성할 것인지 조사한 후 토의를 통해 정해 본다. - 다양한 실험과 필요한 시청각 매체를 조사해야 한다. - 한 차시로 운영할 것인지 블록타임으로 운영할 것인지 생각해 본다. - 중등 과학의 수준이 어떤지 파악해야 한다. (SNS 활동) - 대한민국 중학생의 SNS 활동 추태를 알아보고 어떠한 활동을 하는지 파악해 본다. 학생들이 SNS를 통해 어떤 정보를 많이 얻는지, 어떤 용도로 사용하는지 등을 알아봐야 한다. - 어떤 방식의 SNS 활동을 계획할 것인지 조사한다. 학생들의 SNS 활동을 포함한 실제 수업설계 찾아보기 SNS 활동과 청소년 간접 폭력 관련 예시 찾아보기 (자기효능감 및 인성 함양 요소) - '운동과 에너지' 실험 중 학생들이 배려를 배우고 발휘할 수 있는 수업을 계획해야 한다. - 자기효능감에 대한 의미와 목적에 대해 알아본다. - 자기효능감을 높일 수 있는 방법은 무엇이 있는지 조사한다. - 자기효능감을 높인 실사례들을 찾아보고 교수설계와 접목할 수 있는 요소들을 정리해 본다. - '인성교육' 지정학교의 의미와 기준 및 목적을 알아본다. - 바른 인성을 함양할 수 있는 요소들은 어떤 것이 있는지 조사해 본다. 과학 실험 중 학생들이 배려를 배우고 발휘할 수 있는 수업을 계획해야 한다. - 인성 함양 교육을 받은 학생들의 전후를 찾아본다.

실천계획 (Action Plan)	▪자료조사 - 반두라의 사회학습이론과 와이너의 귀인이론에 대해 조사해 본다. (블로그와 학습 PPT 및 논문 참고) - SNS를 활용한 수업사례를 조사해 본다. (유튜브 및 riss 논문 활용) - 최근 청소년들이 활발히 사용하고 있는 SNS는 무엇이 있는지 조사해 본다. (앱 스토어 10대 인기순위 목록 조사 및 인터넷 검색) - 중학교 3학년의 특성에 대해 조사해 본다. (riss 논문조사) - 자기효능감에 대한 논문을 찾아보고 높일 수 있는 방안을 찾아본다. (인터넷 및 기사 사례 조사) - '인성교육' 지정학교와 바른 인성 함양 요소에 대해 조사해 본다. (한국교육학술정보원, 한국학술지인용색인, 교육부, 교육청 등) - 교사학습공동체를 조직하여 수업설계를 한 실사례를 조사해 본다. (인터넷 및 논문 조사) - 선택한 중학교 3학년 과학수업인 '운동과 에너지' 관련 내용과 수업사례 조사하기(중학교 과학 교과서 및 인터넷 조사) ▪팀 활동 계획 과학 교과 3학년 내용인 '운동과 에너지' 중 선택함에 따라 어떻게 설계를 하여야 더 효과적인 교수설계를 할 수 있을지 팀원들과 토의를 실시하여 결정한다. - 선택된 교과내용에 맞추어 교실 수업과 실험실 수업방식에 대해 각자 1개 이상 아이디어를 내고, 무엇이 효과적일지 팀원들과 토의해 본다. - 청소년들이 가장 많이 사용하고 있는 SNS는 무엇이며 수업과 연계시킬 SNS 활동 생각해 오기(틱톡이면 그것으로 어떤 활동을 할 것이며, 어떤 교육효과를 낼 것인지) - 자기효능감 및 바른 인성을 함양할 수 있는 요소를 수업과 연계하여 설계하기 * 위 사항들을 각자 탐구한 후 팀원들에게 공유(발표)하여 전체 학습이 되도록 하고, 팀 회의를 통하여 어떤 것이 더 효과적인 교수설계가 될 것인지 토론 후 최종적인 설계 구상하기 - 구상이 되었다면 활동 계획표를 짜고, 각 세부 활동 및 PPT 역할분담을 하여 구체화해 가기 → 11/26일 12:00 Zoom을 활용한 회의 예정 → 지속적인 회의(Webex, Zoom, 카카오톡 등)를 통한 효과적인 교수학습설계안 작성

수업과 관련하여 1. 학습자들을 어떻게 학습에 참여하도록 할 것인가에 대한 전략을 고민하시고, 2. 형성평가 내지는 수행평가 방안 및 기준도 조사해 보기 바랍니다.

지난번처럼 계획대로 회의가 잘 진행되기를 기대합니다.

출처: 이경희(2021). 대진대학교 선진교수법 보고서.

〈그룹 활동지 피드백 예시〉

PBL 2 조별 활동계획서 피드백(3조)

이 란은 문제를 읽고 이 문제에서 무엇을 해결해야 할 것인가에 대한 핵심 인식을 중심으로 한 내용이 제시되어야 합니다. 현재 문제 인식을 잘 하고 있습니다. 주어진 문제 인식과 더불어 조의 구성원들이 이 문제를 보면서 인식한 점을 적어도 좋습니다.

좋은 아이디어들이 많군요. 아이디어들의 많은 부분이 '탄성' 관련 내용이 많군요. 탄성을 찾아보다가 회복탄성력(resilience)을 알게 된 점도 사고의 확장과 이를 통한 지식 습득을 보여주는 것입니다. 탄성과 회복탄력성은 차원이 조금 다른 것이기는 합니다만… 최근의 세계적 재앙 아래 회복탄성력이 매우 중요한 개념으로 떠오르고 있습니다. 심리적 회복탄성력에 대한 것은 관심이 있으면 더 찾아보시기 바랍니다.

현재 알고 있는 내용들을 학습자, 교과내용, SNS 활동, 자기효능감 및 인성 요소를 중심으로 잘 제시하고 있습니다. 이 네 가지는 모두 핵심 키워드입니다… 알고 있는 사실에 반두라의 사회학습이론에 대한 것은 어떤 것이 있을까요? 과학 실험실 수업에 대해서 알고 있는 사실에도 어떤 것이 있을지 한번 생각해 보면 좋을 것 같습니다.

중학교 1학년 과학을 선택하였군요. 수업과 관련하여 1. 학습자들을 어떻게 학습에 참여하도록 할 것인가에 대한 전략을 고민하시고, 2. 형성평가 내지는 수행평가 방안 및 기준도 조사해 보아야 하지 않을까요? 3. 교실 수업과 실험실 수업전략도 서로 다르지요.

이번에는 실천계획에서 주로 담당할 영역에 대한 배분을 하지 않았나요? 물론, 모두들 함께 찾아보고 정리하고 공부하면 더 좋습니다만… 효율성과 효과성을 위해서 서로 담당을 배분할 수도 있습니다. 이럴 경우, 개인에게 주어지는 책무성이 더 크게 다가갈 수 있는 장점도 있습니다. 물론 담당한 것에 대한 내용의 공유는 조원들 모두 해야 합니다. 지난번처럼 계획대로 회의가 잘 진행되기를 기대합니다.

출처: 이경희(2021). 대진대학교 선진교수법 보고서.

④ 자기주도 학습 및 소집단 학습 활동: 소집단 구성원들은 문제에서 요구하는 학습내용을 추론하고, 구성원 각자가 맡은 역할에 따른 자기주도 학습을 하며, 문제해결을 위한 새로운 지식을 적용하거나 집단이나 개인이 생각하는 문제해결계획에 대해서 지속적으로 반추하며, 문제해결을 위해서 새롭게 알게 된 지식을 적용하는 과정을 반복하게 된다. 이 과정에서 소집단 구성원은 실시간 이러닝 수업의 조별 모임에서 논의를 하거나, 자기주도 학습을 하거나, 팀 구성원끼리 별도의 모임을 하거나 혹은 SNS 등을 이용한 상호작용적인 학습활동을 수행한다.

다음의 예시는 실시간 수업에서 교수자가 Webex 상에 소집단별로 미팅방을 개설한 후, 교수자는 호스트로 참가하고, 소집단 구성원들은 미팅방에 참가하여 서로 논의하고 자료를 공유하는 장면이다.

〈자기주도 학습 및 소집단 학습활동 예시〉

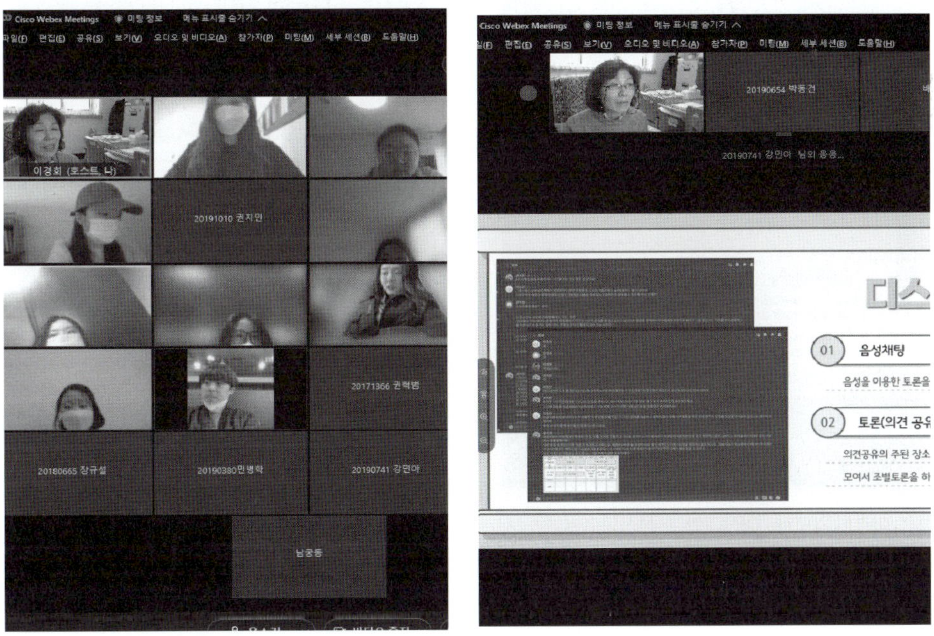

출처: 이경희(2021). 대진대학교 선진교수법 보고서.

⑤ 문제해결안 작성, 문제의 해결안 발표: 소집단 협동학습을 통해서 주어진 PBL 문제에 대한 해결안을 도출하고 수강생 모두가 모인 실시간 온라인 수업에서 소집단별로 해결안을 발표하도록 한다. 이때, 교수자는 소집단 발표 평가표를 준비하여 이러닝 자료실에 탑재하고, 각 소집단이 다른 소집단의 발표 자료에 대해 평가를 하도록 유도할 수 있다. 동료 수강생의 소집단 발표를 평가하게 함으로써 다른 집단의 발표를 경청하게 하는 효과가 있으며, 자신이 속한 소집단과의 차이점이나 벤치마킹할 요소 등을 성찰할 수 있는 기회를 제공할 수 있다.

〈소집단의 PBL 학습활동 결과물 발표 장면 예시〉

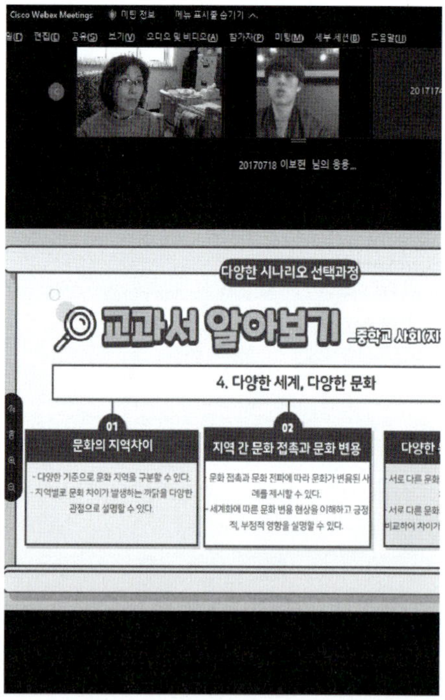

출처: 이경희(2021). 대진대학교 선진교수법 보고서.

〈소집단의 PBL 학습활동 결과물 동료 평가지 유형 예시〉

❒ 평가 조 및 조원: (　)조

❍ 평가 대상 조: (　)조
✰ 전체 합계 점수: (　)점
** 모든 평가항목은 1: 아주 아니다, 3: 보통이다, 5: 아주 그렇다. 5점 척도입니다.

1. 문제해결안 평가: 보고서에 대한 평가

기준	1	2	3	4	5
문제에서 요구하는 사항이 무엇인지 분명히 파악하고 접근하였다.					
문제에 포함된 주요 개념, 절차, 원리 등을 분명히 이해하고 있다.					
문제해결을 위해 자료가 충분히 검토되었다.					
신뢰할 만한 자료를 인용 또는 참고하였다.					
충분한 설명, 세부사항, 적절한 예를 포함하고 있다.					
실천 가능한 해결안을 제시하였다.					
문제에서 요구하는 최종 해결안의 형식에 맞게 작성하였다.					
신뢰할 만한 자료를 인용 또는 참고하였다.					
소계 점수					
합계 점수					

2. 문제해결안 평가: 발표능력에 대한 평가

기준	1	2	3	4	5
발표에 중요한 내용이 충분히 제시되었다.					
발표 내용이 논리적으로 잘 조직되었다.					
발표 자료가 매력적으로 구성되었다.					
발표 내용이 다른 학습자 등이 이해하기 쉽게 제시되었다.					
발표 내용이 다른 학습자의 학습에 도움이 되었다.					

발표자가 내용을 분명하게 전달하였다.					
소계 점수					
합계 점수					

출처: 이경희(2021). 대진대학교 선진교수법 보고서.

⑥ 종합정리 및 요약 강의: 소집단 발표가 끝난 후 교수자의 피드백과 함께 학습자 개인별 성찰 활동이 일어나도록 개인별 성찰일지 양식을 탑재한다. 교수자는 개인별 성찰일지에 대한 피드백을 학습자 개인별로 제시하면서 전체적인 PBL과정을 마무리한다.

〈그룹활동에 대한 개별 성찰 보고서 및 자가진단 체크리스트 유형 예시〉

[PBL 개별 그룹활동 성찰일지 예시]

과정명		조명		이름	
1. 문제해결 과정에서 무엇을 배우고 느꼈는가?					
2. 어떤 과정을 통해 학습했는가?					
3. 학습한 것을 어디에 적용해 볼 수 있는가?					
4. 나와 그룹 구성원들 각각의 역할과 기여 정도는 어떠했는가?					

[PBL 개별 그룹 활동 개별 자가진단 체크리스트 예시]
❐ 이름:
❍ 조명:
✰ 전체 합계 점수: (   )점

** 모든 평가 항목은 1: 아주 아니다, 10: 보통이다, 20: 아주 그렇다 입니다.
1. 그룹 활동에 있어서 본인 활동에 대한 평가

기준	Rate: 1~20 point				
나는 그룹 활동에 적극적으로 참여하였다.					
나는 문제의 해결안을 성공적으로 개발하는 데 공헌하였다.					
나는 다른 사람의 의견을 경청하였다.					
나는 질문을 제기하고 다른 사람의 질문에 대답하였다.					
나는 과제를 지속적으로 수행하였다.					
나는 유용한 정보를 찾아 제공하였다.					
나는 다른 구성원들과 협력하였다.					
나는 긍정적인 의견을 제시하였다.					
나는 리더십을 발휘하였다.					
나는 다른 구성원들을 칭찬하고 격려하였다.					
소계 점수					
합계 점수					

출처: 이경희(2021). 대진대학교 선진교수법 보고서.

6. 이러닝을 이용한 토론학습

토론학습은 어떤 주제에 대해 숙고하여 자신의 생각과 의견을 상대에게 표현하고 다른 사람의 의견을 경청하는 과정을 통해 더 좋은 아이디어와 해결책을 만들어 가는 과정의 학습을 말한다. 토의는 '~에 대한 좋은 방법은 무엇인가'와 '같은 주제에 대한 의견 교환방식'을 말하고, 토론은 '정해진 논제에 대한 찬성과 반대의 입장에서 서로 의견을 주고받는 것'을 말하는데(한국교육학술정보원, 2002), 교육현장에서는 이 두 개념이 혼합하여 쓰이므로 보통 '토론'이라고 하고 있다.

토론학습의 특징은 ① 학습자 스스로의 주도적인 생각과 사고를 촉진하고, 자신의 의견을 상대방에게 논리적으로 이야기함으로써 어떤 주제에 대한 보다 정교한 사고체계를 발달시킬 수 있고, ② 토론을 통해 여러 사람과 의견을 교환함으로써 새로운 정보를 획득할 수 있고 다양한 관점을 접하면서 유연성과 문제해결력을 높일 수 있다. ③ 토론은 민주시민이 갖추어야 할 기본 소양인 사회적 기술과 태도를 함양할 수 있다. 이러닝 수업에서도 토론을 통하여 학습자들이 논리적이며 체계적으로 원활한 의견교환을 유도할 수 있고, 이는 학습과정에서 효과적인 학습결과를 가져올 수 있다.

토론은 특정 주제에 대한 개인의 사고를 바탕으로 이루어지는 대화와 의사소통으로서, 학습자 간, 교수자와 학습자 간 활발한 상호작용이 이루어지는 것을 전제로 하기 때문에 효과적인 토론을 위한 고려사항은 ① 명확한 토론 목적이 있어야 하고, ② 토론 진행과 관련한 사전 준비가 필요하며, ③ 토론에 익숙하지 않은 학습자들을 위한 준비 - 토론의 목적, 방법, 절차 등 - 가 필요하고, ④ 토론결과를 전체적으로 공유하고 정리하는 시간을 가져야 한다.

이러닝에서 토론학습을 진행하기 위해서는 미리 토론공간을 준비하는 것이 필요하며, 네티켓을 지키도록 안내할 필요가 있다. 이러닝에서의 토론은 발표에 대한 두려움이 있거나 불안한 학습자들에게는 오히려 자신의 생각이나 의견을 더 잘 표현할 수 있는 기회를 제공할 수도 있다. 다음은 Google Docs를 이용한 토론을 위한 공간 예시이다.

〈Google Docs를 이용한 토론 공간 예시〉

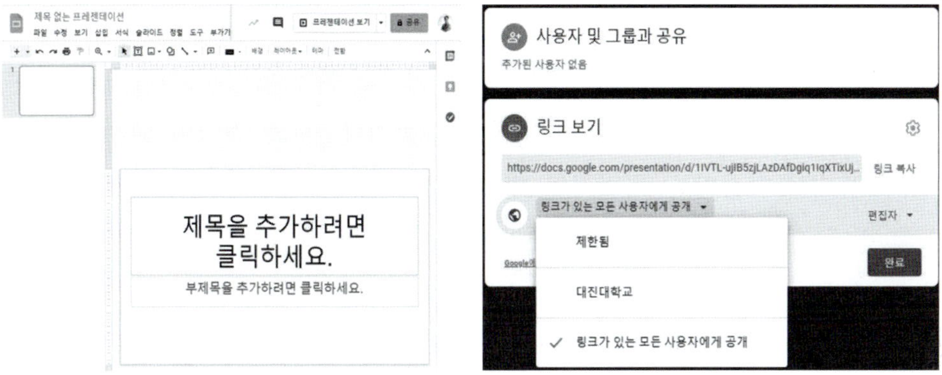

7. 이러닝에서의 콘텐츠 상호작용과 이러닝 운영 유형

이러닝은 교수자와 학습자 간에 실시간·비실시간, 동시적·비동시적 교수학습이 모두 가능하다. 즉, 학습자와 교수자, 학습자와 학습자 간에 다양한 방식으로 쌍방향 교류가 가능하며, 학습자는 수업 중 혹은 수업이 끝난 후에 언제든지 질문을 할 수 있다. 또한, 텍스트를 비롯한 사진·그림·동영상 등 다양한 멀티미디어를 활용한 구체적인 자료의 제공으로 학습자들의 이해를 돕고 있으며, 가상현실(virtual reality), 증강현실(authentic reality), 혼합현실(mixed reality, metaverse) 등의 콘텐츠를 통하여 보다 생생하고 실감할 수 있는 내용들을 구현하고 있다. 이러닝의 모든 프로그램에서 정보통신공학기술을 적용한 실감형 콘텐츠 활용과 동시적인 이러닝 운영이 비용효과적인 측면에서 반드시 좋은 것은 아니다. 오히려, 이러닝 프로그램의 목적과 학습대상, 학습내용, 평가 시스템, 학습자의 이러닝 수용환경 등을 모두 고려하여 가장 적절한 이러닝 운영시스템 선정 및 콘텐츠 제작이 더 필요하다.

Moore & Diehl(2018)은 성인학습 환경에서 대화와 구조의 관계를 '교류거리(Transactional distance)'라고 명명하면서, 이것을 학습자와 교수자가 느끼는 심리적 거리라고 하였다. '구조'는 학습자의 개인적 필요와 요구에 대하여 원격교육이 반응하는 수준이며, '대화'는 원격교육 프로그램에 있어서 학습자와 교수자 간의 상호작용을 가능하게 하는 매체의 수준이다. 교류 간격이 넓은 원격교육 프로그램에서 학습자는 개별적인 대화보다는 구조화된 교육 혹은 표준화된 지도를 받게 된다. 즉, 교수자와 쌍방향 상호작용이 적고, 교수자로부터 지원을 받기 어렵고, 학습자의 책임과 자율성이 보다 더 요구된다. 반면, 교류간격이 좁은 원격교육프로그램에서 학습자는 교수자와 계속적인 대화를 할 수 있고, 학습자의 개인적 요구에 따라 교재도 변화 가능하다.

Moore & Diehl(2018)은 교류거리의 높고 낮음이 어떤 교육 프로그램의 우수성을 판단하는 기준은 아니라고 하였으며, 무조건 교류 간격을 좁히는 것은 바람직하지 않다고 하였다. 오히려, 학습자의 자율성이 최대한 드러날 수 있도록 교류간격이 넓은 상태가 바람직하다고 하였다. 원격교육 프로그램에서 학습자와 교수자의 상호작용을 가능하게 하는 대화의 정도와 질은 매체의 수준에 의존한다.

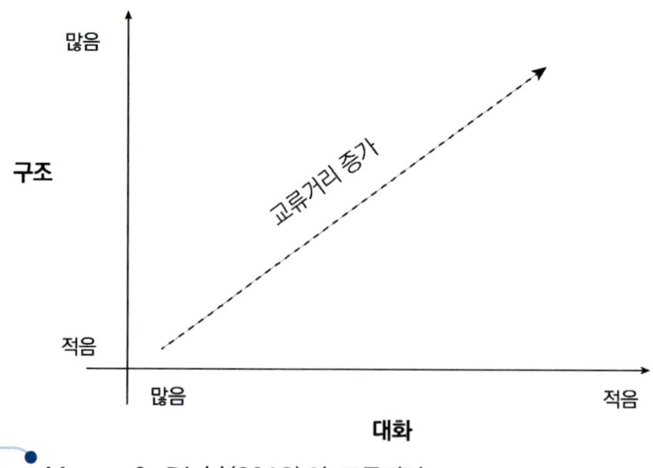

그림 13-2 Moore & Diehl(2018)의 교류거리

이혜정 외(2010)는 '구조화'와 '대인 상호작용'이라는 두 축을 기준으로 이러닝 교수학습 유형을 분류하였다. 연구자들은 콘텐츠 개발 유형을 재사용, 텍스트, 강의녹화(VOD), 멀티미디어 자료, 강의녹화와 멀티미디어 자료의 혼합, WBI, 오디오/비디오 강의, 오디오/비디오 강의와 멀티미디어 자료 등 여덟 가지 유형으로 나누었고, 콘텐츠 유형이 동시 모드로 갈수록 구조의 정도가 높다고 보았다. 이러닝 강좌의 운영방식은 자율학습, 안내된 자율학습, 관리형 상호작용 학습, 학습촉진형 상호작용 학습 등 네 가지 유형으로 분류하고, 학습촉진형 상호작용 학습으로 갈수록 대화, 즉 대인 상호작용이 높다고 하였다. 연구자들은 두 축을 기준으로 한 네 가지 유형의 콘텐츠 개발 유형과 이러닝 강좌 운영을 위한 개념체제를 제시하고, 이러닝 콘텐츠 개발 유형과 이러닝 강좌 운영방식은 강좌의 목적에 따라 달라져야 함을 강조하면서, 이러닝 체제를 체계적으로 조직할 필요성을 강조하였다.

표 13-11 이러닝 콘텐츠 개발 유형

<table>
<tr><th colspan="2">유형</th><th>설명</th></tr>
<tr><td rowspan="2">동시 모드</td><td>비디오/오디오 강의(자료 ○)</td><td>강의자료(WBI, 멀티자료, VOD 등의 강의용 콘텐츠)를 가지고 진행되는 강의</td></tr>
<tr><td>비디오/오디오 강의(자료 ×)</td><td>강의자료(멀티미디어자료) 없이 진행되는 비디오/오디오 강의</td></tr>
<tr><td rowspan="4">비동시 모드</td><td>WBI</td><td>코스개발팀의 지원을 받아 강의콘텐츠를 기획, 설계, 개발함
교수설계자, 웹디자이너, 프로그래머가 참여하여 교수자와 팀을 이루어 코스를 개발함.</td></tr>
<tr><td>강의녹화+멀티자료</td><td>강의녹화를 하면서 전문 프로그래머에 의해 제작된 멀티미디어를 사용함.</td></tr>
<tr><td>멀티자료</td><td>교수자의 강의교안을 웹디자이너, 프로그래머 등의 지원을 받아 콘텐츠로 제작함.</td></tr>
<tr><td>강의녹화</td><td>VOD
오프라인 강의를 그대로 촬영하여 녹화, 편집, 송출함(필요에 따라 교수자가 제작한 강의자료 포함).</td></tr>
</table>

유형		설명
	TEXT	교수자가 직접 제작하는 경우 강의노트, 프레젠테이션용 파워포인트 등이 해당됨.
	재사용	기개발된 콘텐츠를 재사용함.

출처: 이혜정 외(2010). 대학 이러닝 운영을 위한 개념 체제: 구조와 상호작용의 관점에서.

표 13-12 이러닝 강좌 운영 유형별 내용

유형	설명	비용발생 주요인
자율학습 (self free)	학습자가 로그인만 하고 자율적으로 수강함 수강료는 무료 또는 유료	수강관리 비용
안내된 자율학습 (admin)	학사관리등록, 수강, 수료관리	학사관리 비용
관리형 상호작용 학습 (managerial tutorial)	학사관리 + 최소한의 튜터링 (질의응답 수준)	학사관리 비용 최소한의 튜터링 비용
학습촉진형 상호작용 학습 (highly interactive academic tutoring)	학사관리 + 높은 수준의 상호작용(토론 등)	학사관리 비용 높은 수준의 튜터링 비용

출처: 이혜정 외(2010). 대학 이러닝 운영을 위한 개념 체제: 구조와 상호작용의 관점에서.

2022년 현재 우리나라의 사이버대학이 21개교에 이르고, 초·중고등학교뿐만 아니라 성인과 노인 대상의 전 계층을 대상으로 하는 평생교육에서도 이러닝 수업과 오프라인 수업을 혼합하는 Blended learning이 확산되고 있는 시점에서, 이러닝 콘텐츠와 운영 방향은 기관의 목적과 학습자, 학습내용 등 전반적인 요인들을 고려하여 결정되어야 할 것이다.

8. 이러닝과 실감형 콘텐츠

4차 산업혁명으로 미래 교육에는 인간의 창의적 문제해결력, 잠재력을 지원하기 위한 지능정보기술이 적극적으로 활용될 전망이다. 또한, 데이터를 통한 학습자, 학습과정 정보에 기반하여 개인별 맞춤 교육이 가능해질 것이다. 가상현실(virtual reality, VR), 증강현실(authentic reality, AR), 혼합현실(mixed reality, MR; metaverse) 기술은 현실과 가상공간의 융합을 통해 새로운 학습경험을 제공하고 있다.

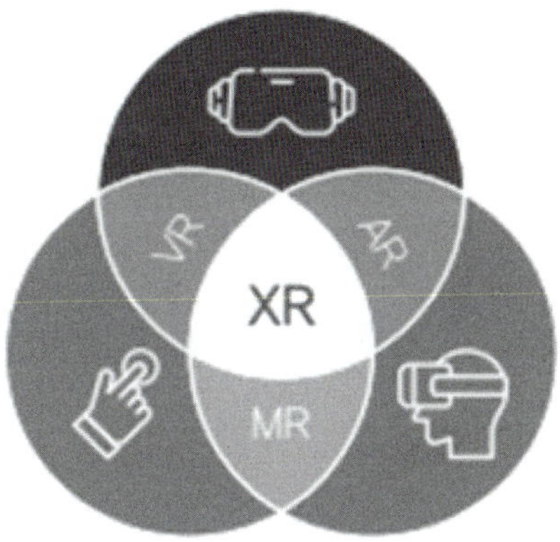

그림 13-3 확장현실(XR)의 개념도

출처: 2020 marketing innovation(2019). How Extended Reality (XR) Will Change The Face of Marketing In 2019.

가상현실(VR)은 실제로 존재하지는 않으나 만들어진 가상의 현실을 제공하는 영상기술이며, 증강현실(AR)은 현실 공간의 특정 장면에서 실제로 존재하지 않는 가상의 이미지를 겹쳐서 보여주는 기술이다. 혼합현실(MR)은 가상현실과 증강현실이 장점을 합친 영상기술이고, 확장현실(eXtended Reality, XR)은 AR, VR,

MR을 포괄하는 의미로 사용하고 있다. AR, VR, MR과 같은 실감형 콘텐츠들은 위험한 상황, 고비용, 고대가성의 상황에서 간접 체험이 가능하여 교육적으로 유용하며, 주의집중, 학습흥미 및 동기, 학습 만족감, 몰입감, 학업성취도 측면에서 효과가 있다(박현린·손은남, 2020; 이영주, 2021 재인용). 최근에는 초, 중등 교육기관뿐만 아니라 평생교육기관에서도 AR, VR 등을 활용하고 있으며, 이러한 콘텐츠들의 비용 효과성 측면이 확인된다면 앞으로 활용도가 증가할 것이다.

한편, 코로나19 팬데믹으로 그동안 교육기관들에서 활발하게 사용하였던 화상회의 수업으로 인해 발생하는 '줌 피로증' 또는 '줌 탈진'이라는 불편을 경험하고 있다(Nadler, 2020). 이에 대한 방안으로, 나 자신을 나타내는 아바타를 만들어서 가상학습 공간에 참여하는 메타버스(Metaverse)의 활용이 확대되고 있다. 아바타는 학습자와 메타버스를 연결하는 대리자의 역할을 한다. 아바타를 사용하면 학습자가 학습내용에 더 쉽게 접근할 수 있을 뿐만 아니라 정서적 상호작용을 위한 긍정적인 기능도 제공한다. 아바타는 사람과 같은 인격성을 가지므로, 학습자들은 아바타와의 상호작용을 통해서 보다 풍부한 학습경험을 할 수 있다는 것이다(Mayer & Estrella, 2014; 류지헌, 2022). 아바타는 메타버스의 가상공간을 이동하면서 활동을 수행하게 되는데, 학습자 자신이 있는 가상공간 자체에 대한 입체적인 지각을 통해 자연스럽게 공간지각을 갖게 되고, 높아진 공간지각은 자신이 활동하고 있는 곳에 대한 물리적인 실재감도 높이게 된다(김주연, 2020).

결국, 메타버스는 공간 이동 및 제스처 등이 가능하므로 학습경험을 조금 더 풍부하게 만드는 환경을 제공할 수 있다. 이런 기능은 앞으로 더욱 확장될 것으로 기대되며, VR(virtual reality)과 MR(mixed reality)을 결합한 XR(extended reality) 기반의 메타버스가 평생교육 분야에도 확장될 것으로 보인다.

탐 구 문 제

1. e-PBL과 e-토론학습에 대해 논의해 봅시다.

2. e-learning의 콘텐츠 유형과 운영 유형을 이야기해 봅시다.

3. e-learning의 교수학습전략을 설명해 봅시다.

참고문헌

가영희·성낙돈·안병환·임성우(2008). **성인학습 및 상담**. 교육과학사.

강규형(2013). **성과를 지배하는 바인더의 힘**. 스타리치북스.

교육공학용어사전 편찬위원회(2005). 교육공학 용어사전.

교육부(2020). 체계적인 원격수업을 위한 운영 기준안 마련. 교육부.

교육부(2020). 코로나 19 감염병 대응을 위한 원격수업 지침. 교육부.

권대봉(1999). **성인교육방법론**. 학지사.

권두승(2000). **성인학습 지도방법의 이론과 실제**. 교육과학사.

권성호(2011). **교육공학의 탐구**. 양서원.

권이종(2006). **평생교육방법론**. 교육과학사.

기영화(2004). **평생교육방법론**. 학지사.

김남선(2001). **평생교육개론**. 형설출판사.

김미정·유영만(2003). **액션러닝과 조직변화**. 교육과학사.

김봉수(1982). **학교와 학급경영**. 형설출판사.

김상무·김수동·김세곤(2021). **미래사회와 교육**. 동문사.

김신일·한승희(2001). **평생교육학**. 교육과학사.

김언주(1971). 인지구조의 개인차에 따른 선행조직자의 효과. **교육학연구**. 한국교육학회.

김언주·구광현(1998). **신교육심리학**. 문음사.

김영찬(1970). **수업형태분석법**. 배영사.

김영환(1998). 교육공학계에 나타난 구성주의에 대한 비판적 탐색. **교육공학연구**.

김용래(2000). **교육심리학**. 문음사.

김용현·정기수(2013). **사회 평생교육방법론**. 양서원.

김정영(2001). 학교조직구성원의 의사소통 실태분석: 부산시내 초등학교 교사중심으로. 경성대학교 교육대학원 석사학위논문.

김종서(1970). **수업형태분석법: 플랜더즈 언어상호작용 분석의 이론과 실제**. 배영사.

김종표(2018). **평생교육방법론**. 양서원.

김종표·이복희(2010). **평생교육방법론**. 양서원.

김주연(2020). 3D MUVE(다중참여자형가상공간)를 활용한 연극 교육. **교육연극학** 12(2), 23-42.

김진화(2005). **평생교육프로그램개발론**. 교육과학사.

김진화(2006). **평생교육방법 및 실천론**. 서현사.

김창걸(2004). **리더십의 이론과 실제**. 박문각.
김태현(1994). **노년학**. 교문사.
나일주·한안나(2002). 학습자, 교수자, 운영자의 e-learning 인식 분석. **교육정보방송연구**, 8(2). 115-134.
대학교육협의회(2015). 대학교원 연수자료집.
류지헌(2022). 온라인 수업 환경 개선을 위한 메타버스의 이해. **교육개발 통권 220**, 14-22.
미래전략정책연구원(2017). 10년 후 4차 산업혁명의 미래. 일상이상.
박노열(1987). **사회교육방법론**. 형설출판사.
박명경(2017). 대학평생교육기관의 관계마케팅전략과 성인학습자의 학습동기, 관계몰입 및 참여지속의도 간의 구조적 분석. 백석대학교기독전문대학원 박사학위논문.
박상훈·김은협·김태우·유미경·양선환(2020). 원격교육 수업실행 방안. **디지털융복합연구**, 18(2), 111-119.
박석규(2000). **교육방법 및 교육공학**. 양서원.
박선미·유미해(2008). 외국어 고등학생과 인문계 고등학생의 자기주도적 사회과 학습 능력의 차이 분석. **교육문화연구 제14-1호**. 135-161.
박성익·왕경수·임철일·박인우·이재경·김미량·임정훈·정현미(2006). **교육공학 탐구의 새 지평**. 교육과학사.
박성희·송영선·나항진·황치석·문정수·박미숙(2013). **평생교육방법론**. 학지사.
백영균(1998). "교육매체의 활용과 교수방법의 개선", 1998년 2월 17일 한국교원대학의 교수연수세미나의 강의 자료.
박영숙(2010). **2020 미래교육보고서**. 경향미디어.
배석영·박성희·박경호·황치석(2013). **평생교육론**. 양서원.
변경화(1985). Edgar Dale의 삼각교육 이론에 대한 연구: '경험의 원추'를 중심으로, 이화여자대학교 교육대학원 석사학위 논문.
변영계(1984). **학습지도**. 배영사.
변영계(2003). **교수·학습이론의 이해**. 학지사.
변영계(2020). **교수·학습이론의 이해**(개정판). 학지사.
변영계·김영환·손미(2005). **교육방법 및 교육공학**. 학지사.
서울대학교 교육연구소(1994). **교육학용어사전**. 하우.
성낙돈·가영희·안병환·임성우(2010). **평생교육학개론**. 청목출판사.
성낙돈·가영희·조현구(2013). **평생교육방법론**. 동문사.
소경희(2007). 학교교육의 맥락에서 본 "역량(competency)"의 의미와 교육과정적 함의. **교육과정연구**, 25(3). 1-21.
송인섭(2006). **자기주도 학습**. 학지사.

송철범(2011). **액션러닝 코치 입문**. 북코리아.

신미식(2019). 제4차 산업혁명시대의 한국 평생교육. **한국동북아논총**, 24(1), 145-163.

신용주(2005). 조직내 여성 멘토링 제도의 도입을 위한 연구: 장애극복 및 실천 전략을 중심으로. *Andragogy Today: International Journal of Adult & Continuing Education, 8*(3), 111-141.

신용주(2006). **평생교육의 이론과 방법**. 형설출판사.

신호영(2019). 이러닝 학습자들의 이러닝 이용동기 및 이용의도에 관한 탐색적 연구. **한국융합학회논문지**, 10(7), 225-233.

안종배(2017). 4차 산업혁명에서의 교육 패러다임의 변화. **미디어와 교육**. 7(1), 21-34.

양명희·황정규(2002). LISREL을 이용한 자기조절학습의 개념화 연구. **교육심리연구**, 16(2), 259-290. 감동학습플랜.

양애경(2010). **감동학습플랜**. 동문사.

염명숙·조은순(2010). **원격교육론**. 양서원

염명숙·조은순(2010). **(인터넷 세대를 위한) 원격교육활용론**. 남두도서.

월간 인재경영 편집부(2019). **4차 산업혁명과 인재경영**. 온크.

유동수(2000). **감수성훈련**. 학지사.

유승우·임형택·권충훈·이성주·이순덕·전희정(2013). **교육방법 및 교육공학**. 양서원.

유영만(1995). **지식경제시대의 학습조직**. 고도 컨설팅 출판사.

유왕효(1978). 플랜더즈의 언어상호작용 분석법을 적용한 유치원 담화시간 실태분석. 중앙대학교 대학원 석사학위논문.

이경희(2021). 대진대학교 2021학년도 2학기 선진교수법 보고서.

이동주·임철일·임정훈(2019). **원격교육론**. 한국방송통신대학교 출판문화원.

이명순(2009). PBL과 GBS의 학습효과 비교연구: 고등학교 환경교육 사례를 중심으로. 경희대학교 박사학위논문.

이미나·노경주·이해주(2005). **사회교육방법론**. 한국방송대학교 출판부.

이병석·박완성(2006). **실기교육방법론**. 학지사.

이성흠·이준·구양미·이경순(2017). **교육방법 및 교육공학**. 교육과학사.

이신동·조형정·장선영·정종원(2012). **알기쉬운 교육방법 및 교육공학**. 양서원.

이영덕(1990). **교육의 과정**. 배영사.

이영주(2021). **뉴노멀 시대의 이러닝과 원격교육**. 학지사.

이용길(2020). 포스트 코로나 시대의 교육에 대한 사유(思惟). **월간 공공정책**, 178, 26-29.

이용남·강만철·김계현·방신욱·송인섭·이신동·이재신·최진승(1999). **신교육심리학**. 학지사.

이원호(2002). **그림과 사진으로 보는 교육의 역사**. 문음사.
이장호·강숙정(2011). **집단상담의 기초: 원리와 실제**. 박영사.
이재원(2021). **나의 첫 메타버스 수업**. 메이트북스.
이진구(2021). 비대면 교육과 New 인재육성 전략. **인사관리** 4월호.
이혜정(2004). 웹기반 교육의 이론적 논의에 관한 새로운 관점: Moore의 개념을 넘어서. **교육학연구**, 42(1), 137-168.
이혜정·최경애·김세리·홍성연·홍영일(2010). 대학 이러닝 운영을 위한 개념체제: 구조와 상화작용의 관점에서. **아시아교육연구**, 11(2), 297-326.
이홍우(1988). **지식의 구조**. 교육과학사.
이화여자대학교 교육공학과(1997). **교육방법 및 교육공학**. 교육과학사.
이화여자대학교 교육공학과(2005). **21세기 교육방법 및 교육공학**(개정판). 교육과학사.
이효영(2021). 4차 산업혁명 시대에 따른 평생교육 프로그램 개발 방향. **인문사회 21., 제9권** 4호. 1423-1438.
장인협·최성재(2002). **노인복지학**. 서울대학교출판사.
전국재·우영숙(2009). **집단상담의 놀이와 프로그램**. 시그마프레스.
전선영(2012). 성인학습자의 학습자특성과 교육기관특성이 평생교육 참여성과에 미치는 영향: 참여동기 및 학습만족수준의 매개효과. 동아대학교 대학원 박사학위논문.
정종진(1995). 자기 규제 학습방략 훈련이 수학교과에 대한 아동의 자기효능감과 학업성취에 미치는 효과. **대구교육대학교 논문 30**.
정지웅·김지자(2000). **사회교육학개론**. 서울대학교 출판부.
정희선(2001). 여성관리자의 커리어개발과 멘토링. 한국중소기업학회.
조성일·김숙의·신재흡·최혜영·김희인(2004). **교육방법과 교육공학**. 동문사.
조용하(1993). **연수와 교육훈련에 있어서 성인지도의 방법**. 교육과학사.
조은순·염명숙·김현진(2018). **원격교육론**. 양서원
조인숙(1990). Flanders 언어모형에 의한 교사-아동의 언어적 상호작용분석. 중앙대학교 교육대학원 석사학위논문.
조일현(2002). GBS를 활용한 교수설계 모델의 개발/적용사례. **산업교육**, 2~4월.
조일현·임규연(2002). GBS 설계모델을 적용한 기업 e-learning 학습환경에서 학습성과에 영향을 미치는 요인. **교육공학연구**, 18(4), 79-110.
조진일·이상민·최형주·홍선주·계보경·박관수·강혁진(2020). **미래형 학교시설 기준 및 자동 산정 스페이스 프로그램 개발 연구**, 한국교육개발원 연구보고 RR2020-26.
조진일·최형주·홍선주·안태연·김제형·송영석(2019). **미래형 학교시설 기준 및 자동 산정 스페이스 프로그램 개발 연구**, 한국교육개발원 연구보고 RR2019-13.
진미석·손유미(2007). **21세기 국가전략: 일자리 창출 · 인적자원개발, 학습곡선의 혁명**.

한국직업능력개발원.

차갑부(1999). **사회교육방법의 탐구**. 양서원.

차갑부(2002). **성인교육사회학**. 양서원.

차갑부(2009). **텔리아고지**. 교육과학사.

최병권(2003). 멘토링제도 어떻게 운영해야 하나? LG주간경제, 716(2003.2.26.).

최연구(2020). 미래의 학교는 어떤 모습일까? 교육부 4차 산업혁명시대 미래교육 칼럼 제4편, https://post. naver.com/ viewer/postView.nhn?volumeNo=27809013&memberNo=15194331, 검색일 2020.6.18.

최정임 · 장경원(2015). **PBL로 수업하기**. 학지사.

최종연(2001). 뉴이코노미 시대의 'e-Learning' 시스템. 아더 앤더슨 코리아. 해외 선진기업의 인사시스템. **인사관리** 2001. 3.

한국교육개발원(1990). **대화와 토의: 우리 교실에서는 불가능한가? -대화 토의 능력향상을 위한 수업 모형**. 연구보고서.

한국교육학술정보원(2002). **에듀넷과 함께 하는 온라인 토론학습**. 한국교육학술정보원.

한국교육학회 사회교육연구회(1991). **사회교육학사설**. 교육과학사.

한정란(2001). **교육노년학**. 학지사.

허운나(1993). **산업교육 요구분석: ISD모델을 중심으로**. 배영사.

홍유진 · 김양은(2013). 미디어 리터러시(Literacy) 국내외 동향 및 정책방향. **코가포커스, 67**. 한국콘텐츠진흥원.

홍희경(2021). 메타버스의 교육적 적용을 위한 탐색적 연구. **문화와 융합 제43권 9호**. 1-23.

황정규 · 이돈희 · 김신일(2003). **교육학개론**. 교육과학사.

三浦清一郎(1982). 成人の發達と生涯學習. 東京: きょうせい.

Andrews, D. H., & Goodson, L. A. (1980). A comparative analysis of models of instructional design. *Journal of Instructional Development, 3*(4), 2-16.

Andrews, J. D. W. (1984). Discovery and expository learning compared: Their effects on independent and dependent students. *Journal of Educational Research, 78,* 80-89.

Apps, J. W. (1991). *Mastering the teaching of adults*. Kreiger Publishing, Malabar, FL.

Apps, J. W. (1994). *Leadership for the emerging age: Transforming practice in adult and continuing education*, The Jossey-Bass Higher and Adult Education Series.

Atkinson, J. W. (1950). *Studies in projective measurement of achievement motivation*. University of Michigan Microfilms.

Atkinson, J. W. (1983). *Personality, motivation, and action: Selected papers*. Centennial Psychology Series. New York: Praeger.

Ausubel, D. P. (1960). The use of advance organizers in the learning and retention of meaningful verbal material. *Journal of Educational Psychology, 51*, 267-272.

Ausubel, D. P. (1963). *The psychology of meaningful verbal learning*. New York: Grune & Stratton.

Ausubel, D. P. (1977). The facilitation of meaningful verbal learning in the classroom. *Educational Psychology, 12*, 162-178.

Ausubel, D. P. (2000). *The acquisition and retention of knowledge: A cognitive view*. Dordrect; Boston: Kluwer Academic Publishers.

Baker, R., & Schutz, R. (1971). *Instructional product development*. New York: Van Nostrand Reinhold. 36.

Banathy, B. (1968). *Instructional systems*. Palo Alto, California: Fearon Publishers.

Bandura, A. (1978). The self system in reciprocal determinism. *American Psychologist, 33*, 344-358.

Bandura, A. (1986). *Social foundations of thought and actions: A social cognitive theory*. Englewood cliffs, NJ: Prentice-Hall.

Bank, A., Henerson, M., & Eu, L. (1981). *A practical guide to program planning: A teaching models approach*. New York: Teachers College, Columbia University.

Baringer, D. K., McCroskey, J. C. (2000). Immediacy in the classroom: Student immediacy. *Communication-Education, 49*, 178-186.

Bates, T. W. (2019). *Teaching in a digital age(2nd ed.)*. Vancouver, BC: Tony Bates Associates Ltd.

Bee, H. L. (1996). *The journey of adulthood(3rd ed)*. Englewood Cliffs, NJ: Prentice Hall.

Belsky, J. (1984). The determinants of parenting: A Process Model. *Child Development, 55*(1), 83-96.

Berlo, D. K. (1960). *The process of communication: An introduction to theory and practice*. N.Y: Holt, Rinehart & Winston.

Bloom, B. S. (1971). *Individual difference in school achievement*. Education at chicago. University of Chicago.

Bloom, B. S. (1980). *All our children learning*. New York: McGraw-Hill.

Bowers, D. G., & Seashore, S. E. (1966). Predicting organizational effectiveness with a four-factor theory of leadership. *Administrative Science Quarterly*.

Boyle, P. G. (1981). *Planning better programs*. New York: McGraw-Hill.

Briggs, L. J., Gustafson, K. L., & Tillman, M. H. (Eds.). (1991). *Instructional design: Principles and applications(2nd ed.)*. Englewood Cliffs, New Jersey: Educational Technology Publications. Eggesngle wood Cliffs, NJ.

Briggs, L. (1970). *Handbook of procedures for the design of instruction*. Pittsburgh, PA: American Institutes for Research.

Brockett, R. (1983). Facilitator roles and skills. *Lifelong Learning: The Adult Years, 6*(5), 7-9. 115.

Brookfield, S. D. (1987). *Developing critical thinkers: Challenging adult to explore altermative ways of thinking and acting*. San Francisco: Jossey-Bass.

Brookfield, S. D. (1988). Ethnical dilemmas in evaluating educational programs. In R. G. Brockett (ed.), *Ethical issues in adult Education*. New York: Teachers College Press.

Bruncr, J. S. (1960). *The process of education*. Cambridge, Mass.: Harvard University Press.

Bruner, J. S. (1966). *Toward a theory of instruction*. Cambridge, Mass.: Belkapp Press.

Burns, R. (1981). *Development education and disarmament education*. Prospects, Vol. XI. No.2.

Butler, K. A. (1984, 1987). *Learning and teaching style in theory and practice*. Columbia, CT: The Learner's Dimension.

Butler, K. A. (1995). *Learning styles personal exploration and practical applications, an inquiry guide for students*. Columbia, CT: The Learner's Dimension.

Caffarella, R. (1994). *Planning programs for adult learners*. San Francisco: Jossey-Bass.

Campbell, R., & Monson, D. (1994). Building a goalbased scenario learning environment. *Educational Technology, 34*(9), 9-14.

Carroll, J. B. (1963). A model of school learning. *Teachers College Records*, 723-733.

Carroll, J. B. (1989). The carroll model: A 25-year retrospective and prospective view. *Educational Researcher, 18*(1) 26-31.

Cattell, R. B. (1963). The of fluid and crystallized intelligence: A critical approach. *Journal of Education Psychology, 54*(1).

Cattcll, R., & Horn, J. (1978). A check on the theory of fluid and crystallized intelligence with description of new subtest designs. *Journal of Educational*

Measurement, 15, 139-164.

Chesler, M., & Fox, R. (1966). *Role-playing methods in the classroom.* Science Research Associates, Inc., Chicago, IL.

Christophel, D. M. (1990). The relationships among teacher immediacy behaviors, student motivation, and learning. *Communication Education, 39*, 323-340.

Clark, R. E., & Salomon, G. (1986). Media in teaching. In M. Wittrock (ed.), *Handbook of research on teaching(3rd ed.)*. New York: Macmillan.

Clark, R. E., & Sugrue, B. (1995). Research on instructional media, 1978-1988. In G. Anglin (ed.), *Instructional Technology: Past, Present, and Future*. CO: Libraries Unlimited, Inc.

Coldway, D. O. (1988). Methodological issues in distance education research. *American Journal Distance Education, 5*(2), 45-54.

Collins, A. (1991). Cognitive apprenticeship and instructional technology. In L. Idol & BF Jones (Eds.), *Educational values and cognitive instruction: Implications for reform*, 119-136.

Collins, A., Brown, J. S., & Holum, A. (1991). Cognitive apprenticeship: Making thinking visible. *American Educator*, Winter, 6-46.

Cooley, C. H. (1902). *Human nature and the social order*. Scribner, New York.

Cranton, P. (1989). *Planning instruction for adult learners*. Toronto: Wall & Thompson.

Cranton, P., & Weston, C. B. (1989). Considering the adultness. In Carton, P. (1989), *Planning instruction for adult learners*. Toronto: Wall & Thompson.

Cross, K. P. (1996). *Classroom research: Implementing the scholarship of teaching.* San Francisco: Jossey-Bass.

Cross, K. P. (1999). What do we know about students' learning, and how do we know it? *Innovative Higher Education, 23*, 255-270.

Cruickshank, D., Bainer, D., & Metcalf, K. (1995). *The act of teaching.* NY: Mcgraw-Hill.

Dale, E. (1946). *Audio-visual methods in teaching*. New York: Dryden Press.

Dale, E. (1969). *Audio-visual methods in teaching, revised edition*. New York: A Holt-Dryden Book, Henry Holt and Company.

Dave, R. H. (1976). *Foundations of lifelong education*. UNESCO Institute for Education.

Dave, R. H. (1977). *Lifelong education and school curriculum UIE monograph 1.* Hamburg: UNESCO Institute for Education.

Davies, C., Coleman, J., & Livingstone, S. (2016). Digital technologies in the lives of young people.

http://www.routledge.com. retrieved from https://www.researchga.net/publication/298975102_Digital_technologies_in_the_lives_of_young_people

Davis, I. K. (1981). *Instructional technique*. New York: McGraw-Hill. Book co.

Dewey, J. (1938). *Logic: the theory of inquiry*. New York: Holt and Co.

Dewey, J. (1993). *How we think: A restatement of the relation of reflective thinking to the educative process*. Boston: Houghton Mifflin Company.

Dick, W. & Cary, L. (1990). *The systematic design of instruction*, Third Edition, Harper Collins.

Driscoll, M. (1998). *Web-based training*. San Francisco: Jossety-Bass Pfeiffer.

EAVI(European Association for Viewers Interests)(2009). *Study on Assessment Criteria for Media Literacy Levels*, http://www.eavi.eu/joomla/what-we-do/researchpublications/70-study-on-assessment-levels-of-ml-in-europe

Eisner, E. W. (1990). Creative curriculum development and practice. *Journal of Curriculum and Supervision, 6*(1), 62-73.

European Commission(Nov. 2001). Communication from commission: Making a european area of lifelong learning a reality. Brussels, 21.11.01 Com(2001) 678 Final.

European Commission(Nov. 2001). Making a European Area of Lifelong Learning a Reality. Brussels, Com(2001) 428 Final.

Falloon, G. (2011). Making the connection: Moore's theory of transactional distance and its relevance to the use of a virtual classroom in postgraduate online teacher education. *Journal of Research on Technology in Education, 43*(3), 187-209.

Flanders N. A. (1960). *Teacher influence, pupil attitudes, and achievement* (Cooperative Research Project No. 397). Minneapolis: University of Minnesota.

Freire, P. (1971). *Pedagogy of the oppressed.* New York: Herder & Herder.

Freire, P. (1976). *Education, the practice of freedom*. London: Writers and Readers Publishing Cooperative.

Freire, P. (2000). *Pedagogy of the oppressed* (20th anniversary ed.). New York.

Gagné, R. M. (1965). The Conditions of learning holt, Rinehart and Winston.

Gagné, R. M., & Briggs, L. J. (1974). *The principles of instructional design(1st ed.).* New York, NY: Holt.

Gagné, R. M. (ed), (1987). *Instructional technology: foundations*. Hillsdale, NJ, Lawrence Erlbaum and Associates.

Gagné, R. M., Briggs, L. J., & Wager, W. W. (1992). *Principles of instructional design(4th Ed.)*. New York: Holt, Rinehart and Winston.

Garrison, D. R. & Anderson, T. (2003). *E-learning in the 21st century: A framework for research and practice.* NY: Routledge Farmer.

Gerlach, V. S., & Ely, D. P. (1980). *Teaching and media: A systematic approach(2nd ed.)*. Englewood Cliffs, New Jersey: Prentice-Hall Incorporated.

Glaser, R. (1962). Psychology and instructional technology. In R. Glaser (ed), *Training research and education*. University of Pittsburgh Press.

Greenfield, P. (1984). *Mind and media: The effects of television. video games and computers*. Cambridge, MA: Harvard University Press.

Griffin, C. (1998). Public rhetoric and public policy: Analysing the difference for lifelong learning. In Holfold, J., Jarvis, P. and Giffin, C. (Eds.), *International Perspectives on Lifelong Education*. London: Kogan Page Limited.

Gustafson, K. L. (1981). *Survey of instructional development models*. Syracuse University: ERIC Clearinghouse on Information Resources. (IR-81)

Gustafson, K., & Branch, R. (1997). Revisioning models of instructional development. *Educational Technology Research and Development. 45*(3), 73-89.

Hannum, W. H., & Briggs, L. J. (1982). How does instructional systems design differ from traditional instruction. *Educational Technology, 22*(1), 9-14.

Havighurst, R. J. (1972). *Development tasks and education.* New York: David McKay.

Heinich, R., Molenda, M., & Russell, J. D. (1989a). *Instructional media.* Macmillan Publishing Company.

Heinich, R., Molenda, M. & Russell, J. D. (1989b). *Instructional media and the new technologies of instruction.* New York: Macmillan.

Hoban, C. F., Hoban, C. F. Jr., & Zisman, S. B. (1937). Why visual aids in teaching. In *Visualizing the curriculum* (3-26). New York: The Cordon Company.

Horizon Report(2020). https://library.educause.du/resources/2020/3/2020-educause-horizon-report-teaching-and-learning-edition

Horn, J. L. (1965). *Fluid and crystallized intelligence: A factor analytic and developmental study of the structure among primary mental abilities.* Unpublished doctoral dissertation, University of Illinois, Champaign.

Horn, J. L., & Cattell, R. B. (1966). Refinement and test of the theory of fluid and crystallized general intelligences. *Journal of Educational Psychology*, *57*(5), 253-270.

Horton, W. (2001). *Leading e-learning.* VA: Association for Talent Development.

Houle, C. (1961). *Inquiring mind.* Madison: University of Wisconsin press.

Jacobsen, D. (1985). *Methods for teaching: A skills approach.* C. E. Merrill Pub. Co., Columbus.

Jarvis, P. (1991). *Adult education and lifelong learning: Theory and practice.* New York: Routledge Falmer.

Jarvis, P. (1995). *Adult and Continuing Education: Theory and practice(2nd ed.).* London, NY: Routledge.

Johnston, J. (1987). *Electronic learning: From audiotape to videodisk.* Hillsdale, NJ: Erlbaum.

Jonassen, D. H. (1999). Design constructivist learning environments. In C. M. Reigeluth(Ed.), *Instructional design theories and models: Vol.2, a new paradigm of instructional theory(2nd ed,* pp. 215-239). Mahwah, NJ: Lawrence Erlbaum Associates.

Keegan, D. (1986). *The foundations of distance education.* Beckenham, Kent, UK: Croom Helm.

Keegan, D. (1996). *Foundation of distance education(3rd ed.).* London: Routledge.

Keller, J. M. (1979). Motivation and instructional design: A theoretical perspective. *Journal of Instructional Development, 2*(4), 26-34.

Keller, J. M. (1987a). Development and use of the ARCS model of instructional design. *Journal of Instructional Development, 10*(3), 2-10.

Keller, J. M. (1987b). Strategies for stimulating the motivation to learn. *Performance & Instruction, 26*(8), 1-7.

Keller, J. M. (1987c). The systematic process of motivational design. *Performance & Instruction, 26*(9-10), 1-8.

Kemp, J. (1997). *Instructional design: A plan for unit and course development.* Belmont, CA: Fearon Pub.

Khan, B. H. (1997). Web-Based Instruction: What Is It and Why Is It. In Khan, B. H.(Ed.), *Web-Based Instruction,* (pp. 5-18). NJ: Educational Technology Publications.

Kirkpatrick, D. L. (1994). *Evaluating training programs: The four levels.* San Francisco: Jossey-Bass.

Klauss, R. (1981). Formalized mentor relationships for management and executive development programs in the federal government. *Public Administration Review, 41,* 489 496.

Knowles, M. S. (1968). Andragogy, not pedagogy. *Adult Leadership, 16*(10), 350-

352, 386.

Knowles, M. S. (1973). *The adult learner: A neglected species*. Houston: Gulf Publishing Company. Revised Edition 1990.

Knowles, M. S. (1975). *Self-directed learning: A guide for learners and teachers*. Englewood Cliffs: Prentice Hall/Cambridge.

Knowles, M. S. (1977). *The adult education movement in the United States*. Malabar, FL: Krieger.

Knowles, M. S. (1980). *The modern practice of adult education: From pedagogy to andragogy(2nd ed.)*. New York: Cambridge Books.

Knowles, M. S. (1989). *The making of an adult educator: An autobiographical journey*. San Francisco: Jossey-Bass.

Knowles, M. S., & Knowles, H. F. (1959). *Introduction to group dynamics*. Chicago: Association Press. Revised edition, New York: CambridgeBooks.

Knox, A. B. (1980). Proficiency theory of adult learning. *Contemporary Educational Psychology*, 378-404.

Kolb, D. A. (1984). *Experiential learning-experience as the source of learning and development*. New Jorsey: Prentice Hall P T R Prentice-Hall, INC. A Simon & Schuster Company.

Kozma, R. B. (1994). Will media influence learning? Reframing the debate. *Educational Technology Research & Development, 42*(2), 7-19.

Kram, K. E. (1983). Phases of mentor relationship. *Academy of Management Journal*, 26, 608-625.

Kram, K. E. (1985). *Mentoring at work: Developmental relationships in organizational life*. Glenview: Scott, Foreman and Company.

Kreitlow, B. W. (1972). *Evaluating the influence of change agent teams on the order of change processes of school systems: A test of the model for educational improvement*. Wisconsin Research and Development Center, University of Wisconsin, Madison, Wisconsin. February, 1972.

Kreitlow, B. W., & MacNeil, T. (1969). *An evaluation of the model for educational improvement as an analytical tool for describing the change process*. Wisconsin Research and Development Center, University of Wisconsin, Madison, Wisconsin. March, 1969.

Labouvie-Vief, G. (1990). Modes of knowledge and the organization of development. In M. L. Commons, C. Armon, L. Kohlberg, F. A. Richards, T. A. Grotzer, & J. D. Sinnott (Eds.), *Adult development, Volume 2: Models and methods in the study of adolescent and adult thought* (pp. 43-62). New York:

Praeger.

Labouvie-Vief, G. (1992). *A* neo-piagetian perspective on adult cognitive development. In R. J. Sternberg & C.A. Berg (Eds.), *Intellectual development*. New York: Cambridge University Press.

Langrand, P. (1970). *Introduction to life-long education*. Paris: UNESCO.

Lawson, K. (1997). *Improving workplace performance through coaching*. West Des Moines, IA: American Media Publishing.

Lee, W. W., & Owens, D. L. (2000). *Multimedia-based instructional design: Computer-based training, web-based training, and distance learning.* CA: Jossety-Bass Pfeiffer.

Lenz, E. (1982). *The arts of teaching adults*. New York: Holt, Rinehart.

Levit, G., & J, H. (1955). Learning through role playing. In *How to use role playing.* Chicago: Adult Education Association.

Lewin, K., Lippitt, R., White, R. K. (1939). Patterns of aggressive behavior in experimentally created social climates. *Journal of Social Psychology 10*: 271-301.

Lindeman, E. C. (1926). *The meaning of adult education.* New York: New Republic. Republished in a new edition in 1989 by The Oklahoma Research Center for Continuing Professional and Higher Education.

Long, H. B. (1996). Self-directed learning: Challenges and opportunities. In C. K. Cheong & J. J. Cheong (Ed.), *Challenges of self-directed learning in Asia and the Pacific*. Seoul: Wonmisa.

Mager, R. F. (1962). *Preparing instructional objectives*. Palo Alto, CA: Feron.

Mager, R. F. (1997). *Preparing instructional objectives: A critical tool in the development of effective instruction(3rd Edition)*. Atlanta, GA: CEP Press.

Marquardt, M. J. (1999a). *The power of action learning in action.* STADA Annual 1999, 29-36.

Marquardt, M. J. (1999b). *Action learning in action: Transforming problems and people for world-class organizational learning*. Palo Alto: Davies-Black Press. 봉현철, 김종근 역(2000). 액션러닝. 21세기북스.

Marquardt, M. J. (2000). Action learning and leadership. *The Learning Organization* 7(5), 233-240.

Marquardt, M. J. (2004). Optimizing the Power of Action Learning. 이태복 역 (2004). 액션러닝의 힘. 패러다임컨설팅.

Masterman, L. (1985). *Teaching the media.* London: Comedia.

Mayer, R. E. (1999). Design instruction for constructivist learning. In C. M.

Reigeluth (Ed.), *Instructional design theories and models: Vol.2, a new paradigm of instructional theory*(*2nd ed.*, pp. 141-159). Mahwah, NJ: Lawrence Erlbaum Associates.

Mayer, R. E., & Estrella, G. (2014). Benefits of emotional design in multimedia instruction. *Learning and Instruction, 33*, 12-18.

McClelland, D. (1953). *The achievement motive*. New York: Appleton-Century-Crofts.

Mehrabian, A. (1981). *Silent messages: Implicit communication of emotions and attitudes*(*2nd ed.*). Belmont, CA: Wadsworth.

Mehrotra C. M., Hollister. C. D., & McGahey, L. (2001). *Distance education: A quality assurance approach.* NY: Routledge Farmer.

Merriam, S. B., & Brockett, R. G. (1997). *The profession and practice of adult education*. San Francisco: Jossey-Bass Publishers.

Mezirow, J. (1978). *Education for perspective transformation: Woman's reentry programs in community college*. NY: Teachers college, columbia university.

Mezirow, J. (1985). A critical theory of self-directed learning. In Brookfield, S. (ed)(1985), *Self-Directed Learning: From Theory to Practice.* New Directions for Continuing Education No. 25. San Francisco: Jossey-Bass, (ERIC No. EJ 313 257).

Mezirow, J. (1995). Transformation theory of adult learning. In M. R. Welton (ed.), *In defense of the lifeworld*. New York: SUNNY.

Moore, M. G. (1997). Theory of transactional distance. In D. Keegan (Ed.), *Theoretical principles of distance education* (pp. 22-38). New York: Routledge.

Moore, M. G., & Diehl, C. (2018). *Handbook of distance education*(*4th ed.*). NY: Routledge.

Morris, R. M., Mitchell, N., & Bell, M. (1999). Student use of computer mediated communication in an open university level 1 course: Academic or social? *Journal of Interactive Media in Education, 99*(2), 1-23.

Morstain, B. R., & Smart, J. C. (1974). Reasons for participation in adult education courses: A multivariate analysis of group differences. *Adult Education, 24*(2), 83-98.

Nadler, D. A. (1989). *Organizational architectures for the corporation of the future*. Benchmark, Fall: 12-13.

Nadler, L., & Nadler, Z. (1989). *Developing human resources*(*3rd Edn*). Jossey-Bass, San Francisco/London, ISBN 1-55543-155-5.

Nadler, R. (2020) Understanding "Zoom fatigue": Theorizing spatial dynamics as third skins in computer-mediated communication. *Computers and Composition, 58*, 102613. doi:https://doi.org/10.1016/j.compcom.2020.102613.

OECD(2016). *Progress report on the draft OECD Education 2030 conceptual framework*(2016)(제 3차 비공식 작업반 회의자료: EDU/EDPC(2016)(6).

Osborn, A. F. (1953) *Applied imagination: Principles and procedures of creative thinking*. New York: Scribne.

Penland, P. R. (1978). *Self planned learning in America*. ERIC Document Reproduction Service No. ED 152.

Penland, P. (1979). Self-initiated learning. *Adult Education, 29*, 170-179.

Perry, W. G. (1981). Cognitive and ethical growth: The making of meaning. In A. W. Chickering & Assoc. (Eds.), *The modern american college* (pp. 76-116). San Francisco: Jossey-Bass.

Phillps, J. (1991). *Handbook of training evaluation and measurement method.* Houston, London, Paris, Zurich, Tokyo: Gulf publishing company.

Reiser, R. A., & Gagné, R. M. (1983). *Selecting media for instruction.* NJ: Educational Technology Publications, Englewood Cliffs.

Rogers, C. R. (1951). *Client-centered therapy: Its current practice, implications and theory*. Boston: Houghton Mifflin.

Rogers, C. R. (1969). *Freedom to learn: A view of what education might become.* Columbus, OH: Charles Merrill.

Rogers, E. M., & Kincaid, D. L. (1981). *Communication networks: Toward a new paradigm for research.* NY: Free Press.

Romiszowski, A. J. (1986). *Developing auto-instructional materials: From programmed texts to CAL and interactive video*. London, UK: Kogan Page.

Romiszowski, A. J. (1988). *The selection and use of instruction media*(*2nd Ed.*). London: Kogan Page.

Rosenberg, M. J. (2001) *E-learning: Strategies for delivering knowledge in the digital age.* NY: McGraw-Hill.

Rothwell, W. (1999). *The action learning guidebook: A real time strategy for problem solving, training design, and employee development.* Jossey-Bass/Pfeiffer.

Rubin, L. B. (1976). *Worlds of pain: Life in the working-class family*. New York: Basic Books.

Rubin, L. B. (1979). *Women of a certain age*. New York: Harper and Row.

Russell, J., & Adams, D. (1997). The changing nature of mentoring in organizations: An introduction to the special issue on mentoring in organizations. *The Journal of Vocational Behaviour 51*(1), 1-14.

Rynes, S. L., & Milkovich, G. T. (1986). Wage surveys: Dispelling some myths about the market wage. *Personnel Psychology, 39*, 71-90.

Rynes, S. L., Weber, C. L., & Milkovich, G. T. (1989). Effects of market survey rates, job evaluation, and job gender on job pay. *Journal of Applied Psychology, 74*, 114-123.

Saettler, L. P. (1990). *The evolution of american educational technology*. Englewood, CO: Libraries Unlimited,

Salomon, G. (1979). *Interaction of media, cognition and learning*. San Francisco: Jossey-Bass.

Salomon, G. (1981). *Communication and education, social and psychological interactions*. Beverly Hills, CA: Sage.

Santrok, J. (1995). *Life-span development*. Wisconsin: Brown & Benchmark.

Schaie, K. W. (1994). The course of adult intellectual development. *American Psychologist, 49*, 304-313.

Schaie, K. W. (1996). Adulthood and old age. In T. Husen & T. N. Postlewaithe (Eds.), *International encyclopedia of education* (pp. 163-168). Oxford: Pergamon Press.

Schank, R. C. (1990). *Tell me a story: Narrative and intelligence*. Hillsdale, NJ: Lawrence & Associates.

Schank, R. C. (1999). *Dynamic Memory Revisited*. Cambridge: Cambridge University Press.

Schlosser, L. A., & Simonson, M. (2009). *Distance education: Definition and glossary of terms(3rd ed.)*. Information Age Publishing.

Schunk, D. H., & Zimmerman, B. J. (1997). Social origins of self-regulatory competence. *Educational Psychologist, 32*, 195-208.

Seels, B. B., & Richey, R. C. (1994). *Instructional technology: The definition and domains of the field.* Washington. D. C.: AECT.

Shank, R. S. (2002). *Designing world-class e-learning*. NY: McGraw-Hill.

Siemens, G., & Yurkiw, S. (2003). The roles of the learner and the instructor in e-learning. In M. Piskurich (Eds.), *Preparing learners for e-learning* (pp. 123-138). John Wiley & Sons, Inc.

Simonson, M., Smaldino, S., Albright, M., & Zvacek, S. (2003). *Teaching and learning at a distance: Foundation of distance education(2nd des.).* Upper addle River, NJ: Prentice-Hall.

Skinner, B. F. (1954). The science of learning and the art of teaching. *Harvard*

Educational Review, 24(2), 86-97.

Skinner, B. F. (1968). *The technology of teaching*. New York: Appleton-Century-Crofts.

Slavin, R. E. (1987). Cooperative learning and cooperative school. *Educational Leadership, 45*, 7-13.

Smaldino, S. E., Russell, J. D., Heinich, R., & Molenda, M. (2005). *Instructional technology and media for learning(8th ed.)*. New Jersey: Pearson.

Smith, R. M. (1982). *Learning how to learn*. New York: Cambridge.

Smith, R. M. (Ed.). (1983). *Helping adults learn how to learn: New directions for continuing education, No. 19*. San Francisco: Jossey-Bass.

Smith, R. M., & Cunningham, P. M. (1987). *The independent learners sourcebook*. Chicago: American Library Association.

Smith, R. M., & Haverkamp, K. K. (1977). Toward a theory of learning how to learn. *Adult Education, 2*, 3-21.

Sork, T. J. (1991). Tools of planning better programs. In T. J. Sork (ed), *Mistake made and lessons learned overcoming obstacles to successful program planning: New directions for adult and continuing education*, No. 49. San Francisco: Jossey-Bass.

Stufflebeam, D. L. (1971). *Educational evaluation and decision making*. F. E. Peacock Publishers, Inc.

Stufflebeam, D. L. (1973). *Toward a science of educational evaluation*. Englewood Cliffs, NJ: Educational Technology Publications.

Taylor, J. C. (2001). Fifth generation distance. *Instructional Science and Technology, 4*(1), 1-14.

Tomlin, P. (1995). *Understanding mentoring: Refrective strategies for school-based teacher preparation*. Open University Press.

Tough, A. (1971). *The adult's learning projects: A fresh approach to theory and practice in adult learning*. Toronto: Ontario Institute for Studies in Education.

Tough, A. (1979). *The adult's learning projects: A fresh approach to theory and practice in adult learning(2nd ed.)*. Austin, TX: Learning Concepts. (Original work published in 1971)

Tyler, R. W. (1969). *Basic principles of curriculum and instruction*. Chicago: University of Chicago Press.

UNESCO Institute for Education(2005). *Annual Report 2003*. Hamburg: UUE.

Verner, C. (1962). *A conceptual scheme for the identification and classification of processes for adult education*. Washington, D. C.: Adult Education Association.

Verner, C. (1964). *Adult education.* Washington, DC: The Center for Applied Research in Education.

Verner, C. (1975). Fundamental concepts in adult education. In J. Knoll (Ed.), *Internationales Jahr buch fur Erwachseneubildung*. Gutersloh, Fr. Germany: Bertelsmann Universitatsverlage.

Wain, K. (1987). *Philosophy of lifelong education*. London: Croom Helm.

Waldron, M. W., & Moore, G. A. B. (1991). *Helping adults learn*. Toronto, Canada: Thompson Educational Publishing, Inc.

Watkins, R., Leigh, D., & Triner, D. (2004). Assessing readiness for e-learning. *Performance Improvement Quarterly, 17*(4), 66-79.

Weller, E. K. (1983). *A profile of male mid-life concerns*. Unpublished Doctoral Dissertation, The University of North Carolina at Greensboro.

Weston, C., & Cranton, P. A. (1986). Selecting instructional strategies. *The Journal of Higher Education, 57*(3), 259-288.

Williams, R. (2007). *Tell me how I'm doing: A fable about the importance of giving feedback.* AMACOM, American Management Association.

Wlodkowski, R. (1985). *Enhancing adult motivation to learn*. San Francisco: Jossey-Bass.

Zaki, W. M. (1975). *Education of the people*. Islamabad: Peoples Open University.

Zanden, J. W. (1980). *Educational psychology: In theory and practice*. New York: RandomHouse.

Zimbardo, P. G. (1991). *The psychology of attitude change and social influence*. Philadelphia: Temple University Press.

저자소개

이경희

이화여자대학교 교육공학과(학사)
이화여자대학교 대학원 교육공학석사, 박사
현, 대진대학교 교직과 교수
　대진대학교 교직과 학과장
전, 대진대학교 교육대학원장
　대진대학교 교수학습지원센터장
　한국직업능력개발원 원격교육훈련부문 평가위원
주요저서: 청소년 상담(공저), 은퇴수업(공저)
　온라인교육과 평생학습(공역), 교육학개론(공저), 교육방법 및 교육공학(공저) 등

배석영

인하대학교 교육학박사
현, 대진대학교, 백석대학교기독전문대학원 강의교수
　한국생명의전화 운영이사
전, 대진대학교 초빙교수
　영등포평생학습관 운영위원
　직업능력심사평가원 심사위원
　best-hrd 심사위원
　숭실대학교, 상명대학교, 세종대학교, 인하대학교,
　인천대학교, 한양대학교교육대학원 등 외래교수
주요저서: 평생교육론(공저), 평생교육경영학(공저)
　현대교육사회학(공저), 청소년상담(공저)

가영희

고려대학교 교육학 석사(상담심리학 전공)
인하대학교 교육학 박사(교육사회학)
현, 한국교육상담연구원 부원장
전, 고려대학교 교육대학원 겸임교수
대진대학교 초빙교수
청소년심리환경연구소 부소장
덕성여자대학교, 세종대학교, 인하대학교 외래교수
주요저서: 교육심리학(공저), 교육행정 및 교육경영(공저)
교과교육론(공저), 교육학개론(공저) 청소년상담(공저)
성인학습 및 상담(공저), 평생교육학개론(공저)
평생교육경영론(공저)

평생교육방법론

초판 1쇄 발행 / 2022년 7월 29일
초판 2쇄 발행 / 2024년 8월 30일

•

공저자 / 이경희·배석영·가영희
발행인 / 이 중 수
발행처 / **동 문 사**

•

서울특별시 서대문구 홍제원 1길 12
(홍제동 137-8)
Tel: 02)736-3718(대), 736-3710, 3720
Fax: 02)736-3719
등록번호: 1974.04.27. 제9-17호
가격: 25,000원

•

ISBN: 979-11-6328-443-7(93370)
E-mail: dong736@naver.com
www.dongmunsa.com